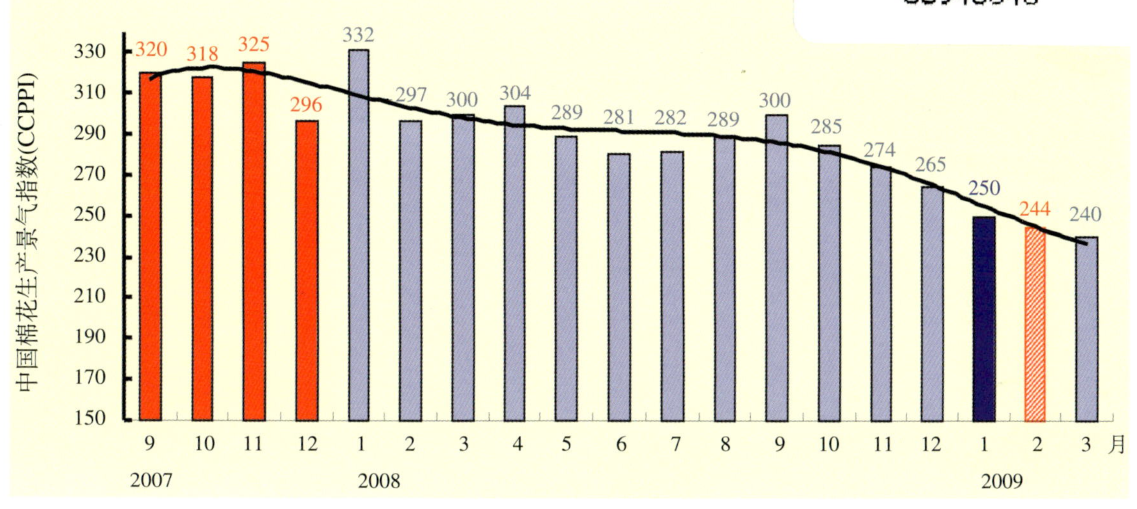

图 1　2007 年 9 月—2009 年中国棉花生产景气指数（CCPPI）变化

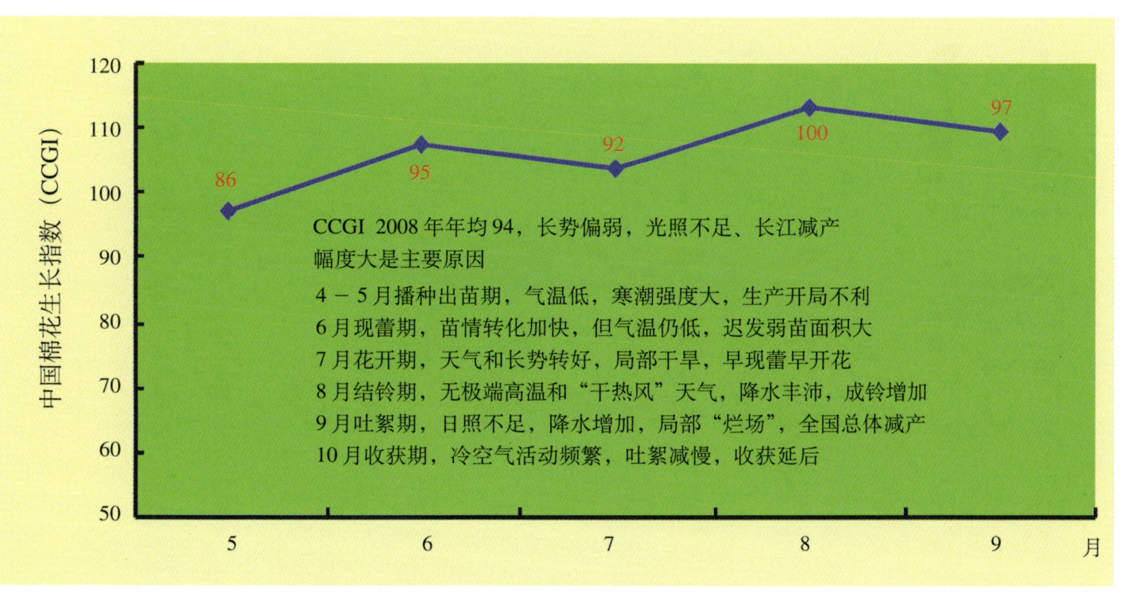

图 2　2008 年中国棉花生产指数（CCGI）变化

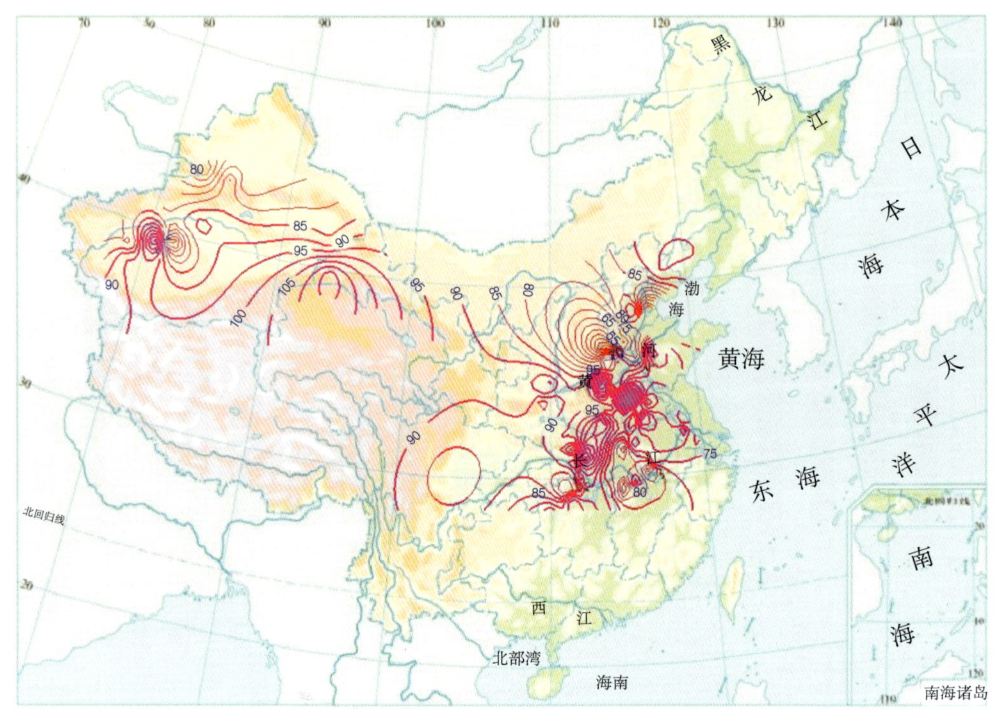

图3　2008 年 5 月全国 CCGI 等值线图

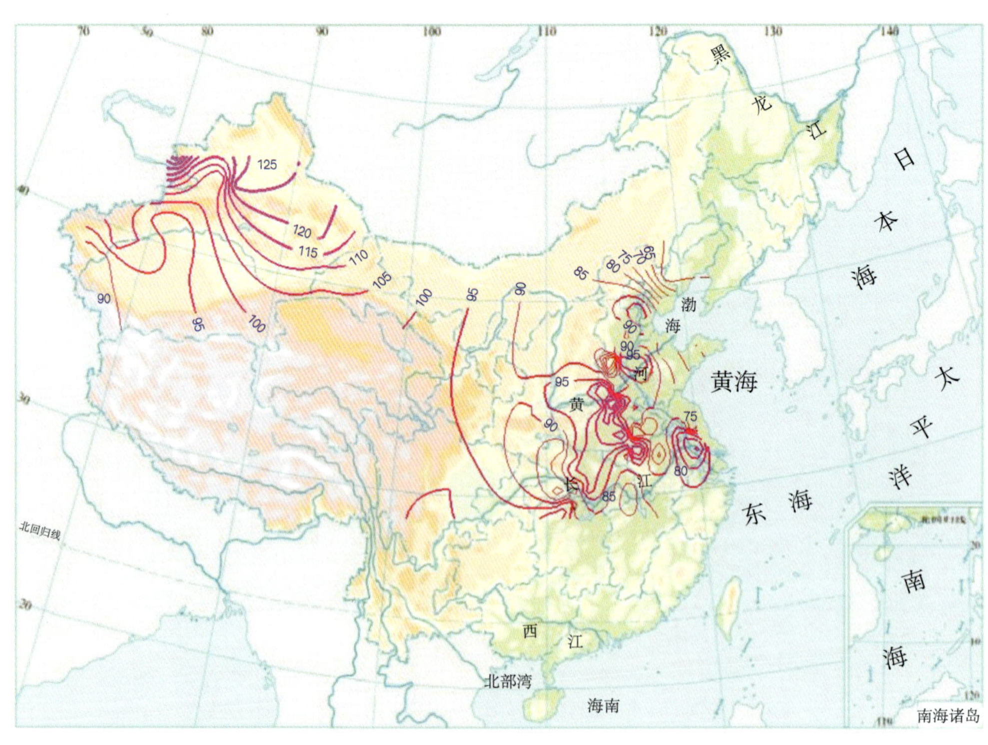

图4　2008 年 6 月全国 CCGI 等值线图

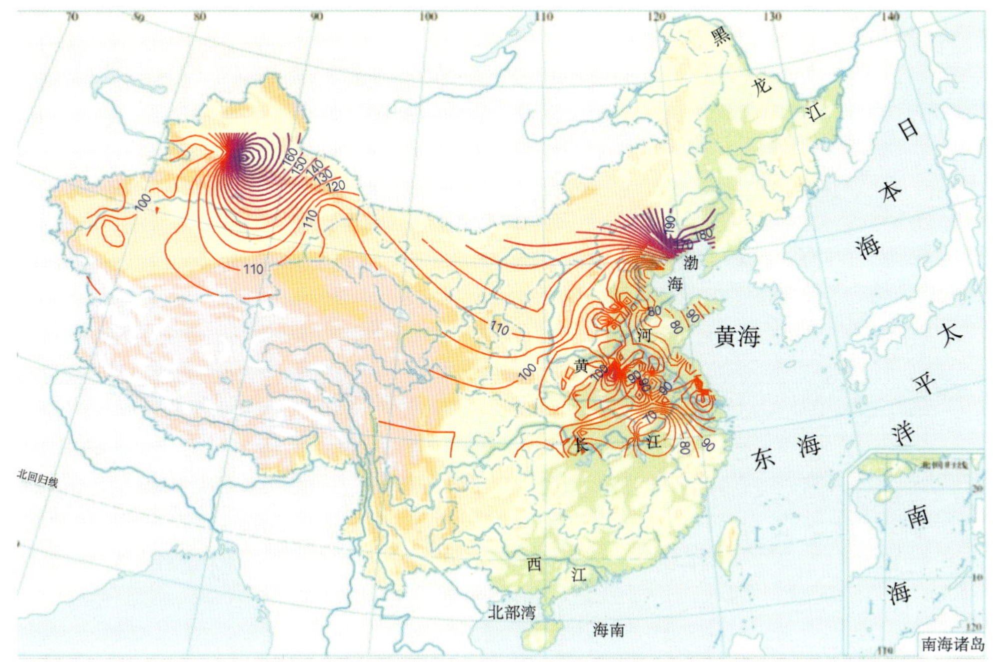

图 5　2008 年 7 月全国 CCGI 等值线图

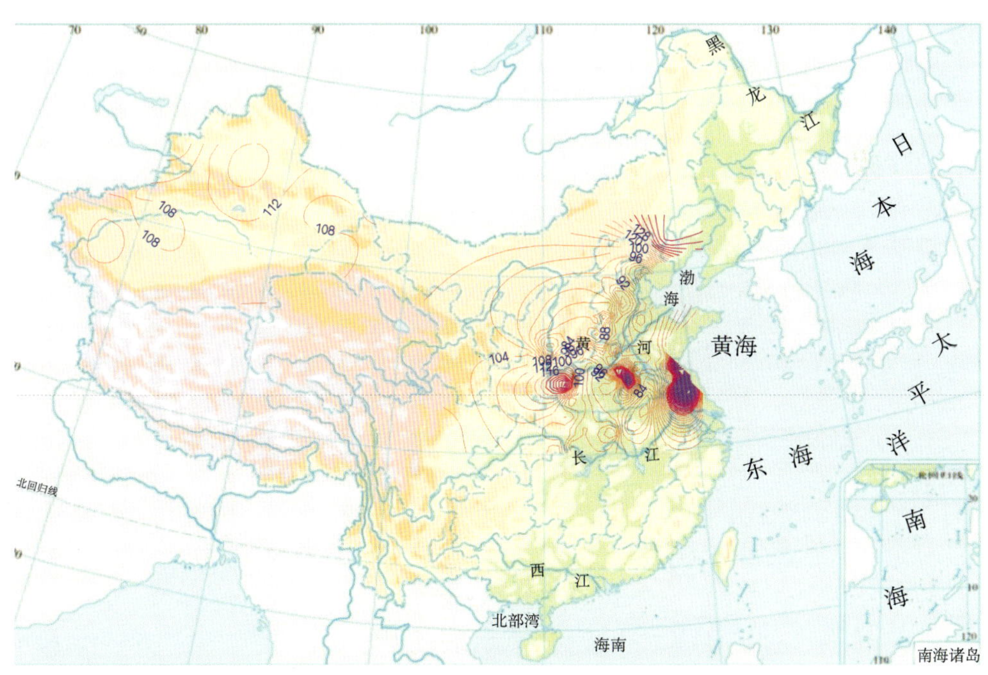

图 6　2008 年 8 月全国 CCGI 等值线图

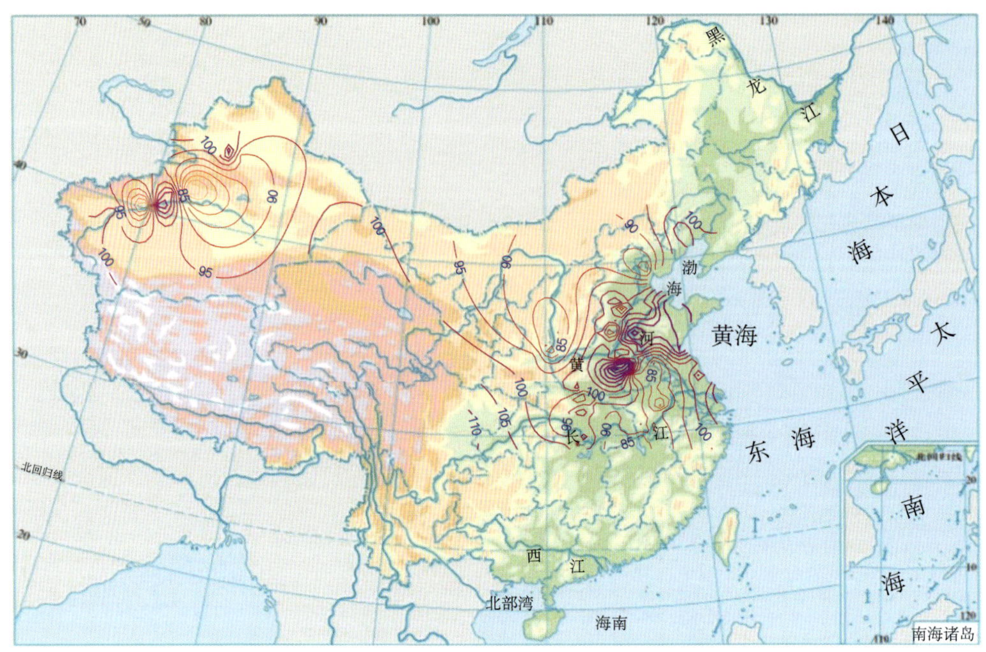

图 7　2008 年 9 月全国 CCGI 等值线图

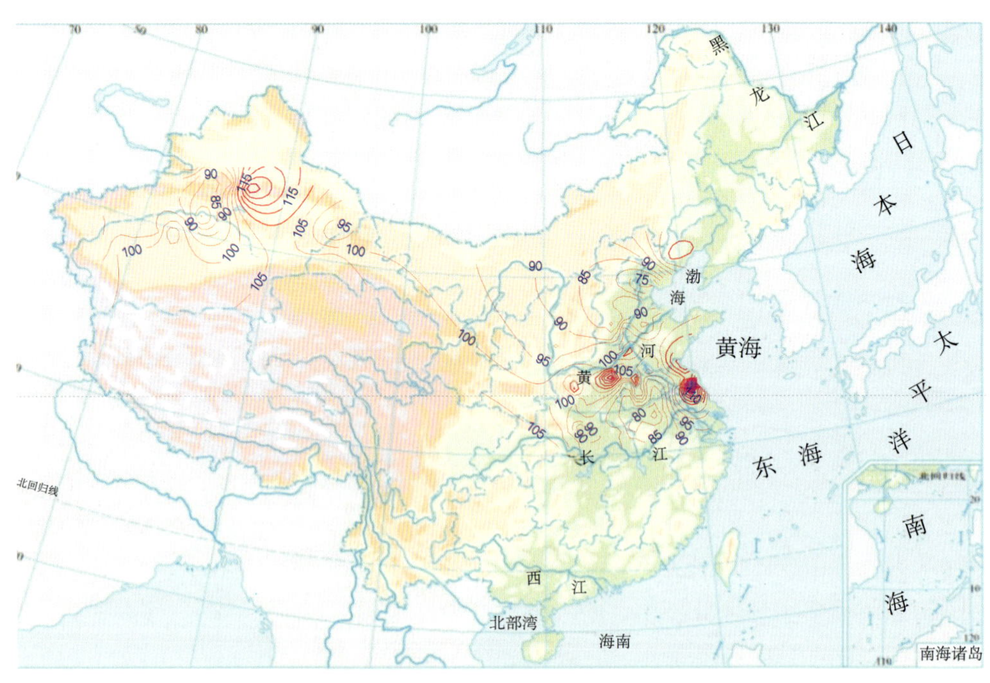

图 8　2008 年全年全国 CCGI 等值线图

内 容 提 要

《中国棉花生产景气报告 2008》论述中国棉花生产景气指数(CCPPI)、中国棉花生长指数(CCGI)、中国棉花价格指数(CC Index)和棉花期货在 2008 年的运行、预测、实证检验和应用效果。加入世界贸易组织第七年，对我国棉花生产、加工、质检、流通、消费、纺织、贸易和资金等影响的评价，开展金融危机、话语权、性价比、简化种植和生物质能源与棉花等热点问题的专题研究。收录 2008 年《中国棉花生产景气报告》及主产区棉花述评，可供政府部门、科研和推广、协会、学会、商会、涉棉企业、公司、大专院校农学、"三农"经济以及宏观发展战略专家阅读。

本书计量转换关系：

1. 亩为非法定单位，1 亩＝666.67 平方米＝0.066 7 公顷＝1/15 公顷
2. 斤为非法定单位，1 斤＝500 克＝1/2 千克
3. 担为非法定单位，1 担＝50 千克＝1/20 吨
4. 1 磅＝0.454 千克
5. 棉花年度指从当年的 9 月 1 日到翌年 8 月 31 日。

中国棉花生产景气报告

2008

毛树春　主编

中国农业出版社

主　编： 毛树春

参编者： 毛树春　王香河　李亚兵　张　曼
马爱芳　姬广坡　王　璐　张健怡
王丹涛　邵佳蕊　杜　珉　别　墅
董合忠　徐立华　郑曙峰　林永增
崔建平　李维江　李景龙　杨苏龙
夏志明　韩迎春　张末喜　赵新华
喻树迅

前 言

（一）

2008年是我国棉花生产和市场极不平凡的一年。上半年，全球石油价格突破140美元/桶，棉花生产遭遇输入型通货膨胀的重压，“农资涨价猛如虎”，现金成本增加135.7元/亩，增幅达到近三成，全年生产成本1 149.0元/亩，涨幅高达14.3%。下半年，由美国华尔街次贷危机引发的金融危机向全球经济实体蔓延，新棉遭遇熊市，市场深度恶化，价格一路下跌，“卖棉难”前所未有。到12月农民出售量仅为收获量的60%，少于2007年同期20个百分点；子棉售价4.69元/千克，跌幅高达22.2%。

监测结果，2008年全国主产棉区的天气为中等偏差年景，全国样本子棉产量245.4千克/亩，比2007年（下同）减0.3%。在价格、成本和单产三个要素互作下，棉花主产品产值1 150.9元/亩，减347.6元/亩，减22.2%；主产品收益仅为1.9元/亩，减491.4元/亩，减99.6%。按植棉面积8 789万亩测算，主产品收益减少431亿元，棉农蒙受巨大损失，有70%的棉田处于亏损状态，其中承包大户因土地租金和固定资产折旧无法支付，亏损额高达500元/亩。

2008年还是我国国民经济第十一个五年计划的第三年，是我国加入世界贸易组织（WTO）的第七年，还是我国棉花市场化改革的第八个年头，这一年：

棉花总产750万吨，为历史上第三个高产年景；植棉收益大幅下跌；棉纺产量增幅回落，总量达到2 149万吨；纺织品服装出口增幅回落，出口额高达1 852亿美元，再刷记录。

国家统计局于2009年2月16日发布《2008年国民经济和社会发展统计公报》，2008年棉花总产达到750万吨，比2007年减1.6%。棉花生产呈现面积减、单产减和总产减的格局。从气候上看，2008年是一个中等偏差的年景，其中日照时数减少幅度最大。

棉花主产品产值大幅下跌至1 150.9元/亩，减347.6元/亩，跌幅高达

22.2%；主产品收益仅为 1.9 元/亩，减 491.4 元，减幅高达 99.6%。

棉纺纱量持续高速增长，棉花需求持续攀高，棉纱产量达到 2 148.7 万吨，增长 7.44%，但增幅回落 7 个百分点。按纺纱用棉比例 50%和吨棉纺纱 95%计算，纺棉 1 130 万吨，增幅比 2007 年减 2.3%。

棉花进口 211.5 万吨，减 14.1%。棉花在国内大宗农产品的贸易地位继续保持第三位，大豆位居首位，食用植物油位居第二。进口棉花来自的国别或地区多达 50 多个，美国和印度位居第一和第二。

纺织品服装出口记录继续刷新，但增幅回落幅度大。全年出口纺织品服装 1 852.2 亿美元，增长 8.2%，其增幅回落 10 个百分点。

2008 年度新棉上市遭遇全球金融危机的严峻冲击，国家三次收购储备棉 272 万吨，力求托市和救市，解决“卖棉难”和“棉贱伤农”问题。

一是子棉售价跌幅高达 22.2%，售价呈现“高开低走”和一路下滑的特点，市场疲软和“萧条”，“卖棉难”前所未有。到 2009 年 1 月，全国子棉售价 4.69 元/千克，比 2007 年跌 1.34 元/千克，跌幅 22.2%，相当于皮棉 9 894 元/吨（按衣分率 38%与油籽价 1.5 元/千克测算），占收益减少的比重 66.9%，是植棉收益减少的主要原因。

二是棉花市场波动大，上半年高位运行，下半年一路下滑。2008 年中国棉花价格指数年均价 13 097 元/吨，比 2007 年降 327 元/吨，降幅 2.4%。其中 6 月的最高价 13 856 元与 11 月最低价 10 835 元/吨的差值 3 021 元/吨，价差率仅为 21.8%，比 2007 年扩大 10 个百分点。价格波幅大表明市场的稳定差。

三是国际棉价与国内的走向相反，价差率扩大。Cotlook A 指数 2008 年年均价 71.39 美分/磅，比 2007 年上涨 8.03 美分（相当于人民币 1 606 元/吨，按 1 美分/磅＝人民币 200 元/吨计），涨幅 12.7%。其中 3 月最高 80.18 美分与 11 月最低 55.02 美分相差 25.16 美分/磅（相当于人民币 5 032 元/吨），价差率为 31.37%，比国内价差率高 9.6 个百分点。

四是调整滑准税，配额外进口棉分批追加，在宏观调控中发挥积极的作用。当进口棉完税价格高于或等于 11 914 元/吨时，按 357 元/吨从量计征关税；当进口棉花完税价格低于 11 914 元/吨时，按 3%～40%计征关税，税率按公式计。滑准税方案调整后，对高等级棉花关税优惠幅度较大，对低等级棉花影响较小。此次临时滑准税政策在降低纺织成本、缓解纺织企业困难的同时，兼顾棉农利益，保证新年度棉农大量交售新棉时尽量不受影响。

五是棉花预警系统发挥重要作用。4 个棉花指数——中国棉花生产景气指数（CCPPI）、中国棉花生长指数（CCGI）、中国棉花价格指数（CC Index）和棉花期货价格，几乎涉及棉花产业的所有市场主体，是对产业经济运行和未来走向的综合反映。它的形成标志着我国棉花信息化水平取得了实质性进步，为促进棉花市场转向理性，主动把握棉花行情提供前瞻性、预见性、及时性和准确性的决策中发挥了积极作用。

六是加入WTO后，我国棉花生产呈现强劲的发展态势。棉花总产不断刷新记录，7年（2002—2008年）平均总产比上一个5年（1997—2001年，后同）增182万吨，增幅高达40%；平均单产比上一个5年增4.5千克/亩，提高6.1%。植棉面积整体呈扩大走势，7年平均面积比上一个5年净增1 400多万亩，增幅高达21.2%。

七是棉农收益增减幅度大。7年中棉花主产品产值创新高，其中4年突破1 300元/亩，2007年达到近1 500元/亩，然而2008年跌至1 150.9元/亩。受子棉收购价格、农资和劳动力价格上涨、单产增减的多因素影响，棉农收益在7年中有4年增加3年减少，增减幅度都很大。

(二)

《中国棉花生产景气报告》是农业部、国家发展和改革委员会自2000年以来连续资助的全国优质棉基地科技服务项目研究内容，于2005年获得科技部公益性项目的资助（2005DIB4J046），于2007年获得财政部公益性科研机构院所长基金资助（SJA0609），自2007年以来成为公益性行业（农业）科研专项棉花项目（3～5）和国家棉花产业技术体系的研究内容之一，同年还得到财政部与中国棉花协会的支持。本研究由中国农业科学院棉花研究所毛树春研究员主持，组织全国30多家棉花科研机构组成项目组，按合同计划，研究完成并提供的成果。

《中国棉花生产预警监测技术研究与应用》于2008年获河南省科技进步二等奖。它是一新的信息资源，报告呈送国家和地方政府的多个部门、协会、商会、农民合作组织和公司等，成为多市场主体决策支持的好帮手。7年间直接服务政府部门300个，优质棉基地县（团、场）300多个，协会、交易市场和交易所50家，涉棉种子企业、加工流通企业和棉纺企业各500多家。

在2008年实体经济遭遇金融危机的严峻冲击，本报告为棉农鼓与呼，及时反映棉花遭遇“熊市”和“卖棉难”问题，反映棉农心声，多方报告价格下跌、市场疲软，呼请国家出台托市和救市的应急对策，力图减轻危机对棉花生产的冲击，力图棉农少亏一点，许多棉情信息得到多方认可，一些建议和意见被采纳。

《中国棉花生产景气报告2008》的撰写，得到中共中央政策研究室、中国棉花协会、国家统计局、中国棉纺织行业协会、中国纤维检验局、全国棉花交易市场、中国农业发展银行、郑州商品交易所和农业部农产品贸易促进中心等的大力支持，对此深表感谢。

本著的出版，是对政府和产业各主体急需信息的一种补充，也是认识和了解棉情的一种工具。由于《中国棉花生产景气报告》为系列出版物，信息和数据不断更新，观点不断修正，错误在所难免，恳请批评指正。

毛树春

2009年3月于河南安阳开发区中国农业科学院棉花研究所

目　录

第一章 2008年棉花产业经济运行情况分析

2008年是我国棉花产业极不平凡的一年。上半年，全球石油价格突破140美元/桶，达到143.7美元/桶，棉花生产遭遇输入型通货膨胀的重压，“农资涨价猛如虎”，现金成本增加135.7元/亩，增幅达到近三成，致使全年生产成本上涨14.3%。下半年，由美国华尔街次贷危机引发的金融危机向全球经济实体蔓延，新棉遭遇“熊市”，市场不断恶化，价格一路下跌，“卖棉难”全所未有，棉农售价跌幅22.2%，棉花主产品产值跌幅两成多，植棉收益大幅减少99.6%，棉花生产遭遇严峻的冲击。

本章分析2008年全国棉花产业经济运行的基本情况，论述中国棉花生产景气指数（China Cotton production Prospective Index －CCPPI）在棉花产业经济预警中的作用，中国棉花生长指数（China Cotton Growth Index －CCGI）在棉花生产、生长和产量形成中监测发挥的作用，中国棉花价格指数和中国棉花期货的运行走势。

第一节 2008年中国棉花生产景气指数分析

一、中国棉花生产景气指数（CCPPI）模型及其含义

CCPPI是反映中国棉花生产和消费平衡状况，以及生产、消费和价格走向和走势的一种指标，旨在寻找科学表达中国棉花生产发展的前瞻性指标。模型表达：

$$\text{CCPPI}=f(t, p, m, c)$$

式中：t——时间阶段变量；

p——产量水平变量因素，含最终产量与趋势（过程）产量，是一系列因素的综合作用结果，其中包括中国棉花生长模型；

m——市场水平变量因素，含原棉进出口模型和原棉消费模型；

c——国家棉花库存或储备水平变量因素，含建立的适宜消费/库存比模型。

模型中，设 $p=f(x, y, z)$，x 表示棉花生产量，y 表示棉花进口量，z 表示期初库存量；

设 $m=f(a, b, c, d)$，a 表示纺织消费量，b 表示棉花民用量，c 表示期末库存量，d 表示损失量。

明确了科学含义：CCPPI ＝100 时，棉花产销大致平衡，植棉效益一般；棉花生产呈稳定走向，种植规模保持相对稳定。CCPPI＜100 时，棉花产＞销，资源过剩，植棉效益将会降低；棉花生产呈缩减走向，种植规模要适当调减。CCPPI＞100，棉花产＜销，资源短缺，植棉效益将会提高；棉花生产呈扩大走向，种植规模要适当扩大。CCPPI ＞200，表明棉产业经济跃上高台阶，呈旺盛景象，消费基数大，生产规模基数大，棉花种植规模呈现继续适当扩大的走向。CCPPI＜50，表示棉产业经济处于低位，呈极度萧条景象，消费基数小，生产规模基数小，棉花种植规模呈现继续缩减的走向。

二、2008 年棉花生产景气分析

2008 年是极不平凡的一年。上半年，我国棉花产业经济经历了通货膨胀、原材料和农资价格的猛涨，劳动力和植棉成本大幅度上升，国内经济政策确定为“两防”（防通货膨胀和防经济过热），采取从紧的货币政策，纺织业融资困难，生产倍感压力，纺织品出口退税率又由 13％下调到 11％，企业税赋负担更是加重。尽管如此，纺织业和植棉业克服困难，棉纱产能不断增加，出口形势相对较好，在这一背景下，CCPPI 从 1 月最高值 332 下降到 9 月的 281（图 1－1），降幅 51 点。

下半年，由美国次贷危机[①]引发的金融危机[②]愈演愈烈，并从虚拟经济[③]向实体经济[④]渗透，从局部蔓延到全球，棉花种植、加工、纺织和出口遭遇严峻的冲击。植棉业首当其冲，新棉市场遭遇“熊市[⑤]”和“萧条[⑥]”日益加重，“卖棉难”前所未有，价格一路下跌，经济损失惨重，农民植棉收益锐减 431

亿元。与此同时，以欧美为主要市场的中国纺织品服装出口也首当其冲，外需下降和汇率风险加剧导致企业订单减少，库存增加，企业陷入低利甚至亏损困境，沿海一些企业面临倒闭。棉纱产能减少，在这一背景下，CCPPI 从 9 月的 300 下降到 12 月的 265（图 1-1），降幅 35 点。

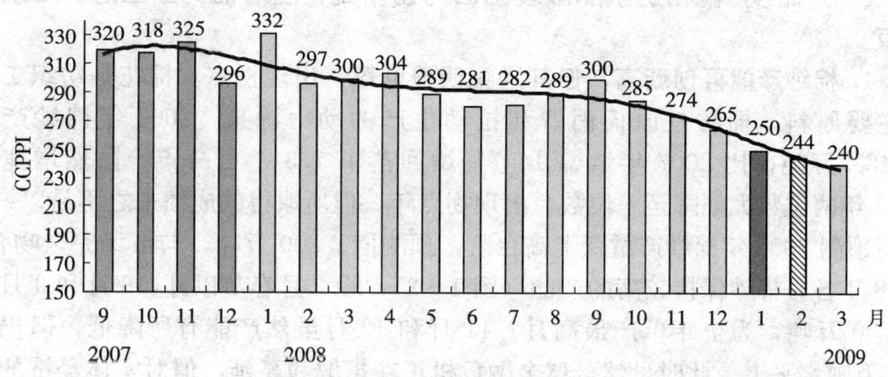

图 1-1 2007 年 9 月—2009 年 2 月中国棉花生产景气指数（CCPPI）变化

针对金融危机，自 10 月下旬起，国家出台一系列“救市”和振兴棉纺织业的措施，纺织品服装出口退税从上半年的 13%提高到 15%；国家分三批收购储备棉 272 万吨，起到较好的“托市”和“救市”作用。然而，由于全球经济衰退加重，外部需求减弱，市场萎靡不振，出口减少，加上企业融资困难，棉花收购进度缓慢，“卖棉难”持续到 2009 年 2 月；纺织业回升还不见预期，在这一背景下，CCPPI 从 10 月的 285 继续下行到 2009 年 3 月的 240，降幅 45 点（图 1-1）。

第一阶段，1—6 月棉纱产量不断增加，6 月达到全年最高产量近 200 万吨。中国棉花价格指数（CC Index）也从 1 月的 13 522 元/吨稳步上升到 6 月的 13 856 元/吨，涨幅 2.5%。

第二阶段，7—8 月棉纺产能略降，棉花消费跟随下降，CC Index 从 7 月 13 769 元/吨下降到 8 月 13 585 元/吨，下降 1.3%，纺纱产量的减少主要是季节性的天气原因，各企业为了节能盛夏季节适当减低产能。

第三阶段 9—12 月，9 月产能 190.5 万吨为全年的第二次高峰，由于天气原因 7—8 月产能减少，9 月增长可认为是一种补偿。然而，自 9 月开始 CC Index 每况愈下，从 9 月 13 177 下降到 12 月的 10 845 元/吨，降幅高达 17.7%。新棉市场极度疲软，价格一路下滑，可见金融危机对实体经济的影响越来越明显，冲击越来越大。

三、预测及实证检验

(一) 棉纱产能和纺织品服装出口再创新高，但增幅明显回落，均出现拐点

1. 棉纱产能再创新高，但其增幅明显回落，出现拐点。棉花是纺织工业的主要原料，棉纺是原棉消费和拉动生产的动力源泉。2008 年棉纱产量 2 148.7万吨，比 2007 年增幅 14.7%增回落了 7.3 个百分点，虽然增速从 2007 年两位数大幅降至一位数，出现拐点年，但所取得的成绩来之不易。

预测 2008 年棉纱产量跃上高台阶，预测值 2 200 万吨，与市场完全吻合。2008 年各月棉纱保持较高的产能（图 1－2），除 2 月春节以外，6 月和 9 月接近 200 万吨，为全年单产最高月，11 月和 12 月虽然产能有所降低，但仍在 190 万吨水平上。此时虽然全球金融危机正在扩散和蔓延，但对实体经济的冲击表现出滞后效应，但随后商品库存增加。

与纺纱对应，原棉消费基数很大，各月用棉量也增长，由于纺纱用棉比例下降，预计纺纱用棉达到 1 331 万吨，与 2007 年持平。

2008 年布产量 710 亿米，比 2007 年增 5.6%，增幅也从 2007 年的 10.3% 降至一位数。

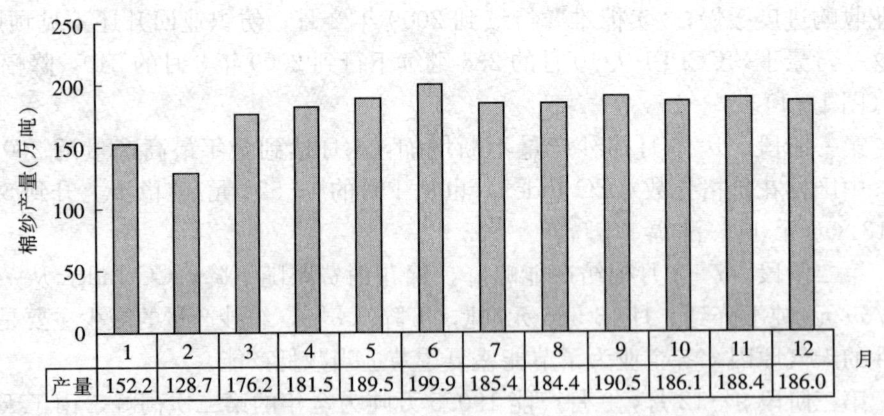

	1	2	3	4	5	6	7	8	9	10	11	12
产量	152.2	128.7	176.2	181.5	189.5	199.9	185.4	184.4	190.5	186.1	188.4	186.0

图 1－2　2008 年各月棉纱产量（快报数）

2. 纺织品服装出口创新高，但其增幅回落，也出现拐点。据海关统计，

2008 年纺织服装出口继续创新高，出口额达 1 852.2 亿美元，比 2007 年增 5.5%，增幅回落 13.6 个百分点。其成绩来之不易，上半年纺织品出口退税率由 13%下调到 11%，以及人民币升值、生产资料和劳动力成本上涨，企业税赋负担加重；下半年遭遇全球金融危机，虽然出口退税率提高 2 个百分点，但由于需求下降，消费疲软，出口减少，库存增加。

2008 年 1 月全年预测纺织品服装出口值 1 833 亿美元，与实际值的吻合度高达 98.96%。

2008 年纺织品服装出口占全国货物出口贸易总值 14 285.5 亿美元的 13.0%，但增幅回落 0.7 个百分点。全年实现贸易顺差 1 666.8 亿美元，增长 9.2%，增幅回落 5.1 个百分点；占全国货物贸易总顺差的 56.4%，但增幅回落 14.5 个百分点。

2008 年纺织品服装出口，特别是服装出口增速大幅下降。全年纺织品服装出口 1 852 亿美元，同比增长 8%，增幅回落 10 个百分点。

其中纺织品出口 653.74 亿美元，比 2007 年增 16.6%，增幅提高 1.7 个百分点；服装及其衣着附件出口 1 197.9 亿美元，比 2007 年增 4.1%，增幅回落 16.7 百分点。

服装出口单价提升。2008 年对全球服装出口单价 3.27 美元/件（套），提升 1.0%；对欧盟出口单价 4.03 美元/件（套），提升 3.97%；对美国单价 4.36 美元/件（套），提升 1.0%。尽管如此，物美价廉的纺织品服装在经济危机时期仍受到全球消费者的青睐。

棉纱线进口 78.7 万吨，比 2007 年（后同）减 14.2%，进口额 18.7 亿美元，同比减 7.6%，这是自 2007 年以来的第二个减少年份。

棉纱线出口 54.7 万吨，同比减 6.3%，出口金额 19.7 亿美元，同比增 2.0%。

棉机织物进口 12.4 亿米，同比减 19.7%；进口金额 21.0 亿美元，同比减 5.4%。棉机织物的进口已连续 4 年减少，表明国内加工能力继续增强。

棉机织物出口 80.5 亿米，同比增 11.7%；出口额 102.2 亿美元，同比增 19.8%。

棉机织物进出口平衡，出口多于进口 68.1 亿米，比 2007 年增 10.2 亿米，增幅 17.7%，提高 8.1 个百分点；贸易顺差 81.2 亿美元，比 2007 年增 18.1 亿美元，增幅 28.6%，提高 17 个百分点。比较可见，我国棉纺业正向深加工提高附加值迈进。

3. 纺织品服装内需增长，但其增速也明显回落。我国是纺织品消费大国，拥有占全球1/5的13亿人口，纺织服装消费保持增长的态势。据国家统计局初步数，2008年全国服装类批发和零售总额比2007年增长25.9%，但其增幅回落3.1个百分点。内需市场增加，衣着消费价格指数下降1.5%，其城市下降1.8%，农村下降0.6%（人民日报2009年2月27日）。

从具体数据来看，据国家有关部门统计，1—9月全国城镇居民人均衣着消费839元，同比增长10.6%，但增幅回落5.3百分点；农村居民人均衣着消费150元，同比增长9.6%，但增幅回落7.3百分点。

4. 纺织业投资大幅减速。2008年纺织业完成投资1 534亿元，增1.3%。然而，棉纺织业两极分化加剧，有1/3企业完成96.7%的产能和效益增长，有2/3企业基本处于亏损状态。

（二）面积减、单产减和总产减，是2008年棉花生产的写照

1. "面积减、单产减和总产减"是2008年棉花生产的主要特点。中国棉花生产预警监测数据，播种面积8 984万亩，与国家统计局2009年2月公布的初步统计数（后同）8 640万亩，吻合率达到96.0%；监测总产735万吨，与国家统计局750万吨，吻合率98.0%；监测单产为83.5千克/亩，与国家统计局86.8千克/亩，吻合率达到96.2%。

一是播种面积减少，但植棉面积很大。受农资价格一路飙升的影响，播种面积减3.1%，照2007年9 074万亩（监测数据），面积减285万亩，全国棉花播种面积8 789万亩，其中春播8 691万亩，麦后夏播（栽）98万亩。

二是单产减，仍是单产较高的年景之一。据监测结果，由于长江中游和沿海局部的减产超出预期，全国棉花单产减幅高于10月的2.6%，为3.0%，单产83.3千克/亩。

三是总产减，仍是总产最高的年景之一。由于播种面积减少，受灾和成灾面积增加，单产减，监测总产735万吨，好于中期的预期；照2007年国家统计局762.4万吨，减幅3.6%，但仍是一个高产年景。

四是熟性早晚相差大，品质差于去年，接近常年。在熟性方面，长江和黄河熟性大部偏晚，沿海棉区偏晚10多天。由于9月持续阴雨，光照不足，长江中游和南襄盆地烂铃大幅度增加，还出现轻度的"烂场"，但其程度轻于2003年和2005年，"高等级"比例减少。西北早熟，吐絮畅，"高等级"比例较大。另外，2008年7—8月三大流域均没有出现极端高温天气，马克隆值低于去年，纤维成熟度普遍有所改善。

2. 长势偏弱是2008年棉花生产的明显特点。

（1）长势偏弱是最主要的特点。CCGI 2008年年均值为94，表明棉花长势差于 2007 年半成多，全国大部棉花呈偏弱长势。分阶段看，前期开局不利，中期相对转好，后期转差。各月 CCGI：5 月为 86，苗情差于上年同期一成多，生产开局不利。6 月为 95，苗情差于上年同期半成。7 月为 92，苗情差于上年同期半成多。8 月为 100，苗情与上年同期持平。9 月为 97，苗情略差与上年同期。10 月秋湿，吐絮不畅，收获进度慢。

（2）从天气和自然灾害来看。一是 2008 年天气为中等偏差年景，前期大部不利，中期大部转好，后期大部转差；中后期低温多雨导致晚熟和局部“烂场”，吐絮进程减慢，收获期延后。日照不足，积温偏少，降水减少和分布不均是主要的天气特征。二是从自然灾害来看，2008 年是一个中重等灾害年景。据监测结果，棉田受灾面积增幅 23.5%，成灾面积增幅 131%，成灾面积占播种面积的 23.4%。绝收面积增加 60 万亩，增幅 66.7%，是近几年较多的一年。虽然后期有多个台风登陆，但沿海棉区都能幸免。

（3）从生物灾害来看。一是病害中重度生。病害发生面积 3 202 万亩次，增幅 12.3%。二是虫害局部暴发，虫害发生面积 3 957 万亩次，增幅 7.8%。

3. 吐絮早，采收初日早，但进度推后。受前期干旱影响，长江中游吐絮早，采收初日最早在 8 月上旬，黄淮平原在 8 月中旬，西北内陆在 8 月下旬，均比 2007 年早 3～5 天，比常年早 10 天左右。但因长江中游 9 月多雨日数、华北平原迟发晚熟以及 10 月上旬多雨，新疆采收工的短缺，大面积采收进度比 2007 年推后 10～15 天，前期采收进度明显低于 2007 年同期水平。到 9 月下旬，采收进度 46.6%（表 1－1），但与 2007 年基本一致。中后期采摘年度迅速上升，到 10 月中旬，采收进度 85%以上，到 11 月 15 日左右采摘进度达到 98.7%，11 月底全国棉花采摘基本结束。

表 1－1　2008—2007 年棉农子棉采摘进度阶段分布

单位：%

日期（月/日）	9/15	9/30		10/15	10/31		11/15	
	2008	2008	2007	2008	2008	2007	2008	2007
全国	17.9	45.6	46.6	60.1	88.7	86.6	98.7	92.1
长江流域	16.9	43.0	48.7	58.2	83.9	87.9	97.2	96.6
黄河流域	22.4	50.2	51.2	61.6	92.1	87.8	99.9	92.5
西北内陆	10.4	43.6	36.1	61.4	87.1	82.9	97.9	86.8

注：2007 年为 11 月 10 日监测数据。

资料来源：中国棉花生产预警监测结果。

(三)新棉市场疲软,交售进度缓慢,“卖棉难”前所未有,售价一路下滑

1. 交售进度缓慢,“卖棉难”前所未有。自8月美国次贷危机暴发,并演变成全球金融危机,9月对实体经济的影响显见,新棉遭遇“熊市”,市场疲软,农民交售子棉困难,到9月底,交售比例仅为2007年同期的一半(表1-2)。随着金融危机的扩散和加深,到11月中旬市场出现深度恶化状态,子棉交售、收购、加工和皮棉销售呈现一片萧条景象——“棉农无法卖、轧花厂无法收、纺企无法买”的“三无”景象,造成“停止收购、停止加工和停止销售”的“三停止”状态,导致“卖棉难、收棉难和用棉难”的“三难”境地,市场出现不同程度地恐慌,信心下挫。到11月底交售进度仅为46.9%,少于2007年同期的21.3百分点。到12月底全年交售进度比2007年同期慢20个百分点左右,到2009年1月,内地仍有40%的子棉滞留棉农家中。

表1-2 2008年棉农子棉出售进度

单位:%

日期(月/日)		9/15	9/30	10/15	10/31	11/15	11/30	12/15	12/31	1/31
全国	2008	1.5	8.4	18.6	28.9	33.4	46.9	64.4	68.9	76.1
	2007		16.8		49.1		68.2	73.2		
长江流域	2008	1.0	6.4	14.3	29.3	39.7	49.6	59.0	68.5	81.2
	2007		17.7		53.6		90.8	93.1		
黄河流域	2008	2.2	6.7	9.3	10.7	14.3	26.6	36.2	38.2	47.5
	2007		13.1		36.9		52.8	54.9		
西北内陆	2008	0.8	13.5	40.7	62.4	63.8	80.6	98.1	100.0	100
	2007		22.9		67.6		77.5	90.3		

注:2007年12月为20日。

资料来源:中国棉花生产预警监测结果。

从三大产区来看,到12月底,长江流域交售进度为68.5%,黄河进度38.2%(表1-2),西北基本完成的主要原因是9—10月国家122万吨储备棉收购都放在新疆,可见国家收储对托市和救市的效果显著。

2. 售价一路下滑,降幅两成多。2008年新棉售价高开低走,随着危机的加深,全国子棉价格一路下滑(表1-3),从9月开秤时的5.46元/千克一路下滑到12月的4.32元/千克,降幅20.4%。

表1-3　2008年度全国棉农子棉交售价格阶段分布

单位：元/千克

日期（月/日）		9/15	9/30	10/15	10/31	11/15	11/30	12/15	12/31	1/31	年均价
全国	2008	5.46	5.44	5.34	4.82	4.54	4.46	4.41	4.32	4.30	4.69
	2007		5.66		6.15		6.11		5.90		6.03
长江流域	2008	5.54	5.54	5.34	5.14	4.38	4.00	3.92	4.13	4.03	4.46
	2007		5.57		6.00		6.19		6.03		5.93
黄河流域	2008	5.50	5.48	5.56	4.84	4.76	4.80	4.20	4.38	4.64	4.65
	2007		5.76		6.30		6.39		6.19		6.27
西北内陆	2008	5.32	5.30	5.16	4.92	4.48	4.56	5.10	4.44	4.26	4.92
	2007		5.67		6.12		5.62		5.50		5.55

注：2007年12月为20日；1/31为2009年1月31日。

资料来源：中国棉花生产预警监测结果。

2008年全年均价为4.69元/千克（表1-3），比2007年6.03元/千克，降低了1.34元/千克，跌幅高达22.2%。按衣分38%和棉籽价1.5元/千克测算，皮棉价9 895元/吨。

三大产区子棉售价（表1-3）：长江4.61元/千克；黄河4.80元/千克；西北内陆4.94元/千克，降幅分别为24.8%、25.8%和11.4%。西北棉区售价下降幅度最小原因也与储备棉收购紧密相关，可见国家收储对托市和救市的效果显著。

(四) 棉花主产品产值和收益均大幅度下降，但区域之间的差异也很大

据中国棉花生产预警监测结果（表1-4），2008年全国棉花主产品的产值和收益均大幅度下降，但三大产区域之间的差异仍很大。

全国样本子棉产量245.4千克/亩，比2007年（下同）减0.3%。三大流域，长江221.2千克/亩，减12.2%；黄河229.5千克/亩，增4.2%；西北314.5千克/亩，增2.5%。

1. 主产品产值跌幅两成多。全国棉花主产品产值1 150.9元/亩，同比减347.6元/亩，减22.2%。三大流域，长江936.6元/亩，减481.9元/亩，减34.0%。黄河1 067.1元/亩，减314.2元/亩，减22.7%。西北1 547.3元/亩，减154.9元/亩，减9.1%。

2. 植棉收益降幅99.6%。全国棉花主产品收益1.9元/亩，同比减491.4元/亩，减99.6%。三大流域，长江为-147.2元/亩，减631.9元/亩，减

130.4%。黄河 89.8 元/亩，减 423.8 元/亩，减 82.5%。西北 65.8 元/亩，减 315.6 元/亩，减 82.7%。

表 1－4　2008/09 年度与 2007/08 年度棉农子棉销价和产值收益比较

棉区	子棉售价（元/千克）		比 2007 年度增（%）	主产品产值（元/亩）			主产品收益（元/亩）		
	2008/09 年度	2007/08 年度		2008 年	2007 年	比 2007 年增（%）	2008 年	2007 年	比 2007 年增（%）
全国	4.69	6.03	−22.2	1 150.9	1 498.5	−23.2	1.9	493.3	−99.6
长江流域	4.46	5.93	−24.8	936.6	1 418.5	−34.0	−147.2	484.7	−130.4
黄河流域	4.65	6.27	−25.8	1 067.1	1 381.3	−22.7	89.8	513.6	−82.5
西北内陆	4.92	5.55	−11.4	1 547.3	1 702.2	−9.1	65.8	381.4	−82.7

资料来源：中国棉花生产预警监测结果。

3. 棉花生产补贴增加。监测结果，2008 年全国有 44.7%的样本农户获得补贴，增 2.7 个百分点，补贴资金 38.5 元/亩，增 5.3 元/亩，增 16.0%。其中良种棉补贴 9～15 元/亩，约占 1/3，另有 2/3 来自粮食和其他补贴。

各棉区补贴，长江 37.1 元、黄河 36.3 元和西北 43.6 元/亩，分别增 8.1 元、3.0 元和 3.1 元/亩。估计补贴面积的比例：全国为 53.6%，其中长江 50.7%，黄河 63.8%和西北 43.5%。

分析表明，2008 年子棉售价大幅下跌是减收的主要原因，其次农资价格的猛涨，第三是人工费用。监测棉农减收 491.5 元/亩的比例：一是子棉售价大幅度下跌，占减收的 66.9%；二是农资猛涨，占 16.1%；三是人工费用上涨，占 13.3%；四是子棉减产，占 3.8%。各项减收的实际数分别为 328.8 元、79.0 元、65.4 元和 18.8 元/亩。

4. 每千克皮棉成本提高至 12.66 元，增幅 15.8%。按样本皮棉产量 90.8 千克/亩计，每千克皮棉成本 12.66 元，比 2007 年 10.93 元/千克增 1.73 元/千克，增 15.8%。

三大流域每千克皮棉成本：长江 14.14 元，增 32.2%；黄河 11.21 元，增 8.1%；西北 12.40 元，增 9.3%。

（五）价格差异波动大，年内价差大

中国棉花生产预警监测于 2008 年初发布当年棉价 13 264 元/吨，实际上 2008 年中国棉花价格指数为 13 097 元/吨，吻合度高达 99.98%。

分析 2008 年全球和国内棉花市场运行和价格变化，有四个明显特点：

一是到第三季度前，受全球石油价格高涨的拉动和国际通货膨胀输入的影响，国内外棉价一路走高（图1-3和图1-4）。中国棉花价格指数（CC Index）一直高位运行，从1月的13 522元/吨一直持续到9月（2008/09年度）新棉的13 177元/吨，期间6月最高达到13 856元/吨。国际棉价也在高位上运行，Cotlook A指数从1月的73.38美分/磅也一直持续到9月的73.59美分/磅，2月最高达到80.18美分/磅。

二是从第三季度开始，受美国次贷危机引发的金融危机的冲击，国内外棉价一路下跌。我国新棉高开低走，CC Index从9月的13 177元/吨下跌到11月的10 845元/吨（图1-3），减2 332元/吨，降幅17.7%。同时，Cotlook A指数也从9月的73.59美分/磅下降到12月的55.53美分/磅（图1-3），减18.06美分/磅，降幅24.5%。由于全球金融危机正向实体经济蔓延，全球经济跌入“寒冬”，发达经济体和新兴经济体的经济增长都放慢，甚至衰退，消费市场疲软，国内外棉价正处于一段严峻期，至2009年2月全球和我国棉价还在下行。

三是年间价格差价大。CC Index 6月的最高价13 856元/吨与11月的最低价10 845元/吨，差价高达3 011元/吨，差异率达到21.7%。Cotlook A指数3月为80.18美分/磅与11月的最低价55.02美分/磅，差25.16美分/磅，差异率达到31.4%。价格波动幅度大表明棉花市场波动大，稳定性差，结果还表明国际棉价波动大于国内市场。

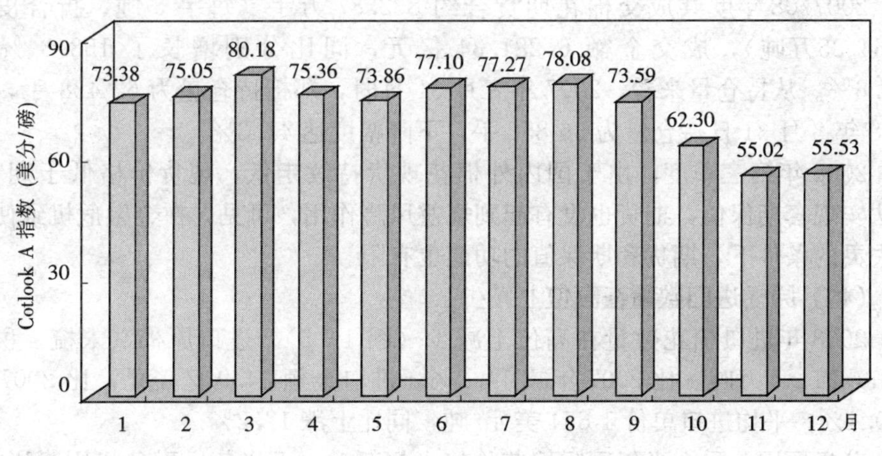

图1-3　2008年各月中国棉花价格指数变化

四是年际间两个市场价格的走向相反，国内降国际涨。2008年CC Index年均价13 097元/吨，比2007年降327元/吨，降幅2.4%。Cotlook A指数年均价71.39美分/磅，比2007年上涨8.03美分，涨幅12.7%，国际价格比国内的价差率高9.6个百分点。

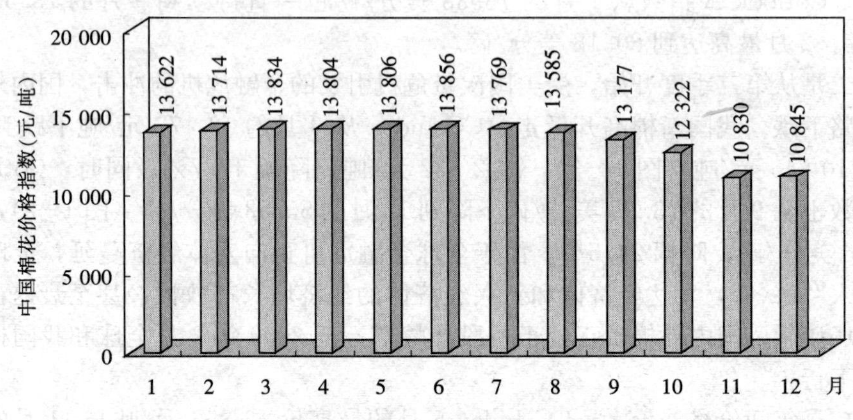

图1-4 2008年各月Cotlook A指数变化

（六）期货价格持续走低

棉花期货成交量、成交金额大幅度提高，持仓量有较大幅度减少，主要原因是价格持续阴跌使投资者看淡后市，但在新棉花年度到来后又有较大幅度回升。2007/08年度共成交棉花期货合约832.87万手（每手5吨，折合皮棉4 164.35万吨），成交金额6 281.34亿元，同比分别增长了168.8 %和185.6%。从持仓量来看，2007年8月31日时，郑棉持仓量为62 488手，而2008年8月31日持仓量为36 852手，下降幅度达41.3%。

2008年第三季度，由于国内外棉花现货持续走低，现货价格低于期货，无法实现套期保值，期货也没有起到规避风险作用，可见，在金融危机致使市场失灵的条件下，期货套期保值的功能也有限。

（七）原棉进口数量在高位上减少

2008年进口棉花数量在高位上减少（图1-5）。进口原棉（未梳，税号5201）211.5万吨，比2007年减14.2%；进口金额34.9亿美元，比2007年增0.4%；平均进口单价1 654美元/吨，同比上涨17.2%。

分析原因，受上半年国际棉花价格大幅飙升，下半年金融危机因素影响，国内纺织企业生产出口增速放缓，再加上滑准税后进口棉价格较高，棉花进口量连续两年减少。

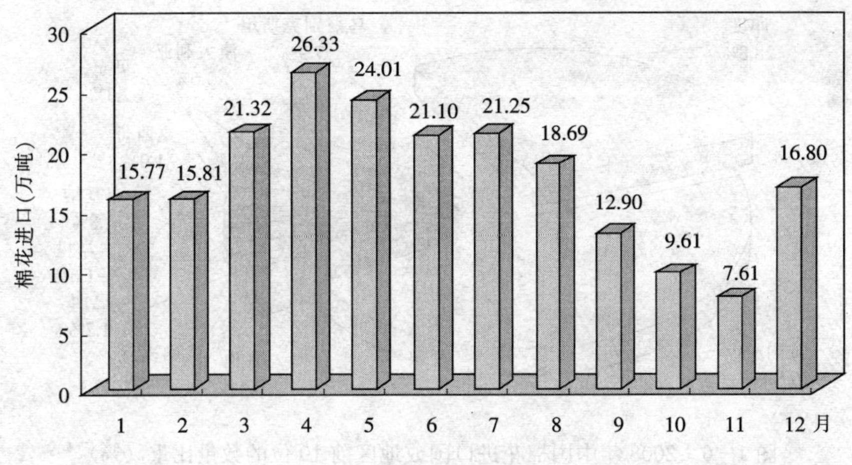

图1-5　2008年各月棉花进口量

2008年棉花出口1.6万吨，比2007年减23.8%；出口金额0.34亿美元，比2007年增6.3%。棉花贸易数量逆差209.9万吨，金额逆差34.56亿美元。

2008年进口废棉及回收纤维（税号5202）0.5万吨，进口金额200万美元，数量比2007年减96.8%，金额比2007年减96.4%。

2008年进口已梳棉花（税号5203）570吨，进口金额154万美元。

2008年全年进口棉花218.89万吨，进口金额35.25亿美元；进口数量比2007年减55.51万吨，减幅20.2%；进口金额减0.63亿美元，减1.8%。

进一步分析，2007年进口棉花来自的国别或地区多达50多个。值得指出的是，从印度进口量保持增加态势，进口地位继续保持第二位，按进口数量和金额排序（图1-6、图1-7）：

美国排第一，数量98.8万吨，金额16.6亿美元；

印度排第二，数量60.7万吨，金额9.6亿美元；

乌兹别克斯坦排第三，数量16.7万吨，金额2.7亿美元；

澳大利亚排第四，数量11.0万吨，金额1.7亿美元；

贝宁排第五，数量4.8万吨，金额0.8亿美元；

墨西哥排第六，进口4.0万吨，金额0.6亿美元；

布基纳法索排第七，数量3.8万吨，金额0.6亿美元；

马里排第八，进口3.3万吨，金额0.6亿美元。

巴西排第九，数量2.4万吨，金额0.4亿美元；

喀麦隆排第七，进口2.3万吨，金额0.4亿美元；

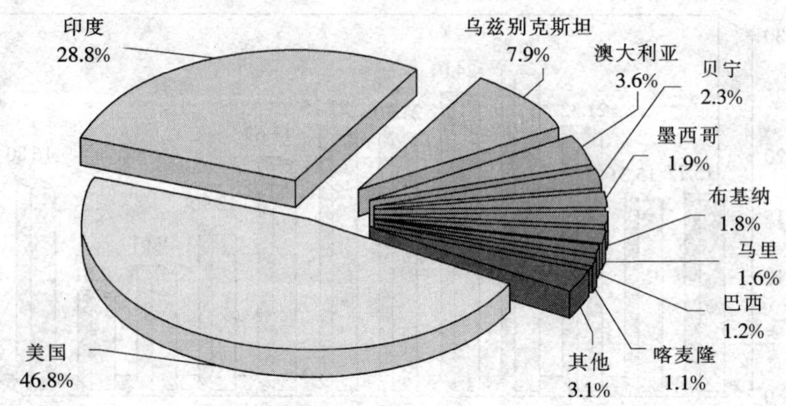

图 1-6　2008 年中国棉花进口国或地区前 10 位的数量比重（%）

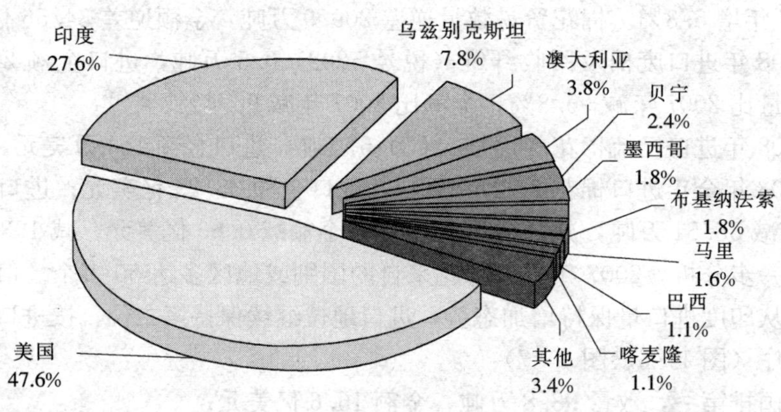

图 1-7　2008 年中国棉花进口国或地区前 10 位的金额比重（%）

前 10 位数量占 96.7%，金额占 95.7%。

从各地来看，山东进口数量和金额位居第一（图 1-8 和图 1-9），分别占 47.4%和 47.6%；江苏位居第二，数量和金额占 16.6%和 16.5%，第三是上海，分别占 10.9%和 10.7%。以上三省市占出口总量的 75%。

关于进口棉质量，迄今未见整体评价报告。据从互联网搜索，各地报道结果有差异，但总体情况好于 2007 年和常年。

据 2008 年 8 月 26 日国家质检总局通报出入境检验检疫情况，1—7 月进

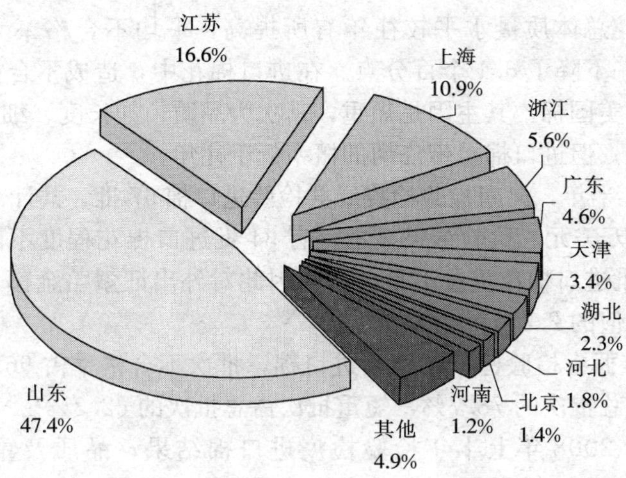

图1-8　2008年分省进口棉花前10位的数量比重（%）

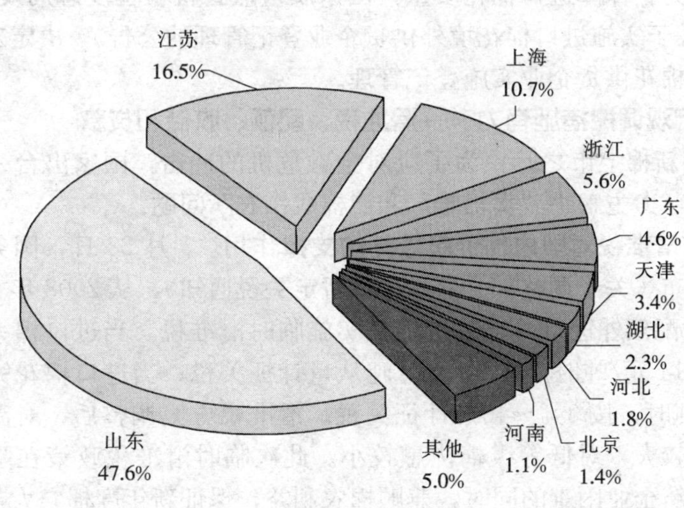

图1-9　2008年分省进口棉花前10位的金额比重（%）

口棉不合格率4.08%。不合格主要原因：与合同不符，品质缺陷，数量短缺，携带检疫性有害生物和一般性有害生物。

又据江苏新闻报道，2008年南通地区进口棉花5.3万吨，同比增

26.15%。棉花总体质量水平较往年有所提高，平均不合格率为10.1%，比2007年14.4%下降了6.1个百分点。在进口棉花中，造成不合格率高和索赔额大的主要为美国棉，其主因是短重，其次为品质，如长度、细度、纤维强力不合格及疫情，但进口棉携带疫情的概率低于往年。

2008年上半年，河南检验检疫局共检验进口棉67批、共计18 369吨，货物总值2 727万美元。检验结果显示，有34批进口棉花程度不同地存在品质问题，有58批进口棉花重量不足，河南因此对外出证索赔金额66.5万美元，占进口货物总值的2.4%。

2008年陕西省检验检疫局检验进口棉，批次不合格率占96.7%，品质问题批次占进口总批次的78.7%，短重批次占总批次的62.3%。

湛江口岸2008年上半年检验检疫进口棉结果，品质及重量不合格率的批次81%。品级、长度品质不合格率增加，降级、降长幅度大于2007年同期；马克隆值偏大和细度偏粗比较普遍，短重仍是进口棉最突出的问题。

为加强进口棉花检验检疫监督管理，防止进口棉花以次充好、掺杂掺假等贸易欺诈行为，保障进口棉花质量，国家质量监督检验检疫总局发布2008年第87号《关于实施进口棉花境外供货企业登记管理的公告》，决定对输入中国大陆的境外棉花供货企业实施登记管理。

（八）宏观调控措施有力——滑准税、配额、收储和贷款

2008年新棉上市之际，为了应对金融危机的冲击，国家出台一系列托市和救市措施，力主解决“卖棉难”和“棉贱伤农”问题。

1. 调整滑准税对国内棉价起较好的支撑作用。5月28日，国务院关税税则委员会发布《关于调整部分商品进口暂定关税通知》，从2008年6月5日至10月5日对配额外进口一定数量棉花实施临时滑准税。当进口棉完税价高于或等于11 914元/吨时，按570元/吨从量计征关税；当进口棉花完税价低于11 914元/吨时，按3%～40%计征关税。滑准税方案调整后，对高等级棉关税优惠幅度较大，对低等级棉优惠较小。此次临时滑准税政策在降低纺织成本、缓解棉纺企业困难的同时，兼顾棉农利益，保证新年度棉农大量交售新棉时尽量不受影响。

按算术平均值计（表1－5），2008年Cotlook A指数1%关税到港价13 025元/吨，Cotlook A指数滑准税到港价13 819元/吨，实际征收税率为7.1%，滑准税多征收794元/吨。扣除89.4万吨的1%低关税，滑准税多征收122万吨，征收额9.68亿元。

表1-5　2008年关税差价对比

项目	中国棉花价格指数（CC Index328）	Cotlook A指数	FC Index M	Cotlook A 1%关税到港价	Cotlook A 滑准税到港价	价差（元/吨）
1月	13 623	73.25	73.32	13 796	14 306	−510
2月	13 714	75.05	75.38	13 935	14 443	−508
3月	13 834	80.18	80.28	14 633	15 134	−501
4月	13 804	75.41	77.24	13 930	14 438	−508
5月	13 806	74.12	78.95	14 115	14 621	−506
6月	13 859	77.04	78.45	13 938	14 205	−267
7月	13 769	77.29	78.33	13 764	14 046	−282
8月	13 585	78.04	77.01	13 401	13 832	−431
9月	13 177	73.59	75.54	13 225	13 728	−503
10月	12 322	62.30	64.51	11 285	12 711	−1 427
11月	10 830	54.96	58.03	10 168	12 192	−2 023
12月	10 845	55.47	57.68	10 111	12 172	−2 061
算术平均	13 097	71.39	72.89	13 025	13 819	−794

注：价差＝Cotlook A 1%关税到港价－Cotlook A 滑准税到港价＝13 025－13 819＝－794元/吨。FCindex M为进口棉价格指数。

按进口棉价格指数（FCindex M）权数均价72.57美分/磅，比2007年同期增幅12.4%，按1%关税折人民币12 965元/吨，按滑准税折人民币12 163元/吨。比CC Index年均价低900元/吨左右，滑准税征收122万吨，约多征收11.0亿元。

2. 配额分批下发。2008年国家发放关税内棉花进口配额89.4万吨，增发关税配额外滑准税棉花进口配额260万吨，累计349.4万吨，实际进口211.5万吨，只完成配额的60%。分三批发放：第一批于1月前后发放89.4万吨1%的进口关税内配额；第二批于3月中旬发放150万吨的滑准税配额；第三批于5月底发放110万吨的滑准税配额。

3. 国家大力收购储备棉，力求托市和救市，着力解决“卖棉难”问题。为稳定国内棉花市场，保护棉农利益，积极应对金融危机的冲击，2008年度，国家通过中国储备棉管理总公司3次收储棉花，收储计划总量为272万吨（另有8月收储2007年度新疆棉8万吨，2008年日历年总计280万吨），速度之快、力度之大历史罕见。收储数量为1984年以来最大的一年，也是有史以来当年收储量最人的一年，具有托市和救市的积极效果，对解决“卖棉难”和稳定信心发挥了重要的作用。

第一次：10 月 21—24 日，收储 2008 年度新疆棉，计划 22 万吨，价格一律标准级 12 600 元/吨，全部成交。这次收储实际上起到了积极的托市效果。

第二次：10 月 29 日至 11 月 23 日，收储 2008 年度新疆棉及内地棉，计划 100 万吨，价格一律为标准级 12 600 元/吨，全部成交。这次收储实际上起到救市效果。

第三次：11 月 2008 年度新疆棉及内地棉，收储计划 150 万吨，价格一律为标准级 12 600 元/吨，要求企业先竞得收储额度后再按不低于 2.6/斤挂牌收购农民子棉。

以上 3 次收储棉花总量 272 万吨，到 2008 年 12 月 31 日，收储成交 145.3 万吨，占收储计划的 53.0%；至 2009 年 2 月 13 日，收储成交 196.5 万吨，占计划收储的 72.2%。其中新疆棉成交 116.2 万吨，内地棉成交 80.3 万吨；完成初验入库 161 万吨。

从收储实际来看，前两次收购储备棉对托市和救市的效果是显著的。第一次和第二次 122 万吨采取集中发放，对新疆棉价起到较好的支撑作用，托市和救市效果极为显著。至 2009 年 1 月，西北内陆棉区子棉收购基本完成，国家收储还带动内地企业进疆收购，整体进度加快；同时，西北子棉售价下降幅度仅 11.8%，低于全国跌幅 22.2%的 10.8 个百分点。第二次收储对“熊市”起到一定救市作用，对深度恶化的市场起到支撑作用，表现在信心支持上作用更大。虽然第三次收储 150 万吨发放给内地，但实际救市效果很差，至 12 月 31 日，成交量仅为 23.3 万吨，只完成目标的 15%。主要原因：一是由于 11 月之后市场恶化加深，国内外棉价持续走低，企业不敢收。二是收储强调大打包机，由于内地符合招标的企业在布局上分布很不均，一些没有收储企业的产区棉农仍无法卖棉，价格跌至 3.8 元/千克的低点，未能有效解决“卖棉难”问题。三是收储指标都采用招标方法很不妥，形成新的不均衡性，导致局部价格很大，一些产区到 3 月仍有棉花没有卖掉。

此外，为了轮换 2007 年度新疆棉，2008 年 8 月国家计划收储 15 万吨，实际收储 8.1 万吨，为此 2008 年收储总量达到 280 万吨，为历史之最。

4. 收购贷款问题。受金融危机的冲击，2008 年新棉棉花价格持续走低，社会资金入市收购减少，中国农业发展银行（简称中国农发行）发挥了较好的主渠道作用，特别是把棉花信贷业务作为重中之重，站在维护棉农收益、促进棉花产业健康发展的战略和全局高度，认真履行政策性银行职责，积极发挥收购资金供应的主渠道作用。至 2009 年 2 月，累计发放 2008 年度新棉收购贷款

496 亿元，支持企业收购皮棉 417.9 万吨，占全国总产 750 万吨的 56.0%。其中，新疆农业发展银行发放 2008 年度新棉收购贷款 298.6 亿元，支持企业收购皮棉 239.6 万吨，占新疆棉花产量（300 万吨）的 80%。

从农发行贷款来看，2008 年全国新棉均价 11 869 元/吨（不含企业自有资金），比 2007 年度 12 523 元/吨降低了 5.2%。其中新疆均价 12 462 元/吨，高于全国平均价格的 5%。

（九）质检体制改革全面推进

2008 年是国家全面推行棉花质量检验体制改革的第 4 年，仪器化检验是本次改革的重要内容，检验能力提高到 530 万吨，全国有 13 个产棉省市区 75 家实验室承担了仪器化公证检验任务。据报道，2008 年仪器化公证检验皮棉 139.2 万吨，其中交易商品棉 8.3 万吨，期货交割棉 16.3 万吨；检验纺织企业到厂原棉 259 万吨，检验国家储备棉 118.2 万吨。

四、2009/10 年我国棉花生产展望

（一）棉花消费增速继续回落，但消费基数仍很大的基本面不会改变

预测中国棉花生产景气指数（CCPPI）2009/10 年度为 250，比 2008/09 年度 295 下降 45 点。预测棉花产业经济走向为“需求或平或减，面积大幅下降；进口明显减少，新棉价格回升，稳定面积至关重要。”坚信棉花消费呈现“三个不会变”的基本态势，棉纺织业步入稳定增长期是其主要特点。只要增强信心，就一定能够战胜困难，转危为机。

自 1999 年以来棉纺业经历了连续 10 年的高速增长期，2008 年棉纱产能由两位数降至一位数，2009 年棉纱线产量将可能零增长或负增长。分析指出，金融危机是外因，增长周期是内因，在内外两个因素的作用下，棉纺织业将步入一个相对稳定增长期。分阶段来看，2009 年上半年 CCPPI 将将从 1 月的 250 继续下行至 200～233，一季度市场还有可能恶化，二季度会有所好转。下半年 CCPPI 将从 7—8 月的 200～333 上升到 250。

1. 要坚信棉花消费“三个不会变”的基本态势，需求基数仍很大。即使棉纱产量零或负增长，但产能基数很大的态势不会改变，棉花消费 1 000 万吨格局不会变；即使纺织服装出口回落或负增长，但出口总量保持高位的态势不会变；即使居民消费零增长，但国内棉花消费 650 万吨的格局肯定不会变。综合看，在出口和内需两驾马车的拉动下，2009 年棉花消费将可能呈现弱势增长。但要面对上半年的零增长或负增长。只要坚定信心和保持良好预期，就一

定能战胜危机。

2. 受金融危机影响，外部需求减弱，出口市场疲软。我国棉纺业是典型的外向型产业，出口量占产能总量的比例大，对外依存度大。由于金融危机不断深化，外部需求减弱势头在蔓延，世界银行、国际货币基金组织（IMF）以及各国纷纷调低2009年的经济增长预期。

IMF预计全球经济增长预期，从2008年11月的2.2%调低到2009年1月0.5%，2月调整为零增长，3月调整为−0.5%，全球经济形势严峻。

美国经济增长预期从2008年11月的−0.7%调低到2009年1月的−1.6%。欧元区从2008年11月的−0.5%调低到2009年1月的−2%。日本从2008年11月的−0.3%调低到2009年2月的−2.5%。新兴和发展经济体增速也会大幅减慢，从2008年11月预测增速为5%调低到2009年1月的3.3%。俄罗斯从2008年11月的2%调低到2009年2月的0.7%，同时该国货币贬值，卢布从2008年11月到2009年2月已贬值50%，的确在俄罗斯难做生意，对出口不利影响加大。中国经济力保8%的增长率国际货币基金组织认为7.5%～8.0%，也有认为6.5%。

有关全球经济复苏虽有不同看法，但声音非常弱。如2009年1月欧洲中央银行认为，世界主要经济体将在2009年年底走出经济衰退，但到2月有关全球经济走出衰退声音和看法比例非常小，美国经济恢复将可能要延后到2011年。

金融危机还导致全球贸易在急速下滑，贸易保护主义抬头，摩擦将会增加。这都不利于我国的出口增长，上半年纺织品服装出口也许零增长或负增长。

3. 新棉价格回升。在经历2008年下半年国内外棉价连续下跌的过山车之后，纺织品需求不足和鼓励出口还会造成价格下行延后，最终压低原棉价格。如果下半年全球经济复苏，国内刺激经济计划落实到位，二季度可见回暖，下半年消费需求转入正常状态。受新棉资源总量减少的影响，短缺可能慢慢显见，价格在波动中趋向回升。但由于全球经济复苏的不确定因素增多，棉价回升也有许多不确定因素。

我国纺织服装具有物美价廉诸多优势，由于金融危机导致家庭收入减少，购买力下降，但却正是彰显比较优势之时，纺织业“两个效应”均可兼得，在逆境中独树一帜。

鉴于纺织业是劳动密集型产业，对保就业的贡献大，国家出台《纺织业振兴规划》等刺激结构调整和产业升级的扶持政策，对出疆棉继续实行运输补贴等利好政策。为了遏制出口下滑，保住传统国际市场，国家再次提高出口退税率，还有可能实行零关税。近来关于平衡皮棉进项税（税率13%）和销项税（税率为17%）的4个百分点的呼声很高，纺织品服装将收益更多，消费拉动生产，价格将回升10%～15%。

国际纺织品服装生产也是一个值得关注的问题，发达经济体生产成本高，且已陷入衰退，而亚洲及其比邻的新兴经济体，金融危机的冲击已显现，资金流和市场同样遭遇冲击。比较之下，由于我国的优势，一些订单将会陆续转入我国，值得期待。

另外，从我国近7年子棉售价变化和波动特点来看，每年都涨跌相间，高一年则低一年，年复一年。除2002年度和2003年两个年度连涨33%和55%以外，2004年度跌29.7%，2005年度涨24.5%，2006年度跌7.9%，2007年度涨20.6%，2008年度跌22.2%。果真如此，2009年新棉售价将回升。

但要看到，由于2008/09年度国家收购储备棉多达292万吨，也创历史新高，如此多的储备棉，将为国家调控市场提供了充足的资源，另外，果真价格大幅上扬还可增加进口，可见，价格大幅回升的可能性也不大。

再看3月的郑州期货，“909”价格回升到12 200～12 400元/吨，“911”回升到12 500～12 600元/吨，按棉籽价1.5元/千克和衣分38%测算，减去加工成本和利润1 000元/吨，子棉收购价将在5.2～5.4元/千克之间，与上年度4.69元/千克相比，回升10%～15%。然而，纽约7—11月的期货走势相反，价格在50美分/磅上下徘徊。

4. 进口明显减少。2008年我国原棉进口呈现量减价涨态势。据《海关统计》快报数，全年进口原棉211.5万吨，比2007年减少35万吨，减幅14.1%；进口金额34.9亿美元，增0.4%。预测上半年仍延续去年11—12月向下的进口态势，下半年将会恢复，全年进口将减至150万吨上下，减幅25%上下。

（二）稳定植棉面积至关重要

由于2008年棉花生产遭遇通货膨胀的重压和金融危机的冲击，植棉收益蒙受巨大损失。2008年全国棉花主产品产值减23.2%，收益减99.6%，净收益1.9元/亩。分析减收491.5元/亩原因：一是子棉售价大幅下跌，占减收的66.9%；二是农资猛涨，占16.1%；三是用工费用上涨，占13.3%；四是子棉减产，占3.8%。按植棉面积8 789万亩测算，全国棉花主产品减收434亿元，损失巨大，其中承包大户几乎全是亏的，亏损额高达300～500元/亩。

2009年全国棉花生产形势很不乐观，“棉贱伤农”致使信心受挫，植棉积极性低落。据调查和各地反映，棉种销售缓慢，市场极度疲软。关于植棉面积，乐观估计将减少20%～25%，悲观看法将减少30%。据近期现场调查，一些集中产区将可能减一半。据中国棉花生产预警监测，1月全国意向植棉面积减20.9%，其中长江减26.5%、黄河减23.6%和西北减6.6%。西北减少的主要原因是去年122万吨托市和救市产生的积极效果，除成功解决“卖棉难”以外，其价格只降11.4%，低于全国近10个百分点。按2008年监测面积8 789万亩，2009年植棉面积将下滑到7 000万亩上下。另有4.4%的农户占5%播种面积即440万亩的意向植棉处于观望和等待之中。

我国是棉花消费大国，稳定植棉面积对保障基本供给事关重大，保障国内居民消费需求650万吨，需植棉面积8 000万亩。农业部提出2009年目标面积8 500万亩，总产760万吨。

在金融危机面前，也有许多机遇和有利条件，《党中央国务院关于2009年促进农业稳定发展农民持续增收的若干意见》（即“一号文件”）和国务院《纺织业振兴规划》对棉花生产利好有9项之多，良种棉补贴全覆盖，棉花将可获得补贴12亿元。开展长江和黄淮海基地建设，积极的财政政策和适度宽松的货币政策，棉花产业资金短缺问题将迎刃而解，出重拳扩内需保增长的10项举措，必将在稳定经济正在发挥重要作用。

同时，国际石油价格大幅度下跌对生产也将带来利好，物化成本的降低将带来生产成本的降低。国际油价从2008年7月的143.7美元下降到2009年2—3月的40美元/桶上下，降幅达到100多美元/桶，整体看，2009年农资价格呈大幅下行走势。

（三）力保稳定植棉面积需要政策扶持、科技支撑和应急储备三手抓

但从减轻危机对棉花生产的冲击来看，需要政策扶持、科技支撑和应急储备三手抓，三手都要硬；三提高，即：提高保障能力、服务能力和吸纳能力，才能力保植棉面积的稳定。主要措施：

1. 抓政策扶持，出台最低收购保护价，提高政策措施应对危机的保障能力。一是出台最低保护价是力保植棉面积稳定的基础，建议采用2008年收储子棉5.2元/千克作为新棉的最低保护价。二是把棉花列入农资综合补贴。三是看好国门，控制进口。

2. 抓科技支撑，全程服务，服务到底，提高科技应对危机的服务能力。一是开展棉花高产创建活动，力主高产超高产、低产到高产和棉麦双高产，积极稳步示范两熟北移新技术。二是推广一批优势Bt棉花新品种和杂交种，减少品种多乱杂的布局。三是推广一批简化节本植棉新技术，提高产量，降低成

本。四是广泛开展科技培训，深入开展经常性的科技服务，把专家示范的高产田和高产技术转化成农民大面积的高产田，让农民从科技进步和服务中得到实惠，形成现实生产力。

3. 抓应急储备，采用托市收储，努力解决“卖棉难”，提高市场应对危机的吸纳和吞吐能力。粮棉油大宗农产品卖难是遭受金融危机冲击的最典型反应，其次才是“粮贱伤农”和“棉贱伤农”。由于卖难，市场低迷，信心下降，迫使市场价格进一步下行。为此，新棉要提早防范市场风险，提前做好应急储备，采取托市收购，依照最低保护价，扩大收储，保证正常收购进度。

五、我国棉花产业发展政策展望

(一) 棉花在国内大宗农产品中的贸易地位

加入世界贸易组织之后，我国棉花贸易地位已发生了极为显著的变化，在国内大宗农产品的贸易地位已上升到仅次于大豆的第二位。按进口金额计，进口棉已从2002年的第四位跃上2005年的第二位，2007—2008年，由于食用植物油连续2年进口800多万吨，棉花退居第三（表1-6）。

表1-6　2008—2002年棉花进口数量及其在大宗农产品中的贸易地位

单位：万吨；亿美元

年份	进口棉花		进口大豆		按进口金额，棉花在国内大宗农产品贸易中的地位
	数量	金额	数量	金额	
2008	211	34.92	3 744	218.10	棉花第三，食用植物油第二，大豆第一
2007	246	34.79	3 082	114.72	棉花第三，食用植物油第二，大豆第一
2006	364	48.68	2 827	74.88	棉花第二，大豆第一
2005	257	31.96	2 659	77.78	棉花第二，大豆第一
2004	191	31.76	2 023	69.79	棉花第三，大豆第一
2003	87	11.69	2 074	54.17	棉花第三，大豆第一
2002	18	1.86	1 132	24.82	棉花第四，大豆第一

注：①贸易地位按进口金额多少排序。数据来源：《海关统计》。②2007年进口食用植物油838万吨，金额62.36亿美元，排第二。2008年进口食用植物油816万吨，金融89.77亿美元，也排第二。

面对全球金融危机的蔓延，我国棉花产业经济遭遇的严重冲击，棉价下跌，销售不畅，棉纺增速减慢甚至负增长，出口减少。为了应对金融危机，力保棉花生产不滑坡，防止棉农收益徘徊，党中央、国务院“一号文件”出台一系列发展棉花生产的新举措，对棉花产业产生诸多利好，号召稳定棉花生产，保障棉花有效供给。

（二）党中央、国务院“一号文件”对棉花产业有诸多利好

2009年2月2日中共中央，国务院《关于2009年促进农业稳定发展农民持续增收的若干意见》（即“一号文件”），出台一系列发展棉花生产的新举措，对棉花和棉花产业有诸多利好。

一是加大良种棉补贴力度，提高补贴标准，实现水稻、小麦、玉米、棉花全覆盖。棉花良种补贴的全面覆盖，意味着补贴实行普惠制，补贴的省市区增加，补贴的县区团增加，补贴的面积增加，一户植棉面积将全补。一句话棉花种多少补多少面积，将对棉花生产提供全面支持，棉花补贴资金从5亿元增加到13亿元。

二是稳定发展棉花生产，启动长江流域、黄淮海地区棉花生产基地建设。

三是扩大国家粮食、棉花、食用植物油、猪肉储备，适时启动主要农产品临时收储，鼓励企业增加商业收储，对棉花有利。

四是加强“北粮南运”、新疆棉花外运协调，继续实行相关运费补贴和减免政策，支持销区企业到产区采购。

五是把握好主要农产品进出口时机和节奏，支持优势农产品出口，防止部分品种过度进口冲击国内市场。

六是强化现代农业物质支撑和服务体系。加快推进转基因生物新品种培育科技重大专项，实施主要农作物强杂交优势技术研发重大项目。

七是加强和完善现代农业产业技术体系，深入推进粮棉油高产创建活动。

八是国务院《纺织工业和装备制造业调整振兴规划》指出，中央、地方和企业都要加大棉花和长丝收购力度；建设新疆优质棉纱、棉布和棉纺织品生产基地；纺织品出口退税率由14％提高到15％。据估计将为出口企业增利90亿元，对稳定棉花生产也有利。

此外，一号文件中关于“大规模开展中低产田改造，继续推进沃土工程，扩大测土配方施肥实施范围。开展鼓励农民增施有机肥、种植绿肥、秸秆还田奖补试点”等，也与棉花生产紧密相关。还有关于推进省直接管理县（市）财政体制改革，将粮食、棉花等生产大县全部纳入改革范围，许多项目将直接到县。

（三）农业部出台棉花优势产区布局规划

2008年9月农业部出台《全国优势农产品区域布局规划（2008—2015年）》，规划指出，我国棉花生产长期面临着价格大起大落、面积大增大减的突出问题。同时，品种“多乱杂”、基础设施条件差、病虫危害严重、机械化水平低等因素也制约着棉花生产的稳定发展，需要采取综合措施加以解决。

关于棉花生产的区域布局，规划指出，着力建设黄河流域、长江流域、西北内陆3个优势区。其中，黄河流域棉花优势区包括天津、冀东、冀中、冀南、鲁西南、鲁西北、鲁北、苏北、豫东、豫北、皖北、晋南、陕西关中东部地区，主要包括146个重点县。长江流域棉花优势区包括江汉平原、洞庭湖、鄱阳湖、南襄盆地、安徽沿江棉区、苏北灌溉总渠以南地区，主要含60个重点县。黄河流域和长江流域两个优势区着力提高棉花品质一致性，有效控制异性纤维混入。西北内陆棉花优势区包括南疆、东疆、北疆和甘肃河西走廊地区，主要包括98个重点县，稳定发展海岛棉，着重提高纤维强力和原棉一致性，扩大异性纤维治理成效。

关于棉花生产的主攻方向，规划指出，立足提高国内自给率，稳定面积、优化布局、主攻单产、改善品质、创新机制、提高效益。一是加强棉田水利设施和基础地力建设，提高抗灾保丰收能力；二是加快品种创新和良种推广，提高品种的抗病虫、耐盐碱、耐干旱和高产稳产等能力，突出抓好节水、节肥、节药等省工节本技术研发应用；三是加快推广采棉机具，减轻劳动强度，缓解用工紧张矛盾，降低生产成本，稳定植棉收益；四是加强社会化服务体系建设，提高生产组织化、规模化、专业化和标准化水平。

关于棉花生产的发展目标，规划指出，到2015年，三大优势区棉花综合生产能力明显提升，植棉面积稳定在8 500万亩左右，单产水平提高到95千克/亩左右，皮棉总产达到810万吨左右，力争满足国内需求量的50%以上，品种品质结构明显改善。

（四）加快科技进步，为棉花生产发展提供强有力技术支撑

国家重视棉花科技发展，加大对棉花科研的投入，自2007年以来，陆续启动一系列棉花科研项目和重大专项。主要特点：一是资助强度大，持续时间长。改变以往研究经费资助强度低，研究时间短，改专家向上要项目为专家下田多做试验研究、培训服务，加强示范转化应用。二是研究结果既强调先进性，更强调实用性，强调自主创新，力主研制专利产品和技术结合，形成具有实质性的、创新性的、适用型的技术成果。三是技术效果评价改变以往以专家闭门评价和自我评价欣赏为主，采用专家、政府、产业、行业和学会进行综合

评价，把生产发展、技术进步和农民增收作为检验的标准。四是主张“把论文写在大地上，把成果留给农民家”，改变过去一味地强调论文第一，唯论文而论文。

农业部和财政部于 2007 年启动公益性行业（农业）科研专项——棉花简化种植节本增效生产技术研究与应用，力求解决合理密植、氮肥经济施用、简化管理、节水节肥和“三丝”控制措施等棉花生产中的公益性和普遍性问题，同时创新性研究新型种植制度、新型肥料、棉花生产监测预警技术、工厂化育苗和机械化移栽等现代农业技术，搭建棉花产业信息平台等基础性工作；探索性研究麦棉两熟北移进一步提高土地产出；探索性研究地膜覆盖的替代技术，寻求治理残膜污染的途径和方法。

农业部和财政部于 2007 年率先启动 10 农产品的现代农业产业技术体系，棉花是 10 大农产品之一，已在主产棉区建立了 23 个综合试验站，每个试验站由站长等 3 人组成。建立 6 个功能研究室——育种、栽培、植保、农机、综合利用和产业经济，由近 30 位专家、教授组成岗位科学家，每个科学家又有3～5 人组成各自的团队，首席科学家为中棉所所长喻树迅研究员。产业体系旨在研究解决棉花产业全方位的技术问题，每位科学家都承担应用技术和前瞻性技术的研究和开发任务，还承担本专业的公益性和基础性工作，力争为棉花产业发展提供全方位和多层次的技术支撑。

农业部和财政部于 2008 年启动转基因棉花重大专项，设置 7 大课题——转基因杂交棉、早熟棉、优质纤维棉、耐旱耐盐碱棉、特色专用棉新品种培育，以及转基因棉花环境安全性评价技术、转基因棉花新品种中试、推广及产业化。

科技部于 2006 年和 2007 年启动国家科技支撑计划，西北内陆棉区承担多个课题，优质高产棉花新品种和杂交种培育，育苗移栽产品和技术研究，节水和节肥灌溉新产品和新技术开发，超高产棉花栽培新技术研究和开发，棉花生产全程机械化，机采棉配套品种和技术开发，生态友好型病虫害控制技术等。

六、2009/10 年度全球棉花产销形势展望

受粮食危机、农资涨价和生物质能源的冲击，全球棉花生产进入一个面积减少和总产下降的新周期，2008 年度为这一周期的起点年。据美国农业部（USDA）预计，2008/09 年度全球植棉面积 3 471 万公顷（5.2 亿亩），比

2006/07年度减352万公顷（5 280万亩），减幅10.1%，其中美国减少占其比例高达73.7%，非洲占21.3%，巴西占5.6%。由于面积的减少，预计2008/09年度总产2 384万吨（表1-7），比2006/07年度减300万吨，减幅10.8%。

自2008年8月金融危机暴发以来，各国实体经济遭遇严峻的冲击，前面所述，全球经济增速大幅度减缓，国际市场购买力下降，纺织品服装消费量减少，贸易量下降，并对纺织品服装的生产造成冲击，全球棉花消费量减少。USDA和国际棉花咨询委员会（ICAC）于2009年2月预计全球棉花消费量分别为2 452万吨和2 401万吨（表1-7），比2008年8月的预计减9.6%和减9.9%；考特鲁克（Cotlook）预计消费减少11%。同时，加上国际石油价格的下滑，纺织品化纤用量比例的提高，棉花消费量也将减少。

关于2009/10年度棉花生产，USDA和Cotlook公司预计全球产量分别下降到2 378万吨和2 265万吨，比2008/09年减1.5%和3.9%。

全球棉花出口量减少。2008/09年度出口量为690万吨，比2007/08年度减少17.4%，这是最近6年以来的最低水平。由于消费和贸易量的减少，全球棉花库存将增加。

关于全球棉花价格的走向，Cotlook不断调低2008/09年度的预期，受金融危机的影响，2009/10年度全球棉价回升缺乏动力支持，但不排除阶段性回升。

表1-7　国际机构对2008/09年度全球棉花生产、消费和库存预测

单位：万吨

预测机构和时间		产　量		消费量		期末库存		2008/09年度产销差
		2008/09	2007/08	2008/09	2007/08	2008/09	2007/08	
USDA	2008年8月	2 442	2 597	2 711	2 691	1 110	1 314	－269
	2009年2月	2 384	2 624	2 452	2 671	1 344	1 357	－68
ICAC	2008年8月	2 665	2 628	2 666	2 667	1 241	1 210	0
	2009年2月	2 370	2 622	2 400	2 640	1 210	1 240	－30
Cotlook	2008年8月	2 405	2 584	2 569	2 571	—	—	－164
	2009年2月	2 339	2 613	2 265	2 578	—	—	74

（撰稿：毛树春，中国农业科学院棉花研究所，国家棉花产业技术体系）

第二节　2008 年中国棉花市场运行情况分析

由美国次贷危机引发的全球金融危机在 2008 年 8 月之后愈演愈烈，各国经济深深陷入泥潭，举步维艰，为救市和刺激经济增长，各国央行纷纷采取救市措施。在世界金融危机的影响下，我国经济增速明显放缓，以股票、期货为代表的金融市场几乎都急转直下。

早在 2008 年初，国务院总理温家宝就预见到了这一状况，指出 2008 年将是中国经济最困难的一年。由于世界经济的萧条，我国纺织服装出口增速大幅减缓，而内销市场的持续温和，直接导致全年棉花需求不温不火，价格低迷，销售缓慢。

2008 年棉花行情曾被业内人士寄予厚望，结果却令人大失所望。在 7 月以前，虽然各方面都清楚产量的丰收以及疆棉的巨大库存，但总体价格保持在 13 500～13 900 元/吨之间运行，时值 7—8 月青黄不接之际，随着新棉集中上市的压力，加上货币紧缩棉纺厂资金纷纷绷紧断裂，及纽约棉花期货的“急转直下”，使国内子棉收购价和皮棉价格自进入下滑通道，直至 11 月中旬才踩住刹车。皮棉毛重提货价从 13 500 元/吨以上一路下挫到 9 500～9 600 元/吨，子棉价格也由上市的 2.8～2.9 元/斤跌至 2.2～2.3 元/斤。内地和新疆部分租地植棉的大户出现亏损，2009 年植棉意向调查出现近年来少有的大幅减少趋势。

为了稳定棉花市场，保障棉农利益，国家及时出台收储 272 万吨（占 2008/09 年度中国棉花总产的 34%以上）政策，并分别于 8 月 1 日、8 月 11 日两度上调纺织品服装出口退税，以及增大对中小棉纺织企业的融资扶持力度。至 12 月，现货及子棉市场才遏制下滑而稳定缓慢的上升。

一、2008 年棉花市场回顾

具体来看，2008 年国内棉花市场运行，分为平缓、下跌和上行 3 个阶段：

（一）相对平缓期（2008 年 1—6 月）

从图 1－10 可见，趁着 2007 年“东风”，2008 年开局很好，基本保持在 13 500 元/吨以上，甚至年后还出现了一个行情小高潮，创年度的次高点（3 月 13 日的 13 851 元/吨）；在 7 月以前，多数涉市企业以及涉棉机构对市场的看法还保持着惊人的统一：2008年棉花市场相对平稳，毕竟有2007年的先兆在前，而CC Index走势图，也证明了这一点。从2008年1月2日，CC Index以13 581元/吨的最低价格揭开2008年的序幕开始，到2008年6月30日的13 863元/吨的年度最高价结束，整整半年时间，CC Index活动的最大幅度仅在这282吨之间，表明2008年上半年市场运行非常平稳。

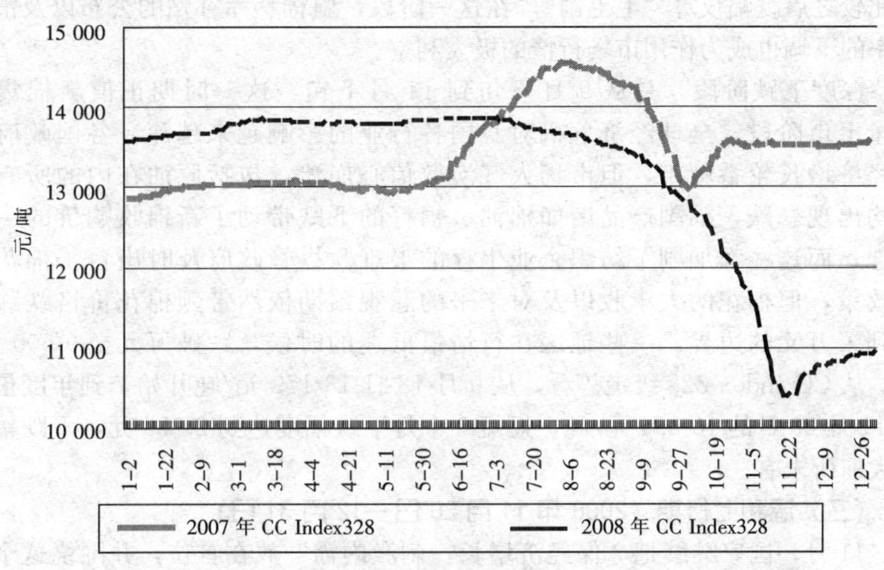

图1-10　2008—2007年中国棉花价格指数比较（CC Index）

2008年3月的年度次高点主要是国际背景影响。当时美元持续贬值、原油价格屡创新高，美棉期货价格持续大幅飙升，国际棉花现货价格报价水涨船高。在投机资金的拉升下，期货和撮合市场也连续涨停。加之当时市场普遍认为，粮食类农产品持续暴涨，只有棉花涨幅最小，由此认为棉花后市还有大涨空间，此理念伴随通货膨胀一直到年中。

（二）单边下跌期（2008年7月1日—11月20日）

由于纺织淡季的来临，以及国际经济形势的深度恶化，国内现货价格拉开了下跌的帷幕。这一时段又可以分为两个阶段：缓慢下跌阶段和深度下跌阶段。

缓慢下跌阶段主要集中7月上旬到9月中下旬。这一时期，国内棉花资源依旧充裕，单是疆棉库存就在百万吨左右。资金问题一直是2008年困扰纺企发展的重要问题。由于准备金率的持续上调，除棉花外的生产资料不断涨价，电费、运输成本又不断增加，许多纺织企业已经濒临倒闭。而随着年度末的临近，棉花企业还贷压力加大，棉花企业为贷款双结零加大了抛售力度，2008年棉花行情开始走出单边下跌的行情。从 CC Index 来看，2 个多月的时间皮棉价格从 7 月 1 日的 13 862 元/吨，下跌到 9 月 18 日的 13 179 元/吨，下跌幅度 683 元，到此时，CC Index 328 级棉已接近 13 000 元/吨，跌幅虽然不小，但比较之后跌幅仅算“毛毛雨”。在这一阶段，疆棉移库补贴的公布以及滑准税率的下调也成为作用市场行情的极大利空。

深度下跌阶段，是从 9 月下旬到 11 月下旬，这一时期正值新棉集中大量上市阶段。全球经济危机对我国各行业的影响越来越深，各国政府为保经济增长轮番救市，但市场人气涣散信心崩溃，包括原油在内的所有商品均出现暴跌，棉副产品诸如棉油、棉籽的下跌带动了新棉收购价的一路下挫，而这些都加剧了纺织企业生存的艰难。尽管政府及时出台了棉花收储政策，但棉花的大丰收以及对未来的悲观预期依然带领棉花价格跌跌撞撞到了万元的边界，一些地区在行情最低迷的时候，跌破万元至 9 500 元/吨。从 CC Index 328 级走势看，从 9 月 18 日 13 179 元/吨开始，到年度最低位 11 月 20 日的 10 394 元/吨，短短 3 个月下跌幅度达到 2 785 元，下跌幅度之大前所未有。

（三）温和上行期（2008 年 11 月 20 日—12 月 31 日）

11 月，国家继续把“保经济增长，刺激内需”放在首位，并围绕这个中心连续推出利好政策，调控力度之大，史无前例。伴随整个收储期间，国家发展和改革委员会一直为市场坚定信心，并在第二批 100 万吨收储计划完成 80%时，正式发布再增储 150 万吨的公告；与此同时相关部门明确“2009 年将扩大棉花良种补贴范围，在严格控制棉花进口，做好国内棉花供需总量平衡工作”。11 月初纺织品出口退税税率上调 1 个百分点至 14%。在相关利好的带领下，从 11 月中旬开始，各地现货市场止跌企稳，并开始了缓慢上行的过程。从 CC Index 328 级走势来看，从 11 月 20 日的 10 394 元/吨，到 12 月 31 日的 10 953 元/吨，一个多月的时间上涨 559 元，政府托市举措，收到了良好的效果。

总体来看，全年 CC Index 328 级走势，最高价 13 863 元/吨，最低价 10 394元/吨，高低价差 3 469 元，运行过程呈高台跳水。可以说，这次价格大跌主要受国际金融危机影响所致，而国家为稳定棉花市场而采取的种种措施，则对价格起到了极大的支撑作用。

二、影响 2008 年棉花价格的主要因素

（一）身陷金融危机，国内经济指标下滑

2008 年，美国次贷危机日益严峻，并蔓延成全球性的金融危机，中国经济也不能独善其身。世界经济形势每况愈下，人民币对美元汇率继续走高。由于对中国经济向好的预期，热钱大量涌入国内，我国外汇储备大幅增长，贸易顺差加大。在这一年里，我国的经济增速经历了从持续增长到逐渐衰退的过程。其中居民消费价格指数（CPI）（图 1－11）在 2008 年 2 月达到高点 8.7％之后，3 月开始逐渐衰退，到 12 月的 1.2％，减幅达到 7.5％，可以看出，2008 年下半年我国经济增速衰退加快。

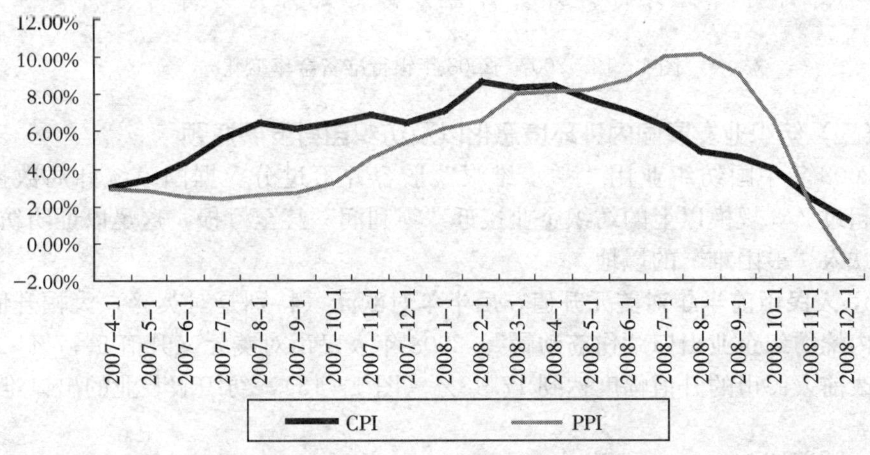

图 1－11　2007—2008 年居民消费价格指数（CPI）和生产者物价指数（PPI）走势

随着经济形势的变化，我国宏观调控政策也发生了根本性的转变。先是从 2007 年底“防止经济过热，防止通货膨胀”的“双防”，转变为 2008 年 4 月的“既要防止经济过热，又要防止经济下滑”。至同年 7 月，政府提出了“一保一控”，即把保持经济平稳较快发展、控制物价过快上涨作为宏观调控首要任务，宏观调控 8 个月内变了又变。存款准备金率在调整中达到历史最高点：从 2006 年 6 月开始到 2008 年 6 月连续 18 次调增存款准备金率，从 8.5％调增到 17.5％（图 1－12）。另外银行利率也连续提高，调整措施出台之密前所未有，政府的调控应该说对于过热的经济起到了积极的作用，但是过于偏紧的货

币政策也对企业形成了沉重的压力。

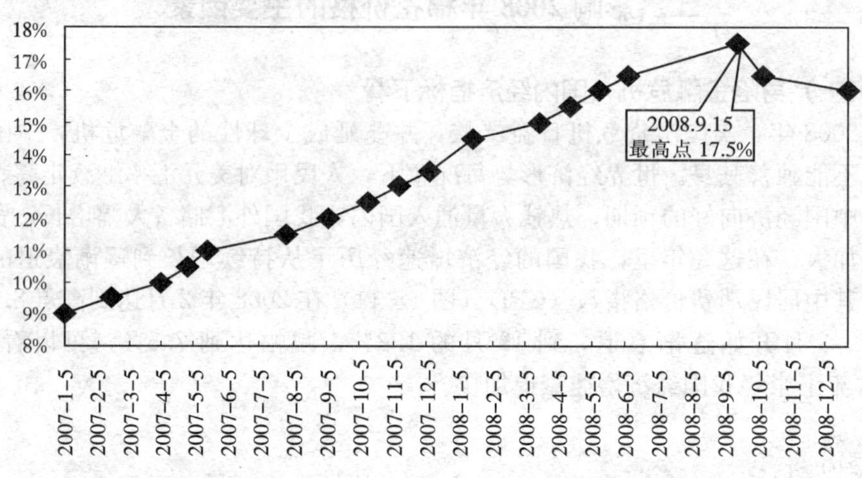

图 1-12　2007—2008 年银行准备金率变化

(二) 纺织业发展国内外环境恶化以及纺织自身发展瓶颈

2008 年中国纺织业用“举步维艰”形容并不过分。据国家统计局数据，全国超过 2/3 规模以上的纺织企业接近“零利润”甚至亏损，这足以证明纺织业已跌入“最困难”的境地。

1. 人民币前半年对美元升值，后半年对欧元（特别是对英镑）**大幅升值，使国内棉纺织企业出口“伤筋动骨”。**2008 年人民币对美元又升值 5.77%，相比汇改前人民币的升值幅度达到 17.48%（图 1-13），纺织服装业的出口难度

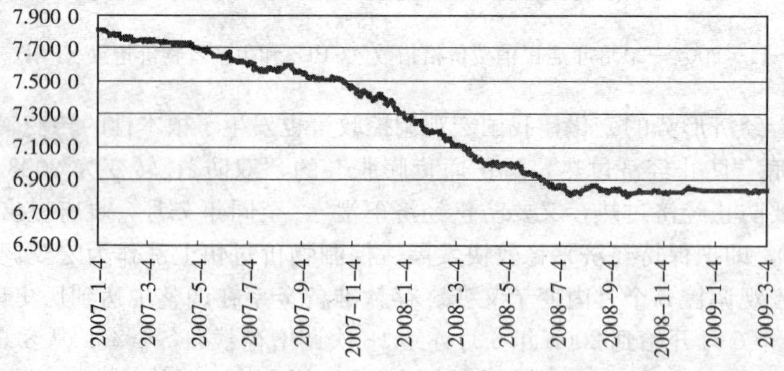

图 1-13　2005 年以来人民币对美元的升值

一再加大。一些企业两三个月前接下的外单，交货时汇率已大幅波动，不仅没有利润反而亏损，江苏和浙江地区出现了同外商签固定汇率的交易方式，但风险很大并不值得提倡。值得关注的是，欧元兑人民币9月2日和10月23日分别突破“10”和“9”的两大关口，至12月底又回至9.659 0，短短的一个月时间内欧元的贬值幅度达到12%以上，引起我国部分出口企业恐慌。2008年1—11月我国对美纺织品服装出口额占总量的13.9%，比2007年大幅下滑。

2. 从紧的货币政策带来的影响。从2007年下半年到2008年上半年，企业普遍反映当时最大的困难是资金紧张。当时一系列宏观调控货币收紧政策，使不论国有还是地方商业银行针对棉纺织行业的贷款政策“大变脸”。统计显示，放贷集中的一季度，各商业银行贷款额超过2.2万亿元，其中约3 000亿元贷款落实到中小企业，仅占全部商业贷款的14%，比2007年同期减300亿元，纺织中小企业抵御风险能力差的主要问题是贷款难。

3. 政策对纺织企业的影响。一是新劳动法的实施以及土地税、油电费上涨。新《劳动合同法》出台对外资企业总体影响不大，但对一些中小劳动密集型、季节性强、人员流动大的外资企业，影响还是较大的，劳动力成本提升约10%，直接压缩了企业经营效益。同时，土地使用税的大幅调高，土地使用成本加大，也挤占了一部分纺企利润。

国家发展和改革委员会通知，自6月下旬起汽油、柴油价格每吨提高1 000元，自7月1日起，将全国销售电价平均每千瓦时提高2.5分钱。此政策的出台，无疑又给困难中的纺织企业当头一棒，生产成本再次增加，各方面成本均水涨船高，却不见成品纱线、棉布涨价，大部分纺企采取三班两运转，降低生产，对棉花的需求量逐步减少。

二是纺织品出口退税率的变化和政府对纺织的振兴规划。从年初的纺织品服装出口退税下调到8月1日、11月1日两度上调退税率，同时在年末为2009年留下了“纺织品服装出口退税有望上调至17%”的期望。

到年末，政府对纺织业资金和其他扶持政策也“紧锣密鼓”的出台。如12月中旬工业和信息化部配合国家发展和改革委员会紧急制定九大重点行业的振兴规划，这9大行业是轻工、纺织、钢铁、有色金属、汽车、石化、船舶、电子、通信业，纺织行业作为“支柱”产业的提法再度成为焦点；同时国家及时启动了扩大内需策略，从中央拿出4万亿元投资规划带动各地方政府

18万亿“救市”，纺织业必将从中获益。

4. 纺织业自身发展的弱点与瓶颈。导致2008年我国纺织品服装出口增速回落、企业面临巨大生存压力的外部原因主要包括：人民币大幅度升值、原料及资源性产品涨价、企业用工成本上升、出口退税税率下调、美国等主要市场需求减弱以及国际市场竞争激烈等。

但比外部因素更重要、更深层的问题在于我国纺织产业自身积弊难除：企业盈利能力不足，大量中小企业几无技术创新能力，出口以中低档产品为主，自主品牌产品少，市场议价能力差，抵御风险能力弱等。近年来，纺织业固定资产投资过快增长，产能隐性过剩，主要表现在低端环节的低水平扩张，而在高端环节，阻碍企业参与国际竞争的主要因素是技术装备落后和自主品牌不足。生产过剩和低水平重复建设导致出口产品优势的减弱，许多企业主要靠低价打拼国际市场。这些自身弱点致使产品应对市场风险能力不足。沿海一带纺织密集区，无论大小纺织企业均经历了停产停工的艰难困境，还有一些企业因此倒闭。

（三）对棉花产业的宏观调控

1. 新疆棉移库补贴，出疆运输加快。作为国内最大的棉花产区，新疆棉的一举一动都极为受到关注。2007年度后半期，国内棉花市场的持续滞销和价格下跌使新疆棉销售难的问题再度成为业界焦点。6月底，当近百万吨的新疆库存棉花出现积压的消息传出，新疆维吾尔自治区人民政府、棉花企业和相关的贷款银行再也坐不住了。

6月23日，财政部印发了《出疆棉移库费用补贴管理暂行办法》的通知，规定自2007—2010年度，中央财政对在新疆生产并通过铁路运输移库到内地销区的棉花，不分品级和长度，定额补贴400元/吨。与此同时，为了加快新疆区内库存棉花的调运进度，铁道部决定，从7月10日起至8月底，将乌鲁木齐铁路局日发运棉花的车皮增加到270个，预计发运量达到60万吨。疆棉移库补贴的出台，可以促使新疆棉及早运至内地，一方面缓解了疆棉的销售压力，一方面保证了纺织用棉，不足部分再以外棉补充，这样才有利于国内各方利益，符合优先销售国产棉的基本政策取向。

2. 连续实施4次收储政策前所未有。2008年8月下旬，为解决2007年度新疆棉花卖难问题，国家决定以轮换的方式收储新疆2007年度生产的棉花，收储范围为2007年度新疆生产并经仪器化公证检验的锯齿细绒棉，第一批暂定为15万吨。收储到库最高价格为标准级（328级）每吨按 13 400 元（指新疆库点）和 13 600 元（指内地库点）。由于公检棉资源的匮乏等多种原因影响，2007 年度新疆棉计划收储 29.1 万吨，实际收储 8.1 万吨，成交率仅为 28%，虽然实际成效不佳，但就此拉开了支持新体制棉企的序幕。

由于纺织形势的持续恶化，以及棉价的大幅下滑，植棉成本的增加，而收购价却持续下跌，不利于保护棉农利益和稳定生产，国家自 2008 年 10 月中旬起，以远高于当时市场价格的 12 600 元/吨的价格收储公检棉，第一次 22 万吨，第二次 100 万吨，第三次 150 万吨，连续三次连续加量共计 272 万吨进行托市收购，现货逐渐有了起色。

3. 进口棉配额的发放及滑准税对价格的调节。2008 年国家共计发放 349.4 万吨进口棉配额，分三批发放：第一批于 2008 年 1 月前后发放 89.4 万吨 1%进口关税内配额；第二批于 3 月中旬发放 150 万吨滑准税配额；第三批于 5 月底发放 110 万吨滑准税配额。同时，出台了《国务院关税税则委员会关于调整棉花等部分商品进口暂定税率的通知》，对配额外进口的一定数量棉花实施 40%滑准税，对完税价格高于 11.914 元/千克的进口棉花按 0.57 元/千克从量税计征，实施时间是 2008 年 6 月 5 日到 10 月 5 日。

2008 年以来，国际棉花价格在完税之后一直与国内棉花没有拉开价差，纺织企业对外棉的进口迟缓。关税的临时下调有利于高等级棉的进口，从颁布的时间上看，政府在力图保护纺织企业利益的同时，也力争不伤害棉农利益。

（四）纺织需求减少与棉花库存过剩的矛盾

国家统计局数据，2008 年棉纱产量 2 148.9 万吨，增长 7.4%；布产量 710.0 亿米，增长 5.1%；化学纤维产量 2 415.0 万吨，增长 0.1%。在国家政策宏调、货币从紧措施和金融危机下欧美发达国家消费市场和消费信心明显缩水的影响下，纺织形势全年持续低迷。巨大的纱、布库存，以及资金的断链，使得纺织企业对棉花的需求大幅下降。

棉花方面，国家统计局公布 2008 年棉花总产是 750 万吨，减 1.3%。加之 2008 年全年发放进口配额 349 万吨，使得国内棉花供应达到了 1 100 万吨，一时“供过于求”，然而，2008 年只进口了 211 万吨外棉，尚有 100 多万吨配额没有用完，甚至在内外棉差价拉大至 2 000 元的情况下，月进口量却在逐步萎缩到 10 万吨以下（图 1 - 14）。

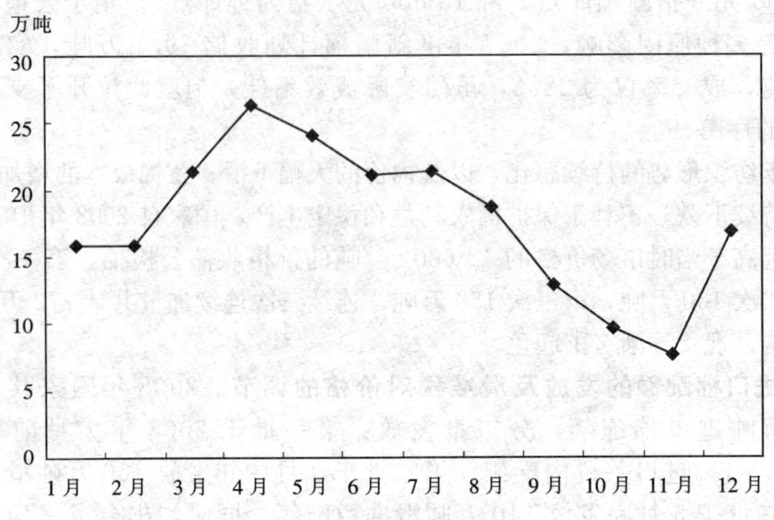

图 1-14 2008 年各月进口棉数量

三、2009 年棉花市场展望

（一）对外部环境不可寄予厚望

由于发达国家金融领域普遍出现信用和信心危机，资本市场、信贷市场的获利减弱，金融危机的风险逐步的实体经济蔓延。据中国科学院研究报告，受国际金融危机的影响，2009 年全球主要经济体经济前景不容乐观，预计全球经济增速为 2%左右；由于金融危机影响下实体经济的下滑，未来一段时间之内主要经济体仍将是负增长，问题在于实体经济的衰退是否会诱发金融市场的第二轮动荡，此前 20 世纪 30 年代大危机时就出现过这种先例。

不少机构预测，2009 年下半年金融市场应该会趋于稳定，但趋于稳定并不等于马上就进入“V”字形反转，金融危机对实体经济的负面影响还有一个滞后期，美国和主要发达国家的实体经济有可能还会持续一段低速增长，加上通货紧缩的阴影，也可能出现当年日本泡沫经济破灭之后出现的经济下滑和通货紧缩并存的局面。

国际市场需求仍然不振，这必然对纺织行业的出口造成负面影响。特别是由于 2008 年上半年国际需求情况尚好，出口基数较高，2009 年上半年纺织品服装出口很可能负增长。

(二) 2009年中后期国内经济有望复苏

从2008年金融危机对中国的影响越来越显现开始，我国政府就以鼓励出口、拉动内需为出发点，密集打出降息、减税、加大财政扶持等一系列政策组合拳。各机构专家对国内经济情况持相对乐观的态度，认为，国内银行资质良好、外汇储备充足，加上国家经济刺激措施实施得较为迅速，大风暴下中国虽“不能独善其身，但也不至于伤筋动骨”。

另外，包括世界银行、摩根、高盛在内的机构均认为2009年中国GDP增长将在6%～7.8%之间，而中央经济工作会议上，力保“8%”的增长预期。

(三) 纺织行业的生存将依靠内需的拉动

工业和信息化部有关负责人2009年初表示，受国际金融危机影响，外销市场低迷，预计2009年上半年中国棉纺织品及棉制服装出口将继续保持负增长，内销竞争加剧可能带来的低价倾销，将会使更多的企业失去本就微薄的利润空间。而商务部也表示，2009年初尚未看到出口回暖的迹象，对出口过度依赖的中国纺织企业是时候转向国内了。

2008年四季度以来，国家有关部门密集出台了一系列针对纺织行业的扶持政策，包括上调出口退税率、出台国六条以及制定纺织工业调整振兴规划等，这些将对中国棉纺织业度过困境、恢复信心起到积极作用。在央行的要求下，各大商业银行加大对中小企业的扶持力度，也将为纺织企业的持续发展注入血液。

尽管现阶段股市、房市低迷对居民的消费信心有一定影响，但是衣着类商品属于生活必需品，这就决定了即使经济出现下行趋势，衣着类内需市场的规模仍然不会出现萎缩。加上国家正在积极采取措施进一步改善城乡居民、特别是农村居民的生活水平，纺织行业的内销市场基本面依然良好。同时，国家推出的加快建设基础设施、发展医疗卫生职业等措施，也为产业用纺织品提供了良好的发展机遇。

但是纺织业继续进行结构调整，推进产业升级、淘汰弱势企业将成为2009年不可或缺的一个环节。

(四) 2009年棉花种植及产量预测

2008年萧条低迷的棉花市场极大地挫伤了棉农的植棉积极性。据各部门机构2008年底预测，2009年我国植棉面积将减少两到三成，到2009年初，这一幅度有所回调。据中国棉花信息网1月生产调查显示，预计2009年植棉面积将在7 310万亩左右，减少近两成。随着后期收购价的上涨、棉花良种补贴的全面发放以及其他支农政策的出台，到真正春播时，棉花种植意向可能有所回暖。

（五）全球棉花产量及外棉对中国的影响

与国内情形相仿，国际棉价虽在前期出现价格上涨，但整体销售量没有增加，在经济危机下，后半年出现需求萎缩，全球棉价低迷，仍无启动迹象，其他各国棉农的植棉积极性被极大打击。从国内外各大机构的预测和主产国棉农的心理来看，2009 年全球棉花将减产。

2008 年 11 月，国家相关部门表示，将严格控制 2009 年棉花进口，做好国内棉花供需总量平衡工作。2009 年 89.4 万吨进口关税内配额已发放，虽然 2009 年滑准税配额的计算方式不变，但滑准税配额的发放、价格的控制要根据需求等因素决定。

（六）从 2008 年延续到 2009 年收储带来的影响

2008 年收储 272 万吨棉花，约占当年产量的 36%，且多数为 3 级及以上高等级棉。当年 9—12 月至少消耗 150 万吨，因此后期高等级棉供应将日趋紧张，由此可能带来两个可能：一是由资源稀缺引起的价格上涨；另一是高等级外棉进入中国的机会增加。

（撰稿：王璐，全国棉花交易市场，中国棉花信息网）

第三节　2007/08 年度中国棉花期货市场运行情况分析

我国棉花期货于 2004 年 6 月 1 日在郑州商品交易所（简称郑商所）上市，4 年多来，日趋成长的郑州棉花期货市场，业务量不断增加，市场运行平稳，在保护棉农利益、服务种植业结构调整、促进棉花流通体制改革等方面开始发挥积极作用，涉棉企业开始利用期货指导生产经营活动，市场影响力日趋扩大，成为国家宏观调控的决策参谋作用，其期货价格也已成为国内外棉价的重要指标。

一、2007/08 年度郑棉期货运行基本情况

（一）期货成交量和成交金额增加，持仓量大幅度减少

与 2006/07 年度相比，2007/08 年度期货交易量和成交金额大幅度增加，

而持仓量则大幅度减少。价格持续阴跌使投资者看淡后市是主要原因，但在新棉花年度到来后又有较大幅度回升。2007/08年度共成交棉花期货合约832.87万手（每手5吨，折合皮棉4 164.35万吨），成交金额6 281.34亿元，同比分别增长了168.8 %和185.6%。从持仓量来看，2007年8月31日时，持仓量为62 488手，而2008年8月31日持仓量为36 852手，下降幅度达41.3%（图1－15和图1－16）。

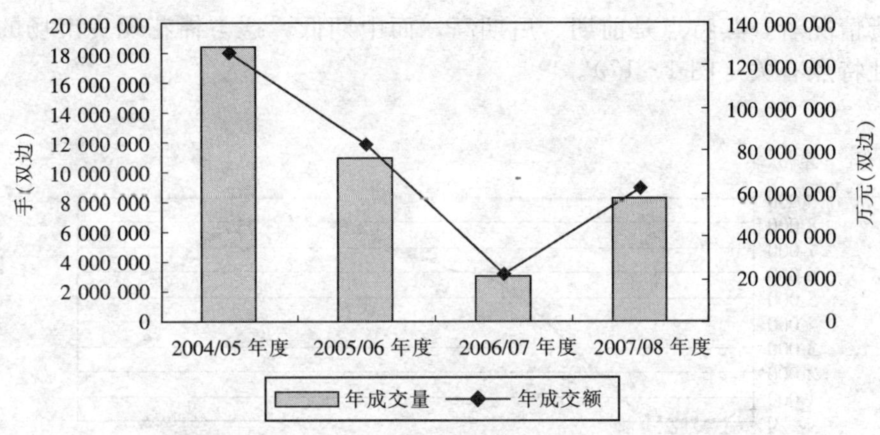

图1－15　2007/08年度棉花期货交易量和成交金额
数据来源：郑州商品交易所。

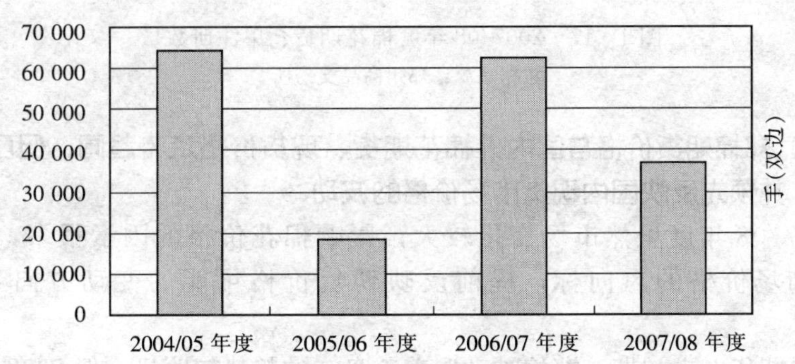

图1－16　2007/08年度棉花期货持仓量
数据来源：郑州商品交易所。

（二）棉花期货仓单数量创上市以来新高，交割顺畅，没有发生任何纠纷

2007/08 年度，共生成棉花期货仓单 11 084 张（约合 221 680 吨，下同），截至 2008 年 8 月 31 日，库内剩余仓单数为 1 514 张（约合 30 280 吨）。分月来看，2007 年 11 月至 2008 年 5 月为仓单集中注册时间，单月最高注册量高达 2 099 张（约合 41 980 吨）；集中注销时间为 2008 年 3 月至 2008 年 8 月，单月最高注销量高达 3 937 张（约合 78 740 吨），仓单进出顺畅。从合约交割情况看，当月合约的交割量多少不等，但总体呈现出年度初期低、年度后期高的特点，最高月交割量达 11 536 吨。从期货转现货情况看，其特点是前期、后期高，而中期低，这与棉花现货市场的季节性特点有关（图 1－17）。

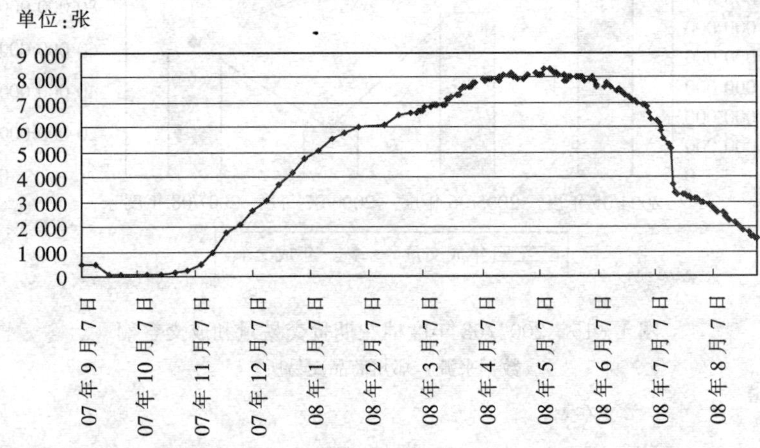

图 1－17　2007/08 年度棉花期货仓单注册数量

数据来源：郑州商品交易所。

（三）郑棉期货价格与国内外棉花期货、现货价格走势趋同，但已呈现市场特点，并预先反映国内现货市场价格的波动

2007/08 年度虽然市场变化较大，影响棉花价格的因素很多，郑棉期货作为市场价格的风向标，提前反映现货价格可能的变动方向（图 1－18）。

棉花期货上市初期，郑棉被动跟着美盘走的趋势较明显。但 2008 年以来，已逐渐形成独立行情，有时还对美盘有所影响。这表明中国棉花价格因素在世界棉花行业的影响力正在增强（图 1－18）。

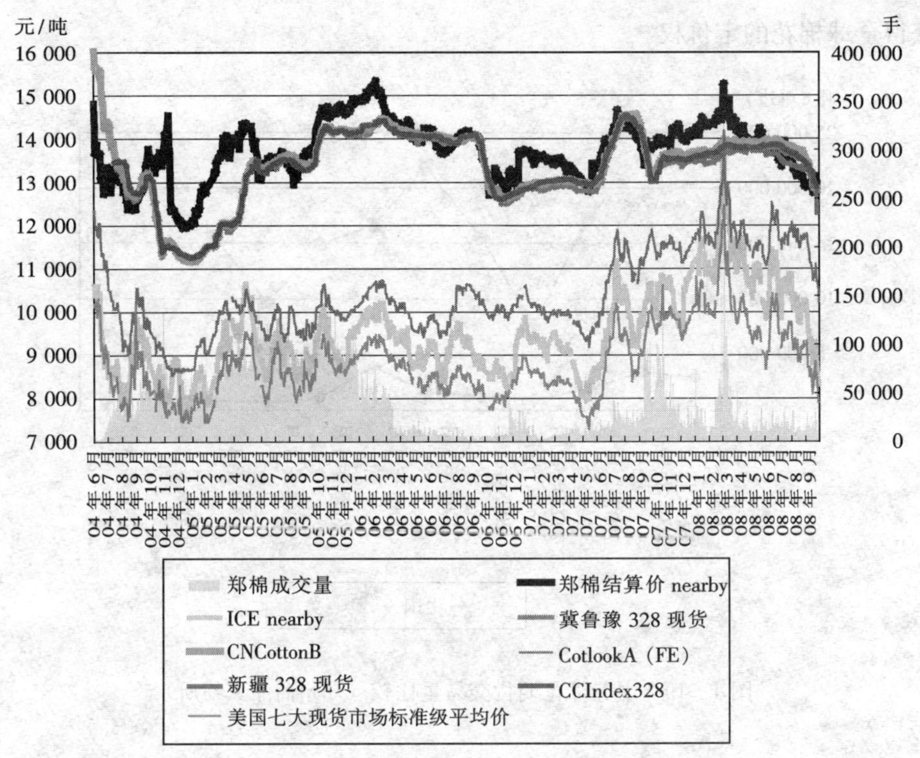

图 1-18 2007/08 年度国内外棉花期货和现货价格走势

数据来源：郑州商品交易所、中国棉花信息网、中国棉花网、纽约期货交易所、中国棉花信息网。

(四) 与美国纽约棉花期货市场规模相比，郑棉期货市场规模有扩大趋势，但仍处于发展的初级阶段

虽然棉花上市 4 年多的时间里各方面取得不少进步，但与有 130 多年交易历史的纽约棉花期货市场（ICE）规模相比，规模仍偏小，与国内庞大的棉花产业相比期货交易量还不大，其发现价格、套期保值的功能才刚刚开始发挥。

2007/08 年度，我国棉花期货交易量是棉花产量的 5.21 倍，而同期美国达到了 36.86 倍，说明美国期货交易的活跃程度大大高于郑棉期货。而从整个年度的月平均交易量和持仓量来看，也能得出相同的结论（图 1-19 和图 1-20）。

比较可见，我国棉花期货仍处于市场发展的初级阶段，还无法像纽约棉花期货市场那样较好地发挥发现价格、套期保值、风险投资等诸多功能，并最终

获得全球棉花的定价权。

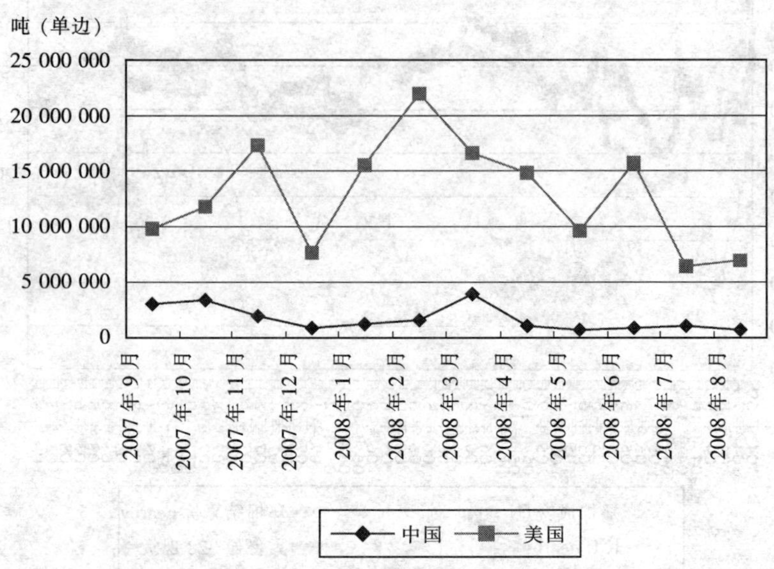

图 1－19　中美棉花期货交易量比较（郑州商品交易所）

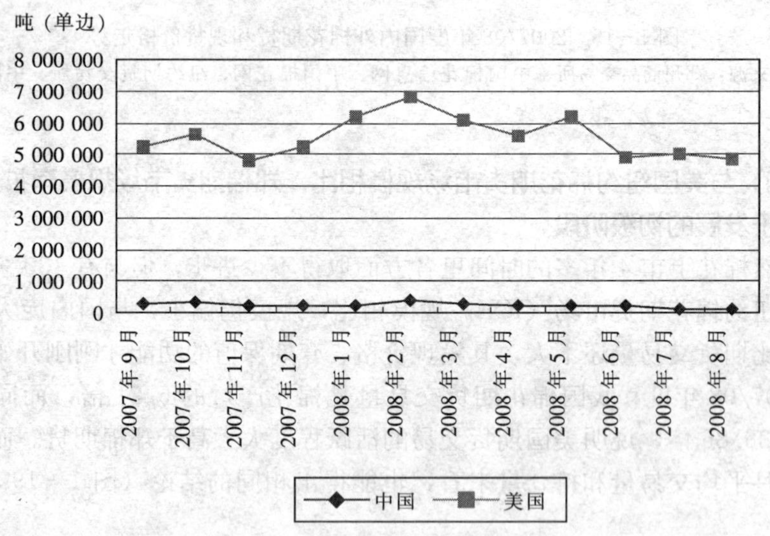

图 1－20　中美棉花期货持仓量比较（郑州商品交易所）

二、2007/08 年度郑棉期货价格走势回顾及影响因素

（一）国内棉花现货市场情况

从全年看，棉花销售进度慢于 2007 年，供大于求的局面始终对价格有较大抑制。2007 年 9 月至 2008 年 3 月棉价基本处于高位盘整期，3 月至 8 月，棉价在几乎无反弹的情况下单边下跌，持续到本棉花年度结束。中国棉花价格指数 8 月底为 13 608 元/吨，创全年新低。2008/09 年度新棉子棉收购均价 2.30 元/斤，折皮棉 10 500 元/吨左右。与往年相比，整体新棉收购市场的特点是冷清、谨慎。

分析主要原因：一是国内棉花供过于求的局面依旧；二是国内纺织企业受人民币升值和国际金融危机影响，出口受阻；三是棉纱、纺织品市场销售不畅，出口利润被挤压；四是纺织企业普遍资金紧张，随用随买现象较多。

（二）郑商所棉花期货情况

受国家棉花配额数量发放速度减慢的影响，新年度之始，郑州棉花期货价格承接上年度高位，主力合约从 2009 年 1 月到期合约价（CF901）的 14 200 元/吨左右与新棉价格衔接，但随着供应量加大，期货价格至 12 月跌破 14 000 元/吨。随后在美盘的影响下大幅上涨，至 3 月初最高 17 600 元/吨，随后一路下跌至棉花年度结束。纵观一年期货行情价格最高 17 600 元/吨（3 月 5 日），最低 10 080 元/吨（11 月 8 日）。3 月以后基本以单边下跌行情至本年度结束。此期间，期货价格围绕现货价格理性波动，为仓单流动创造了条件。从年度棉花期货价格波动的总体运行来看，在本年的棉花现货市场上，所有的涉棉企业都面临了较大的经营风险，而期货价格与现货价格波动趋势一致，并围绕现货价格上下波动，为涉棉企业利用期货市场套期保值创造了条件。

分析主要原因：一是受现货需求不足的影响。由于纺织出口受限，使棉花全年基本处于买方市场状态，由于棉花存量较大，贸易商为加快销售进度，不惜降低销售，纺企普遍随用随买，全年棉花销售不温不火。二是受美国棉花现货出口不畅的影响，纽约期棉价格连续下跌，进而使郑棉主力合约连续阴跌。三是受国际国内其他期货品种大幅下跌影响，棉花期货比现货超前下跌。

（三）国际期货市场情况

洲际交易所（简称 ICE 原美国纽约期货交易所，NYBOT）主力合约价格全年经历了大幅震荡下跌。年度初 3 月合约 62.08 美分/磅，2008 年 3 月 11 日最高 93.31 美分/磅，年度末 74.12 美分/磅。新棉年度又出现大幅下跌行

情，从 10 月初的 60 美分/磅连续跌至 11 月 12 日 39.23 美分/磅。

分析主要原因：一是受金融危机影响，农产品均出现大幅下跌，棉花期货也出现近年少见的暴跌行情。二是受美国棉花出口不畅的影响。三是投机从众心理。据 ICAC 9 月公布的全球棉花预测，2008/09 年度，由于全球植棉面积减少，预计全球总产 2 473 万吨，减 6%。其中，美国减 118 万吨。但从基本面上来看，棉花供求关系没有发生根本改变。

三、2007/08 年度郑棉期货市场特征

（一）市场规模稳步扩大，市场影响力越来越强

棉花期货上市初期，市场引进期货作市商制度，使得 2005 年交易量出现较大幅度增长。2006 年交易量经短期减少后，市场步入稳步休养生息时期。进入 2007/08 年度，市场自身的力量已经形成，成交量完全由市场决定，一遇大行情，交易量自然增加，价格走势曲线更能代表市场竞价结果。预计随着市场的进一步发展，交易、持仓量还会有一个稳步增长过程。

（二）价格趋势性明显，对涉棉企业的引导性增强

2007/08 年度 9—3 月，市场对新棉供求关系及政策导向在猜测适应中，使价格阶段性区间波动特征明显。由于现货价格较平稳，加工企业在期货市场上卖出动机明显。投机者受全球农产品牛市的影响，认为棉花应有补涨预期要求。双方力量在 2008 年 3 月以前多头占上风，主力合约价格最高达到 16 660 元/吨。3 月以后随着现货价格的持续疲软，空头占据绝对优势，市场一路阴跌至本年度结束。多空双方的长期对垒创造棉花期货上市以来交易量、持仓量、仓单注册量的新高。在本轮行情中不少有现货背景的企业，低买现货，高抛期货，赚足了期现货差价，一些涉棉企业在本轮现货价格的大跌中尝到了期现套做的甜头。

（三）棉花期货有效地规范了市场秩序，提高了我国棉花整体质量

提高棉花质量是棉花流通体制改革需要解决的突出问题。1999 年棉花市场放开后，加工能力严重过剩的问题非常突出，众多企业在争夺有限资源的过程中，造成了棉花加工质量下降，混等混级普遍，“三丝”、水分超标的普遍现象，严重影响了我国棉花产业的发展。为此，国家几乎每年都要召开会议并出台严厉措施解决棉花质量问题，但这一问题始终未从根本上得到解决。

本年度期货价格给棉花加工企业以强烈的引导信号，注重加工质量，提高质量标准化意识，就能在期货市场上卖出好价钱。企业要想通过期货市场卖出

棉花，就要对加工的工艺进行严格把关。在市场引导下，有些企业把收购工作前移，通过向棉农发放纯棉棉袋，来减少异性纤维的混入，要求农民做到“分摘、分晒、分存、分售”等，通过一系列的努力，期货交割棉的合格率达到90％以上。

四、2009 年棉花市场形势分析

近两年，国际棉价始终在外部因素的掌控之下，无论是生物质燃料的概念炒作还是 2008 年暴发的金融危机，都是棉价大起大落最直接的原因。新的一年，宏观环境的变化无疑是稳定市场心理的重要因素，价格的复苏在很大程度上要看周边市场和外部环境的变化。

虽然外部因素的影响相当大，但左右市场的投机力量一般不会逆势而行。市场表现说明，任何脱离基本面的上涨都是短命的。从长期看，全球棉花库存将由过剩转为紧缺，但从目前来看，2009 全球棉花库存过剩的状况不会改变，棉价大幅上涨的条件不具备。

（一）政策救市和调控的特征明显

与 2007/08 棉花年度截然不同的是，2008/09 年度在产量基本持平的大背景下，国储棉 272 万吨，收储价 12 600 元/吨，为宏观调控奠定了比较雄厚的物质基础。按照“顺价销售”原则，意味着国家政策强力拉动棉花市场价格，预计 2009 年棉花市场价格将围绕国储收购价格波动，市场棉价总水平虽可能低于 2008 年，但仍会显现前低后高的特征。

（二）产需形势

在经历了过去的棉价大幅波动后，国家对棉花安全问题给予了高度的重视。2009 年，在不发生大的自然灾害的情况下，棉花种植面积有可能低于去年 15％左右，产量将会略低于去年，但单产增加仍有潜力。总产将不会有太大下降。原因在于：一是国家政策支持，农民种棉积极性受良种补贴政策扶持，应时种棉仍是农民的首选；二是金融危机促使农民返乡务农，增加了农村的劳动力；三是单产的提高。

预计棉花需求量将保持稳中有升。2009 年，纺织企业受国际金融危机的影响，出口数量将急剧减少，但随着下半年经济形势的好转，出口量会逐步回升，棉花用量会随之增加。

（三）价格走势

1. 影响 2009 年棉花价格利好因素。支持棉花价格上涨的因素有：国家棉花市场监测系统于2008年12月12日发布的2009年全国植棉意向调查显示，2009年全国意向植棉面积降幅18.0%。2008年棉花总产量预计为750万吨，减1%。棉花产量和植棉意向的下降将减少远期的棉花供给，为后市营造了一种潜在利好氛围。

随着优质棉花的入储，市场上高品级棉花资源逐渐减少，部分纺织企业担心后市棉价将上涨，近期原料采购意向有所增强。据国家棉花市场监测系统调查，2008年12月初，有60%的企业准备采购原料，比11月初上升了22个百分点。

2009年2月国务院出台《纺织工业和装备制造业调整振兴规划》，指导纺织工业应对危机和结构调整。

2. 抑制棉价上涨的因素。新棉采摘基本结束，至2008年12月10日，子棉交售率同比下降12.2个百分点，其中内地平均交售率同比下降23.2个百分点。

受后期子棉品质较差及棉副产品价格持续下跌等因素影响，11月子棉价格继续下跌，棉花企业收购成本下降，12月15日，中国棉花收购价格指数9 859元/吨，较11月初下降807元/吨，皮棉降价空间增大。

棉花消费萎缩。据国家棉花市场监测系统预测，2008年度我国棉花消费量为998万吨，较上年度下降10.3%。纺织业生产、出口增幅下降。

棉纱与皮棉价差缩小压缩了纺织企业的利润空间。12月15日，纯棉32支纱与中国棉花价格指数价差为6 108元/吨，比11月初缩减829元/吨。

涤纶短纤价格“跳水”，棉涤价差扩大，涤短替代性进一步增强。

国内外宏观经济加速降温。世界银行最新报告预测，2009年全球经济增速将从2008年的11月预期的2.5%放缓至0.5%，2月预期为零增长。11月纽约市场原油期货价格跌破每桶41美元；美国37家零售商11月的销售额下降了2.7%。12月欧元区的制造业和服务业呈现至少10年来的最大幅度收缩。国内方面，11月PPI（生产者物价指数）、CPI（消费者物价指数）、工业增加值增幅均达近年来低点；进出口额出现近7年来的首次负增长，同比下降9%。

3. 价格总体走势。国家收储价是关键。政府以12 600元/吨设定新棉最低收购价，足以显示稳定棉价的决心，也不会以低于这一价格进行抛售。预计2009年价格以平稳运行为主，不会大涨大跌，但不排除在2009年4月以后出现上涨小高峰。

（撰稿：姬广坡，郑州商品交易所）

第四节　2007/08年度棉纺织行业运行与展望

2006/07年度，棉纺织行业发展在承受了各项成本上升，人民币大幅升值，出口退税率下调等不利因素下，全行业保持了平稳发展。进入2007/08年度，又遭遇前所未有的困难，棉纺织行业也同样出现投资、产量、出口增幅回落，行业利润增幅进一步减少，从业人员数量减少，同时，迫使企业进一步提高管理能力，开拓市场能力，加快优化产业调整步伐。

一、投资增速逐步下降，产量增速逐步趋缓

2007/08年度棉纺织业固定资产投资总额为736.84亿元，仅比2007年度增1.9%，增幅回落14.7个百分点。

2007/08年度规模以上企业纱产量为2 114万吨（快报数，下同），同比增11.3%，增幅回落7.5个百分点，除1—2月春节因素以外，每月产量增幅逐步下降。

2007/08年度规模以上企业布产量为547亿米，同比增13.9%，增幅回落1.3个百分点。

（一）投资

2007/08年度棉纺织行业投资额增幅，从2008年3月开始投资累计增幅

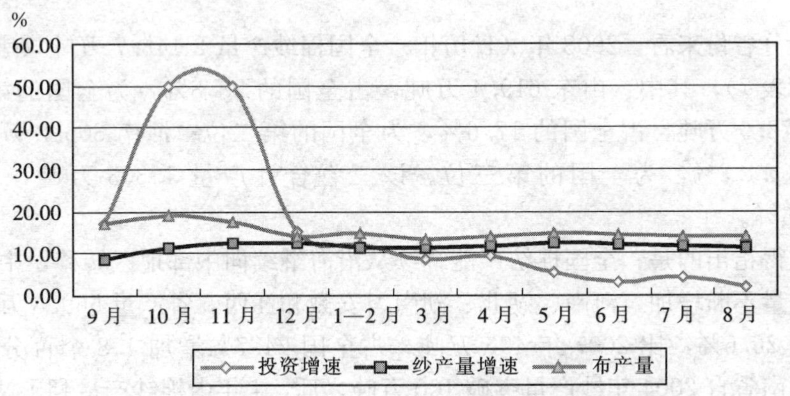

图1-21　2007/2008投资额、纱和布产量逐月累计增速

急剧下降，从单月完成的投资额来看，除4月以外较上年同期都是减少的（图1-21）。从国际来看，上半年，美国次贷危机就开始逐步显现，对弹性的纺织服装产品需求逐步减少；从国内来看，2008年1月1日起国家不再减免“两机”（自动络筒机和喷气织机）的进口增值税，进口数量也逐步减少。据协会统计，1—8月进口自动络筒机1 520台，下降30.1%，进口喷气织机7 595台，下降19.1%，表明投资信心在下降。

（二）产能

1. 纱产量。与2006/07年度比较（图1-22），2007/08年度纱产量两条增速曲线像是两条平行线，纱产量增幅就在低位运行，同时2006/07年度纱产量增幅就开始逐步下降，2008年1—2月由于春节和雪灾的影响达到了本棉花年度的最低增速，增幅为7.83%。

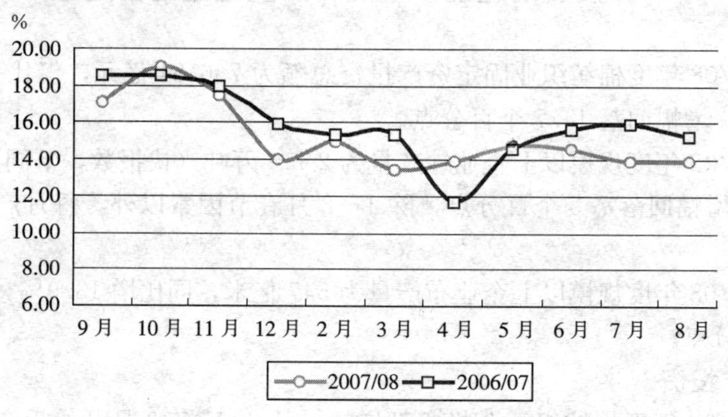

图1-22　2007/08年度棉纺产能增速比较

从分省份来看，2008年（日历年）全国棉纱产量2 148.7万吨（表1-8，详见附表7），其中：山东619.4万吨，占全国的28.8%，为全国的第一位；江苏378.9万吨，占全国的17.6%，为全国的第二位；河南305.2万吨，占全国的14.2%，为全国的第三位。该三省合计产量1 303万吨，占全国的60.6%。

值得指出的是，全国棉纺产能继续从沿海继续向中部地区转移，中部地区的纱产量不断增加，河南、湖北、湖南、安徽和江西5省产量569.8万吨，占全国的26.5%，比2007年495万吨，占全国24.7%增加1.8个百分点。其中，河南省自2004年纱产量突破100万吨之后，4年内棉纱产量翻了两番。

从增速来看，河南独占鳌头，增速最大高达23.7%；其次为湖南、江西、福建、山东等，产纱大省增幅回落有江苏、安徽和广东等，特别是10月以后减幅最为明显。

表1-8　2008年全国主要省市区棉纱产量

单位：万吨

地区	2008年	占全国的比重（%）	比2007年增减（±%）
全国	2 148.9	100	7.7
山东省	619.4	28.8	10.4
江苏省	378.9	17.6	−0.8
河南省	305.2	14.2	23.7
浙江省	163.6	7.6	11.5
湖北省	126.1	5.8	3.3
福建省	123.1	5.7	13.5
河北省	95.7	4.4	2.9
湖南省	51.6	2.4	15.0
江西省	44.6	2.0	14.1
安徽省	42.3	1.9	−0.1
广东省	37.3	1.7	−1.2

2. 布产量。相比纱产量增幅曲线2007/08年度布产量增幅呈曲线变化（图1-23），但是进入年度末，增幅一直处于下降的趋势。从地区分布来看，东部地区保持了快速发展，而中部地区大幅减产，西部小幅增长。

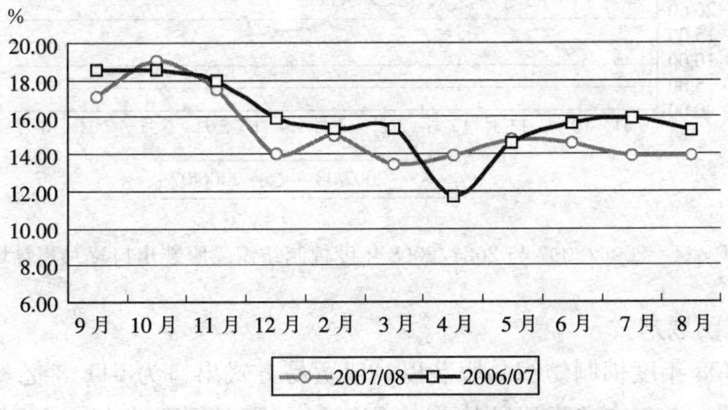

图1-23　2006/07年度与2007/08年度布产量逐月累计增幅

进入2008年，行业的经营困难就逐步显现，既有政策的因素，也有自身发展的因素，最重要的还是需求的减少所致，主要问题是很多企业减少了开机率。据中国棉纺织协会2008年上半年对13个省、市、自治区理事单位进行调查，31.4%的企业开机率低于去年同期，平均减少了15.8%，仅有8.6%的企业比去年同期有所增加，平均仅增加1%左右。

二、国际需求下降，出口增速回落

2007/08年度棉制纺织品服装出口总额为716.16亿美元，同比增长6.1%。其中棉制服装出口总额511.53亿美元，同比增长2.4%，棉制纺织品出口总额204.63亿美元，较上年度同期增加16.36%。

从图1-24可以看出，2006/07年度与2007/08年度是两条趋势完全相背离的曲线，且2007/08年度初到年度末的增幅差距甚大，从接近40%的增速一直下降到6%。2007年7月1日始，服装出口退税率由13%降至了11%，加之人民币对美元的快速的升值，美国次贷危机逐步蔓延到全球，对全球的经济增长及需求带来了较大的负面影响，其对外依存度较高的纺织服装业受到了严重的冲击。

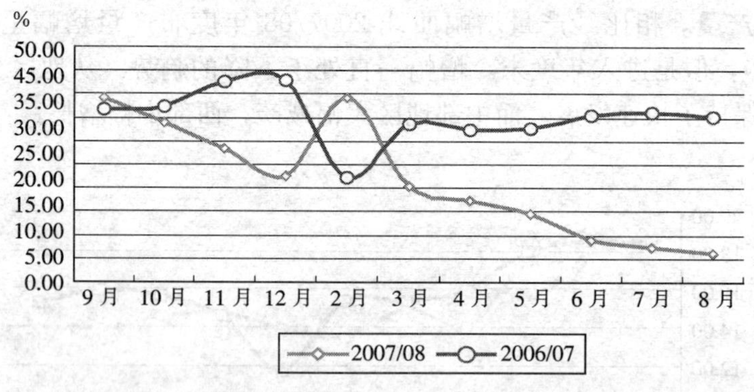

图1-24　2006/2007与2007/2008年度棉制纺织品服装出口逐月累计增幅

（一）贸易方式

2007/08年度棉制纺织品服装以一般贸易方式出口为511.3亿美元，较上年度增长2.8%，占总出口额比重的71.4%，比上年度减少了2.2个百分点；来料加工出口34.7亿美元，较上年度增长1.6%；进料加工方式出口117.3

亿美元，较上年度增长6.0%。在行业出口遇到困难的情况下，订单式出口缓慢抬头，一般贸易方式比重有所降低。以一般贸易方式棉制纺织品出口132亿美元，同比增长20.1%，而服装出口同比下降2.1%。

（二）主要贸易地区

从表1-9可以看出：

1. 中国香港地区的转口贸易不论是纺织品还是服装都在下降，总额同比减少11.5%，其中服装同比下降18.9%。

2. 大陆对台湾地区的出口仍保持着快速增长，2007/08年度同比增长43.3%。

3. 受欧盟取消配额影响，对欧盟棉纺织品及服装累计出口金额同比增长了42.5%，其中棉制服装占89.7%。

4. 我国对东盟地区的出口也以17.8%的高速增加，其中纺织品的增速高达40.81%，真可谓异军突起。

5. 2007/08年度对美出口开始下降，同比下降3.9%，显而易见，次贷危机严重影响美国预支未来的消费方式。

6. 日本一直我国纺织业的稳定客户，2007/08年度仅增长1.5%。

表1-9　2007/08年度棉制纺织品服装出口

国家或地区	合计		纺织品		服装	
	出口额（万美元）	同比（%）	出口额（万美元）	同比（%）	出口额（万美元）	同比（%）
中国香港	927 248	−11.5	522 486	−4.8	404 762	−18.9
中国台湾	27 889	43.3	9 311	38.9	18 578	45.7
日本	815 721	1.5	110 553	3.9	705 168	1.2
韩国	209 096	3.3	51 801	5.7	157 294	2.6
土耳其	48 872	−61.4	17 091	5.8	31 782	−71.3
东盟	522 085	17.8	284 901	31.6	237 182	4.6
欧盟	1 285 725	42.5	132 982	40.8	1 152 742	42.7
美国	840 177	−3.9	165 436	12.0	674 741	−7.2

三、行业利润增幅进一步下降，从业人员继续减少

（一）全行业

据国家统计局对棉纺织行业规模以上10 969户企业统计（表1-10），与

2007 年同期相比，2008 年 1—11 月全行业成本费用利润率、利润率、流动资产周转率均有不同程度下滑，从业人员减少。

1. 受全国经济影响。棉纺行业费用和成本的增长速度均高于利润的增长速度，造成 2008 年 1—11 月成本费用利润率同比下降 0.04 个百分点（表 1-10）。

表 1-10　2008 年 1—11 月成本费用情况

指标名称	单位	2008 年 1—11 月	2007 年 1—11 月	同比增减（%）
营业费用	万元	2 574 239	2 155 958	19.4
管理费用	万元	1 821 436	1 640 342	11.0
财务费用	万元	1 271 475	1 015 508	25.2
三费合计	万元	5 667 150	4 811 808	17.8
主营业务成本	万元	74 456 843	64 603 591	15.3
利润总额	万元	3 169 772	2 826 384	12.2
成本费用利润率	%	3.96	4.07	−0.04

2. 利润总额和主营业务收入增长。从数据看，尽管利润总额和主营业务收入都有不同程度的增长（表 1-11），但是受市场销售不畅、成本升高等因素影响，利润率都比去年同期下降 0.12 个百分点。并且这部分利润是由1/3企业完成的，大多数企业基本处于亏损状态。

表 1-11　2008 年 1—11 月利润情况

指标名称	单位	2008 年 1—11 月	2007 年 1—11 月	同比增减（%）
利润总额	万元	3 169 772	2 826 384	12.2
主营业务收入	万元	82 922 315	71 774 222	15.5
利润率	%	3.82	3.94	−0.1

3. 从业劳动力减少。自 5 月以来，棉纺织行业从业人员开始出现负增长，减员 5.5 万人（表 1-12）。

表 1-12　2008 年全部从业人员同比增幅对比

指标名称	单位	2008 年 1—11 月	2007 年 1—11 月	同比增减（%）
全部从业人员平均人数	人	2 767 797	2 823 157	−1.96

(二) 行业盈利两极分化严重，大多数企业经营困难

棉纺织行业占 34.4％的企业的销售利润率为 7.9％，完成了全行业 97.4％的利润总额，占 65.6％的企业销售利润率仅为 0.19％，占 16.7％企业完全亏损，其销售利润率为－5.19％。

国有企业亏损进一步加重，与 2007 年同期相比亏损增加 4 倍多，且盈利企业的盈利额逐步下降，亏损企业的亏损额大幅上升。全部从业人员比 2007 年同期减少了 3.2％，而私人控股企业经营最好，利润率达 4.4％。

四、市场分析

(一) 棉花市场

相对于 2006/07 年度，2007/08 年度棉花市场运行较为平稳，没有较大的起伏波动，需求的不旺，市场呈现淡季不淡，旺季不旺的景象。2006/07 年度棉花价格最高达 14 392 元/吨（图 1－25），高出最低价位 1 832 元/吨，而 2007/08 年度两个价格差只有 406 元/吨。

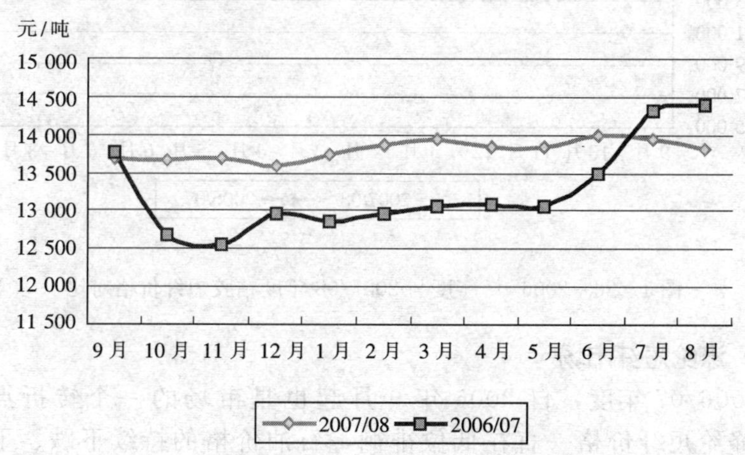

图 1－25　2006/07 年度与 2007/08 年度 328 级细绒棉到厂价格

由于各种费用的不断涨价，棉花原料也在小幅上涨，但下游市场的不畅，使得工业库存减少，随用随买，使得市场上的棉花看似比较充裕。而在 6 月新的滑准税率以及新疆棉出疆的补贴政策的公布与实施抬高了国内棉花的价格，

但最终还是需求的因素导致了价格小幅下行。

2007/08 年度我国共进口原棉 243.7 万吨，同比增 7%。在这个年度，我国使用了两种滑准税政策，2007 年日历年度基准税率为 6%，而进入 2008 年恢复到 5%，并且在 2008 年 6 月 5 日至 10 月 5 日又一次降低了税率，尽管如此，纺织企业的税负仍然很重。

(二) 粘胶短纤市场

2006/07 年度粘胶短纤价格可谓是猛涨猛增（图 1－26)。2007/08 年度前一季度顺延了这种长势，到 2007 年 11 月上升到 22 250 元/吨，12 月开始下跌，到 2008 年曾跌至 15 610 元/吨，跌幅达 29.8%，据分析供求关系仍是影响市场的主导因素。

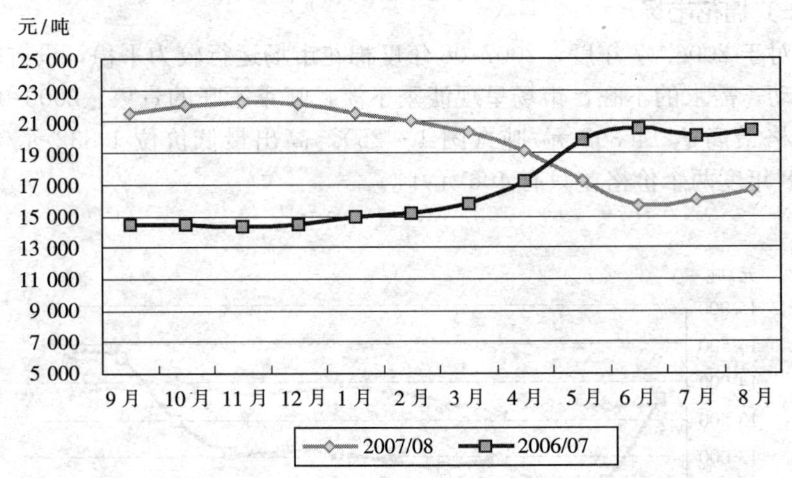

图 1－26　2006/07 年度与 2007/08 年度粘胶短纤价格对比

(三) 涤纶短纤市场

在 2006/07 年度，自 2006 年 9 月起也是市场的一个转折点，进入 2007 年涤纶短纤价格一直在低位徘徊，石油价格的持续下跌、下游市场的清淡，使其无力上涨。2007/08 年度伊始，主要由是于国际石油价格上涨，涤纶短纤价格一直是在小幅振荡中上浮，从年初的 10 700 元/吨，到 12 月的 11 750 元/吨，上涨了 1 050 元/吨，涨幅为 9.8%。2008 年伊始又开始下降，在 6、7 月有所上涨，最后还是随石油价格影响开始下跌，且加速度逐步加大（图 1－27)。

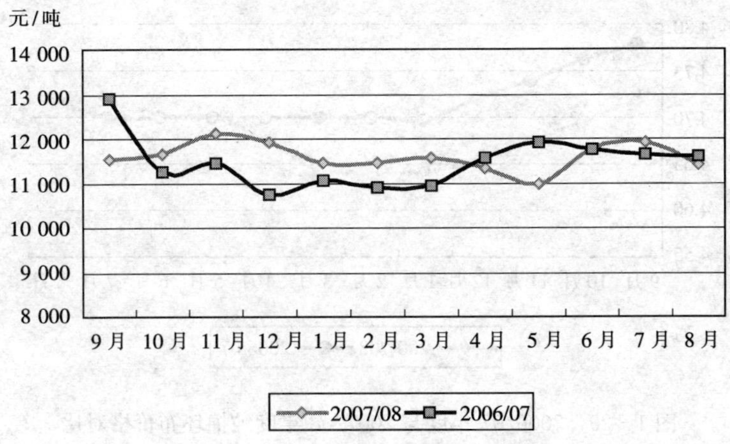

图 1-27　2006/07 年度与 2007/08 年度涤纶短纤价格对比

(四) 纱布市场

在各种成本上升情况下，2007/08 年度纱线价格曲线与棉花价格曲线一致。与 2006/07 年度棉纱价格高位运行（图 1-28），2007/08 年度平均价格增长 2.1%，其价格在前 8 个月表现平平，直到 2008 年 5 月开始出现转折。由于产品比原料价格滞后两个月左右，实际上前几个月棉花价格也在小幅上涨。

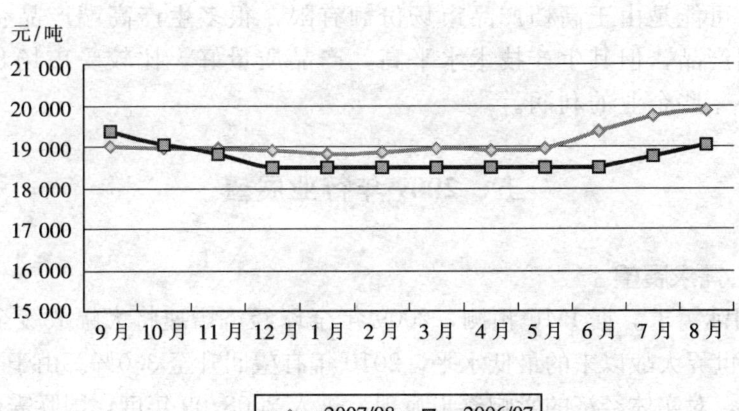

图 1-28　2006/07 年度与 2007/08 年度 32 支纯棉纱线价格对比

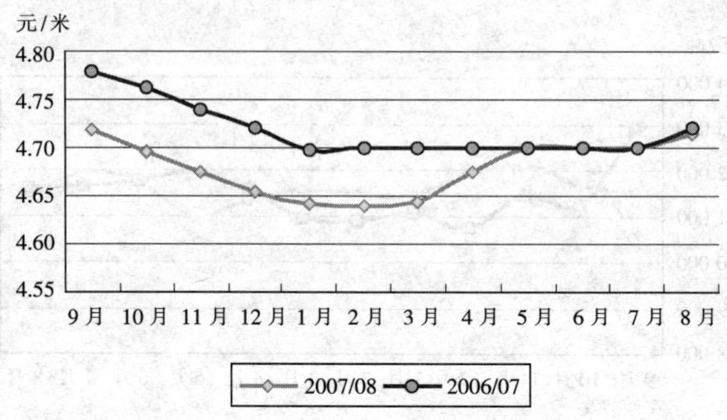

图 1-29　2006/07 年度与 2007/08 年度纯棉坯布价格对比

然而，坯布市场形势却比较堪忧。进入 2007/08 年度就在低位运行（图 1-29），比 2006/07 年度行情较差，到 2008 年 2 月跌至低谷，价格为 4.64 元/米，同样在 5 月开始上涨，并于 8 月基本赶上了上年度末期的价格。但总体来说，2007/08 年度坯布价格还是处于上行趋势。

据中国棉纺织行业协会调查，不论是高支纱及高支高密织物还是中低支纱及普通织物，不管是销售价格还是销售利润都下降的企业占比都增大，织物情况相对而言更加恶化；同时中低支纱及普通织物的销售情况更差。调研发现高档产品销售比较困难，相反中低档产品销售形势较好。究其原因，可能是由于高档产品市场份额有限，很多生产高端产品企业转而生产低端产品，但其生产技术水平高，产品质量好，比较受市场欢迎，挤压了另外一些企业的利润。

五、2009 年行业展望

（一）需求展望

1. 国际需求。据 IMF 预测，2009 年全球经济增速将大幅放缓至 0.5%，为第二次世界大战以来的最低水平，2010 年有望回升至 3.0%。由于金融危机全面暴发，对实体经济的影响逐步显现，进入 2008/09 年度，国际需求将进一步降低，尤其是美国、欧盟和日本需求减少最为明显，因此，国际需求的萎靡直接导致纺织行业出口的下降。

2. 国内需求。在国际需求的急速减少的情况，内需就更显得尤为重要，据中国纺织工业协会杜钰洲会长讲：2007 年，全国城镇居民人均衣着支出1 042元，是农村居民人均 193.4 元的 5.4 倍。如果区域经济差距缩小，农民达到目前城镇的水平，那么仅农村衣着消费增长额就会使全国衣着支出总额扩大 2.7 倍。而国家统计局也提出要把出口难度想得更大，要坚定不移地把扩大内需作为一个基本方针。而目前国家正在积极采取刺激政策，扩大内需，给行业发展提供了比较大的空间。

3. 储备棉收购。国家对棉花的调控政策年年不同，棉花价格的大起大落不仅伤害了棉农，也伤害了纺织企业。建议加大财政补贴，直补棉农。2008年棉花收储价 12 600 元/吨，大大拉高了国内的棉价，以 11 月中下旬计价，新疆棉高于内地棉 1 700 元/吨，而内地棉又高于国际棉 1 070 元/吨，大大降低了纱布企业出口的竞争力。新疆储备棉价格高出国际几千元，且所收储的新疆棉都是质量较高的棉花，2009 年将会增加纺织成本，即使有了订单，也因为原料价格过高而不敢接单，毫无疑问高成本棉花在国际市场上是没有竞争力的。

（二）趋势展望

随着全球金融危机的全面暴发，制造业经营困难逐步增加，棉纺织行业也同样出现了行业经营严重的两极分化现象。国家两次提高了出口退税率，并出台了“国六条”以及增值税转型等利好政策，国务院 2009 年 2 月出台的《纺织工业和装备制造业调整振兴规划》，为纺织工业结构调整和应对危机指明了方向。预计今后几年棉纺织行业发展理性回归，结构进入新一轮的调整期，产业集中度将进一步提高，中西部承接行业区域转移速度加快，坚信经过阵痛后的棉纺织行业必然会以全新的面貌呈现于世界。

（撰稿：张曼，中国棉纺织行业协会）

第五节　2008 年度棉花收购资金贷款的发放和管理

2008 年，受全球金融危机蔓延、经济增长放缓影响，国内棉花市场低迷，纺织行业调整加速，农业发展银行棉花信贷工作面临的经济金融环境和行业市场形势十分严峻。面对复杂形势，农发行加强市场调研和预测，科学制定执行信贷政策，及时调整完善管理措施，在继续加大信贷支农力度的基础上强化风险防控，棉花信贷业务得到了健康稳定的发展，在应对金融危机方面发挥了积极作用。

一、2008 年度农发行棉花收购贷款整体情况

（一）收购贷款

2008 棉花年度，农发行继续把支持棉花收购作为信贷业务的重中之重，站在维护棉农收益、促进棉花产业健康发展的战略和全局高度，认真履行政策性银行职责，有效发挥棉花收购资金供应的主渠道作用，确保了棉花收购的平稳进行。

在棉花丰产但价格持续走低和社会入市资金减少的情况下，至 2009 年 2 月，农发行累计发放 2008 年度新棉收购贷款 496 亿元，支持企业收购皮棉 8 358万担（417.9 万吨），占全国总产 750 万吨的 56.0%。其中，新疆农发行发放 2008 年度新棉收购贷款 298.6 亿元，支持企业收购皮棉 4 791 万担（239.6 万吨），占新疆产量（300 万吨）的 80%。

从农发行贷款来看，2008 年新棉全国均价 11 869 元/吨（不含企业资金），比 2007 年度 12 523 元/吨降低 5.2%。其中新疆均价 12 462 元/吨，高于全国平均价格的 5%。

（二）产业贷款

2008 年度，农发行积极配合国家宏观调控，大力支持棉花产业的有效发展。贷款支持进一步向棉花产业链条的两头延伸，除棉花收购的主体业务外，加大了对棉花生产种植、良种培育、国家棉花储备、棉花质检体制改革以及棉花产业化龙头企业等的支持力度，对于促进棉花产业健康发展起到了积极的作用。至 2009 年 2 月：

一是按照 2008 年度国家收购储备棉 272 万吨计划及相关政策要求，投放国储棉贷款 205 亿元，数量占农发行收购 417.9 万吨的 65.0%，资金占农发行 496 亿元的 41.3%。

二是进一步发挥棉花产业化龙头企业的带动辐射作用，积极投放龙头企业短期贷款 331 亿元，中长期贷款 4 亿元，促进产业化发展。

三是积极投放棉花调销贷款 44.13 亿元，支持企业调入皮棉 764 万担，有效支持棉花流通环节及满足用棉企业的资金需求。

四是加大对棉花生产性资金需求以及棉花良种生产、经营资金需求的支持力度，共计投放棉花预购贷款 5.69 亿元，棉花良种贷款 6 300 万元，积极扶

持棉花生产。

五是配合国家质检体制改革，积极投放棉花企业技术改造贷款 4 270 万元，支持企业进行技术设备改造。

二、2008 年度农发行棉花收购信贷政策及措施

为做好 2008 年度棉花收购信贷工作，更好地发挥政策性银行在棉花收购中的核心作用，针对 2008 年度棉花市场遭遇危机冲击的特殊行情，农发行实行区别对待，围绕支持收购与防控风险并重，在广泛调研的基础上，制订了相应的棉花信贷政策及风险管理措施，采取四项政策和五项措施。

（一）四项政策

一是坚持“区别对待、优胜劣汰”原则，保证资金供应，支持多渠道收购确保农民售棉。农发行把棉花收购贷款列入准政策性贷款，在资金和贷款计划上优先给予保证。鼓励并支持符合农发行贷款条件、抗风险能力强的产业化龙头企业或纺织企业进入棉花收购市场，并在全国范围内认定一批大型重点棉花流通企业。一方面通过更好的载体把农民种植的棉花顺利收上来，确保农民的植棉收益得以实现；另一方面加强优势企业的示范和引导作用，规范稳定收购市场，形成产业化的发展格局。

二是对收购实行“双线”控制，在连续几年执行“双限”政策的基础上，结合本年度的特殊行情，变“双限”为“双线”，即收购贷款上线和贷款风险控制线政策。收购企业贷款收购棉花，其收购价格必须在贷款风险控制线以内，农发行按照贷款上线规定的贷款支持额度发放贷款，其余所需资金由企业自筹解决，并根据国家收储政策和市场变化，及时调整贷款风险控制线确定标准。“双线”政策对企业提高经营水平、树立稳健的经营理念，从而稳定和引导国内市场棉价起到了积极作用，受到国家宏观部门的肯定。

三是坚持收购贷款本息年度“双结零”政策。“双结零”是多年来农发行为配合国家实施宏观调控政策，同时防控信贷风险而制定的一项基本政策。农发行规定棉花收购贷款必须实现年度收回，即一个棉花年度发放的棉花收购贷款，企业原则上要在棉花年度结束前偿还全部贷款本息。

四是不断发展和完善棉花产业链大封闭管理政策。农发行立足全国产区

与销区的客户群体，积极支持流通企业与用棉企业之间实现产销对接、供需衔接，建立稳定的购销合作关系，在政策上将棉花调销贷款列入准政策性贷款，同时延伸封闭管理产业链条和信贷支持区域范围，有重点地向棉花生产领域和深加工领域延伸，实现全国范围内的整个棉花产业链上的贷款封闭运行管理。

（二）五项措施

一是在收购前做好贷款客户资格认定工作，严把客户准入关，对于做好收购资金供应点的布局、解决农民卖棉问题，以及防控信贷风险起到关键作用。2008 年度，农发行本着“区别对待，择优扶持”原则，坚持三个结合，即与国家棉花质检体制改革相结合，与合理布局收购网点相结合，与企业上年度收购贷款按期归还情况相结合，逐步完善了贷款企业准入和退出机制，及时将认定资格贷款企业的名单向社会公众公布，以方便棉农售棉。

二是对棉花企业实施“三金”管理，在保证企业配套收购的自筹资金足额、真实的前提下，按企业不同选择缴纳风险准备金或经营者风险担保金，可以督促企业改善经营条件、提高管理水平、提升信用品质、增强经营压力，不断提高企业自身的抗风险能力。“三金”必须在棉花收购开始前筹集到位，贷款本息未全额偿还前不得抽回。企业每年要按照经营成果的一定比例补充自有流动资金，以实现自我积累和自我发展。

三是积极推行棉花库存第三方监管。这是农发行近几年大力开展的一项库存管理措施，也是利用全国棉花交易市场这个平台，借鉴国外库存管理经验，实现棉花库存管理的创新。2008 年度，农发行要求信用等级 A 级（含）以下的流通企业、未列入国家质检体制改革规划的企业以及异地保管的棉花都实行第三方监管。对积极实行第三方监管的企业，在落实有效资产抵押的基础上，适当放大贷款投放额度，支持企业扩大收购量。

四是坚持封闭管理有效措施，严格贷款发放、库存监管和收贷收息三个关键环节的监管。在贷款发放和棉花收购环节，企业必须有真实的收购凭证，按照收购棉花数量和价格发放贷款；在库存监管环节，坚持定期查库制度，参与企业实物盘点，做到账账相符和账物相符；在销售回笼和收贷收息环节，企业要执行出库通报制度，棉花出库前要告知贷款行，原则上企业实行钱与货两清的结算方式；货款回笼后，及时足额收回贷款，企业不得坐支销货款。

五是密切关注棉花市场动态，准确把握贷款投放节奏。农发行组织专门力量开展对棉花行业和市场的分析研究，根据市场变化情况适时调整信贷政策。为引导企业理性收购，同时促进棉花收购市场平稳运行，农发行科学把握贷款投放的时机和数量。在收购价格上涨迅猛时，适当控制贷款投放数量，放缓投放节奏；在收购价格过低，影响农民植棉收益时，扩大贷款投放，积极支持企业开展收购。

三、棉花改革收购贷款运行中存在的问题

从2008年度棉花收购贷款运行的实际情况看，农发行信贷政策符合客观实际，也得到了较好落实，银企配合比较和谐。但是，在收购贷款运行中也存在一些问题：一是2008年至今，国际国内经济环境困难，纺织用棉需求减少，棉花市场行情低迷，给收购贷款管理提出严峻考验；二是部分企业缺乏均衡销售、稳健经营的理念，利用银行信贷资金赌后市，加大了贷款风险；三是部分企业没有资金积累，缺乏自有资金，生产经营严重依靠银行贷款；四是部分企业无法参与或主观不想参与质检体制改革，面临被政策淘汰的风险；五是个别省份棉花企业改革改制仍然矛盾突出，进度缓慢。

四、2009年展望

2009年，摆在农发行面前的是如何在当前及未来棉花市场形势下做好棉花跨年度收购信贷资金供应和棉花促销收贷工作。农发行将重点做好以下工作：一是研究完善对大型重点流通企业的支持策略，支持其做大做强，培养一批在行业内有影响力、辐射作用强、规模大效益好的龙头企业，以它们为载体，充分发挥保护农民利益、促进棉花产业健康发展的作用。二是由于到2010年度，国家将全面取缔小包棉的加工和流通，农发行将实行区别对待，积极支持贷款企业尽快纳入国家质检体制改革规划，以实现企业收购加工行为的合法和符合规定，并调整客户结构。三是进一步做好产销对接、供需衔接工作，加大对整个棉花产业的支持力度，积极扶持棉花生产，加大对优质纺织企业的支持，通过信贷资金的衔接作用，促进产业链条通畅，达到实质性惠农的目标。四是积极探索新的贷款品种和贷款模式，进一步强化棉花收购资金主渠道作用和对国内棉花产业的扶持。五是加强调查研究，正确处理好支持棉花收购和防控信贷风险的关系。

（撰稿：中国农业发展银行客户二部）

第六节　中国棉花质量检验改革进展

一、2007 年度棉花质量检验进展

（一）进展

2007 年度中国棉花质量检验体制改革再次取得突破性进展，主要表现在以下方面：

1. 仪器化公证检验数量成倍增长。全国仪器化公证检验总量达到 733 万包，165.13 万吨，是 2006 年度检验量的 2.15 倍。

2. 加工企业更新改造比重继续提高。2007 年规划内加工企业完成更新改造数量为 323 家，338 条生产线，占当年更新改造规划生产线总数的 84%，同比增加 19 个百分点。其中新疆、甘肃、江苏、湖北四省（区）2007 年规划内企业全部按期完成更新改造。2005—2007 年加工企业完成更新改造数量为 848 家，918 条生产线，占更新改造规划生产线总数的 73%。

3. 仪器化公证检验覆盖范围进一步扩大。14 个产棉省（区）开展仪器化公证检验工作，其中天津、山西、安徽、江西、山东、湖北、湖南、陕西、甘肃、新疆 10 个产棉省（区）的所有实验室都已开展工作，天津、山西、江西、陕西首次开展工作。

4. 新体制棉花加工企业送检率增加。按照新体制要求参与仪器化公证检验的棉花加工企业达到 720 家，783 条生产线，是 2006 年度新体制企业数量的 1.68 倍，占完成更新改造企业数量的 85%，同比增加 20 个百分点。

从公证检验情况看，2007 年度棉花质量基本平稳，总体情况是：平均品级 3.2 级，与上年度相同。品级主要集中在 2～4 级，以 3 级为主，3 级棉比率为 51.33%。2 级及以上的高等级棉花比率为 16.47%，同比下降 1.14 个百分点；4 级及以下棉花的比率为 32.2%，同比上升 3.37 个百分点；平均长度 28.7 毫米，与上年度持平。长度级主要集中在 29 毫米和 28 毫米，其中 29 毫米棉花的比率为 60.62%，28 毫米棉花的比率为 24.22%。30 毫米及以上长度棉花的比率为 9.67%，同比上升 4.27 个百分点；27 毫米及以下长度棉花的比率为 5.48%，同比下降 0.74 个百分点。马克隆值 A 级棉花下降较多，比率为 27.95%，同比下降 6.08 个百分点；B 级棉花最多，比重略增，比率为 56.47%，同比上升 3.88 个百分点；C 级棉花最少，比率为 15.58%，同比上

升 2.2 个百分点。

（二）新情况和主要问题

棉花质检体制改革进入全面推行阶段已近三年，经过各方面的努力，棉花质检体制改革取得很大进展，新体制棉花已占国棉流通总量的 25.7%。特别是 2007 年 9 月国家发改委毕井泉副主任在全国棉花工作电视电话会上提出了新的改革配套政策，对推进改革起到很好作用，棉花质检体制改革前景日渐明朗，但目棉花质检体制改革仍面临着诸多困难和问题。不同地区改革进程有很大差异，新疆改革在稳步推进，内地进程却较慢，2007 年山东、湖北、江苏和湖南改革取得较大突破，河南、安徽、山西、陕西、甘肃、江西和天津困难重重，而河北出现停滞现象。

1. 加工企业布局规划总体合理，局部地区过于集中，加工能力分布不均衡。新疆加工企业布局规划较为合理；内地情况则相对复杂，目前来看，内地棉花主产省的加工企业布局规划仍难以解决加工能力过剩、布局不合理的问题，河北、河南、山东、安徽等省均不同程度存在加工企业占用规划名额、保留加工资格的现象。

2. 加工企业更新改造进度区域间差异拉大，部分地区改造进度放缓。究其原因：一是企业参与更新改造需要投入大笔资金，而目前棉花加工行业市场风险大、竞争激烈、利润微薄甚至亏损，企业为追求利润最大化，不愿进行改造，特别是部分已改造企业改造后缺乏流动资金，不能维持正常的收购加工运转，企业破产所带来的负面效应，更让拟改造企业处于观望、迟疑之中；二是加工企业对改革能否实现预期目标持怀疑态度，尤其是对 2009 年之后国家能否完全淘汰小包棉、彻底取消 200 型棉花加工企业的加工资格等直接影响自身经营的关键问题没有信心；三是加工企业自身经营性质导致的问题，如企业改制、债权转让、法人变更，或股份制公司中股东意见无法统一，都可能造成企业无法按期完成改造或不再进行改造。

3. 加工企业送检积极性整体提高，但部分企业对检验结果仍存异议。2007 年度新体制企业大包棉送检率提高，检验量占大包棉加工量的 71%，其中新疆新体制企业送检率为 69%，天津、河北、山西、江苏、江西、山东、河南等省企业送检率在 90%以上。促使加工企业送检积极性的提高，企业内在因素有两个方面：一是加工企业自身经营的需要，企业按照仪器化公证检验结果进行组批，批次内一致性提高，促进了销售并在进入期货市场时满足期货交割条件的比率可大幅上升，增加获利空间；二是纺织企业需求拉动的结果，质检体制改革 4 年来，纺织企业对新体制棉花的了解程度逐渐加深。一些纺织企业，特别是生产高端棉纱产品的企业，开始产生对新体制棉花的需求，激发了加工企业的送检需求。

但是，仍有部分新体制企业对仪器化公证检验结果存有异议，其中，公证检验结果与企业自检结果的差异是企业不愿送检的核心原因。在新疆，这一差异主要表现在品级指标上，加工企业依然虚高等级销售棉花，认为参加仪器化公证检验本身增加了企业生产成本，棉花品质结果下降还会继续影响企业效益。在内地，企业对公证检验品级较为认可，2007 年的突出问题是安徽、湖北等省棉花受气候影响，棉花长度在 28.0 毫米上下波动，HVI 检验结果长度值为 27.8 毫米和 27.9 毫米的棉样，长度级为 27 毫米，而此类情况感官检验结果一般视为 28 毫米级。企业认为相同棉花 HVI 检验和感官检验结果相差一个长度级，从而影响了企业送检积极性。

4. 新体制棉花市场占有率提高，但重量和样品公信力问题逐渐成为关注问题。新体制棉花公证检验数量占棉花产量的比重逐年上升，新体制企业直接销售到纺织企业的棉花，绝大多数都能货证（公证检验证书）同行，条码卡完整。但通过棉花经营企业销售的新体制棉花，纺织企业难以拿到公证检验证书，棉包条码卡缺失的比率也较大。由于新体制棉花公证检验样品是企业自行取样，缺乏有效监管措施，随着新体制棉花市场份额的增加，样品的公信力逐渐引起各方关注。此外，新体制棉花公证检验的项目主要为棉花品质指标，棉花重量结果虽然体现在公证检验证书上，却是企业自检结果。在新体制棉花品质检验结果得到普遍认可的同时，因棉花重量引发的纠纷时有发生，重量问题逐渐成为新体制棉花贸易中的焦点问题。如何有效监督约束企业，保证检验样品真实、重量结果可靠是一个亟待研究解决的问题。

5. 新体制加工企业对送检棉花进入专业仓储的看法不一。由于改革推行至今，新体制棉花进入专业仓储进展缓慢，绝大多数加工企业接触专业仓储的机会仅限于以参加期货交易或电子撮合为目的的入库，对于专业仓储的定位、运行模式、功能作用都没有明确认识，只是简单地认为专业仓储会增加企业经营成本费用，也不便于企业棉花现货的销售管理。特别是现阶段棉花行业利润微薄，加工企业为加速资金流转，普遍采取“快收、快加、快售”的模式运行，企业几乎没有皮棉库存压力，也就没有对专业仓储的需求。与之相反，在新疆奎屯，加工企业收购加工量大而皮棉货场有限，皮棉库存已对加工速度产生影响；在安徽，少数加工企业认为专业仓储有助于企业减少经营环节，有利于企业经营管理；在山东泰安，加工企业的皮棉置于专业仓库监管下，更容易得到农发行贷款，解决企业资金问题。这些加工企业迫切希望国家尽快解决专业仓储的问题，并在专业仓储方面给予有力的政策支持。

6. 纺织企业对新体制棉花的认知程度增强，但公证检验品质结果还没有参与贸易结算。随着纺织企业使用新体制棉花的比重增加，加上新体制棉花质量又优于老体制棉花，品质检验指标多、结果准确逐渐成为企业共识。但是纺织企业使用大包棉，也需要对生产设备进行更新改造，以中低端产品为主的纺织企业对新体制棉花还没有需求。我国尚未建立围绕仪器化检验指标的结算体系，纺织企业采购时仍习惯以品级、棉包净重或公定重量进行结算，公证检验品质结果仍然没有参与贸易结算。纺织企业购入新体制棉花后，依然以企业内质检部门的检验结果为主进行配棉，存在的主要问题还是没有建立 HVI 检验结果与传统配棉指标之间的关系，纺织企业技术人员不会使用 HVI 检验结果进行配棉。可喜的是，部分纺织企业已将纤检机构 HVI 检验结果作为配棉的参考依据，特别是在 2007 年度部分试点企业通过应用电子配棉系统，借助计算机技术，HVI 检验结果开始发挥指导配棉的作用。从纺织企业反馈的情况看，纺织企业迫切希望纤检机构提供短纤维指数、断裂伸长、棉结、异性纤维含量等纺织企业关注的原棉指标。中国纤维检验局已经注意到企业的这一需求，正在协调相关单位展开可以快速、准确检验相关指标的仪器的研发工作。

二、2008 年度阶段进展

2008 年度伊始，棉花质检体制改革推行出现新的变化。与上年度同期相比，公证检验量提高 50%，主要是新疆检验量增幅明显，内地各省检验量全部下降，显示内地棉花整体加工进度，比 2007 年变慢。10 月 16 日，《关于收储 2008 年度新疆棉的公告》发布后，新疆改革推进继续加速，至 11 月 24 日，全疆检验量 120 万吨，已与 2007 年度全年检验量持平，同期内地检验量仅 20 万吨。虽然 11 月 3 日《关于收储内地 2008 年度棉花有关要求的公告》发布，但是对收储内地棉的数量没有明确说明，部分企业担心组织生产后得不到交储配额，造成企业亏损，因此谨慎对待收购加工。12 月 22 日，《关于发布 2008 年度棉花第三批收储计划及有关要求的公告》发出，追加了 150 万吨的收储计划，同时提出“为确保棉农利益，建立收储价格与子棉收购价格挂钩的机制”，明确了托市的决心，内地加工企业改造送检积极性大大增加。

至 2009 年 2 月 28 日，全国共有 1 197 家加工企业送检，是 2007 年度的 1.66 倍。经公证检验的大包棉 387 万吨，是 2007 年度的 2.34 倍。其中新疆送检加工企业 595 家，送检棉花 263 万吨；内地送检加工企业 602 家，送检棉花 124 万吨，与上年度相比均实现长足的进展。

三、2008 年度后期展望

2008 年度，国际金融危机席卷全球，受其影响，我国棉花产业格局也发生了重大变化。国家大规模收储政策，一方面极大地促进了棉花质检体制改革的推行；另一方面在加速小包型棉花加工企业退市，扶持优秀的新体制企业方面也起到了极大的作用。这些变化必将对棉花生产质量产生影响，我们将对此高度关注并适时采取措施，以使棉花质量平稳发展。

同时，我们也注意到 2008 年度棉花质检体制改革的发展与收储政策之间存在密切联系，新年度新的形势下如何继续保持这一成果并加以推进，促使新体制取代旧体制，也将是我们未来一段时间关注的工作重点。

（撰稿：王丹涛，邵佳蕊，中国纤维检验局）

第七节　2008 年中国棉花大事记及 2009 年展望

一、2008 年中国棉花大事记

（一）国家调整宏观政策，有利棉花、纺织行业发展

2008 年中国经历了特大自然灾害和国际金融危机的强烈冲击。面对严峻局面，中央对宏观经济政策进行了重大调整，从实施“稳健的财政政策和从紧的货币政策”转变为“积极的财政政策和适度宽松的货币政策”，11 月以后，扩大内需的政策不断出台，其中针对纺织企业特别部署了增加财政支持、减轻企业负担、积极扩大出口、加工金融支持、加大技术改造等，对棉花、纺织行业长远发展有利。7 月 30 日和 10 月 21 日，财政部和国家税务总局两次发文，将部分纺织品服装出口退税率由 11％调高到 13％，再调高到 14％。此次调整是我国自 2006 年数次下调纺织品服装出口退税率之后的首次回调 ，有利于减轻纺织企业成本压力、缓解资金困难。

（二）中国棉花协会、中国农业科学院棉花研究所及时反映业内呼声，促进国家解决行业困难

作为棉花产业链各方利益代表的中国棉花协会，针对 2008 年遇到的困难，

认真听取会员意见，及时向有关部门报送情况，提出政策建议，为稳定国内棉花市场、保持行业健康发展发挥了重要作用。

5月9日，根据“2008年中国棉业发展高峰论坛”会议反映纺织企业情况，中国棉花协会向国务院报送了《关于切实解决当前纺织企业困难的建议报告》，提出包括高低棉花进口滑准税税率、调高纺织品服装出口退税率及保证纺织企业流动资金供应等建议措施。5月10日，国务院做出重要批示，要求有关部门研究促进纺织业健康发展的政策措施。

中国农业科学院棉花研究所主持出版的《中国棉花生产景气报告》满腔热情关注棉花生产，满腔热情关注棉农增收和满腔热情提出托市和救市的对策措施。2008年10月26日参加由中国棉花协会主持的政府多个部门参加的棉情会商会议，力主收储200万吨，11月又主再增100万吨，力主最低价增1 000元至13 600元/吨。分别于7月17日第144期“农资涨价猛如虎，棉贱伤农需早防”为题，揭示成本与价格，提出关注棉价和防治棉贱伤农的问题。10月1日第150期以“新棉遭遇熊市，全力做好托市收购”为题，反映棉市情景。10月28日第151期“新棉救市迫在眉睫”反映棉花市场冲击情景。11月7日第152期以“棉花市场深度恶化，政府救市需加大力度”反映棉市最新情景。11月25日“金融危机对我国棉花产业的影响和对策研究”为题，首次评价金融危机对棉花生产影响。许多信息通过新华社每日价格快报和新华社内参反映给中央高层，为决策提供支持依据。

11月14日，中国棉花协会报送“棉花价格持续下跌，棉农利益亟待保护”的《信息专报》，建议尽快采取综合政策启动纺织行业、加大收储力度、尽早考虑明年棉花生产。11月17日，中国棉花协会棉农合作分会报送的“棉农致温家宝总理、回良玉副总理的一封信”，反映棉农的实情与呼声。11月20日，国务院总理温家宝、副总理李克强、回良玉等领导同志分别做出重要批示，有关部门立即开会落实，研究有关政策措施。

（三）国际金融危机导致国内棉花购销价格大幅下跌

2008年，我国纺织行业受到严重冲击，生产、出口增速均有明显放缓，对棉花需求减弱，棉花市场成交清淡，棉花价格出现了持续大幅下跌。年初，中国棉花价格指数13 581元/吨，前半年以小幅上涨为主，6月25日达到最高值13 871元/吨，随后开始下滑，10月后跌幅加速，最低值为11月20日的10 395元/吨，较最高值下跌了近3 500元，后在收储政策支撑之下止跌反弹，年底收于10 953元/吨。标准级棉花全年平均销售价格13 088元/吨，同比下跌2.7％。

新棉上市初期，收购价格在5.4～5.8元/千克，同比下跌一成多，随着上市数量的增加，价格小幅下滑。9月底棉花工作会议明确国家将通过储备棉吞吐机制保证棉价不过度上涨和下跌之后，收购价格有所趋稳。但随着销售价格的下跌，10月后跌幅加大，在4.4～4.6元/千克左右，个别地区甚至跌破4元/千克，棉农出现恐慌心理，12月在收储政策支撑之下企稳。2008年9—12月平均收购价5.01元/千克，同比下跌近1元，跌幅16.4%。棉农售价4.69元/千克，同比下跌1.34元/千克，跌幅22.2%。

（四）国家大力收储稳定国内棉价

为稳定国内棉花市场、保护棉农利益，国家四次收储托市，总量达到280万吨（包括8月收储的2007年度新疆棉），速度之快、力度之大历史罕见。收储规模为1984年以来最大的一年，也是有史以来当年收储量最大的一年，对稳定棉价发挥了极其重要的作用。

第一次收储：8月21日至31日，轮换2007年度新疆棉，计划15万吨，标准级13 400元/吨（新疆库点）和13 600元/吨（内地库点）为最高到库价格。实际收储8.13万吨，新疆库点均价为13 399元/吨，内地库点均价为13 598元/吨。

第二次收储：10月21日至24日，2008年度新疆棉，计划22万吨，价格一律标准级12 600元/吨，全部成交。

第三次收储：10月29日至11月23日，2008年度新疆棉及内地棉，计划100万吨，价格一律标准级12 600元/吨，全部成交。

第四次收储：11月，2008年度新疆棉及内地棉，计划150万吨，价格一律标准级12 600元/吨，要求企业先竞得收储额度后再按不低于2.6/斤挂牌收购农民子棉。至12月31日，成交23.3万吨，2008年度棉花三次收储共成交145.345万吨。截至2009年2月13日，2008年度棉花收储累计成交196.5万吨，占计划收储272万吨的72.2%。其中新疆棉累计成交116.2万吨，内地棉累计成交80.3万吨；已完成初验入库161.1万吨。

（五）纺纱量及纺织品出口量增幅回落速度加快

受国内外经济环境影响，2008年我国纺织行业生产及出口增幅均出现回落，特别是随着国际金融危机向实体经济的蔓延，年度后期纺纱量和纺织品出口额出现持续下滑。

据国家统计局统计，2008年规模以上纺织企业累计纱产量2 148.7万吨，同比增长8.1%，增幅比2007年减缓7个百分点。

2008年我国累计出口纺织品服装1 852.2亿美元，同比增长8%，增幅比

2007年减缓10个百分点。其中出口纺织纱线、织物及制品654亿美元，同比增长16.6%；出口服装及衣着附件1 198亿美元，同比增长4.1%。

（六）棉花进口量持续回落

2008年国家发放关税内棉花进口配额89.4万吨，增发关税配额外滑准税棉花进口配额260万吨，累计349.4万吨。2008年国际棉花价格大幅飙升，最高值达到近13年来新高，虽然后期有所回落，但总体价位仍明显高于上年。受金融危机等因素影响，国内纺织企业生产出口增速放缓，再加上滑准税后进口棉价格较高，进口量连续第二年减少，全年累计进口211万吨，同比下降14.2%，平均进口单价1654美元/吨，同比上涨17.2%。

（七）棉花补贴政策不断增加

为了挖掘农业增收潜力、促进农民收入增长，中央不断加大惠农政策力度，出台了一系列支农政策。其中在棉花方面，棉花良种补贴、农机具购置补贴、农资综合直补、棉花保险补贴等，对改善棉花品质、降低成本、减少自然灾害的损失、稳定棉花生产发挥了积极作用。

新疆棉移库补贴政策实施。中央财政决定对运往内地销区的新疆棉花给予每吨定额补贴400元，不分品级和长度。补贴根据棉花生产年度核算，期限暂定为2007年度至2010年度。该项政策的实施将有利于解决新疆棉花移库成本较高的问题，促进新疆棉花销售，保护新疆发展棉花产业的积极性。

（八）首次实施配额外进口棉花临时滑准税政策

5月28日，国务院关税税则委员会发布《关于调整部分商品进口暂定关税通知》，从2008年6月5日至10月5日对配额外进口一定数量棉花实施临时滑准税。当进口棉完税价格高于或等于11 914元/吨时，按357元/吨从量计征关税；当进口棉花完税价格低于11 914元/吨时，按3%～40%计征关税，税率按公式计算。滑准税方案调整后，对高等级棉花关税优惠幅度较大，对低等级棉花影响较小。此次临时滑准税政策在降低纺织成本、缓解纺织企业困难的同时，兼顾棉农利益，保证新年度棉农大量交售新棉时尽量不受影响。

（九）农业部出台全国优势棉花区域布局规划，部署今后8年的棉花生产发展

9月12日农业部出台《全国优势农产品区域布局规划（2008—2015年）》，规划指出，我国棉花生产长期面临着价格大起大落、面积大增大减的突出问题。同时，品种“多乱杂”、基础设施条件差、病虫危害严重、机械化水平低

等因素也制约着棉花生产的稳定发展，需要采取综合措施加以解决。规划指出，着力建设黄河流域、长江流域、西北内陆3个优势区。立足提高国内棉花自给率，稳定面积、优化布局、主攻单产、改善品质、创新机制、提高效益。到2015年，植棉面积稳定在8 500万亩左右，单产水平提高到95千克/亩左右，皮棉总产达到810万吨左右，力争满足国内需求量的50%以上，品种品质结构明显改善。

（十）七部门联合召开全国棉花工作电视电话会议，部署新年度棉花工作

9月25日，国家发改委等七部门联合召开全国棉花工作电视电话会议，总结2007年度棉花工作，分析2008年度棉花形势，部署新年度棉花工作。会议预计2008年度我国棉花产量与上年基本持平，纺织品生产和出口增速可能会放缓，对棉花需求增长减弱，棉花产需缺口不会再大幅扩大。但考虑到纺织行业将继续增长，新年度棉花需求量仍会有所增长。国际棉花市场趋紧，国际棉价波动可能加剧。会议要求，为稳定棉花市场、保护棉农利益、满足纺织企业需要，要切实做好新年度棉花工作。同时，进一步完善改革配套政策，确保棉花质量体制改革各项工作顺利推进。

（十一）国务院安排部署第四季度经济工作，做好粮棉收购工作

2008年10月17日，温家宝总理主持召开国务院常务会议，分析当前经济形势，部署四季度经济工作，针对金融危机，农产品出现的“卖难”问题，会议指出要做好粮棉收购工作。

（十二）实施进口棉花境外供货企业登记管理和质量信用评估管理

为加强进口棉花质量管理、保障进口棉花质量、防止贸易欺诈行为，国家质检总局决定对输入中国大陆的境外棉花供货企业实施登记管理。已登记企业到货时可在目的地实施检验，未登记企业需约定装运前检验，入境到货时开包检验。

同时，质检总局还制定了《进口棉花境外供货企业质量信用评估管理规定（试行）》，根据实际到货情况和履约情况实行层级名单管理，分为A、B、C三级名单，不同等级实施不同检验和监管措施。

（十三）2008年中国棉业发展高峰论坛暨国际棉花贸易洽谈会隆重召开

中国棉花协会等于5月在杭州召开了2008年中国棉业发展高峰论坛暨国际棉花贸易洽谈会，来自17个国家的700多名代表参加了会议，会议内容丰富充实、形式生动多样、贸易洽谈卓有成效。本次论坛主题为“中国与全球棉业长远发展与合作”，来自世界各地的学者、专家、官员、企业家等围绕主题深入分析，并就宏观经济发展、国内外棉花、纺织形势等热点问题进行对话

交流。

（十四）“中国棉花生产预警监测技术研究和应用”获省级科技进步二等奖

11月，“中国棉花生产预警监测技术研究和应用”研究成果获河南省科技进步二等奖。这是一项专门直接服务于棉花产业多市场主体的科学技术研究，自1997年农业部立项研究以来，历经11年，先后得到农业部、科技部、财政部、国家发展和改革委员会和中国棉花协会等多个项目的资助，以及部分棉种企业的赞助。毛树春研究员领导的项目组，成功创立中国棉花生产景气指数和中国棉花生长指数，以《中国棉花生产景气报告》系列出版物和中国优质棉网站形式发布研究结果，形成一种新的信息资源，监测预警数据参与国内外数字循环。研究结果成为政府、协会、企业和棉农决策支持的好帮手，获得多市场主体的认可，正如棉花承包大户——河南省西华县棉农何尽风2006年1月6日锦旗赠言“景气报告惠棉农，科学植棉增收益”。

二、2009年中国棉花形势展望

2008年，国际金融危机对我国纺织行业形成严重冲击，棉花需求减弱，市场成交清淡，价格持续大幅下跌。由于国家及时大力收储救市，棉花行情在2008年底前止跌企稳。

展望2009年，国际经济环境形势更趋严峻复杂，金融危机有进一步蔓延趋势，涉及范围、影响程度将继续加大。外需市场低迷，对我国纺织业的影响也将持续，预计2009年纺织行业运行仍然十分艰难，产能增速进一步回落，出口增速继续减缓，投资及利润增幅也将继续下降。但国家及时出台了一系列针对纺织行业的扶持政策，包括上调出口退税率、促进轻纺工业发展六项措施、制定纺织行业振兴规划等，对恢复纺织行业信心、遏制纺织行业下滑将起到积极的作用。如果纱产量按照与2008年基本持平计算，理论上产需仍有缺口，但国内棉花储备量充裕，处于历史高位，可随时调剂国内市场，再加上商业库存，预计当年国内棉花缺口减小。若纺织需求继续下降，或出现阶段性、结构性供过于求，国家将运用储备、进出口等手段进行宏观调控，预计全年棉花价格以小幅波动为主。

受植棉成本上升、子棉价格下跌、棉农收益减少影响，预计2009年全国植棉面积将有所下降。但是由于国家收储政策有力支撑了国内棉花市场，后期棉花收购价格稳中有升，棉农损失较前期减少，且国家支农力度加大，棉花良种补贴实行全覆盖，在全国198个产棉县团开展200个万亩片的棉花高产创建活动，再加上农资价格下降，有利于增加投入，以及其他农作物价格也普遍下跌等比较优势。综合看，尽管植棉面积下降，但利好因素不断增加，对面积的下滑将会有所遏制。

（撰稿：马爱芳，中国棉花协会；毛树春，中国农科院棉花研究所）

第二章

中国棉花生长指数(CCGI)在2008年全国棉花长势监测中的应用

第一节　CCGI在2008年全国棉花长势监测中的应用

据中国棉花生产预警监测结果，2008年全国植棉面积8 789万亩，比2007年减3.1%；监测总产735万吨，减3%～4%；监测单产83.3千克/亩，减3.1%。比较国家统计局2009年2月26日公布的初步统计数（后同），与播种面积8 640万亩的吻合率达到96.0%，与总产750万吨的吻合率98.0%，与单产86.8千克/的吻合率达到96.2%。2008年主产区日照不足，积温偏少，降水减少和分布不均，灾害偏重发生是单产减少的主要原因。

一、全国主产棉区气候资源及其特点分析

据中国棉花生产预警监测结果，CCGI 2008年均值为94（表2-1，图2-1)，表明棉花长势差于2007年半成多，全国大部棉花长势偏弱。从天气和各生长阶段来看，2008年天气为中等偏差年景，前期大部不利，中期大部转好，后期大部转差；中后期低温多雨导致晚熟和局部“烂场”，吐絮进程减慢，收获期延后。

（一）主产棉花产区光温水资源

据对主产区气象资料分析，光温水匹配不合理和产区气候异常，是2008年全国棉区气候资源的主要特点，一些气候要素特征如下：

一是光照不足，日照时数明显减少（表2-1)。与历年相比，4—10月日

表 2-1　全国棉花生长季节（4—10 月）气候要素

项目	CCGI 年均值	≥10℃积温（℃）	≥20℃积温（℃）	降水量（毫米）	日照时数（小时）
历年	101	4 471	3 374	623	1 529
2007	101	4 595	3 506	599	1 381
2008	94	4 522	3 315	534	1 389

注：CCGI 历年为 2003—2007 年的均值；积温为活动温度，后同。

照时数减少 140 小时，减幅 9.2%，长江和黄河减 13.8%～17.2%。全国主产区日照分布呈现前期多、中期少和后期更少的特点，其中长江中游后期光照减少幅度大。

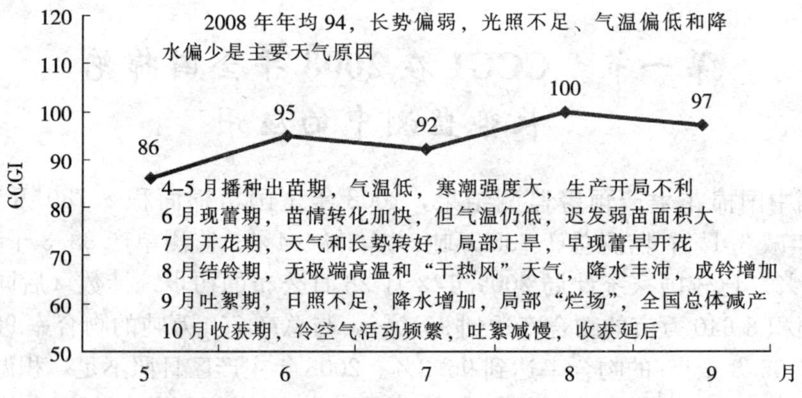

图 2-1　2008 年中国棉花生长指数（CCGI）

二是气温偏低（表 2-1）。除≥10℃活动积温略多于历年和 2007 年以外，≥20℃活动积温比历年减 59℃，比 2007 年少 191℃，减幅 5.5%。气温呈现前期高，中期低，后期更低的特点。但是长江中游 8 月没有出现≥35℃以上的极端高温天气，新疆也没有出现持续的“干热风”，花粉发育和受精正常，有利于中部成铃。

三是降水减少，分布不均。4—10 月降水量比历年减 89 毫米，减 14.2%；比 2007 年减 65 毫米，减 10.9%。降水呈现南少北多，长江前旱后涝，华北和沿海中后期偏多的特点，黄土高原和西北干旱，局部大旱。但淮北平原和华北平原降水丰沛，分布均匀，生长季节基本不需灌溉。而长江中游在 9—10 月出现持续阴雨连绵，导致严重“烂场”。

（二）前期大部不好，中期大部转好，后期大部转差，天气不利主要在中

后期

前期（4—6月）日照大部减少，降水南少北多，气温北低西高。其中沿海日照最少，降水最多，气温明显偏低，烂子烂芽多，迟发面积大，棉花生产开局不利。中期（7—8月）天气大部转好，虽然长江先旱后涝，但干旱解除；黄淮气温适宜，降水均匀；西北日照充足，气温适宜，成铃增加。8月吐絮是2008年早熟的势特征之一。后期（9—10月）秋湿是主要天气特征。8月下旬到9月内地雨日数偏多，降水量大，长江中游、南襄盆地渍涝严重，日照减少；其中9月下旬遭遇两次冷空气侵袭，气温明显偏低。10月上旬冷空气活动频繁，寒潮强度大，气温下降明显，吐絮减慢，收获延后。

从区域来看，长江中游和沿海局部的减产幅度超出9—10月估产的预期，其中长江中游最大减产幅度达到四到五成。

二、自然灾害偏重发生，绝收面积增加，病虫害中重度发生，局部暴发

（一）自然灾害偏重发生，绝收面积增加

1. 2008年是一个中重等灾害年景。据监测结果（表2－2），2008年棉田受灾面积10 311万亩次，比2007年增2 020万亩次，增幅23.5％；棉田成灾面积2 047万亩次，比2007年增1 162万亩次，增幅131％；成灾面积占播种面积的23.4％，比2007年增13.4个百分点。从全生育期来看，前中期灾害轻于2007年，中后期灾害偏重；后期冷空气活动频繁，低温早临，气温明显偏低。

2. 受灾面积大，绝收面积增加。据监测结果（表2－2），2008年遭遇低温、冻害、干旱、涝灾和雹灾等棉田受灾面积3 152万亩次，比2007年增1 080万亩次，增幅52.1％。其中，成灾面积957万亩（次），增62万亩次，增6.9％。西北和华北苗期遭遇低温、冻害和多雨导致重播和补种面积500万亩。因冰雹、渍涝、干旱和重病绝收累计面积150万亩，占播种面积的1.7％，比2007年增60万亩，增幅66.7％，是近几年较多的一年。

（二）病虫害中重度发生，局部暴发

1. 病害中重度发生。据监测结果（表2－2），2008年病害发生面积3 202万亩次，比2007年增加352万亩次，增幅12.3％。7月前“两萎病”发生明显轻于2007年同期，但7月以后，华北枯萎病暴发，重病田发病株率达到90％对产量形成很不利。8—9月长江中游和南襄盆地“两萎病”暴发，严重地块成光

秆，减产三成以上的重灾面积 100 万亩。同时，田间湿度大，铃疫病大发生，烂铃增加。

2. 虫害局部暴发。据监测结果（表 2－2），2008 年虫害发生 3 957 万亩次，比 2007 年增加 289 万亩次，增幅 7.8%。7 月前虫害发生面积少于 2007 年同期，8—9 月长江大部棉盲蝽和灰飞虱危害偏重发生，新疆棉铃虫大部偏重发生，其中北疆局部大暴发，危害严重地块减产三成多。

表 2－2　2008 年中期棉花灾害评估（截至 9 月 30 日）

项　　目	受灾面积（万亩次）		受灾面积占播种面积的（%）		成灾面积（万亩）		成灾面积占播种面积的（%）	
	2008 年	2007 年	2008 年	2007 年	2008 年	2007 年	2008 年	2007 年
低温、冻害、干旱、涝灾和冰雹等	3 152	2 072	35.9	24.3	957（150 绝收）	895（60 绝收）	10.1	0.7
病害（苗病、枯萎病、黄萎病）等	3 202	2 850	36.4	33.4	663	500（重害）	7.5	5.9
虫害（棉铃虫、棉蚜、棉盲蝽、红蜘蛛）等	3 957	3 668	45.0	43.0	727	325（重害）	8.3	3.8
合计	10 311	8 591	117.3	100.8	2 047	885（重灾）	23.3	10.4

资料来源：中国棉花生产预警监测数据。

三、全国棉花产量性状特点

（一）收获密度继续减少

密度与成铃数是单产构成的关键要素。据监测结果（表 2－3），2008 年全国棉花种植密度继续减少，收获密度为 5 106 株/亩，减 113 株/亩，减 2.2%。其中：长江 1 532 株/亩，减 105 株/亩，减 6.4%；黄河 3 018 株/亩，减 69 株/亩，减 2.2%；西北收获密度 12 549 株/亩，减 609 株/亩，减 4.6%。

表 2－3　2008 年全国棉花收获密度和单株成铃（平均数±标准差）

全国与棉区	年份	密度（株/亩）	成铃（个/株）
全国	2007	5 219±3 142	11.6±7.2
	2008	5 106±3 285	11.3±6.8

（续）

全国与棉区	年份	密度（株/亩）	成铃（个/株）
长江流域	2007	1 637±984	29.7±10.3
	2008	1 532±950	29.4±9.5
黄河流域	2007	3 087±1 240	16.5±5.2
	2008	3 018±1 312	17.0±4.8
西北内陆	2007	13 158±2 864	5.2±2.5
	2008	12 549±3 043	5.9±3.2

注：±为标准差。

资料来源：中国棉花生产预警监测数据。

分析全国收获面积继续减少的原因：一是气候不利，4月中下旬西北遭遇强寒潮、雨雪、大风和沙尘侵袭，4—5月华北平原和沿海遭遇持续低温多雨高湿，导致烂种死苗，虽然重播和补种，但密度减少幅度仍很大。二是长江流域收获密度减少持续8年，这与种植棉花杂交种、劳动力短缺、宣传不当以及移栽季节先低温后高温干旱有密切关系。

（二）单株成铃略减

单株成铃数是产量构成的关键要素，棉株个体生产力年际间变化很大。据监测结果（表2-3），2008年全国平均成铃数11.3个/株，由于密度减少对单株成铃增加有利，实际比上年减0.3个/株，减2.6%，是2007年全国棉花单产减少的原因之一。三大产区单株成铃数：长江29.4个/株，减0.3个/株，减1.0%；黄河17.0个/株，增0.5个/株，增3.0%；西北5.9个/株，增0.7个/株，增13.5%。

（三）减产要素分析

据监测结果，2008年收获密度减2.2%，单株成铃减2.6%，单位面积成铃减幅为4.7%，由于长江中游减产超出预期，全国单产减幅达到3%。主要原因是长江中游秋雨连绵、“烂场”、死株和早衰导致秋桃减少，烂铃增加，减产达到四成；黄河流域的华北平原和华北中北部增产显著，黄土高原减产；西北持平。

四、棉花各生育期CCGI变化

（一）4—5月，全国棉花生产开局不利，区域之间不平衡

4—5月CCGI为86（图2-2），表明生产开局不利，气温偏低、西北和华北遭遇强寒潮是对播种、出苗和保苗不利。受冷冬和春寒、低温与干旱的影响，2008年棉花开播时间比2007年晚3～5天，同时，播种进度慢，播

种——出苗时间延长，苗病发生偏重。4 月 17 日西北遭遇强寒潮侵袭，北疆大部灾情严重；长江和黄河连续降雨，气温降低，到 4 月 20 日全国棉花播种基本停止。到 4 月底春播基本结束，移栽即将开始；受强寒潮和“干热风”影响，重播和补种面积大，播期延长，苗情差异大。5 月 15 日，全国棉花移栽达到 71.3%；5 月 31 日，移栽达到 96.7%。受不利天气影响，棉花播种和移栽进入大田比常年晚 5～7 天，重播和补种面积达到 2 500 万亩次，其中北疆和华北平原最为严重。

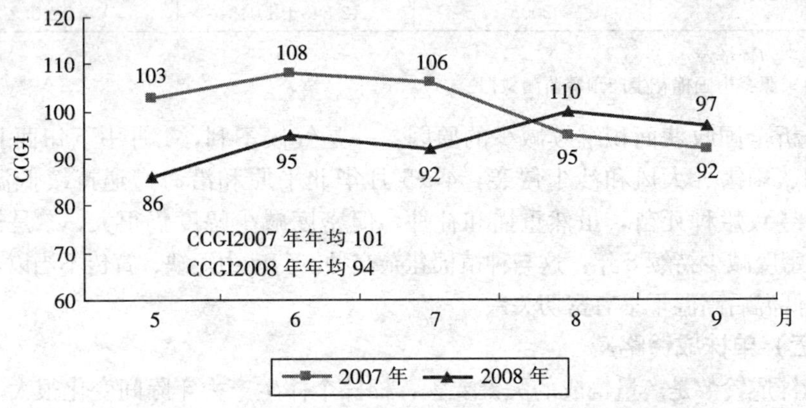

图 2-2　2007—2008 年中国棉花生长指数（CCGI）比较

资料来源：中国棉花生产预警监测数据。

（二）6 月，苗情转化加快，长势普遍偏弱，迟发弱苗比例大

6 月为 95（图 2-2），苗情差于去年和常年同期半成。一是苗情长势普遍偏弱，一类苗面积少于去年同期三到四成，现蕾占六成，少于 2007 年一成多。二是区域之间不平衡。南襄盆地、黄淮大部、华北南部、南疆大部和河西走廊的苗情相对较好，而沿海因低温大风和北疆因强“倒春寒”的长势相对较差。从天气来看，从 5 月中旬到 6 月中旬，长江中游旱情被南方大雨解除，有利弱苗转化。黄淮因降水麦棉争水矛盾缓解，华北南部高温导致小麦早熟，“两萎病”被抑制，对有利棉花；黄土高原和华北北部因旱弱苗早发；新疆高温有利于重播和补种棉花的生长。

从天气来看，6 月气温仍偏低是苗情转化慢的主要原因。

（三）7 月，长势偏弱，迟发弱苗比例大

CCGI 为 92（图 2-2），苗情差于去年半成多，但好于常年同期半成多。虽然 7 月长势加快，但内地大部苗情偏弱，丰产架子没有搭起来，晚发棉田开花期推迟到 7 月底，区域之间和区域内部的差异很大。一是苗情长势偏弱，一类苗面积少于去年同期三到四成。二是区域之间不平衡继续存在，长江中下游和沿海大面积迟发，苗弱，生长滞后7～10天。从天气来看，大部转好，气温适宜，苗情转化快，但长江局部干旱。

(四) 8月，长势增强，但与2007年同期基本持平

CCGI全国为100（图2-2），苗情与2007年基本持平，好于常年同期一成多。早发和受旱棉田于8月初吐絮，为历年少见，而沿海迟发棉田的吐絮将滞后到9月中旬，相差1月有余，差异很大。综合分析，从7月到8月中旬，一是弱苗转化加快，成铃增加，参差不齐的苗情被缓解。二是从区域来看，西北灌溉充足区大面积高产超高产的典型不断涌现，淮北大部单产水平有望恢复历史上较好水平。三是区域之间的熟性存在显著差异。

从天气来看，8月长江无持续极端高温天气，西北无“干热风”侵袭，且降水丰沛，长势继续转好，成铃增加。

(五) 9月，长势略差2007年同期，吐絮进程慢，内地严重晚熟

CCGI为92，苗情略差与去年同期。监测结果，内地成铃21.8个/株，西北6.8个/株。综合分析从8月中旬到9月中旬长势：一是全国大部秋桃减少，且呈晚熟和早衰的两个极端长势。二是从区域来看，长江大部长势明显转差，秋桃减少；黄河大部长势正常，成铃增加；西北充足灌溉棉田大面积高产超高产的典型不断涌现。三是全国棉花吐絮进程很慢，内地晚熟，西北熟性正常。

从天气来看，9月降水增加，日照不足，长江中游和沿海出现不同程度的“烂场”。

(六) 10月，吐絮进程减慢，收获进度延后

10月冷空气活动频繁，寒潮强度大，气温下降明显，吐絮进程减慢，采收延后。

（撰稿：毛树春，中国农业科学院棉花研究所，国家棉花产业技术体系）

第二节 2008年全国主产区CCGI变化

一、长江流域棉区

(一) 全年CCGI变化

本流域CCGI全年为92，表示棉花长势差于2007年近一成（图2-3），长势偏弱，整体没有搭起丰产架子是最典型长势特点。前期弱苗迟缓，中期转差，8 月转好，后期越来越差。从本流域 4 个亚区的差异程度来看，CCGI 下游＞沿江两岸＞南襄盆地＝江汉平原＞洞庭湖，其中长江中游和南襄盆地减产幅度大。

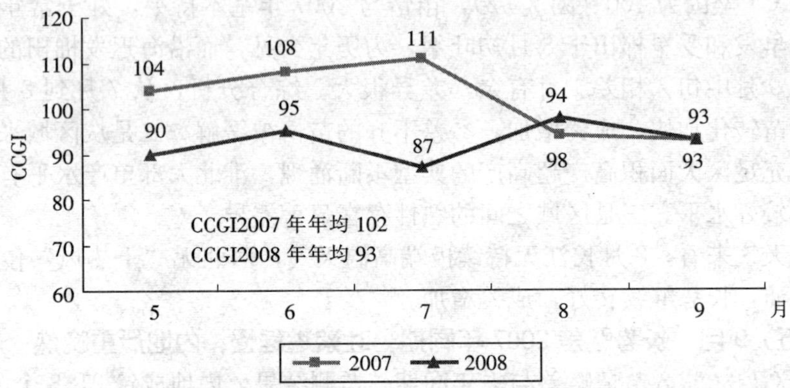

图 2－3　2007—2008 年长江流域棉区中国棉花生长指数（CCGI）比较

资料来源：中国棉花生产预警监测数据。

（二）主要产区光温水资源分析

据对气象资料分析，2008 年，本流域热量相对丰富，但光照严重不足，降水偏少，前旱后涝是主要气候特征（表 2－4），整体上是不利的气候因素多，是一个减产年景。亚区之间气候条件差异悬殊，除下游和沿江两岸相对好一些以外，江汉平原、南襄盆地和洞庭湖相对更长，对棉花生长不利。主要气候指标特征如下：

一是光照不足。全流域日照呈现前多后少，后期大幅减少特征。日照时数比 2007 年少 83 小时，减 7.1％；少于历年 224 小时，减幅达 17.2％。其中洞庭湖、江汉平原和南襄盆地光照不足，如南襄盆地和下游日照时数比历年分别减少 260 和 240 小时，减幅高达 20.6％和 17.4％。时间上，从 8 月下旬到 10 月多阴少阳寡照，是该亚区大幅度减产的主要原因。

二是热量相对丰富。全流域热量呈现前高、中期适宜和后期偏低特征。本流域 2008 年≥10℃积温和≥20℃积温均与 2007 年相当，但都高于历年，≥10℃积温比历年多 181℃，增幅 3.8％；≥20℃比历年多 453℃，增幅高达 12.3％。特别是 8 月没有出现≥35℃以上的极端高温天气，有利于花粉发育和受精，增结中部成铃。但后期低温加上高湿有利于诱发枯萎病和黄萎病的大发生和流行，后期成铃减少和铃重降低是温度低和湿度大共同作用的结果。

表2-4 2008年长江流域棉花生长季节（4—10月）气候要素

项目	主产区	≥10℃积温（℃）	≥20℃积温（℃）	降水量（毫米）	日照时数（小时）
历年	长江流域	4 781	3 679	1 059	1 302
	上游	4 680	—	786	845
	中游	4 896	3 905	1 011	1 271
	下游	4 598	3 343	801	1 377
	南襄盆地	4 824	3 710	734	1 258
2007年	长江流域	4 964	4 089	872	1 161
	上游	—	—	—	—
	中游	5 130	4 329	829	1 137
	下游	4 789	3 829	952	1 218
	南襄盆地	4 842	3 922	763	1 050
2008年	长江流域	4 962	4 072	834	1 078
	上游	4 984	4 218	863	1 058
	中游	5 154	4 417	884	1 047
	下游	4 763	3 710	781	1 137
	南襄盆地	4 797	3 796	799	998

三是降水减少，分布不均。本流域2008年降水少于2007年38毫米，减4.4%；少于历年260毫米，减24.6%。降水分布特征：一是长江中游和南襄盆地呈现前期少、局部干旱，中期仍少，后期增多，导致“烂场”。二是长江下游和沿海棉区呈现前期多、中期多和后期少特征。降水这一分布整体上对棉花生长发育的不利影响大。

（三）各生育期

由于2008年冷冬，前作油菜普遍晚熟，油茬棉移栽推迟7～10天，5月CCGI为90（图2-3），生产开局不利。受迟栽和降水量减少影响，返苗发棵晚，生长慢，长势偏弱，迟发7～10天，6月CCGI为95，苗情长势差于2007年同期半成。7月CCGI为87，因梅雨季节干旱，苗期迟发，丰产架子基本没有搭起来。8月苗情转化加快，CCGI为98，成铃增加。但中下游、江淮和沿海棉区遭遇“海鸥”和“凤凰”台风侵袭，蕾铃脱落增加。自8月下旬以来，本流域棉花长势每况愈下，后期降水量增加，局部遭遇多次暴雨侵袭棉田内涝严重，湿度大，加上棉盲蝽危害，秋桃减少，烂铃增多，早衰面积大。下游和沿海也因雨日多，晚熟10多天。9月CCGI为93，苗情长势差于上年近一成。

二、黄河流域棉区

（一）全年CCGI变化

本流域CCGI全年为95，表示棉花长势差于2007年半成（图2-4），两年长势走向刚好相反。前期弱苗迟发面积大，中期转化加快，后期大部较好。总体上，降水丰沛，气温适宜，日照减少，呈丰产年景。从本流域4个亚区的差异程度来看，CCGI华北平原南部＞淮北平原＞华北平原东北部＞黄土高原＞沿海，其中华北平原南部增产明显，淮北平原呈现恢复性增产，黄土高原和沿海则减产。

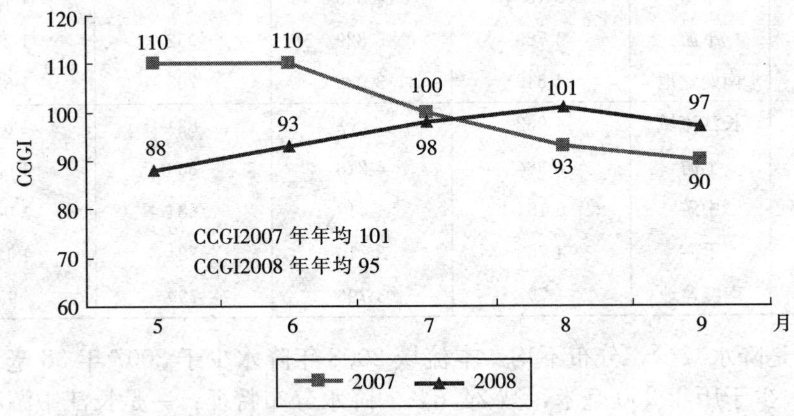

图2-4　2007—2008年黄河流域棉区中国棉花生长指数（CCGI）比较

资料来源：中国棉花生产预警监测数据。

（二）主产区光温水资源分析

据对气象资料分析，2008年，本流域降水丰沛，分配均衡，光照不足是主要气候特征（表2-5），亚区之间，黄淮平原和华北平原南部为高产年景，京津唐早熟和黄土高原亚区相对差些。主要气候特征如下：

表2-5　2008年黄河流域棉花生长季节（4—10月）气候要素

项目	主产区	≥10℃积温（℃）	≥20℃积温（℃）	降水量（毫米）	日照时数（小时）
历年	黄河流域	4 546	3 580	593	1 516
	淮北平原	4 621	3 642	655	1 423
	华北平原	4 411	3 514	502	1 607
	黄土高原	4 477	3 303	441	1 455

（续）

项目	主产区	≥10℃积温（℃）	≥20℃积温（℃）	降水量（毫米）	日照时数（小时）
2007 年	黄河流域	4 593	3 589	643	1 286
	淮北平原	4 678	3 726	819	1 193
	华北平原	4 526	3 505	499	1 365
	黄土高原	4 493	3 192	505	1 326
2008 年	黄河流域	4 615	3 423	665	1 278
	淮北平原	4 689	3 532	813	1 139
	华北平原	4 550	3 336	557	1 395
	黄土高原	4 607	3 299	410	1 375

一是光照不足。全流域日照呈现前期多，中期局部减少，后期大幅减少特征。日照时数比 2007 年略少以外，但比历年减少 238 小时，减幅达 15.7%。其中京津唐早熟亚区和沿海光照严重不足，如淮北平原比历年减少 284 小时，减幅高达 17.7%。

二是气温相对平稳温和。全流域热量呈现前期低，中期适中，后期偏低，气温相对平稳温和的特征。4—10 月≥10℃积温略高于 2007 年 22℃和常年 69℃，≥20℃积温则低于 2007 年 166℃，减幅 4.6%；低于常年 157℃，减幅 4.4%。8 月全流域没有出现≥35℃以上的极端高温天气，以及京津唐 7 月多雨和后期气温下降快是大于 20℃积温减少的原因，也是后期吐絮进程慢的原因。

三是降水丰沛，分布均衡。本流域 2008 年 4—10 月降水量比 2007 年多 22 毫米，增 3.4%；比历年增 72 毫米，增 12.1%。除一熟制棉田需灌溉底墒水和麦棉共生期需灌溉以外，棉花生长季节基本不需灌溉。但是，京津唐局部 7 月内涝；而黄土高原干旱，降水减少，分布不均，前期和后期干旱都较严重。

进入新世纪，黄河流域大部降水呈明显增加的变化特征。自 2003 年以来，除 2006 年 547 毫米以外，4—10 月降水量都在 600 毫米以上。其中 2003 年 943 毫米，2004 年 676 毫米，2005 年 686 毫米，2007 年 643 毫米，2008 年 665 毫米，分别比历年增加 350 毫米，增幅 59.0%；增 83 毫米，增幅 14.0%；增 93 毫米，增幅 15.7%；减 46 毫米，减幅 7.8%；增 50 毫米，增幅 8.4%；增 72 毫米，增幅 12.1%。

（三）各生育期

由于前期低，加上北部遭遇强寒潮侵袭，补种面积大，迟发面积也大，5月CCGI为88（图2-4）。进入6月苗情转化加快，CCGI为93，但前期迟发弱苗面积仍很大，苗情长势差于去年。7月气候适宜，苗情加快转好，CCGI为98，但局部“两萎病”重发，沿海受低温、多雨和寡照影响，弱苗面积大迟发严重。8月为98，降水丰沛，苗情继续转好，长势增强，伏桃增加。9月为97，气候仍较适宜，沿海没有台风侵袭，但8—9月黄土高原持续干旱，早熟早衰明显。

三、西北内陆棉区

（一）全年CCGI变化

本流域CCGI全年为97，表示棉花长势与2007年相近（图2-5），但两年的长势走向刚好相反。2008年前期长势弱，中期转化加快，后期较好。总体上，西北内陆棉区呈现丰产年景。

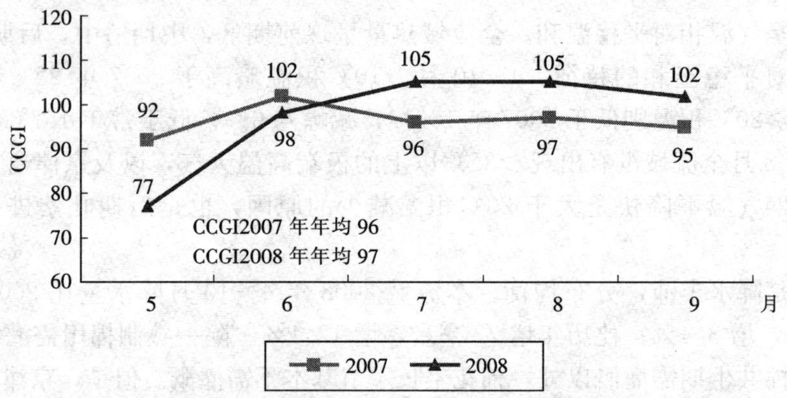

图2-5　2007—2008年西北内陆棉区中国生长指数（CCGI）比较

资料来源：中国棉花生产预警监测数据。

从本流域几个亚区的差异程度来看，CCGI南疆＞河西走廊＞北疆，其中南疆和河西走廊均增产，北疆平产。

（二）主要产区光温水资源分析

据对气象资料分析，2008年，本棉区气候相对温和，但仍存在光照不足和降水量问题，干旱普遍。主要气候特征如下：

一是光照不足。全流域日照呈现前期少，中后期正常特征。日照时数比

2007年减少115小时，减6.0%；比历年减少146小时，减幅7.6%。

二是热量温和。≥10℃积温和≥20℃积温均略高于上年和历年（表2-6），但4月18—22日的强寒潮侵袭，最低气温低于0℃，最低下降到零下6℃。

表2-6 2008年西北内陆棉花生长季节（4—10月）气候要素

项目	主产区	≥10℃积温（℃）	≥20℃积温（℃）	降水量（毫米）	日照时数（小时）
历年	西北内陆	3 976	2 535	69	1 932
	南疆	4 148	2 393	46	1 892
	北疆	3 787	2 729	103	1 960
	河西走廊	3 718	2 449	30	2 127
2007年	西北内陆	4 140	2 567	147	1 901
	南疆	4 287	2 467	61	1 926
	北疆	3 950	2 682	283	1 850
	河西走廊	3 908	2 825	87	1 994
2008年	西北内陆	4 071	2 595	124	1 786
	南疆	4 254	2 578	51	1 756
	北疆	3 820	2 594	240	1 810
	河西走廊	3 886	2 785	80	1 946

注：CCGI历年为2003—2007年。

三是降水减少，前旱后多。4—10月降水124毫米，比2007年减少23毫米，减15.6%，但仍比历年增加55毫米，增约80%。前中期南北疆均遭遇严重干旱，但北疆降水量仍比历年增137毫米，增幅133%，比2007年减43毫米，减15.2%。后期降水量偏多，8月18日—10月2日降雨量33毫米，田间荫蔽，吐絮进程慢，还出现不同程度的烂铃，对品质有不利影响。

（三）各生育期

2008年西北播种开始早，但受4月18—22日的强寒潮侵袭，播种停止和延后5～7天，对立苗不利，5月CCGI为92（图2-5）。5月中旬以来，气温回升，灌溉及时，生长恢复快，6月CCGI为98，然而受4月强寒潮侵袭，补种因而早晚苗差异大。7月高温加快生长发育，CCGI为105，苗情转化加快，长势转好，丰产架子搭得好，虫害得到有效控制，呈丰产走势。8月CCGI为105，全疆无极端高温“干热风”天气，重播迟发棉田转化加快，“两萎病”轻发，害虫得到较好控制，对夺取高产有利。9月CCGI为102，充足灌溉区高产超高产条田大量涌现，重播迟发棉田转化加快，然而，北疆棉铃虫危害严重，两次弱的低温天气过程，对夺取高产有不利影响，但没有造成明显危害。

四、特早熟棉区

前期因高湿、低温、冷空气活动平凡，迟播和弱苗面积大，5 月 CCGI 为 77（图 2-6），但整体好于 2007 年。6 月仍低温，苗情转化慢，6 月 CCGI 为 56，苗晚，生长慢，长势弱。7 月 CCGI 为 119，由于气温高，降水适宜，生长明显加快。8 月 CCGI 为 92，降水适宜，生长明显加快，但晚熟明显。9 月 CCGI 为 100，后期高温多雨，长势转强，成铃增加，但明显晚熟 10 天，霜后花率将增加。

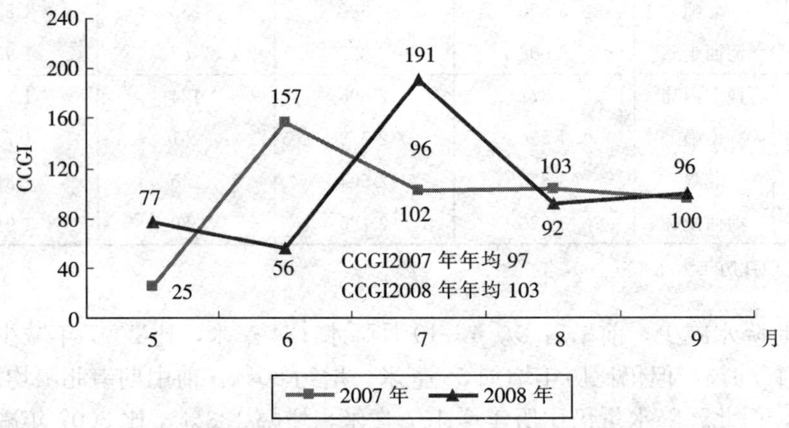

图 2-6 2007—2008 年北部特早熟棉区中国生长指数（CCGI）比较

资料来源：中国棉花生产预警监测数据。

五、产棉省市区主要气候特征和长势

（一）从天气特征来看

比较 2008 年全国棉花产区 4—10 月的天气特征（表 2-7）如下：

一是日照时数减少特征最为明显。与历年相比，日照时数减 49（湖南）～219 小时（江苏），减幅 4.4%～15.1%，四川则例外。与 2007 年相比，减 1（湖南）～199 小时（陕西），减 1%～13.0%；山东、河南、四川、山西和陕西则比2007年增加。

二是气温温和，高温不足的特征明显。8月长江和黄河没有出现≥35℃以上的极端高温天气，西北也没有出现极端高温和大风的“干热风”天气。

三是降水量减少，分布不均匀的特征也很明显。从全国看，降水分布呈南少北多，前旱后涝特征，黄河降水量增加，大部分分布均衡，其中华北北部降水增多明显，后期更多。长江降水明显减少，春旱连伏旱，雨季明显后移，9—10月的降水量和雨日数明显增多。

综合来看，2008年全国棉花产区为中等偏差年景。

表2-7　2008年主产棉区棉花生长季节（4—10月）气候要素

省市区	项目	CCGI	≥10℃积温（℃）	≥20℃积温（℃）	降水量（毫米）	日照时数（小时）
四川	历年	89	4 680	—	786	845
	2007		4 969	4 247	589	1 000
	2008	107	4 984	4 218	863	1 058
湖南	历年	107	5 273	4 638	1 041	1 123
	2007	105	5 223	4 501	738	1 075
	2008	98	5 239	4 533	1 049	1 074
湖北	历年	105	4 837	3 711	928	1 281
	2007	99	5 118	4 397	821	1 122
	2008	91	5 072	4 234	886	1 011
安徽	历年	101	4 815	3 994	903	1 349
	2007	101	4 968	4 146	1 048	1 197
	2008	84	4 971	4 074	794	1 102
江西	历年	109	5 102	4 294	1 192	1 275
	2007	109	5 140	4 074	659	1 106
	2008	81	5 304	4 777	914	1 056
江苏	历年	109	4 598	3 343	848	1 449
	2007	103	4 761	3 792	880	1 243
	2008	99	4 712	3 616	824	1 130
河南	历年	101	4 628	3 698	578	1 413
	2007	95	4 535	3 467	578	1 044
	2008	101	4 636	3 505	633	1 111

（续）

省市区	项目	CCGI	≥10℃积温（℃）	≥20℃积温（℃）	降水量（毫米）	日照时数（小时）
河北	历年	101	4 289	3 457	515	1 629
	2007	119	4 523	3 479	426	1 519
	2008	92	4 576	3 326	585	1 419
山东	历年	102	4 458	3 521	510	1 609
	2007	99	4 606	3 601	534	1 342
	2008	101	4 586	3 460	487	1 427
山西	历年	102	4 394	3 469	449	1 628
	2007	106	4 511	3 314	583	1 127
	2008	90	4 629	3 470	355	1 424
陕西	历年	102	4 453	2 690	450	1 488
	2007	101	4 474	3 071	427	1 526
	2008	94	4 586	3 128	465	1 327
新疆	历年	103	3 855	2 520	83	1 925
	2007	101	4 152	2 553	150	1 896
	2008	97	4 080	2 585	127	1 777
甘肃	历年	101	3 718	2 449	30	2 127
	2007	94	3 908	2 825	87	1 994
	2008	109	3 886	2 785	80	1 946

注：历年中国棉花生长指数（CCGI）为5年（2003—2007年）平均数。

（二）从长势来看

2008年全国棉花长势偏弱，苗情偏差。一是前期普遍迟发，弱苗面积大。二是中期转化加快，但因前期普遍迟发，弱苗面积大，长江和黄河基本没有搭起丰产架子。三是中后期两极分化，黄河和西北继续转好，而长江越来越差。四是9—10月冷空气活动频繁，寒潮强度大，气温下降明显，吐絮进程减慢，采收进度延后。

（三）比较各省市区

甘肃增产；山东和安徽淮北略增产；新疆基本持平；河北后期天气转好，产量与2007年基本持平；河南和江苏呈恢复性增产；陕西和山西减产；湖北、湖南、江西、安徽（长江两岸）以及天津的减产幅度大。

（撰稿：毛树春，中国农业科学院棉花研究所，国家棉花产业技术体系）

第三章

入世七周年对我国棉花产业经济影响的初步评价

本章论述自2001年11月我国加入世界贸易组织（WTO）以来，2002—2008年全国棉花生产、市场和价格发生的变化，适应经济全球化和市场国际化棉花产业的体制变革。市场放开后，棉花在价格、收购、销售和种子科技进步方面取得的效果，国家对棉花进行宏观调控的主要政策措施，粮棉、肥棉性价比，农业保险等产生的效果及其后效。

第一节　对我国棉花生产影响的评价

棉花生产呈现强劲的发展态势。在加入WTO的7年时间里，棉花总产不断刷新记录，7年平均达到635万吨（表3－1），比上一个5年（1997—2001年，后同）增182万吨，增幅达到40.2%。棉花单产创新高，7年平均达到78.5千克/亩，比上一个5年增4.5千克/亩，提高6.1%。全国植棉面积呈扩大走势，7年平均达到8 046万亩，比上一个5年净增1 400多万亩，增幅达到21.2%。然而植棉面积、单产和总产的稳定性仍很差。

表3－1　2002—2008年全国棉花面积、总产和单产变化

年份	播种面积（万亩）			总产（万吨）			单产（千克/亩）	
	数量	比上年增减	比上年增减（%）	数量	比上年增减	比上年增减（%）	数量	比上年增减（%）
1997—2001	6 638.0	—	—	453.0	—	—	74.0	—
2002	6 276.0	−939.0	−14.9	491.6	−40.8	−7.7	78.3	6.0

（续）

年份	播种面积（万亩）			总产（万吨）			单产（千克/亩）	
	数量	比上年增减	比上年增减（%）	数量	比上年增减	比上年增减（%）	数量	比上年增减（%）
2003	7 666.5	1 390.5	22.2	486.6	−5.0	−1.0	63.4	−19.0
2004	8 535.0	868.5	11.3	632.0	145.4	29.9	74.0	16.7
2005	7 590.0	−1 086.0	−12.7	570.0	−62.0	−9.8	75.1	1.3
2006	8 724.0	1 134.0	15.0	753.5	183.0	32.1	86.3	15.0
2007	8 889.0	165.0	1.9	762.4	8.9	1.1	85.7	−0.7
2008	8 640.0	−249.0	−2.8	750.0	−12.4	−1.6	86.8	1.3
7年均	8 046.0	1 408.0	21.2	635.0	182.0	40.2	78.5	6.1

注：7年均与1997—2001年相比，2006—2007年为国家统计局的最后数。2008年为非最后数。

资料来源：2008年植棉面积和总产来自：中华人民共和国2008年国民经济和社会发展统计公报；人民日报，2009年2月27日，单产按面积和总产计算为86.8千克/亩。

棉农收益整体呈增加趋势（表3－2）。7年中棉花主产品产值创新高，有3年突破1 300元/亩，2007年达到近1 500元/亩。受子棉收购价格、生长资料价格高位上涨和单产增减的多重因素的影响，植棉收益在7年中有4年增加3年减少，增减幅度也很大。

必须指出，加入世界贸易组织的后5年正值全球石油价格高涨，农业生产资料价格持续大幅度上涨，化肥、地膜和灌溉水费普遍上涨50％以上，与2001年相比（表3－2），物化成本增加317.5元/亩，增幅高达1.48倍。尽管棉花单产提高，但远远不能抵消生产资料价格的大幅度上涨，因而植棉收益大大减低。同时，受市场和灾害等多重风险的制约，棉花减产增收与增产减收或不增收的问题依然存在。

表3－2　2008—2001年全国棉花产值和收益对比

年份	样本产量（千克/亩）	主产品产值		总成本		直接物化成本		收　益	
		元/亩	增减（%）	元/亩	增减（%）	元/亩	增减（%）	元/亩	增减（%）
2001	73.8	689.6	—	580	—	214	—	157	—
2002	78.3	934.0	35.4	551	−29.0	209	−2.3	343	118.5
2003	63.4	1 318.0	41.1	667	21.1	262	25.4	650	89.5
2004	74.1	1 060.0	−19.6	702	5.2	311.6	18.9	327	−49.7

（续）

年份	样本产量（千克/亩）	主产品产值		总成本		直接物化成本		收益	
		元/亩	增减（%）	元/亩	增减（%）	元/亩	增减（%）	元/亩	增减（%）
2005	70.9	1 303.4	22.9	826.2	17.7	414.4	33.0	470	43.7
2006	95.4	1 325.5	1.7	884.9	7.1	467.8	12.9	441	−6.2
2007	92.4	1 498.5	12.1	1 005.1	13.6	452.5	−3.3	493.4	11.9
2008	90.8	1 150.9	−23.2	1 149.0	14.3	531.5	17.5	1.9	−99.6

注：①2001—2002 年为国家统计局数据，2003—2008 年为中国棉花生产预警监测数据，2008 年为非最后数。②农业税棉田分摊 2001 年 21.6 元/亩，2002 年 39.0 元，2003 年 40.1 元，2004 年 29.8 元，2005 年 7.3 元/亩，2006 年全国取消农业税。③收益 2001—2005 年为减税后收益。④2007 年子棉单产 248.5 千克/亩，按 38%衣分率折算。

资料来源：中国棉花生产预警监测结果。

棉花产不足需的矛盾越来越尖锐。加入 WTO 后，由于全球纺织品贸易一体化进程的加快，凭借丰富的劳动力资源，较低的劳动力成本，娴熟的劳动技能，我国棉纺织业竞争力优势不断增强，棉纺产能快速扩张，棉花消费增加。2008 年纺纱用棉继续保持 1 000 万吨的高位，达到 1 130 万吨。自 2001—2008 年棉花消费年递增率达到 13.6%。尽管植棉面积扩大，单产提高，总产不断刷新记录，但产不足需的矛盾越来越大，差数从 2002 年 68 万吨扩大到 2008 年的近 600 多万吨，增长近 9 倍。

一、棉花生产呈强劲发展态势，总产记录不断刷新，单产创新高，面积扩大 1 400 多万亩，然而总产、面积和单产的稳定性差

（一）总产增加，净增 182 万吨

全国棉花总产不断刷新记录，近 3 年，全国棉花总产突破 700 万吨，2007 年达到 760 万吨，2008 年 750 万吨。在加入 WTO 的 7 年时间里，平均总产达到 635 万吨，比上一个 5 年（1997—2001 年）453 万吨增 182 万吨，增幅达到 40%。

（二）面积扩大，净增 1 400 多万亩

在加入 WTO 后的 7 年中，全国植棉面积整体呈扩大的走势，平均植棉面积达到 8 046 万亩，比上一个 5 年（1997—2001 年）6 638 万亩净增 1 408 万

亩，增幅达到21.2%。

棉田面积扩大的主要原因：一是受全球气候变暖，气温升高，无霜期延长，加上棉花的经济特征，种植技术进步，棉花生产区域“西移北移”的步伐加快。同时，受农田水利设施和农田基础条件变弱，劳动力转移，长江流域棉田“下湖上山”的步伐也在加快。在棉区“西移北移”和棉田“下湖上山”两大因素的共同作用下，2008年全国植棉面积9 000多万亩。二是棉花的经济性得到充分展现，棉花作为现金作物，植棉有利于增加农民收入，植棉还有利于拉动当地流通和贸易，搞活地方商业和服务业，这是棉花生产使用农资多的缘故。三是棉花市场放开后，棉花的自主权得到充分张扬，如依靠市场决定种多少，没有强迫，棉花的经营权也完全放开了，价格多少由市场决定，子棉卖给谁由农民自己当家作主，农民从开放的市场中获得了自主权。但从2007年开始，棉花良种补贴对种子经营权存在一定的干预现象。

（三）单产不断创立新高

棉花单产显著提高。经过调整，近几年单产突破80千克/亩，2008年86.8千克/亩（1 302千克/公顷），可见单产不断刷新记录。加入WTO后的7年时间，平均单产达到78.5千克/亩，比上一个5年（1997—2001年）74千克/亩增4.5千克/亩，提高6.1%。从气候和生产力水平来看，我国棉花播种面积单产水平为80～85千克/亩，达到90千克/亩尚有极大难度。

（四）稳定性差仍是棉花生产的主要问题

植棉稳定差和波动性大仍是我国棉花生产主要的弊病。主要特点：

一是植棉面积波动大。在加入WTO后的7年中，面积4年增加3年减少，增减幅度都在两位百分数的水平上，数量上相差达到1 000多万亩。由于价格的稳定性差，进而导致总产的稳定差是最主要因素。值得注意的是，近两年面积波动有所减小。

二是总产波动很大，在7年中，总产3年增加4年减少，绝对数量相差达到274万吨之多，因面积和单产变化导致总产的波动是主要原因。

三是单产波动也很大。在7年中，单产4年增加3年减少，在数据没有调整之前，高产与低产相差近20千克/亩，气候不利是最主要因素。其中2003年因三大产区同时遭遇严重自然灾害，致使面积很大单产水平的大幅度下降而总产减少，2005年长江和黄河遭遇三次台风和秋雨连绵致使单产水平的降低是主要原因。2002和2004年三大产区气候相对平稳而增产。2006年全国棉区前期气候很差，中期好转，“天气帮忙”在后期。2007年气候为中等偏差年景，后期天气不利在后期。2008年略有减产，但长江中游减产幅度达到两成。

二、棉农收益整体呈增加的趋势，增减幅度都很大，减产增收与增产减收的问题依然存在，市场风险超来越大

（一）棉花主产品产值创新高

7年中有4年增加3年减少。整体看，加入世界贸易组织我国棉花主产品产值创立新高。其中有3年产值突破1 300元/亩，2007年达到1 498.5元/亩。然而，2008年跌幅也超过两成，是7年中继2004年（减幅49.7%）的第二个年景，子棉售价大幅度下跌是主要原因。可见，棉花主产品产值存在增产减值和减产增值的问题。

（二）植棉收益也创新高

7年中5年增2年减，增减幅度也很大，仍然存在增产减收和减产增收问题。整体看，加入世界贸易组织后我国棉花生产收益整体是增加的，但年际间增减幅度都很大。2007年比2006年增11.9%，2003年是典型的减产增收的年景，2004年和2006年是典型的增产不减收的年景，2007年是价格上涨增收年景。2008年收益减幅高达99.6%，主要原因是格的大幅度下降和成本的大幅度上涨，其次还有减产因素。

三、价格、成本和单产是影响产值和收益变化的主要因素

（一）单位面积主产品产值和收益变化的原因

1. 子棉售价是产值和收益的第一要素。价格波动大是加入WTO后我国棉花生产中最突出问题，在7个年度中没有一个年度与上一个年度的价格相同或相近，最小波动也在7%以上，最大波动达到55%。据中国棉花生产预警监测数据（表3-2，表3-3），与上一年度相比的波幅，2002年度为33.3%，2003年度55.0%，2004年度为－29.7%，2005年度为24.5%，2006年度为－7.9%，2007年度为20.6%，2008年度为－22.2%。2008年子棉售价大幅度下跌22.2%，占收益减少的比重高达66.9%。

2. 单产水平对产值和收益有一定贡献，但远远不及价格和成本的变化。在加入WTO后的7年时间里，除2003年气候异常，棉花大幅度减产对产值和收益产生显著影响以外，在正常年景，单产水平对产值和收益的贡献远远不及价格和成本。如2008年皮棉单产减1.3%，减产仅占收益减少比重的3.8%。

3. 农资价格连续上涨，成本不断增加是制约收益的又一要素。2008年农资价格猛涨，农资涨价占收益减少的比重达16.1%。

表3-3　2007/08—2008/09年度我国棉农子棉售价变化

年　　度	子棉售价（元/千克）	样本皮棉产量（千克/亩）
2007/08（2007年）	6.03	92.4
2007/08比2006/07年增（%）	20.6	−3.6
2008/09（2008年）	4.69	90.8
2008/09比2007/08年增（%）	−22.2	−1.3

注：2007年见《中国棉花生产景气报告》2007年第127期，2008年见《中国棉花生产景气报告》2009年第162期。

资料来源：中国棉花生产预警监测结果。

必须指出，自2004年开始，全球石油价格步入持续上涨期，受输入型通货膨胀的影响，化肥、地膜、农药和柴油等生产资料成本高速上涨，涨幅达到60%～80%，其中以钾肥和复合肥涨幅最大，最高涨幅1～2倍多，而农药、除草剂和植物生长调节剂等精细化工产品的涨幅相对要低得多。

地膜从2001年8 000元/吨上涨到2008年15 100元/吨，涨幅88.8%；成本净增16.5元/亩，增幅高达82.5%。

尿素从2001年1 500元/吨上涨到2008年2 410元/吨，涨幅60.7%；成本净增12～24元/亩，增幅达30%～40%。

二铵（含N14%，含P_2O_5 46%）从2001年1 600元/吨上涨到2008年3 700元/吨，涨幅130.3%；成本净增25～31元/亩，增幅高达127.7%。

硫酸钾肥从2001年1 600元/吨上涨到2008年2 200元/吨，涨幅60.7%；成本净增17～19元/亩，增幅高达42%～50%。

氮磷钾复合肥大幅度上涨，从2001年1 200元/吨涨到2008年3 850元/吨，涨幅220.8%；成本净增50～60元/亩，增幅达到180%～190%。

灌溉水费普遍净增30元/亩以上，增幅30%以上。

农药如“久效磷”从2001年12 800元/吨上涨到2005—2006年18 750元/吨，涨幅达到46.5%，农药成本由于内地种植抗虫棉而整体减少，西北则增加很多。

种子单价自2003年10.1元/千克涨到2008年的14.8元/千克，涨幅47.5%。2007年棉种实行补贴之后，2008年种子单价没有变化。用种费用从2003年的24.9元/亩增加到2008年35.9元/千克，增11元/亩，增幅 44.2%。

我国人工成本从 2003 年开始上涨，雇工收摘棉花人工费用从 0.6 元/千克子棉上下提高到 2006 年的 0.8～0.9 元/千克，2007 年上涨到 1 元/千克，2008 年涨到 1.2 元/千克，上涨幅度达到 80%～100%，如果包括雇工的住宿和路费等，收摘子棉的全成本达到 1.3～1.4 元/千克。

（二）2008 年成本增加源自“双上涨”

1. 总成本上涨 14.3%。全国棉花生产总成本，在 2007 年突破 1 000 元/亩的基础上，2008 年继续增至 1 149.0 元/亩，增 143.9 元/亩，增幅 14.3%（图 3－1）。在总成本中，物化成本占 46.3%为 531.5 元/亩，人工费用占 43.4%为 498.1 元/亩，固定成本占 7.6%为 87.5 元/亩，间接费用占 2.8%为 31.9 元/亩。

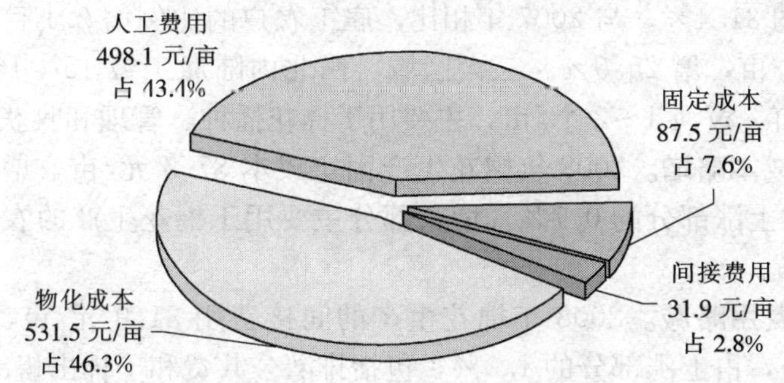

图 3－1　2008 年棉花生产总成本（1 149.0 元/亩）构成

资料来源：中国棉花生产预警监测结果。

2. 物化成本上涨 17.5%。2008 年物化成本增 79.0 元/亩，增 17.5%，占上涨部分的 54.9%。进一步分析，肥料增 63.9 元/亩，增 34.5%；机械作业费增 6.1 元/亩，增 11.2%；灌排费增 4.4 元/亩，增 7.6%；农药和除草剂增 3.8 元/亩，增 6.3%；地膜增 2.5 元/亩，增 7.5%；育苗移栽物化费减 6.0 元/亩，减 30.2%；“化调”减 1.1 元/亩，减 12.5%；种子费增 5.4 元/亩，增 17.6%，主要是播种季节天气不利，用种量增加 0.3 千克/亩，而种子价 14.8 元/千克无变化。

肥料部分：复合肥增 32.8 元/亩，增 65.4%；二铵增 11.9 元/亩，增 25.2%；钾肥增 3.8 元/亩，增 19.9%；尿素增 51.6 元/亩，增 11.9%。此外，有机肥、叶面肥、硝铵、碳铵等增 16.7 元/亩，增 269.9%。

肥价大幅度上涨是施肥成本增加的直接原因。肥价大幅上涨而施用量的减少对夺取高产很不利，这对农业生产来讲是一个非常消极的信号，要密切关注。监测结果，与 2007 年相比，2008 年地膜涨价 12.7%，尿素涨价 29.6%，磷酸二铵涨价 30.0%、钾肥涨价 48.4%，复合肥涨价 65.4%。由于肥料单价的大幅度上扬，受报酬递减率的影响，单位面积的施肥量普遍减少。尿素用量减 3.4 千克/亩，减 13.7%；钾肥用量减 1.2 千克/亩，减 18.8%；过磷酸钙减 9.9 千克/亩，减幅高达 40%；二铵用量减 0.4 千克/亩，减 4.0%，复合肥也呈减少趋势。

3. 人工费用上涨 15.1%。2008 年人工费用上涨至 498.1 元/亩，增 65.4 元/亩，增 15.1%，占总成本上涨部分的 45.5%。其中自用工占 72.6%，雇工占 27.4%。用工量 19.5～21.1 个/亩，减 1.6 个工/亩。由于用工作价从 2007 年的 20.5 元/工提高至 25.5 元/工，提高 24.4%，所以人工成本增加了。

在人工费用中，有 55.9%样本农户发生雇工行为，雇工费 156.4 元/亩，占人工费用的 31.4%。与 2007 年相比，雇工农户的比例增 2.1 百分点，雇工费增 32.2 元/亩，增 25.9%。三大区域，西北内陆雇工数 15～16 个/亩，长江 2～3 个/亩，黄河 1～2 个/亩，主要用于棉花播种、管理和收获。

4. 固定成本略增。2008 年棉花生产固定成本 87.5 元/亩，增 1.0 元/亩，增 1.2%，占上涨部分的 0.7%。增长部分主要用于棉花生产的农机、农具和药械等的购置。

5. 间接费用略减。2008 年棉花生产的间接费用 31.9 元/亩，减 1.5 元/亩，减 4.4%，占上涨部分的 1.0%，包括排灌公共费和子棉出售的运输费等。

6、三大流域总成本都上涨。长江 1 083.8 元/亩，增 150.0 元/亩，增幅 16.1%；黄河 977.3 元/亩，增 109.6 元/亩，增幅 12.6%；西北 1 481.5 元/亩，增 160.7 元/亩，增幅 12.2%。

（三）棉花生产补贴

2008 年是棉花良种补贴的第二年。据中国棉花生产预警所监测结果，2008 年有 44.7%的样本农户获得补贴，比率增 2.7 个百分点，补贴资金 38.5 元/亩，增 5.3 元/亩，增 16.0%。其中良种棉补贴 9～15 元/亩，约占 1/3；另有 2/3 来自粮食和其他补贴。各棉区补贴，长江 37.1 元、黄河 36.3 元和西北 43.6 元/亩，分别增 8.1 元、3.0 元和 3.1 元/亩。估计补贴面积的比例：全国为 53.6%，其中长江 50.7%，黄河 63.8%和西北 43.5%。

（四）关于棉田地租费（见第四节）

（五）每千克皮棉成本变化

2005 年每千克皮棉成本 9.85 元/亩，比 2004 年 8.03 元/千克增 1.82 元/千克，增幅 22.7%。2006 年每千克皮棉成本 9.27 元/亩，比 2005 年减 0.58

元/千克。2007 年每千克皮棉成本 10.93 元，比 2006 增 1.66 元/千克，增 17.8%。2008 年每千克皮棉成本 12.66 元，比 2007 年增 1.73 元/千克，增 15.8%。

2008 年三大流域每千克皮棉成本，长江 14.14 元，增 32.2%；黄河 11.21 元，增 8.1%；西北 12.40 元，增 9.3%。

四、棉花价格与国际接轨，国内价高于国际价，竞争力减弱

2005 年全年棉价稳步走高，新棉“高开高走”，年内和年际间价差率缩小；国内外市场几乎完全同步。然而，国内价高于国际 1 800～2 100 元/吨。

2005 年中国棉花价格指数（CC Index）年均价为 13 066 元/吨，比 2004 年 14 648 元/吨下降 1 582 元/吨，降幅 10.8%；自然年内价差率 20.0%，比 2004 年的价差率 35.9%下降 16 个百分点，价格波幅变小表明市场相对稳定，是市场成熟和理性的重要标志。

由于大国效应，国际棉花价格的变化几乎与我国完全同步，Cotlook A 指数 2005 年年均 54.22 美分/磅，比 2004 年年均 62.05 美分/磅下降了 7.83 美分/磅（相当于人民币 1 566 元/吨），降幅 12.6%。Cotlook A 指数也呈稳步走高的态势，从 1 月的最低水平 51.28 美分/磅上升到 10 月的最高水平 58.35 美分/磅，相差 7.07 美分/磅（相当于人民币 1 414 元/吨），价差率为 13.8%，比 2004 年价差率 36%下降了 22 个百分点。然而，2005 年国内价与国际价的差异呈越来越大的走向，进入 2005/06 年度，国内外价格差 9 月上升到 1 261 元/吨级，11 月为最高，比国际价高出 2 080 元/吨，这是对国内资源严重短缺的典型反应。

为了平衡国内外的价格差异，2005 年 5 月国家出台了“滑准税”，决定从 2005 年 5—12 月对配额外进口棉花征收“滑准税”，“基数”为 10 029 元/亩，税率为 5%～40%，实际征收税率滑准税变幅在 5%～14.3%之间，相当进口棉提价 456～943 元/吨。

2006 年滑准税“基数”提高到 10 745 元/吨，税率征收幅度为 5%～40%，进口棉实际价比 2005 年提高 726 元/吨，实际征收税率在 8%～9%之间，没有达到 10%。

然而，2005 年 7 月人民币升值 2%，降低进口棉成本 200 多元/吨，相当于进口棉成本降低 200 多元；到 2006 年人民币累计升值达到 6%，又降低进

口棉成本 300 多元/吨，进口棉仍表现出价格优势，其竞争力仍然很高。

2008 年进口棉价格指数（FCindex M）均价 72.57 美分/磅，比 2007 年同期增幅 12.4%，按 1%关税折人民币价格 12 965 元/吨，按滑准税折人民币 12 163元/吨。按滑准税价格计算比 CC Index 年均价低 900 元/吨左右，滑准税征收 122 万吨，约多征收 11.0 亿元。

按算术数计算（表 3－4），2008 年 Cotlook A 指数 1%关税到港价为 13 025元/吨，Cotlook A 指数滑准税到港价 13 819 元/吨，滑准税征收 794 元/吨，含 1%在内实际执行税率 7.1%。扣除 89.4 万吨的 1%低关税，滑准税征收 122 万吨，多征收 9.68 亿元。

表 3－4 国内外棉花价格对比

年　份	中国棉花价格指数（元/吨）	Cotlook A 指数（美分/磅）	Cotlook A 指数 1%关税到港价	A 指数折口岸交货价（元/吨）	价差＝国内－国际（元/吨）
2007	13 429	63.36		13 359①	70
				12 329②	1 100
2008	13 097	71.39	13 025	13 819	－794

注：①在滑准税下比较；②在 1%关税下比较。

五、原棉消费年递增 13.6%，产不足需的矛盾将长期存在

棉花是纺织工业的重要原料，棉纺织业是棉花的消费主体，关于全国棉纱用棉比例早期一致认为占 70%，占棉纺织成本的 70%以上，随后这一比例在下降，前几年一般看法为 64%～65%，当前多数趋向性看法为 55%上下，也有认为占棉纱的比例为 50%，本表 3－5 采用 50%这一比例。

加入 WTO 后，由于全球纺织品贸易一体化进程的加快，凭借劳动力成本，娴熟的劳动技能，丰富的资源，我国棉纺织业竞争力优势大大增强，产能快速扩张，棉纺用棉继续保持增长态势。2008 年纺纱用棉继续保持 1 000 万吨的高位，达到 1 130 万吨（表 3－5）。自 2001—2008 年的 8 年间，年递增率高达 13.6%。然而，近几年棉纺用棉比例在下降，产需差数在缩小。如，2007 年比 2006 年增量减 20 万吨，减 1.7%；2008 年又比 2007 年减 28 万吨，增量减 2.3%，主要是棉纱中化纤用量的比例在提高。主要原因是，化纤与原棉的性价比在扩大，增用化纤比例有利于降低棉纱成本，棉纤两者在博弈。

尽管如此，由于棉花消费基数大，尽管产需的差数在缩小，但棉纱产量的基数和产需的差数仍很大（表 3－5），产不足需的矛盾仍较尖锐，从 2002 年差数 68 万吨扩大到 2008 年的 380 多万吨。

表 3－5 加入世界贸易组织之后我国棉纺产能变化对比

年份	棉纺锭（万锭）	棉纱产量（万吨）	棉花产量（万吨）	产需差（万吨）	纺纱用棉（万吨）		
					用棉	增量	增幅（%）
2007	10 000	2 000	762.0	−438.0	1 158	−20	−1.7
2008	10 400	2 148.7	750.0	−380.0	1 130	−28	−2.3

注：①产需差＝生产量－纺纱用棉；②棉纺锭 10 000 万锭为非官方数据。

纱锭能力大幅度增加是棉纺生产能力快速扩张的主要原因（图 3－2）。棉纺纱锭从 2001 年 3 548 万锭增加到 2007 年 10 000 万锭，产能翻了近两番。

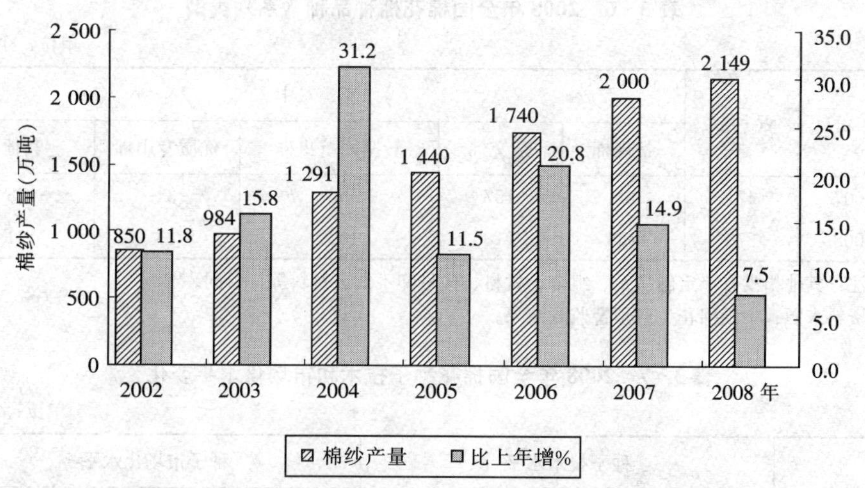

图 3－2 2008—2002 年全国棉纱产量

六、棉花品种科技含量提高，种子市场化进程加快，竞争力增强；然而品种“多乱杂”的问题突出

品种和种子是棉花生产中最活跃的要素，是科技进步、产业化经营和市场竞争的主要体现。加入世界贸易组织之后，我国棉花品种科技进步加快，新品种科技含量提高。据中国棉花生产预警监测结果，一是转 Bt 基因抗虫棉品种

增多，生产上，国育Bt棉品种占绝对优势；二是杂交种种植面积不断扩大，2008年又恢复到占全国面积的33%；三是新品种数量及品种类型多；四是种子加工的科技含量提高，然而，受良种补贴的干预，种子市场化进程在减慢。

（一）棉花品种科技进步加快，技术含量大幅度提高

1. 转基因抗虫棉数量增加，国育品种种植面积占绝对比重。到2008年，全国合法与具抗虫性的品种占总播种面积的70.6%，国产Bt棉继续占绝对主导地位。

2. 杂交棉新组合越来越多，增产潜力越来越大。2008年，杂交棉（种）218个（表3-6、表3-7），增61个，增幅38.9%；占品种数的37.7%，增4.3个百分点；占播种面积的33.3%，增2.5个百分点。从结果来看，棉花良种补贴后杂交种的种植面积略有增加。长江基本杂交种化，黄河种植面积扩大，西北以兵团为主的示范在加快。

表3-6　2008年全国棉花播种品种（系）类型

单位：个

年份	品种数	其中				
		常规棉	杂交棉	转基因抗虫棉	优质专用棉	其他
2007	471	144	157	58	34	128
2008	579	158	218	102	27	191

注：其他指没有审定的品系、组合、材料、代号和不知名材料等，后同。

资料来源：中国棉花生产预警监测结果。

表3-7　2008年全国棉花种子技术和市场化水平变化

单位：%

年份	种子技术水平			种子市场化水平		
	毛子	光子	包衣子	自留种	统一供种	市场购买
2007	20.9	8.3	70.9	17.3	32.3	50.4
2008	5.7	21.6	72.7	11.0	49.7	39.3

资料来源：中国棉花生产预警监测结果。

2008年杂交棉制种面积约13万亩（图3-3），比2007年11.5万亩增13.0%，呈现"北平西增"格局，新疆生产建设兵团制种面积扩大，黄河基本保持平稳态势。

经过近10多年的发展，全国杂交棉制种形成"北制南用"、"北制北用"

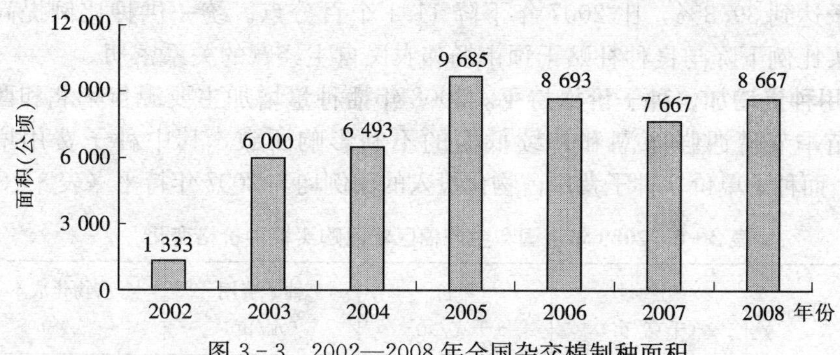

图 3-3　2002—2008 年全国杂交棉制种面积

资料来源：中国棉花生产预警监测结果。

和"西制西用"的格局。制种面积黄河占绝对优势，新疆杂交棉制种发展很快，制种面积约 5 000 亩。

3. 优质专用棉增加。2008 年优质专用棉 27 个（表 3-6、表 3-7），占品种数的 4.7%；占播种面积的 3.0%。主要是海岛（长绒）棉、陆海杂种、中长绒棉、高比强棉和彩色棉。

4. 常规棉比例同步增多，所占品种数量在下降。2008 全国种植常规棉 158 个（表 3-6、表 3-7），增 14 个，增幅 9.7%；占品种数的 27.3%，占播种面积的 36.1%。

（二）棉种技术水平加速提升，市场化程度出现新情况

1. 种子技术水平不断提高。全国棉种技术水平不断上升，主要标志是毛子比重不断下降，光子和包衣子比重上升。这与优质棉生产基地建设、与市场条件下企业竞争力和实施的良种棉补贴紧密相关。

监测结果显示，棉花生产使用毛子占总用种量的比重，从 2007 年 20.9% 下降到 2008 年的 5.7%，减少 15.2 个百分点。光子从 2007 年 8.3%增加到 2008 年 12.6%，提高 13.3 个百分点。包衣子从 2007 年 70.9%提高到 72.7%，提高 1.8 个百分点。到 2008 年光子和包衣子占总用量的 94.3%。

2. 种子市场化程度有所萎缩。2008 年是棉花良种补贴的第二年，受棉补贴的影响，全国棉种市场化程度进一步萎缩。主要标志是农民市场购买种子的比例大幅度下降，统一供种比例上升。前者反映政府对市场的干预程度增加，后者反映农民自主经营权被削弱，但同时自留种子比例也在减少，科技含量在提高。

监测结果显示，2008 年农民自留种仅占总用种的 11.0%，比 2007 年减 6.3 个百分点；统一供种占 49.7%，比 2007 年上升 17.4 个百分点；农民市场

购买种子达到39.3%，比2007年下降11.1个百分点。统一供种比例提高和市场购买比例下降与良种补贴干预市场和农民自主经营的关系密切。

3. 用种量增加，种子价格持平。2008年播种量增加主要源自华北和西北播种出苗季节遭遇强寒潮和持续低温的不利影响所致，其中种子费用增加17.7%，而种子单价、种子费用占物化投入的比例均与2007年持平（表3-8)。

表3-8　2008年全国和主产棉区农民购买棉种价格变化

年　份	用种量（千克/亩）	单价（千克/元）	种子费用（元/亩）	占物化成本（%）
2007	2.1	14.8	30.5	6.7
2008	2.4	14.8	35.9	6.8

资料来源：中国棉花生产预警监测结果。

（三）品种“多乱杂”的问题越来越突出

1. 主导品种占播种面积的比重提高。2008年占播种面积比例在1%以上（面积80万亩以上）优势品种26个（表3-9)，比2007年增加2个；这26个品种占播种面积比例为46.7%，比2007年提高8个百分点，表明优势品种播种面积增加。但仍没有一个品种的播种面积占总面积的10%。

表3-9　2008年全国棉花种植的优势品种

（占当年棉花播种面积的1.0%以上）

年份	数量（个）	占品种数的（%）	占播面的（%）	前10名品种（系）排序
2007	24	5.1	38.7	中棉所35、鲁棉研28、鲁棉研21、鲁棉研15、新陆中14、科棉3号、中棉所43、新陆中15、鄂杂棉10、鲁棉研17（合计占24.2%）
2008	26	4.5	46.7	鲁棉研28、中棉所41、新陆早26、新陆早36、鄂杂棉10、鲁棉研21、晋棉38、国欣3、新陆早31、中棉所49（合计占28.1%）

资料来源：中国棉花生产预警监测结果。

2. 品种多乱杂加剧。实行良种补贴的初衷旨在提高优良品种的覆盖率，遏制品种多乱杂的不断扩张，然而这个目标近期还难以实现。从监测结果来看，2007年品种（系）数比2006年增加了28.5%，优势品种的市场份额减少3.8个百分点。2008年播种品种（系）数又比2007年增加22.9%，优势品种的种植面积下降到6%以内。近2年全国没有一个品种的种植面积达到10%，即没有一个优势品种。

分析造成品种多乱杂的原因：一是品种审定过多的源头是审定过多。巧合的是，近两年通过国家和地方审定的品种都为118个，不计国家和地方、地方与地方的重复审（认）定有100个。品种一旦通过审定即获得了合法外衣，便可进入市场。二是品种来源更加广泛，除原来国家和省级科研机构以外，来自公司和个人的数量正在快速增加。三是按一个品种使用寿命5～6年计，全国一年种植的品种（系）数量至少有600个（表3-10）。

表3-10　2007—2008年全国棉花品种审定数

单位：个

年份	合计	国家审定品种	其中：							省审定品种								
			川	湘	鄂	赣	皖	苏	浙	冀	鲁	豫	疆	晋	秦	津	甘	辽
2007	118	17	2	8	8	1	15	2	2	11	10	12	17	6	0	5	2	
2008	118	25	6	14	8	2	4	6	1	15	6	14	8	3	2		3	1

注：国家和地方重复审定计1个，省与省之间的重复审定也只计1个，但在应用区域和面积上有差异。

资料来源：中国棉花生产预警监测结果。

（四）解决品种多乱杂问题的途径和方法

1. 严肃品种审定。解决品种多乱杂问题，首先要从源头抓起，严肃审定制度是控制品种无节制增多的根本措施，品种审定要严肃，标准必须严格。其次，区域试验时间要从现在的2年恢复到原来的3年；第三，区域试验的质量要提高，产量水平要达到当地高产水平。要强调资料完整，数据真实。无论国家审定还是地方审定都必须强调产量指标、品质指标和抗性指标的协调统一。第四，鉴于我国棉花枯萎病和黄萎病的发生和危害日益严重，在“两萎病”抗性方面应提出更加严格的鉴定，要采用多种方法鉴定，提高病情指数的审定指标，新品种只有在取得实质性进展，才能在生产中发挥应有的作用。

2. 加快老品种退出速度。近几年，国家和地方陆续开出退出品种清单，2007年农业部提出退出50个。据不完全统计，各地退出品种近100个，但这些退出品种都是20世纪80—90年代的老品种，对预防“旧瓶装新酒”有作用，但对控制多乱杂的帮助不大。

3. 改进新品种推广方法。优势品种推广要研究新方法，鉴于我国棉种公司的实力不大，委托一家公司不与同时委托几家公司推进，后者的效果肯定大于前者，优势品种在服务棉花生产的同时也将产生更加显著的经济效益。

4. 研究提出老品种退出机制。退出机制如何确立？一是审定一个新品种退出一个旧品种。如系列品种，当审定1个新品种同时要求申报退出一个旧品种。二是当一轮区域试验的对照品种更换时，与对照同时审定的和/或在对照之前审定的品种大多数退出。这一退出机制的优点：一是可以防治“旧瓶装新酒”和“新瓶装旧酒”；二是可以堵住老品种在市场上的交易；三是实行退出机制涉及多少品种为合适的问题。我国棉区幅员辽阔，种植制度分为一年一熟制和一年两熟制度。在熟性上，分为早熟、中熟和中晚熟几个大类型。参考美国面积和商品棉的品种数150～160个，全国大致300个即可，这个数量已比20世纪80年代增加了5倍多，而植棉面积和生产区域分布大致相同。

5. 良种补贴全覆盖，补贴方法需改进。一是良种棉补贴最好不与品种挂钩，原因是品种一旦通过国家和地方审定就具合法性，只要该品种适合本生态区，其经销和种植均具合法性。需要指出的是，尽管品种多乱杂的源头是品种审定过于宽松所致，但是品种审定仍有一套方法和程序，地方二次选定迄今还没有方法和程序可言，存在较大的随意性和排他性，且与审定在工作程序上重复，有否定之否定之嫌。二是参考粮食良种的直补方法，良种棉的补贴资金直接发放植棉农户。一些地方发放种子给农民，即干预农民生产经营的自主权，农民意见很大，反映不好，而且一旦“直发”种子出现问题，政府即成为被告，很是被动。三是最好不确认良种棉的经营公司。各地确认棉花良种经营公司，同样干预种子市场和经营。政府对种子的职能应回归到加强市场监管上来，如经营公司是否合法，经营品种是否审定，是否符合本地生态区，是否“张冠李戴”，“短斤少两”和“旧瓶装新酒”等，种子质量是否符合国颁和部颁种子标准，品种宣传是否“夸大其词”和存在误导等。

（五）中美种子市场份额差距很大，我国棉种公司更需要扶持

中美比较可见，尽管2008年美国植棉面积减少26%，品种数量也在增加，总体数量也不少，但优势品种的地位十分突出。如，DP 555 BG/RR品种仍占全美陆地棉种植面积的17.2%，与上年基本持平。据分析，种子经营主体是引起市场份额差异的原因之一，全美有13家种子公司经营15个棉花系列品种，其中拜尔作物科学因2008年收购了斯字棉公司和AFD公司，经营品种占播种面积的比重已达到46.8%，居首位；岱字棉公司其次，占41.5%；其他11个公司仅占11.7%以下。

虽然我国棉种公司很多，但其规模都很小，在科技创新、市场开拓、风险防范和应对方面还不具备实力，目前还没有哪家公司能够经营全国10%的面

积。因此，加快棉种公司的成长，在做大方面取得长进。同时，尽管品种数量和种子公司不断增加，一些科研机构优势还很明显。如监测到的3个品种系列占全国播种面积的35%，其中：鲁棉研（山东棉花中心）系列品种23个，占全国播种面积的15.7%；中棉所（中国农科院棉花所）系列品种31个，占全国播种面积的14.1%；邯郸（农科院）系列品种16个，占全国播种面积的5.2%。如果这些系列品种由几家公司同时推进，优势品种的覆盖率将会明显扩大。

（详见中国棉花生产景气报告第153期，2008年11月12日）

（撰稿：毛树春，中国农业科学院棉花研究所，国家棉花产业技术体系）

第二节 棉花、棉副产品及棉纺织品的贸易变化

加入世界贸易组织（WTO）后，由于全球纺织品贸易一体化的进程加快，我国棉纺织业的加工优势得到充分高效的释放，棉花及棉产品的进出口贸易呈快速持续巨幅增长的态势。迄今，我国已经成为全球最大的棉花进口国，棉花在国内的贸易地位也显著上升，业已成为全国大宗农产品中进口增幅最大的一个，在贸易地位上仅次于大豆。

我国棉花在国际贸易地位已从入世前的调节国转变为入世后的净进口国。棉花在全国粮食、棉花、油料和大豆等大宗农产品中的贸易地位显著上升。按进口金额计，棉花贸易地位2002年排第四位，2003—2004年上升到第三位，2005年和2006年上升到第二位。由于食用植物油进口数量剧增，2007年和2008年进口棉地位下降到第三位。即在全国粮棉油大宗农产品的贸易中，棉花是仅次于大豆或实用植物油的第二或第三大农产品，主要特点是进口数量多，进口金额大，在7年中有5年保持增长。

棉纱线和棉机织物进出口贸易也呈快速持续增长的态势，经过加工和贸易实现了增值，有效增加了国内的贸易顺差，还新增大量的就业岗位，实现了农村劳动力的成功转移。

在棉花、棉纱线和棉机织物三个产品贸易顺差持续不断增长的条件下，我国棉产品形成了“大进大出”这样一种新型结构。结果表明，这是一个双赢或多赢的结构，表明我国棉纺织业是一个竞争优势很强的产业。

一、棉花及棉副产品进口量剧增

（一）棉花及棉副产品进口量剧增

1. 棉花进口数量剧增。2008 年进口原棉 211.5 万吨，进口金额 34.92 亿美元，入世后 7 年（2002—2008 年）累积进口原棉（税号 52010000）1 374 万吨，进口额 195.7 亿美元。2002—2008 年进口已梳棉花（税号 52030000）2.9 万吨，进口金额 0.32 亿美元。

2. 废棉及棉的回收纤维进口数量大。2008 年进口废棉 0.5 万吨，进口金额 0.02 亿美元（表 3－11）。入世后 7 年累计进口数量 58.6 万吨，进口金额 1.78 亿美元。废棉及回收纤维是纺纱过程中的飞棉、落棉以及“脚棉”和污染棉，这些棉花是气流纺的原料，并且由于成本低，可降低成本。由于原棉短缺，部分替代原棉，因而促进了进口。

废棉及棉的回收纤维来源地主要来自美国、中国台湾省等纺织国家或地区。

表 3－11　2002—2008 年进口废棉及回收纤维

年份	数量（万吨）	金额（万美元）	平均单价（美元/吨）	单价增幅（%）
2001	5.3	785.3	148.2	100
2002	2.3	456.0	198.3	33.8
2003	8.1	1 819.2	224.6	51.6
2004	7.7	1 954.2	253.8	71.3
2005	8.0	2 424.8	303.1	204.5
2006	16.4	5 347.7	326.1	220.0
2007	15.6	5 622.6		
2008	0.5	200.4		
比 2007 年增减（%）	－96.8	－96.4		
2008—2002 年合计	58.6	17 824.5		—

注：废棉税号包括 52021000、52029900 和 52029100。

3. 棉短绒进口数量大。2008 年进口棉短绒 1.5 万吨，比 2007 年 11.1 万吨，减 88.1%；进口金额 0.008 亿美元，比 2007 年 0.45 亿美元，减 81.8%。7 年累计进口数量 46.2 万吨，进口金额 1.7 亿美元。

棉短绒是粘胶纤维的原料。粘胶纤维广泛用于化纤、卫生、医药、造纸等行业。由于国内断纤维供给不足，缺口增加，因而进口增加。棉短绒进口来源地与原棉进口一样，主要来自美国、乌兹别克斯坦、印度、澳大利亚和布基纳法索等。

（二）进口来自全球50多个国家或地区，但以美国为主，印度后来居上

入世后7年（2002—2008年）进口棉主要来源地：美国、印度、乌兹别克斯坦和澳大利亚（图3-4和图3-5），数量和金额约分别占48.7%、14.6%、10.1%和5.5%，该4国合计占79.9%。其他约20%来自非洲和巴西，在非洲，布基纳法索国所占比例最大，其次是贝宁和马里。

表3-12　2002—2008年中国进口棉花来源地前10位

国　别	进口量（万吨）	进口量比重（%）	进口金额（亿美元）	进口金额比重（%）
中国	1 161.2	100.0	195.4	100.0
美国	667.9	48.7	95.3	48.8
印度	200.3	14.4	28.2	14.4
乌兹别克斯坦	138.2	10.1	19.5	10.0
澳大利亚	75.6	5.5	11.3	5.8
布基纳法索	52.5	3.7	7.3	3.7
贝宁	40.6	2.9	5.7	2.9
马里	28.7	2.1	4.1	2.1
喀麦隆	21.3	1.5	3.0	1.5
科特迪瓦	18.3	1.3	2.6	1.3
巴西	17.8	1.2	2.4	1.2
其他	111.0	8.2	16.0	8.2
前10位合计	1 372.2	91.9	146.1	91.8

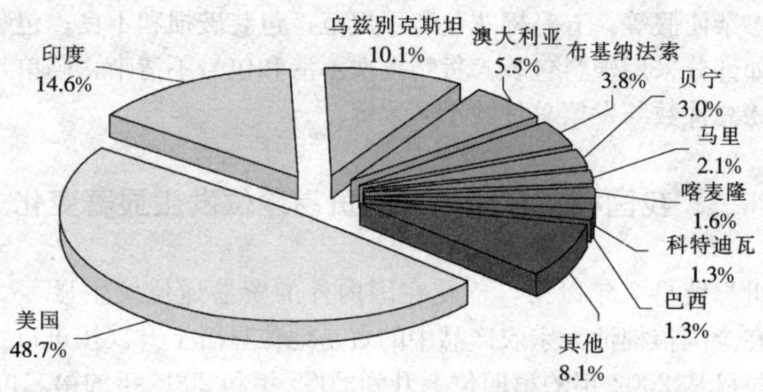

图3-4　加入WTO后7年（2002—2008年）进口棉花来源地数量比重

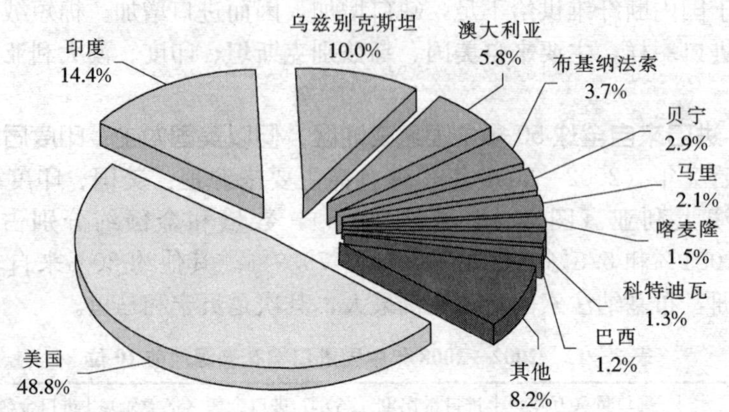

图 3-5　加入 WTO 后 7 年（2002—2008 年）进口棉花来源地金额比重

（三）进口棉花的特点

1. 进口棉优势。一是国内资源严重短缺是进口的原动力。随着我国棉纺产能的不断加大，棉花缺口越来越大形成进口的原动力。二是巨大价差是形成进口的强大推动力。2007 年国际棉价上涨，在 1%关税条件下，价格低于国内棉花达到 1 000 元/吨；在滑准税条件下，只低 70 元/吨，优势不明显。三是品质好是进口的诱惑力。进口棉大多数品质好，如无或少“三丝”有害外来杂物，品质的一致性好，还有利企业配棉，降低成本。

2. 进口棉问题。大量进口棉花，也出现许多新问题，根据海关以及检疫机构的部分结果，短重、降质和存在有害生物和污染物是主要问题：一是数量上短重，缺斤少两，有的比例很高。二是降质或质量不稳定。品级、长度、细度和成熟度不稳定等。三是植物检疫对象，存在有害杂物、霉烂和污染物。四是包装和掺杂使假等。五是棉花包装不规范，包装破损和不良；包装材料不符合要求，如部分采用塑料包装。货物批次不清和包号不清晰，码单与实际货物不符，过磅总件数与发票总件数不一致等。

二、我国棉花在国内外的贸易地位发生显著变化

加入世界贸易 7 年以来，棉花在国内外的贸易地位发生显著变化。在国内，棉花在全国粮棉油大宗农产品中的贸易地位显著上升。按进口金额计，棉花贸易地位已从 2002 年的第四位上升到 2005 年和 2006 年的第二位，2007 年和 2008 年下降到第三位，主要原因食用植物进口的大幅度增加。即在全国粮

棉油大宗农产品贸易中，棉花是仅次于大豆或食用植物油的第二或第三大大进口农产品，主要特点是：进口数量大，进口金额多，贸易逆差大。

（一）从数量和金额来看，2008年棉花进口排第三位

1. 大豆进口排第一（表3-13），进口3 744万吨，同比2007年（后同）增21.5%；金额218.1亿美元（表3-14），同比增90.1%。

表3-13 入世7周年（2008—2002年）我国粮棉油大宗农产品进出口数量

单位：万吨

项　目	2002—2008年计			2008年		2008年比2007年增减率（%）	
	出口	进口	平衡	出口	进口	出口	进口
谷物及谷物粉	6 936	2 762	−4 174	181	154	−81.6	−1.0
其中：小麦	0	1 263	−1 263		4		−57
稻谷和大米	976	333	643	97	33	−27.7	−33
玉米	4 732	1 032	−3 700	27	5	−94.4	−27
大豆	259	17 540	17 281	47	3 744	2.1	21.5
原棉	33	1 374	1 341	1.6	211	−22.4	14.1
食用植物油和油籽	767	22 022	21 255	113	4 560	4.6	16
其中：食用植物油	127	4 482	4 355	24.8	816	48.9	−2.6
含：豆油	13	1 391	1 378	13	259	103.8	−8
食用油籽	640	0	640	88		−3.3	
肥料	4 024	8 452	4 428	945	622	−30.1	46.8
其中：矿物肥料及化肥	2 950	5 100	2 150	927	619	−30.7	−47.0
尿素	1 650	174	−1 746	436	67	−16.9	−87.6

注：①资料据2002—2008年《海关统计》整理。②小麦无出口。大豆出口含在食用油籽中，进口单列。食用油籽出口含大豆、花生、花生仁，无进口。食用植物油进出口含豆油、菜籽油、芥子油等。化肥出口以尿素为主。③食用植物油和油籽，出口＝食用植物油＋食用油籽（含大豆），进口＝食用植物油＋大豆。④粮棉油总计＝谷物及谷物粉＋棉花＋食用植物油和油籽。⑤平衡＝出口－进口。⑥净进口＝进口－出口。逆差即进口大于出口，顺差即出口大于进口。

2. 食用植物油进口排第二，进口816万吨，同比减2.6%；金额89.8亿美元，同比增44.0%。

3. 棉花进口排第三，进口211.5万吨，同比减14.1%；金额34.9亿美元，同比增0.4%。

4. 谷物及谷物粉进口排第四，进口 154 万吨，同比减 1.6%；金额 7.3 亿美元，同比增 37.0%。

5. 肥料进口 622 万吨，同比减 46.8%；金额 34.8 亿美元，同比增 19.8%。其中矿物肥料及化肥进口 619 万吨，同比减 47.0%；金额 34.7 亿美元，同比增 19.8%。

(二) 从 7 年贸易平衡来看，粮棉油在国内外贸易地位发生很大的变化

从 7 年（2002—2008 年）的贸易平衡来看，我国粮食在国际上的贸易地位为调节国，数量为净出口，但品种结构存在明显差异，其中小麦为净进口，玉米、稻谷和大米为净出口。表明我国在解决吃饭问题上有较大进步，是国家长期重视粮食生产的根本体现，表明我国为解决吃饭所做的努力是成功的。

然而，我国食用植物油、大豆和棉花国际贸易地位为净进口国，并且数量和金额的逆差都很大，是我国大宗农产品中最为短缺的农产品。入世后 7 年累计净进口数量（表 3-13）和金额（表 3-14）综合排序如下：

1. 谷物及谷物粉出口排第一，7 年累计净出口 4 133 万吨，净出口额 41.33 亿美元。其中：小麦净进口 1 263 万吨，净进口额 27.8 亿美元；玉米净出口 3 700 万吨，净出口额 57.1 亿美元；稻谷和大米净出口 643 万吨，净出口额 13.8 亿美元。

2. 食用植物油和油籽进口排第一，7 年累计净进口 21 255 万吨，净进口额 867.1 亿美元。

3. 大豆进口排第二，7 年累计净进口 17 281 万吨，净进口额 622.7 亿美元。

4. 棉花进口排第三，7 年累计净进口 1 341 万吨；净进口额 191.5 亿美元。

5. 肥料 7 年累计净进口 6 729 万吨，净进口额 67.3 亿美元。其中：矿物肥料及化肥净进口 4 751 万吨，净进口额 40.0 亿美元，主要是进口磷肥和钾肥；尿素净出口 1 746 吨，净出口额 40.3 亿美元。

表 3-14 入世 7 周年（2002—2008 年）**我国粮棉油大宗农产品进出口金额**

单位：百万美元

项 目	2002—2008 年计			2008 年		2008 年比 2007 年增减（%）	
	出口	进口	净进口	出口	进口	出口	进口
谷物及谷物粉	10 824	6 691	−4 133	759	732	−65	37
其中：小麦	0	2 784	2 784		2		−49
稻谷和大米	2 739	1 360	−1 379	483	21	−1	−9
玉米	5 744	38	−5 706	79	1	−91	89

（续）

项　目	2002—2008 年计			2008 年		2008 年比 2007 年增减（%）	
	出口	进口	净进口	出口	进口	出口	进口
大豆	1 161	63 431	62 269	351	21 813	79	90.1
原棉	416	19 568	19 152	34	3 492	4	0.4
食用植物油和油籽	5 452	92 166	86 714	1 314	30 790	62	74
其中：食用植物油	1 194	28 734	27 541	402	8 977	137	44
含：豆油	396	10 160	9 764	185	3 334	222	55
食用油籽	4 257	0	−4 257	912		42	
肥料	11 598	18 327	6 729	4 368	3 481	17	20
其中：矿物肥料及化肥	9 176	13 180	4 004	4 321	3 475	17	19.8
尿素	4 161	133	−4 028	1 632	0.1	10.7	64.1

注：①资料据 2002—2007 年《海关统计》整理。②小麦无出口。大豆出口含在食用油籽中，进口单列。食用油籽出口含大豆、花生、花生仁，无进口。食用植物油进出口含豆油、菜籽油、芥籽油等。化肥出口以尿素为主。③食用植物油和油籽，出口＝食用植物油＋食用油籽（含大豆），进口＝食用植物油＋大豆。④粮棉油总计＝谷物及谷物粉＋棉花＋食用植物油和油籽。⑤净进口＝进口－出口。逆差即进口大于出口，顺差即出口大于进口。

（三）我国棉花在国际贸易中的地位已发生显著变化

加入世界贸易组织之后，由于我国棉纺业的快速发展，国内棉花生产能力跟不上，原棉进口数量增加（图 3－6），其中 2005/06 年度进口量占全球总进

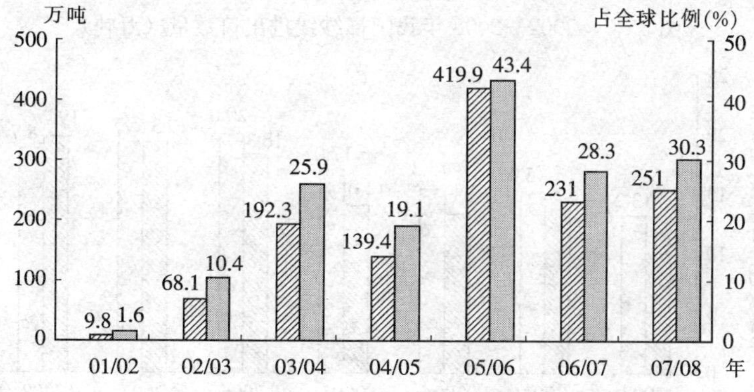

图 3－6　2001/02—2007/08 年度中国棉花进口数量及其占全球比例的变化（USDA 数据）

注：2008/09 年度未结束。

口的 43.8%，2006/07 年度为 28.3%，2007/08 年度为 30.3%，在此之前的 2000/01、2001/02 和 2002/03 年度全球最大棉花进口国是土耳其、印度尼西亚、泰国和俄罗斯联邦等。

入世后，我国棉花在国际上的贸易地位已发生了根本性的变化，从贸易调节国转变成净进口国，也是全球最大的棉花净进口国。

三、棉纱和棉机织物进出口贸易，呈典型加工贸易型

我国是棉加工产品的进出口大国，也是棉纱线和棉机织物净进口国，从棉产品的贸易中获取加工利润，还安置了大量的劳动力，实现了劳动力的成功转移。

(一) 棉纱线贸易为逆差

我国棉纱线贸易数量（图 3-7）和贸易金额均为逆差（图 3-8），进口与

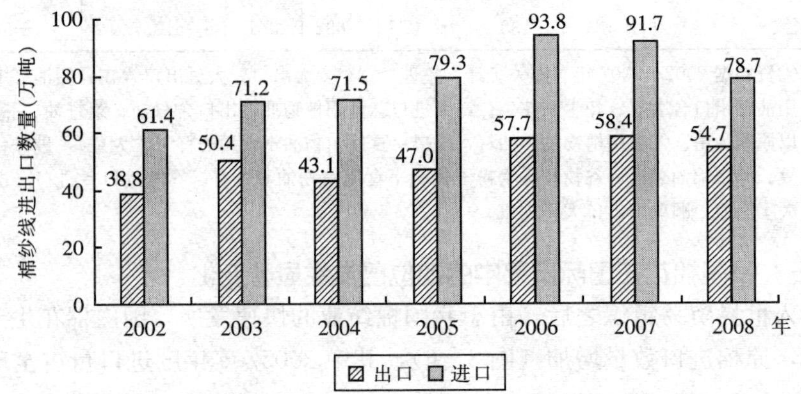

图 3-7　2002—2008 年我国棉纱线进出口数量（万吨）

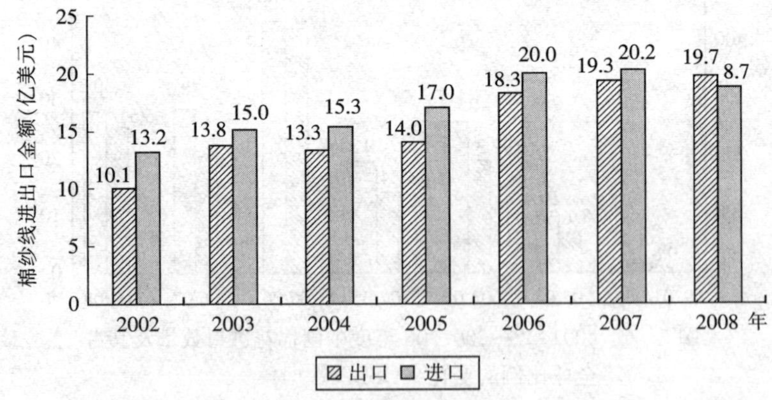

图 3-8　2002—2008 年我国棉纱线进出口金额（亿美元）

出口（为分母）的数量比例从 2007 年的 1∶1.6 下降到 2008 年的 1∶1∶1.4，金额从 2007 年的 1∶1.1 上升到 2008 年的 1∶1.4。

在加入世界贸易组织的 7 年（2008—2002 年，后同），棉纱线累计进口 547.5 万吨（表 3-15），进口金额 119.4 亿美元；累计出口数量 351.1 万吨，出口金额 108.6 亿美元。

表 3-15　原棉和棉纱进出口

单位：金额，亿美元

项　目	原棉（万吨）				棉纱线（万吨）				棉机织物（亿米）			
	出口		进口		出口		进口		出口		进口	
	数量	金额	数量	金额	数量	金额	数量	金额	数量	金额	数量	金额
2008 年	1.6	0.34	211.5	34.9	54.7	19.7	78.7	18.7	80.6	102.2	11.5	20.9
比 2007 年增（%）	−23.8	4.3	−14.0	0.4	−6.3	2.0	−14.2	−7.6	11.7	19.8	−19.7	−5.4
2002　2008 合计	32.6	4.2	1 374.8	195.7	350.1	108.6	547.5	119.4	436.0	494.2	106.7	149.9

注：据《海关统计》2002—2008 年第 12 期整理。

棉纱线进口出平衡，数量逆差 197.4 万吨，金额逆差 10.8 亿美元。表明我国织布和服装加工需要更多的原料，国际市场原料比我国便宜是进口的动力之一。

（二）棉机织物贸易为顺差

我国棉机织物每年的贸易量和金额均为顺差（图 3-9、图 3-10，表 3-16），进口与出口（为分母）数量比例从 2002 年的 1∶0.34 下降到 2008 年的 1∶0.14，金额比例比从 2002 年 1∶0.44 下降到 2008 年 1∶0.20。

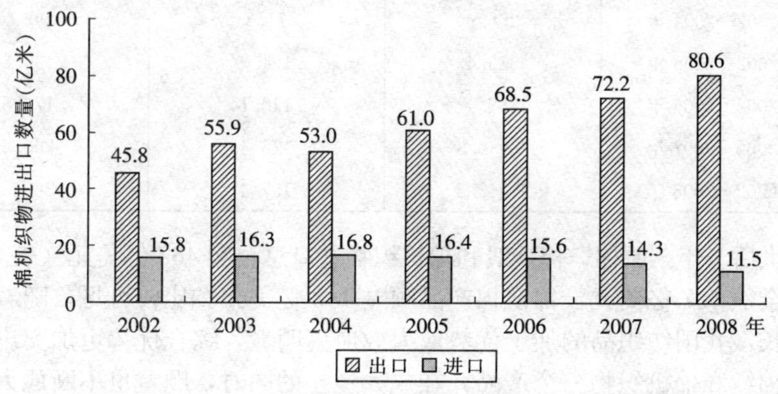

图 3-9　2002—2008 年我国棉机织物进出口数量

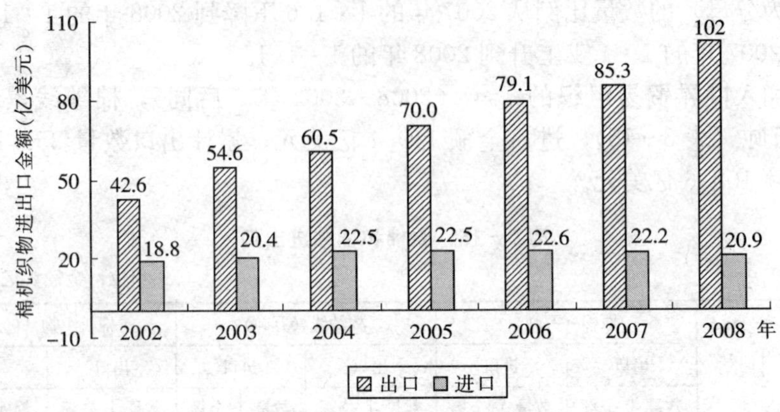

图 3-10　2002—2008 年我国棉机织物进出口金额

棉机织物 7 年累计进口 106.7 亿米，出口 436 亿米（表 3-15），数量顺差 329.3 亿米（表 3-16）；出口金额 494.2 亿美元，进口金额 149.9 亿美元，金额顺差 344.3 亿美元（表 3-16）。表明我国棉机织物的加工优势更明显。

（三）棉花产品总贸易为顺差

在原棉、棉纱线和棉机织物的贸易平衡中，7 年净进口原棉 1 342.2 万吨（表 3-16），棉纱线 187.4 万吨，棉机织物 329.3 亿米。

表 3-16　我国原棉、棉纱线和棉机织物贸易变化

入世后	原棉逆差（万吨）	棉纱线逆差（万吨）	棉机织物顺差（亿米）
后 1 年（2002 年）	3.0	22.6	30.0
后 2 年（2002—2003 年）	78.8	43.4	62.6
后 3 年（2002—2004 年）	268.9	71.8	90.1
后 4 年（2002—2005 年）	525.4	104.0	130.6
后 5 年（2002—2006 年）	888.4	140.1	176.5
后 6 年（2002—2007 年）	1 132.3	173.4	260.2
后 7 年（2002—2008 年）	1 342.2	197.4	329.3

入世后 7 年，原棉、棉纱线和棉机织物进口总金额 465 亿美元（表 3-17），出口总金额 607 亿美元，棉及棉产品顺差 142 亿美元。比较可见，随着入世时间的延长，我国纺织品的加工优势放大效应更明显，综合优势更加突出。比较原棉、棉纱和棉机织物三个产品，在放大逆差的同时，顺差也不断放大，这与进口国际市场较为便宜的棉花和棉纱原料的关系密切。

表 3-17　我国原棉、棉纱线和棉机织物贸易金额变化

单位：亿美元

项　目	进口总金额	出口总金额	总顺差	原棉逆差	棉纱线逆差	棉机织物顺差
后 1 年（2002 年）	33.8	54.3	20.5	0.2	3.0	23.8
后 2 年（2002—2003）	80.9	123.0	42.1	11.5	4.4	58.0
后 3 年（2002—2004）	150.5	196.9	46.4	43.1	6.4	95.9
后 4 年（2002—2005）	222.0	282.1	60.1	74.0	9.4	143.5
后 5 年（2002—2006）	313.3	379.7	66.4	122.5	11.2	200.1
后 6 年（2002—2007）	390.5	484.7	94.2	156.9	12.0	263.1
后 7 年（2002—2008）	465.0	607.0	142.0	191.5	10.8	344.3

（四）棉产品总顺差大小取决于价格

从表 3-17 可见，总顺差 4 次增量大，3 次增量少，分析认为，棉价对棉产品的顺差产生关键影响。入世后 2 年，即第 1 次增量大，总顺差从 20.5 亿美元增加到 42.1 亿美元，增幅达到 1 倍多，主要源自国内库存的大量低价棉，国内棉价低于国际市场 200 元/吨以上。入世后的第 4 年，即第 2 次增量大，总顺差从 46.4 亿美元增加到 60.1 亿美元，增幅达到 29.5%，原自 2003—2004 年主动追加配额又主动放弃约束关税，国际上大量低价棉被进口，国际市场棉价低于国内 1 600～2 000 元/吨，国内高价棉成本被进口低价棉所“稀释”，棉产品的成本被降低，收益大，在入世后的第 6 年和第 7 年又两次被放大。

（五）三个产品的贸易不平衡，棉机织物受惠最大

在加入世界贸易组织的 7 年中，在棉花产业链条中，原棉逆差最大，金额逆差达到 191.5 亿美元，棉纱线逆差 10.8 亿美元，棉机织物顺差 344.3 亿美元。结果表明，在放大了贸易逆差的同时，赚回了更多的贸易顺差。进口更多的棉花和棉纱更有利于获得更多的顺差，我国纺织业优势从比较贸易中得到了充分发挥，是一个多赢的结果。

上述结果还表明，加入 WTO 之后，在棉花产业链条中，棉机织物的受惠最大，棉纱线次之，原棉受惠最小，或受冲击最大，表明棉花产业之间存在明显的利益非均衡性问题。

（撰稿：毛树春，中国农业科学院棉花研究所，国家棉花产业技术体系）

第三节 入世七周年对棉花产业经济影响的基本评价

自2001年11月加入世界贸易组织（WTO）之后，从2002—2008年的7年间，我国棉花产业经济出现许多新情况和新问题，急需科学解释和阐述，急需新寻找新的对策和措施。本节论述入世7周年棉花及棉产品的贸易格局和产业结构变化特点，试图探讨经济全球化条件下棉花产业经济发展的相关对策。

一、棉花及棉产品形成“大进大出”的贸易新格局

从国际贸易来看，我国棉花产业经济形成一种“大进大出”的新格局，这是在加入WTO之后出现的新情况，即棉花进口多，棉纱线进口多，棉机织物出口多，服装出口多，通过加工和贸易获取的利益多。

图3－11指出，入世后7年（2002—2008年，后同），我国累计净进口原棉1 342.2万吨，进口棉纱线197.4万吨，出口棉机织物330亿米。

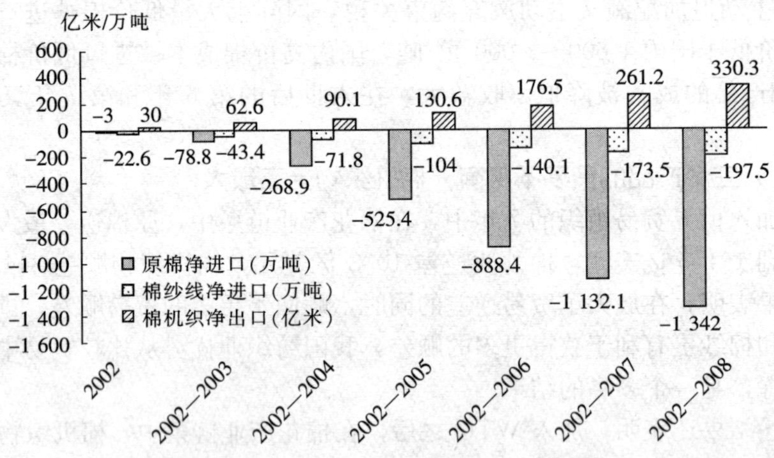

图3－11 入世7周年我国原棉、棉纱线和棉机织物贸易量变化（依表3－16）

入世7周年，我国原棉、棉纱线和棉机织物贸易进口总金额465亿美元，出口总金额607亿美元，进出口平衡，累计顺差142亿美元（图3－12）。其中，棉花逆差191.5亿美元，棉纱线逆差10.8亿美元，棉机织物顺差344.3

亿美元。可见三种产品之和的顺差整体是不断增加的（表 3－17）。

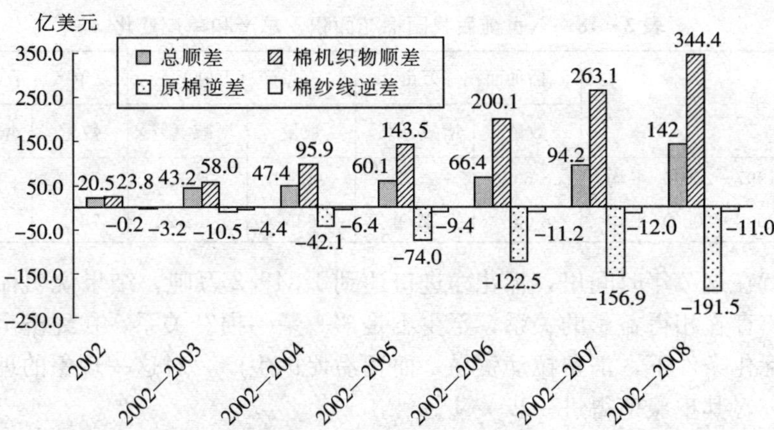

图 3－12　入世 7 周年我国原棉、棉纱线和棉机织物贸易金额变化（依表 3－17）

棉花产品“大进大出”这种新格局，在贸易理论上是比较优势。即一个国家出口有优势或竞争力强的产品，进口或优势弱或劣势或资源稀缺性产品，通过国际交换获得更多的利润，取得更好的效益，弥补稀缺性资源的制约。从这个意义上讲，棉花产品“大进大出”带来了双赢和多赢的结果。在这样的贸易格局下，对进口国家而言，谁进口得越多，谁的收益就越大；对于出口国来讲，谁出口得越多，谁的收益也越大。通过贸易发挥各国的比较优势，形成具有竞争优势的集约化、规模化产业，从而提高人民生活水平，推进社会进步。

据分析，我国进口棉花等于进口了土地和水等禀赋资源。耕地和水资源是我国两个重要的禀赋资源，进口稀缺性资源生产的产品，等于进口了耕地资源和水资源，也是利用他乡阳光、雨水和土壤生产我国需要的农产品。

二、消费促进生产，生产又促进贸易，国内外棉花生产都呈强劲发展态势

消费促进生产，生产又促进贸易。在加入 WTO 的 7 年时间里，我国棉花生产呈现强劲的发展态势。我国棉花进口得多，国产棉的生产量也越多，棉花总产不断刷新记录，7 年平均总产达到 635 万吨，比上一个 5 年（1997—2001 年，后同）增 182 万吨，增幅达到 40.2%。棉花单产创新高，7 年达到 78.5 千克/亩，比上一个 5 年增 4.5 千克/亩，提高 6.1%。全国植棉整体呈扩大走势，7 年平均达到 8 046 万亩，比上一个 5 年增 1 408 万亩，增幅达到

21.2%（表3-18）。

表3-18　入世前后我国棉花面积、总产和单产变化

年　份	播种面积（万亩）		总产（万吨）		单产（千克/亩）	
	数量	增减（%）	数量	增减（%）	数量	增减（%）
前5年（1997—2001）平均	6 638	—	454	—	74.0	—
后7年（2002—2008）平均	8 046	21.2	635	40.2	78.5	6.1

而就在这7年时间里，棉花净进口达到1 342.2万吨，结果说明棉花生产和净进口存在相得益彰的关系，至少不是“一荣一损”关系，在经济全球化和市场国际化条件下，消费拉动贸易，而贸易促进生产，对这一现象的理论有待深入研究，其现象值得进一步关注。

贸易还促进全球的棉花生产，进而促进全球棉花贸易，贸易量增加（表3-19）。入世7周年，全球棉花出口净增193万吨，增幅达到33.4%，贸易量的增加源自生产量的增加，全球棉花总产增21.9%，净增433万吨。结果指出，全球棉花贸易的增加，进而提高棉花生产量占总贸易量的比例，全球棉花出口量占生产量，入世前5年平均为29.3%，入世后7年增加到32.0%，提升2.7个百分点。

表3-19　全球棉花生产及其进出口贸易

年　份	产量（万吨）		进口（万吨）		出口（万吨）		出口量占生产量的（%）
	数量	比上年（%）	数量	比上年（%）	数量	比上年（%）	
前5年平均	1 973	—	583	—	578	—	29.3
后5年平均	2 327	17.9	793	36.0	797	37.9	34.3
后6年平均	2 409	22.0	799	37.2	803	38.9	33.3
后7年平均	2 406	21.9	768	31.7	771	33.4	32.0

注：数据来自美国农业部。

我国棉农收益整体呈增加的趋势，但波动或振荡很大，不稳定是主要问题。7年中有6年主产品产值不断创立新高。据中国棉花生产预警监测结果，加入世界贸易组织的7年中，有4年产值突破1 300元/亩，其中2007年最高达到近1 500元/亩。受子棉收购价格、生产资料价格高位上涨和单产增减的多重因素的影响，棉农收益在7年中有4年增加3年减少，增减幅度也很大，其中2008年受全球金融危机的冲击，减收幅度最大，净收益创新低，仅1.9元/亩（图3-13）。

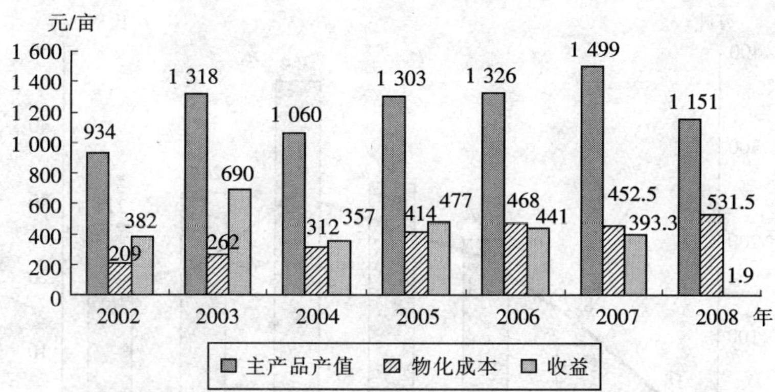

图 3-13　2002—2008 年全国棉花产值和收益对比（元/亩）

资料来源：中国棉花生产预警监测结果。

三、棉花产业对外依存度不断提高，在高度对外依存的产业里，有没有阈值或不安全问题？

我国棉花产业对外依存度的确很高，但是棉花产业是否存在安全问题则不尽然。为什么？我国棉花的生产能力足以保障 13 亿居民的穿衣需求。从 2000—2007 年，人均纤维消费量从 8 千克增加到 14.6 千克，7 年增加 6.6 千克，扣除产业用 1 千克，衣着类纤维消费增量 5.6 千克，年均增 0.93 千克。以此为标准，我国衣着服装是完全有保障的，棉花产业经济也是安全的。

据国家统计局初步数，2008 年全国服装类批发和零售总额比 2007 年增长 25.9%，但增幅回落 3.1 个百分点。内需市场增加，衣着消费价格指数下降 1.5%，其城市下降 1.8%，农村下降 0.6%（人民日报，2009-02-27）。

从具体数据来看，据国家有关部门统计，1—9 月全国城镇居民人均衣着消费 839 元，同比增长 10.6%，但增幅回落 5.3 百分点；农村居民人均衣着消费 150 元，同比增长 9.6%，但增幅回落 7.3 百分点。

再看棉花资源（图 3-14，表 3-20），国产棉占纺纱用棉的比例，2004 年为 71.5%，2005 年为 73.8%，2006 年仅占 69.8%，2007 年占 78.8%，2008 年占 81.3%。进口棉占纺织用棉的比例不断上升，2004 年进口棉占 22.4%，2005 年占 26.2%，2006 年占 30.8%，2007 年占 21.2%，2008 年 18.7%。这并不意味着我国棉花产业就不安全。

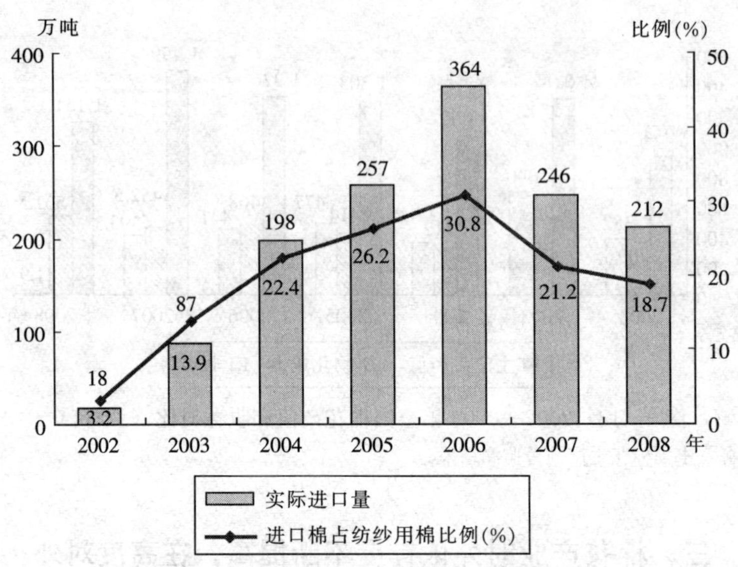

图 3－14　2002—2008 年进口棉占棉纺用棉比例（%）

表 3－20　加入世界贸易组织之后我国棉纺产能变化对比

单位：万吨

年份	棉纱产量	棉花生产量	纺纱用棉	产需差	配额外追加	实际进口量	进口棉占纺纱用棉比例（%）
2008	2 148	750	1 130	－380	260	211.5	18.7
7 年计	10 449	4 366	6 563	－2 197	953.8	1 381.9	

注：产需差＝生产量－纺纱用棉。从平衡来看，还差 815.1 万吨（＝－2 197＋1 381.9），其中 20 世纪 90 年代陈棉在 2002 年之后拍卖 386 万吨，另有 2002—2008 年进口废棉和短绒 58 万吨，1999—2003 年新疆地方统计数据比国家数据多 109 万吨。

需要说明的是，纺纱用棉比例过去估计可能被偏高。按 2002—2007 年资源量和棉纱产量匡算，我国这一比例在 58%～60%之间，2008 年估计下降到 50%上下，照此，当年棉纺用棉没有增加，还可能减少 28 万吨，为近几年降低得很多，用棉所占比例越来越低。

四、关税和配额是贸易的保护性措施，要科学使用

配额和关税是经济全球化条件下看好国门的一项贸易壁垒措施，是贸易保护主义经常高举的一面大旗，目的是保护本国的产业不受竞争之苦。

入世谈判时，我国对进口棉花设置了配额和关税两个约束条件：一是配额内1%关税，第四年数量为89.4万吨已被延续多年（表3-21，表3-22），这种1%的极低税率是一种象征性的课税，可看作我国承担的国际内务。二是对追加配额外的进口棉课以高关税，税率为40%，经济学上称为"禁止性"关税，使用这一高关税旨在禁止棉花的进口。因此，在具体实施过程中，许多国家均对禁止性关税进行了软化处理，出台可调节的滑准税，即最优关税。

表3-21　棉花配额和关税

年份	关税配额（万吨）	配额外追加（万吨）	实际进口量（万吨）	当年配额量（万吨）	进口棉占纺织用棉比例（%）
2008	89.400	260	211.5	349.4	18.7
7年计	614.475	1 057	1 381.9	1 671.457	

注：①配额内的关税税率为1%。②2005年5月起执行滑准税。③7年累计进口总量占配额总量的82.7%。

表3-22　配额外追加进口棉滑准税征收方案

年　份	征税基准价（元/吨）	配额外约束税率（%）	完税价格低于基准价	完税价格高于或等于基准价
2002	没有发生	54.4	没有发生	没有发生
2003	主动放弃	47.2	主动放弃	主动放弃
2004	主动放弃	40.0	主动放弃	主动放弃
2005年5月—2006年12月	10 029	5～40	按照一定的计算公式和不高于40%的税率征收	5%
2007年1月—2007年12月	11 397	5～40	按照一定的计算公式和不高于40%的税率征收	6%
2008年1月以后	11 397	5～40	按照一定的计算公式和不高于40%的税率征收	按0.57元/千克从量税计征
2008年6月—2008年10月	滑准税由5%～40%下调为3%～40%，征税基准价调高至11 914元/吨，从量税由0.57元/千克调低至0.357元/千克			

注：参见中国棉麻流通研究会课题报告：充分利用WTO贸易规则，积极推进我国棉花产业发展，2009年3月。

加入WTO后，2002年没有发生配额外追加，自2003年之后年年追加，7

年追加数量 1 057 万吨，占总配额 1 671 万吨的 63.2%。据测算，7 年累计国家从进口棉中获得总的“机会利润”达到 241.88～243.2 元。大量进口既满足了国内的需求，又降低了纺织业的机会成本，国家和企业获得了较多的好处。

2008 年 6 月 5 日至 2008 年 10 月 5 日在配额外报关进口的一定数量棉花，适用临时棉花滑准税（表 3－22）。在临时滑准税公式中完税价格与 11 914 元/吨（原为 11 397）比较，从量税从 570 元/吨降低至 357 元/吨，其他内容与现行公式一样。

根据 6 月棉花进口汇率计算（1∶6.959 7），按照现行滑准税公式计算，74.28 美分及以上的需加从量税 570 元/吨；而按照临时滑准税公式计算，77.65 美分以上需加 357 元/吨。

在 6 月进口汇率下计算，临时滑准税公式仅对 74.28 美分以上的滑准税价格有影响。根据不同滑准税公式计算，在 74.28～77.65 美分/磅之间的滑准税价格的差价呈递增趋势，而当价格超过 77.65 美分以后，滑准税价格差价则固定在 241 元/吨（含增值税）。

2008 年国家发放关税内棉花进口配额 89.4 万吨，增发关税配额外滑准税棉花进口配额 260 万吨，计 349.4 万吨，进口 211.5 万吨，完成配额的 60%。

按算术平均值计（表 3－23），2008 年 Cotlook A 指数 71.39 美分/磅的 1%关税到港价 13 025 元/吨，Cotlook A 指数滑准税到港价 13 819 元/吨，实际征收税率为 7.1%，滑准税多征收 794 元/吨。扣除 89.4 万吨的 1%低关税，滑准税多征收 122 万吨，征收额 9.68 亿元（表 3－23）。

表 3－23　2008 年国内外棉价比较

年	CC Index（元/吨）	进口量（万吨）	Cotlook A 指数（美分/磅）	Cotlook A 指数 1% 关税到港价	滑准税下 A 指数折口岸完税价（元/吨）	国内外价格差＝国内－国外	获得的好处（亿元）
2008	13 097	211.5	71.39	13 025	13 819	794	9.68
			72.57			900	11.00

按进口棉价格指数（FCindex M）权数均价 72.57 美分/磅，比 2007 年同期增幅 12.4%，按 1%关税折人民币价格 12 965 元/吨，按滑准税折人民币 12 163元/吨。比 CC Index 年均价低 900 元/吨左右，滑准税征收 122 万吨，约多征收 11.0 亿元。

然而，是不是最优关税就能被各方所接受，肯定不是的。实际上，在经济全球化条件下，配额和关税作为保护性措施，具有看好国门的功能，因而成为各方博弈的焦点。所谓各方包括涉棉政府的多个部门，协会和商会等行业组织、棉花加工业和棉花纺织业等产业链条中的各企业，以及植棉业中的农民。那么，滑准税到底多少合适，是一个值得深入研究的新问题。

从结果看，滑准税率的税率低等于放弃约束关税，严重冲击国内棉花生产，导致棉农减收，农民必将受进口棉之害，国内棉花生产将可能出现萎缩。其税率高又阻碍进口，必将制约用棉，国际上大量的低成本棉花所带来的“机会利润”拿不到，国内纺织业提供的大量就业功能也得不到发挥，而且被争取来的纺织品一体化市场也有可能丢失。因此，关于追加进口棉的税率一直是各方博弈的焦点。

从棉花生产角度来看，由于我国棉花生产还没有什么补贴，要保持生产稳定，基于滑准税对国内棉价“支撑”作用。据研究，由于税率对国内棉价具有一定支撑的客观作用：一是保持增收或不减收，这是保持棉花生产的基础。二是从近几年棉花主产品的产值来看，当产值低于 1 200 元/亩，面积一定减缩；高于 1 200 元/亩，面积可能扩大。因此，1 200 元/亩产值可作为一个参考，它考虑了产量和价格的双重因素。

（撰稿：毛树春，中国农业科学院棉花研究所，国家棉花产业技术体系）

第四节　粮棉协调生产及棉粮和棉肥的性价比、植棉规模与农业保险

加入世界贸易组织的 7 年来，我国棉花与粮食生产以及棉花规模化经营出现了许多新情况，特别是出现粮棉协调和平衡生产的新格局，其成就令人欣慰，经验值得总结。然而，棉粮和棉肥的性价比变化对棉花的不利影响在加大，也要引起高度关注。农业保险逐步开展，为棉花和大田作物的生产提供担保，减轻自然灾害的损失发挥积极作用。

一、粮棉协调生产

（一）全国粮棉呈现双丰收和双增长的新格局

加入 WTO 的 7 年以来，我国粮棉大宗农产品呈现历史上少有的双丰收和双增长的新格局（图 3-15），即全国粮棉均衡生产，同步增产。2008 年

全国粮食总产创连续 5 年的大丰收，总产达到 5.29 亿吨，棉花总产也是历史上最高的年景之一，总产 750 万吨，近 3 年粮食总产年年创新记录，棉花也连年创立新高。棉花总产自 2006 年突破 700 万吨达到 754 万吨之后，连续 3 年保持 750 万吨历史最高水平。分析原因，尽管取得双丰收的要素很多，但与 20 世纪 90 年代农业结构调整和棉花生产布局转移密不可分。结构决定功能，结构的稳定性提升功能的稳定性，其成果来之不易，应当十分珍惜。

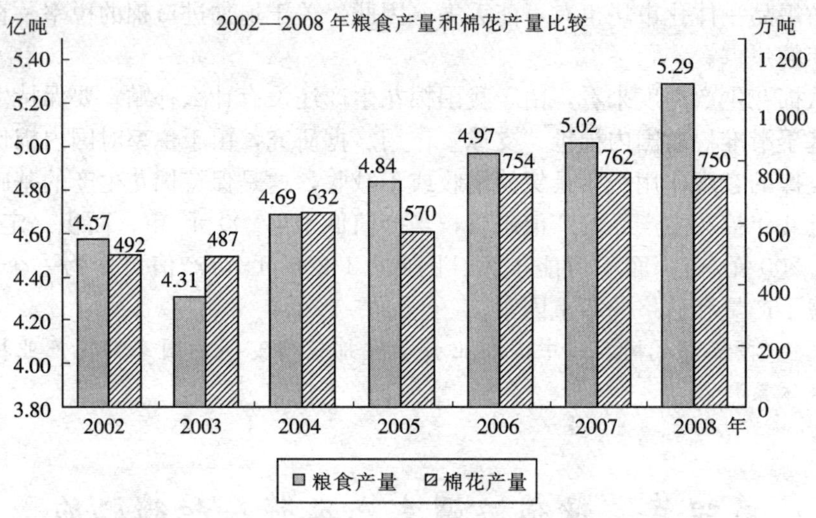

图 3－15　2002 年以来全国粮棉双增长格局

关于全国棉花布局，在新中国成立以来的 60 年里，我国棉花生产区域布局经历了二次大的区域性调整。20 世纪 70 年代及 70 年代以前，全国棉花布局以南方为主，那时，长江流域棉区占全国面积的比重高达 60%，总产占全国的比重高达 70%。由于棉花资源短缺，产不足需矛盾尖锐，在 20 世纪 80 年代，全国棉花生产布局进行第一次调整，经历 10 年，棉田布局从以南方为主转移到以北方为主，那时，黄河流域的棉田面积占全国比重的 60%，总产占全国比重的 65%。第三次调整始于 20 世纪 90 年代，由 1992—1993 年黄河流域棉铃虫大暴发引起，西北内陆以新疆为主的棉区，经历 10 年，由于国家的扶持和持续开发，进入 21 世纪，棉田面积占全国比重的逐步提高到 30%，总产占全国的比重逐步提高到 35%。

迄今，全国棉区形成“三足鼎立”的优化布局，而且各区域的布局还相对集中。长江流域主要集中于长江中下游的洞庭湖、江汉平原、沿江两岸、鄱阳湖和沿海；黄河流域集中于黄淮海平原，进入新世纪，该棉区进一步向华北北部和沿海地区转移；西北内陆则形成以新疆为主，集中于南疆和北疆，以及河西走廊。目前，全国棉区布局集中于长江中下游、华北平原、南疆和北疆的四大片。

2008年遭遇金融危机的冲击，棉花出现前所未有的“卖棉难”。如果棉花救市不到位，植棉面积大减，一旦粮棉双增产的格局被打破，重建则需很多年，同时，对满足棉花需求很不利，在国家农业发展政策中要关注和平衡粮棉大宗产品的生产和政策措施支持。

（二）棉花丰收有利于缓解食用植物油的短缺，棉籽价格的涨跌对主产品成本价起“削峰”和抬高作用

棉籽油是我国第三或第四大植物油，近3年棉花总产750万吨，棉籽油产量170万～180万吨，国产食用植物油的17%～18%。在国产食用植物油中，棉籽油位居油菜之后，几乎与国产豆油和花生油相当。实际上发展棉花生产即可增加食用植物油的产量，两者是相辅相成的。

研究表明，子棉价与皮棉价是一种平衡关系，子棉价价格高，皮棉价格也高。而棉籽价对皮棉价的作用刚好相反，棉籽价高可拉低皮棉的成本价，棉籽低可抬高皮棉的成本价。

受食用植物油短缺的影响，2007年新棉油籽价飙升至3元/千克，子棉价6.03元/千克，在衣分38%时，皮棉成本价为10 974元/吨；如果棉籽价仍为1.5元/千克，皮棉成本价则高达13 421元/吨，比较之下，棉籽价飙升削减皮棉成本2 447元/吨，降幅18.2%。棉花成本通过油籽输给了全社会，由于棉副产品对主产品成本价的“削峰”作用，成本被转移，不仅为棉花加工保留了增大利润的空间，棉纺业也获利较大，棉农也相应地获得了实惠，特别是大幅度降低了主产品——原棉成本，棉纺业竞争力显著提高。棉副产品这种高价产生的“缓冲池”效应，大大“削低”了主产品的价格，这可能是2007年子棉价格上涨而皮棉价没有大涨的主要原因。

然而，2008年新棉籽棉售价降至4.69元/千克，比2007年度下降22.2%；按衣分率38%，测算棉籽价3元/千克，皮棉成本价为8 639元/吨。如果棉籽价为1.5元/千克，则皮成本价9 895元/吨。比较之下，棉籽的价格下降抬高皮棉成本价1 256元/吨，成本被抬高幅度为15.3%。

上述可见棉籽油和棉籽两者之间的关系极为密切，削减和抬高的幅度在18%和15%的水平上。

二、棉粮性价比

粮棉性价比反映农产品之间的相对合理性，揭示棉花和粮食作物之间的经济关系和其产品价格之间的内在联系，对粮棉同一产区同一季节的作物生产产生一定的竞争性影响。合理的性价比可引导粮棉平衡生产，促进农业全面发展；反之，不合理的性价比，在利益的驱动下，导致粮棉之间争劳力、争土地和争投资的现象，以致造成作物种植结构与需求结构之间的失衡。因而农产品价格比成为政府调控农产品的生产和制定农业政策的重要决策依据之一，也成为涉棉产业各市场主体观察分析种植面积的一个标志。

由于棉花是经济作物，对性比价的变化反应敏感，保存一定的性价比，有利于棉花生产的稳定发展。早期研究认为，在南方棉区，棉花与稻谷的合理比价保持在 1∶12；在北方棉区，棉花与小麦比价保持 1∶8，农民种粮与种棉所获得的收益相当，被认为是相对合理的。

研究表明，加入世界贸易组织之后，随着农业结构调整步伐的加快，农产品之间的比价在不同年景和同一年景出现不同的变化。

我国棉花产区分布广泛，长江流域水稻与棉花同季，黄河流域棉花与玉米同季，比较研究水稻与棉花、棉花与玉米的价格变化可了解粮棉种植面积的变化。然而，西北内陆情景则很不相同，尽管棉花与玉米同季，也可以种植水稻，但由于棉花占绝对优势，其比价不一定很有用。

（一）棉粮性价比呈越来越低的走向

据中国棉花生产预警监测数据，在加入世界贸易组织之后的 7 年时间里，棉花与粮食的比价在不断发生变化。总体看，由于粮食实行最低保护，其比价越来越小，对棉花生产不利影响在日益放大。

长江流域棉区（表 3－24），从 2003—2008 年，皮棉与中稻的比价依次为 1∶12.0、1∶6.6、1∶9.2 和 1∶7.3，2008 年最小为 1∶5.1；与晚稻的比价依次为 1∶11.7、1∶6.5、1∶7.4、1∶7.2 和 1∶4.9。与之相对应，植棉面积 2004 年增加 9.8％，2005 年减 7.2％，2006 年又有所减少，预计 2009 年将减少两到三成。

黄河流域棉区，自 2003—2008 年皮棉与小麦的比价依次为 1∶11.5、1∶6.5、1∶9.6、1∶7.4、1：8.1 和 1∶5.7；与玉米的比价依次为 1∶14.5、1∶9.1、1∶13.6、1∶8.6、1∶8.5 和 1∶6.8。与之相对应，2004 年植棉面积增 13.3％，2005 年减 18％，2006 年又恢复性增加，2007 年增加，2008 年

减少，预计2009年减少两成多。

表3-24　棉粮比价对全国棉花种植面积的影响

项　目		2003年	2004年	2005年	2006年	2007年	2008年	2009年意向面积减幅（%）
长江粮棉产区，皮棉	与早稻	16.2	7.0	9.5	8.0	8.0	5.4	—
	与中稻	12.0	6.6	9.2	7.3	7.6	5.1	—
	与晚稻	11.7	6.5	7.4	7.2	7.6	4.9	—
长江面积比上年增减（%）		17.6	9.8	−7.2	−0.4	6.4	0.4	−26.5
黄河粮棉产区，皮棉	与小麦	11.5	6.5	9.6	7.4	8.1	5.7	—
	与玉米	14.5	9.1	13.6	8.6	8.5	6.8	—
面积比上年增减（%）		28.3	13.3	−18.0	7.5	2.4	−7.5	−23.6
西北内陆棉区植棉面积比上年增减（%）		13.0	8.9	1.5	10.4	12.6	0.7	−6.6

注：2009年植棉意向源自毛树春，王香河，李亚兵.2009年棉花种植意向调查报告（一）[EB/OL]，中国棉花生产景气报告第160期，中国优质棉网（http：// WWW.CCPPI.COM.CN），2009/1/20。

数据来源：中国棉花生产预警监测结果。

（二）比价变化的原因

2003年由于长江、黄河和西北三大产区的棉花都大幅度减产，皮棉最高价曾一度突破16 000元/吨，平均涨幅达到55%（表3-25），最高涨幅达到80%。由于棉价创历史新高，因而大大刺激2004年的棉花生产，长江和黄河植棉面积都扩大，西北扩大也十分强劲。这一年粮食价格走高，子棉售价超出异常，粮棉比价均在高位上。

表3-25　2003—2008年棉区粮棉比价变化

年份	皮棉与粮食比价					棉农子棉售价	
	早稻	中稻	晚稻	小麦	玉米	价格（千克/元）	增减（%）
2003	16.2	13.0	11.7	11.5	14.5	6.20	55.0
2004	7.0	6.6	6.5	6.5	9.1	4.36	−29.7
2005	9.7	9.4	7.5	9.3	12.6	5.43	24.5
2006	8.0	7.2	7.2	7.6	8.4	5.00	−7.9
2007	8.3	7.8	7.8	8.3	8.8	6.03	20.6
2008	5.8	5.5	5.2	6.1	7.2	4.69	−22.2

数据来源：中国棉花生产预警监测结果。

2004年国家首次实行粮食最低保护价，当年粮价继续走高，而棉价大幅度下跌，价格比出现了相反的变化。然而，2004年还出现棉花增产不增收的现象，全国棉价下降幅度达到29.7%，导致2005年全国植棉面积减少，西北面积相对稳定。

2005年粮食价格稳中有降，而子棉高开高走，粮棉比价保持在高位上，对棉花有利。2006年国家继续对长江水稻和黄河小麦实行最低保护价，粮价稳中走高，而棉价下降，粮棉的价格比与2005年相反

2005年内地减产，棉价回升，性价比提升到1∶9，2006年植棉面积呈恢复性增长。西北增幅最大，黄河次之，长江仍有所减少。

2007年棉价上涨，2008年植棉面积由于农资涨价，棉花生产肥料投入多，一些产区改种其他作物，面积下降。

2005年黄河小麦也实行最低保护价，特别是黄河粮棉双重产区的面积大，既可植棉，也可种粮，粮棉生产的竞争性突出。本流域许多地区为高产的“吨粮田”，产生粮棉竞争的现象。按周年小麦400千克/亩，2004年价1.6元/千克，产值840元/亩，玉米600千克/亩，价1.1元/千克，产值660元/亩，两季产值1 500元/亩，比一季棉花的产值高733.5元/亩，比小麦棉花两熟的产值高500元/亩。2005年小麦价1.42元/千克，产值568元/亩，玉米600千克/亩，价0.99元/千克，产值594元/亩，两季产值1 162元/亩，比一季棉花的产值只高153.25元/亩，比小麦棉花两熟的产值高8元/亩，已不相上下，棉花具有竞争优势。

2006年，按周年小麦450千克/亩，价1.56元/千克，产值702元/亩，玉米550千克/亩，价1.34元/千克，产值737元/亩，两季产值1 439.0元/亩，比一季棉花的产值只高204.8元/亩，比麦棉两熟产值高62元/亩。在粮棉都丰产的年景，粮价涨棉价跌，棉花的竞争优势被削弱。

2008年“粮涨棉跌”粮棉比价扩大。监测结果，2008年新棉价格下跌22.2%，水稻（长江）价涨6.8%～10.9%，小麦（黄河、西北）价涨2.4%～2.8%，主产区“粮涨棉跌”。从比价来看，中稻扩大了49.0%，小麦扩大了42.1%。在黄河，即使玉米单价下降11.6%，棉花与玉米的比价也扩大了15.4%。结果指出，粮棉双重产区性价比的严重失调对粮棉协调同步生产很不利。

长江流域：皮棉（稻∶棉）与早稻、中稻和晚稻的比价从2007年的1∶8.0、1∶7.6和1∶7.6分别下降到2008年的1∶5.4、1∶5.1和1∶4.9。

黄河流域：皮棉与小麦（麦∶棉）的比价从2007年的1∶8.1下降到2008年的1∶5.7，与玉米的比价从2007年的1∶8.5下降到2008年的1∶6.8。

实际上，我国自2004年开始实行粮食最低保护价，2008年到2009年初，国家再次提高最低价，水稻提价16%，粳稻收购价达到1 900元/吨。由于粮棉重叠产区面积比例大，当这一差值达到一定水平时，对棉花生产造成负面影响很大，长期下去植棉面积必将萎缩。

（三）比价以外的原因

粮棉性价比对弹性植棉面积的影响很大，或者说弹性面积受比价的制约，其刚性面积则受影响较小。我国棉花刚性面积包括盐碱地、旱地与习惯性种植地区。

滨海盐碱地分布在东海、黄海和渤海以及辽东南，目前植棉2 000多万亩，可供开垦面积1亿多亩。由于棉花具有耐盐碱特性，成为盐碱地的先锋植物，这里的棉田被认为是刚性面积。旱地棉田是灌溉条件不充分的农田，分布在华北南部和长江两岸的坡地和丘陵地区，也有轻度盐碱或土壤酸性，种植玉米或其他粮食作物的产量低，也是刚性棉田。

习惯性植棉地区都是长期植棉的老棉区，不是万不得已一般不会改变种植习惯，各地都有，分布较广。

西北内陆棉区，由于国家给予了多项支持，棉田面积多年保持稳定或扩大，这里也有大量的内陆盐碱地，都为刚性棉田。然而，近几年，新疆加快农业结构调整，发展经济果林，这些新型果林都来自具有灌溉条件的高产棉田。

实际上，进入新世纪，长江中下游棉区，棉田正向水田转移，旱地又由平原向丘陵和坡地扩展。这是因为该区域农田水利老化和损坏严重，灌溉能力普遍下降，不得不实行改水田为旱地，改水稻种植棉花。

还有一种新情况，即劳动力转移之后，留守妇女和老人在家经营农田，由于水稻种植的季节强，对农技要求较严，水稻收获对劳动力的要求也较严，而棉花早播、晚播和收获对劳动力的要求相对轻松许多，一些水田也被改种棉花。像鄱阳湖区和洞庭湖区的大片棉田，既与灌溉条件有关，也于劳动力转移有关，还与种植习惯有关。

上述可见，各地植棉面积变化不仅与比价有关，还与灌溉条件和劳动力体质和素质等的关系密切。

三、棉肥性价比

棉肥比价反映工业产品和农产品的价格比变化，揭示两个类型产品即工业产品和农业产品的相对合理性。比较常指同一时间、同一农村市场农产品生产者价格（出售或收购价）和工业品消费者价格（零售价）之间的比例关系。

棉肥比价的实质揭示工业产品与农业产品之间的差异（即通常所指两个产品的剪刀差）。棉肥比价高，农民出售一定数量的农产品换回的工业品多，则工农剪刀差缩小，农民植棉获得收益多，棉花生产基本可保持稳定发展；棉肥比价低，农民出售一定数量的农产品换回工业品少，则工农剪刀差扩大，农民植棉获得的收益少，棉花生产可能缩减；小于或大于这个比例，棉花生产就会出现大的波动。据贾克城等（1996）早期研究，棉肥比，20 世纪 50 年代为 1∶4.95～5.6；60 年代为 1∶6.7～8.5；70 年代为 1∶9.86；80 年代为 1∶7.8～10.6；90 年代为 1∶6.7～10.0。但很少有研究提出合理的比价。

（一）棉肥性价比呈越来越小的趋势

据中国棉花生产预警监测数据（表 3－26），从 2003—2008 年，全国棉肥比价呈明显下降趋势，2004 年下降到 1∶5.9，2008 年下降到最低点仅 1∶4.2，表明我国工业产品与农业产品的“剪刀差”不断被扩大。

不同区域表现差异（表 3－26），长江和黄河由 2003 年的 1∶10.8 下降到 2008 年的 1∶3.8，西北由 2003 年 1∶10.7 下降到 2008 年的 1∶4.7。

（二）棉肥比价变化的原因

1. 国际石油价格不断上涨。 加入世 WTO 之后遭遇全球石油价格高涨，本轮涨价起点时间自 2003 年下半年开始，国际石油价格一直上涨到 2008 年 7 月。国际石油价格从 2003 年的 25 美元/桶涨到 2006 年的 70 美元/桶，其中 2006 年 7 月达到 76 美元/桶，2008 年 7 月最高涨至 143.7 美元/桶，之后开始下降，到 2009 年 3 月最低价为 40 美元/桶。由于国际石油价格的上涨拉动国内能源的上涨，进而肥料价格也跟其上涨（图 3－16），经济学上称这种上涨为输入型的通货膨胀。

2. 国家控制。 针对全球能源上涨，国家采取控制出口化肥价格并实行补贴措施，如尿素零售价不超过 1 800 元/吨，在高价国际能源的背景下，棉肥比价变动在 1∶5.8～7。结果表明，国家对尿素的价格控制有效，工业和农业产品的剪刀差被缩小。从表 3－26 可见，尽管 2006 年国际石油价格达到 70 多美元/桶，然而尿素价格却没有跟随上涨，因而工农产品价格的差异被缩小。

然而，2008 年肥料价格持续高涨，上半年国际石油价格突破 140 美元/

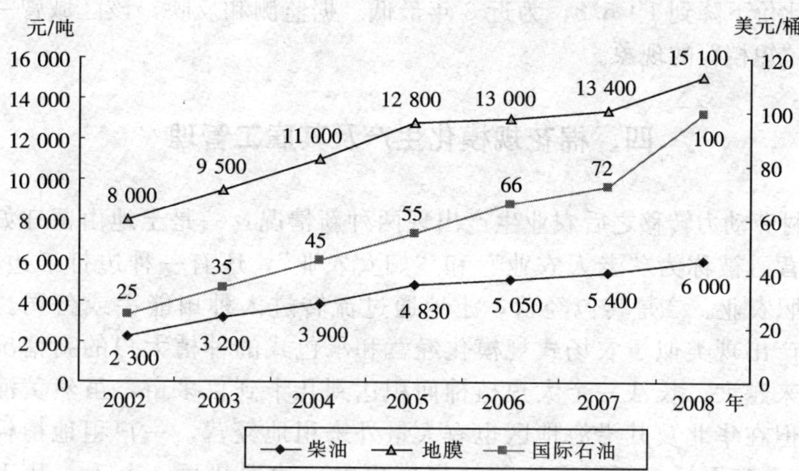

图 3-16　2002 年以来国际石油价格与地膜和柴油价格的对应关系

数据来源，中国棉花生产预警监测结果。

桶，受输入型通货膨胀的影响，国内肥料价格高涨；下半年，受美国金融危机的冲击，棉花价格大跌。这一年"肥涨棉跌"出现了两个极端，导致工业和农业产品的剪刀差扩大。据中国棉花生产预警监测数据，2008 年棉区尿素价单价上涨 29.6%，棉花与尿素（肥：棉）的比价：长江从 2007 年的 1：6.9 下降到 2008 年的 1：3.8；黄河从 2007 年 1：7.2 下降到 2008 年的 1：3.8；西北从 2007 年的 1：7.0 下降到 2008 年的 1：4.7。结果表明，由于"肥涨棉跌"，2008 年工业产品与农产品的"剪刀差"扩大了 71.4%，实际上"剪刀差"的扩大对棉花以及大宗农产品的生产极为不利（表 3-26）。

表 3-26　2003—2008 年化肥（尿素）与皮棉比价

年份	2003	2004	2005	2006	2007	2008
全国	10.5	5.9	6.9	6.2	7.2	4.2
长江流域	10.8	5.6	7.0	6.4	6.9	3.8
黄河流域	10.5	6.0	6.9	6.2	7.2	3.8
西北内陆	10.7	6.4	6.7	5.8	7.0	4.7

数据来源：中国棉花生产预警监测结果。

3. 不同区域与不同年份有差异。2005 年全国棉价与肥价都在上涨，但棉肥比价的差距仍在拉大。2006 年由于国家控制尿素价格，当年肥价降低 3.1%。区域方面也表现差异，如 2006 年新疆尿素价格达到 2 200 元/吨，因而棉肥比价下降到 1∶5.8，为近 3 年最低。据监测和反映，该区域曾一度出现尿素“短档”的现象。

四、棉花规模化生产及其雇工管理

农村劳动力转移之后农业生产出现两种新情况：一是土地由留守妇女和老人经营，被称为“老人农业”和“妇女农业”，还有一种边打工边种地，叫做兼职农业。二是转包经营，土地通过流转进入种田能手或公司。如是棉花生产出现类似于农场式规模化经营和承包式的种植大户的新情况，其规模越来越大。长江一个大户植棉面积达到几十到百多亩，虽然黄河人口密集，但在华北及其沿海地区也有大量外来租地经营，一户租地植棉面积 100～200 亩不等；新疆租地种植规模更大，达到几百、上千、几千亩到上万亩的规模，有的相当于兵团的一个团或一个连队。但是目前尚无对这种规模经营的总体估计。本研究试图估计全国棉花生产出现的这一新情况（见第五章）。

据中国棉花生产预警监测数据（表 3－27），全国租地植棉农户的比例 2007 年为 12.3%，2008 年提高到 13.4%。测算规模化植棉面积占全国棉田面积的比重，2007 年为 16.8%，2008 年提高到 18.9%，估计租地植棉面积1 700 万～1 800 万亩。预计今后全国规模化棉田面积将进入快速增长阶段。

表 3－27　2007—2008 年全国棉花生产地租

项　目		全国	长江流域	黄河流域	西北内陆
2007 年	12.3%样本农户租地（元/亩）	216.3	143.9	261.1	210.4
	估计占棉田面积的比例（%）	16.8	1.6	9.0	39.4
2008 年	13.4%样本农户租地（元/亩）	232.9	160.1	279.2	225.2
	估计占棉田面积的比例（%）	18.9	1.7	8.0	40.1

资料来源：中国棉花生产预警监测结果。

三大流域存在差异，长江流域租地占植棉面积的比例较低，仅为 1.7%；黄河流域次之，为 8.0%；西北内陆最大，为 40.1%。

关于雇工数量见第五章第三节。

五、棉区农业保险

鉴于棉花生产的自然风险较大，2007 年，我国决定实行棉花生产保险政策试点，新疆、湖南等 6 个省作为农业保险试点省份，主要模式为政府组织推动、保险公司市场运作和政府补贴方式进行，2008 年扩大到多个产棉省。

新疆棉花保费率为 7%，保额为 400 元/亩，其中，中央财政承担 25%，自治区财政承担 25%，农民自筹 50%。中国人保分公司承保棉花 984 万亩，承保面积占播种面积的 83.56%，参加棉花保险有 66 万户，保险费 21 444.2 万元，其中，中央财政补贴 5 361.1 万元，自治区财政补贴 5 361.1 元，农民自缴 10 722.1 万元。除国家和自治区分别给予 25%的财政补贴外，部分地县也补贴了 620.44 万元，占保费的 2.7%。保险期间全疆发生了大面积的自然灾害，但是由于农户参加了农业保险，大幅度降低了损失，有效保护了农民植棉的积极性。

2008 年，财政部下发了《中央财政种植业保险保费补贴管理办法》，按照“政府引导、政策支持、市场运作、农民自愿”的原则全面推进，棉区保险扩大到河南、江苏、安徽、河北、山东等省。

湖南：棉花苗期、铃蕾期保险金额由 2007 年的 120 元和 240 元/亩提高到 2008 年的 150 元和 250 元/亩；各级财政分别承担，农户承保费 7.2 元/亩。

河南：棉花保险在南阳、周口两市开展，保险额 252 元/亩，费率 8%，保险承担比例为中央、省、市、县财政分别承担 35%、25%、5%和 15%（固始、项城、邓州承担 20%），其余由农户和龙头企业负担。

河北：棉花保险金额 400 元/亩，保险费率 6.5%；中央财政 35%、省财政 25%、市财政 10%、县财政 10%。

安徽：在皖河农场和华阳河农场开展棉花种植保险，面积 10 万多亩，保额 300 元/亩，保费 15 元/亩，财政补贴保费 80%，种植户承担保费的 20%，即每亩 3 元。

山东：按照 80%的比例给予补贴，其余 20%由农户自担。补贴资金由中央、省、试点县（市、区）按比例分担。

（撰稿：毛树春；中国农业科学院棉花研究所，国家棉花产业技术体系）

第四章

2008年中国棉花生产景气报告选辑

2008年《中国棉花生产景气报告》第133期～第160期共27期，本章选辑23期，这是公益性行业科研专项和国家棉花产业技术体系共同的研究成果。通过《中国棉花生产景气报告》这个系列出版物面向社会提供棉花生产的信息化服务。这些报告有以下几个特点：

一是适时性。本年论述中国棉花生产景气指数（CCPPI）和中国棉花生长指数（CCGI），各期紧扣棉花生产的季节性和生育期，通过CCPPI和CCGI，力争实现"春天告诉棉花种多少，预期价格怎么样，夏天告诉如何管理，秋天告诉产品卖给谁"。即：在年初对生产的走向和走势提出预测，在5月对春播面积和期望产量进行预计，紧跟播种进度；在中期进行对生产和产量进行阶段性述评，在收获期监测进度和价格，年末对全年生产综合述评，以增加棉情信息的时效性和透明度，满足棉花市场各主体对信息的需求，也有效提升棉花生产大国的信息化水平。

二是前瞻性和预见性。通过中国棉花生产景气指数预测"今年棉花种多少合适"，通过中国棉花生长指数告诉现在棉花"长得怎么样"，力争准确地适时地报告棉情信息，预测棉花的"生长产量"或"过程产量"。由于棉花生产与需求存在着紧密的联系，CCGI对棉花现货和期货市场，对涉棉各市场主体的决策都产生积极的影响。

三是紧跟时代脉搏，关注棉花的热点和难点问题。2008年上半年遭遇输入型通胀影响，农资涨价对棉花生产的影响，下半年遭遇金融危机的冲击，本报告为农鼓与呼，及时反映棉花遭遇"熊市"和"卖棉难"问题，密切关注行情，反映棉农心声，多方报告价格下跌、市场疲软，呼吁国家出台托市和救市的应急对策，力图减轻危机对棉花生产的冲击，减少农业的亏损。许多棉情信息得到多方认可，一些建议和意见被采纳。

四是服务性和指导性。服务于棉花生产是项目组的根本目标。本年度论述棉花生产的有15期。每一期报告在对上一月做出简要述评之后，又根据当前棉情的实际情况，紧密结合后一阶段的生长发育特性，提出播种、苗床管理、地膜覆盖、整枝、打顶、中耕、施肥、灌溉、病虫害防治、化学调控、收获和“三丝”控制等具有措施，针对低温、干旱、渍涝、冰雹等灾害提出补救措施。这些有针对性的技术和措施，对生产管理具有指导和借鉴作用。

五是连续性和系统性。由于报告是系列出版物，不断生成新信息，同时也对前述的信息和数据进行必要的补充、充实和修正，因而许多数据具有阶段性或过程的特征。

在出版之际对一些重要报告做了简要的点评，指出预测结果的正确和错误之处。

全国公益性棉花科研专项组　　WWW.CCPPI.COM.CN　　中国优质棉网
中国棉花生产景气报告 NO.133　　仅供领导决策参考　　出版日期　2008 01 09

2008 年棉花种植意向调查报告（一）

——意向植棉呈温和平稳走向，预测新棉价格将有利植棉

王香河　毛树春

一、意向植棉呈稳定的走向

1. 意向植棉稳定。2007 年 12 月中旬调查结果，2008 年全国意向植棉面积与 2007 年持平，呈稳定走向。据对 87 个优质棉样本县（团）160 个乡（镇）2 508 个植棉户的调查（表 4-1），持平户占 68.3%，增加户占 16.2%，减少户占 15.5%。比照 2007 年植棉面积 8 523 万亩（中棉所），预测意向面积 8 523 万亩。

表 4-1　2008 年种植意向（一）

棉区	县数（个）	总户数（户）	持平		增加		减少		2007/08 年度子棉		面积变化（%）
			户数	比例（%）	户数	比例（%）	户数	比例（%）	售价（元/千克）	增减（%）	
全国	87	2 508	1 712	68.3	407	16.2	389	15.5	6.00	20.0	1.0
长江流域	38	1 229	964	78.4	140	11.4	125	10.2	5.86	16.0	1.4
黄河流域	39	980	544	55.5	209	21.3	227	23.2	6.18	21.3	−0.3
西北内陆	6	139	55	39.6	49	35.3	35	25.2	5.82	22.5	3.0
特早熟	4	160	149	93.1	9	5.6	2	1.3	5.81	11.8	1.7

注：子棉售价为 2007 年 9—12 月的均价。

2. 意向植棉的特点。一是流域差异显现。内地植棉意向持平户占主导，比例占 55.5%～78.4%，增加户占 11.4%～21.3%，减少户占 10.2%～23.2%。西北内陆持平户仍占主导，但增加户和减少户比重大，超过持平户。

二是除豫、苏减少外，各地持平或略增。8个大省按幅度排序，冀增3.6%，鄂增2.2%，湘增1.9%，新增1.3%，皖增0.8%，鲁持平，苏减5.8%，豫减6.9%。其他产棉省市，津增4.4%，秦增2.1%，辽和吉增1.7%，甘增0.9%，赣和晋持平或略增0.4%。

二、植棉走向的主要原因分析

一是2007年新棉子棉收购价格高开高走，植棉收益增加。至2007年12月底，市场运行平稳，新棉售价回升，监测全国农户子棉售价6.00元/千克，增1.00元/千克，增20.0%。虽然2007年棉花生产成本上涨120.2元/亩，涨幅13.6%，子棉减产16.6千克/亩，减6.2%，但收益增45.7元/亩，增幅10.4%。高价高收益，植棉积极性增加。

二是粮棉价格同步上涨，粮棉比价的差距扩大对棉花表现利好。监测结果表明，2007年除黄河玉米价格增幅达到18%以外，长江水稻和黄河小麦的价格也上涨，但增长的绝对值和幅度不及棉花，植棉收益相对增加，农产品价格上涨对扩大植棉有利。

三是良种补贴对棉花生产起积极的促进作用。2008年继续实行良种补贴，对稳定产棉大省的棉花生产起积极的促进作用。

四是农资和人工费用“双上涨”。据监测，2007年全国棉花生产总成本已超过1 000元/亩，达到1 005.1元/亩，增120.2元/亩，增幅13.6%。在总成本的构成中，物化成本452.5元/亩，占总成本的45.0%，涨4.5%。2007年磷酸二铵价格涨31.8%、钾肥涨11.4%、复合肥涨6.3%、柴油涨6.9%、地膜涨3.6%。国际油价高位运行对农业生产造成冲击，受国际高油价的拖累，农业投入必将减少。同时，季节性雇工费用124.2元/亩，占人工费用28.7%，用工作价涨15.9%，植棉大户的成本增加。

近几年，主产棉区渍涝、干旱、低温等自然灾害，以及枯、黄萎病害等生物灾害发生重，棉花高产稳产难度加大。

后市价格对今年植棉还有一定影响，目前市场低迷，购销不畅，价格走低，25%待售的子棉售价对今年生产还会产生影响。

综合粮棉、棉肥性价比和棉花主产品较高的产值，以及农田水利条件没有好转等因素，全国棉田继续“下湖上山”和“西进北移”，面积稳定的走势增强。

三、预测新棉价格呈有利于植棉的走向

预测2008/09年度新棉价格将呈高位运行的态势，价格走向将与2007/08年度相似。从国内外多种因素分析，支持2008/09年度新棉价走高和利好的因素多。加强棉花市场的宏观调控，提高滑准税基数，保持均衡进口，确保国产棉的优先使用。在全球农产品期货和现货价格不断上扬的带动下，我国农产品价格和棉价也呈走高的态势。国际棉价走高，ICAC 2008年1月预测2007/08年度均价每磅提高9美分，涨幅达到13.5%。全球植棉面积稳定，单产高水平持续，总产增加，需求依然大于供给，支持棉花价格高价位运行。

四、关于科技兴棉的几点建议

1. 积极引导，扶持棉花生产，加强农资价格控制。做好棉花良种推广补贴，建议良种补贴采用普惠制，补贴年限由2年延长到4年，补贴资金也由15元/亩提高到30元/亩，这样将有利加快良种的脱颖而出，也有利于优势公司的培育，形成棉种市场主体，逐步克服品种“多乱杂”状况。继续控制主要农资价格和管理好农资市场。针对农田水利老化、损坏和毁坏十分严重，灾害频繁，农业基础损伤很大的现状，加强农田水利建设，保障农业基本生产力，恢复冬春小水利建设已成为当务之急。

2. 科学植棉，全力提高单产，力争低产到中产、高产超高产。推广抗虫棉和杂交棉等高产优质主推品种，使用优质精加工种子；推广育苗移栽、地膜覆盖、化学调控等促进早发早熟高产植棉技术，推广宽膜覆盖和节水灌溉技术；加大省种节本增产等简化种植技术应用力度，积极示范棉花精准种植技术，工厂化育苗和机械化移栽等现代农业新技术。

3. 加强服务，积极推进科技进村入户，搞好培训和技术指导。要把培训课堂办进村、办进组，让农民听得懂，学得会，用得上。

全国公益性棉花科研专项组　　WWW.CCPPI.COM.CN　　中国优质棉网
中国棉花生产景气报告 NO.134　　供领导决策参考　　发布日期　2008 01 28

2008/09 年度中国棉花生产景气报告

——需求继续增加，面积稳中有升；进口保持高位，价格适位走高，市场理性增强

毛树春　王香河

中棉所和公益性行业（农业）棉花科研专项项目组研究指出，中国棉花生产景气指数（CCPPI）2008/09 年度将在 300～330 之间波动，预测 2008 年全国棉花产业经济的走向“需求持续增加，面积稳中有升；进口保持高位，价格适位走高，市场理性增强，今年将是我国棉纱增速的拐点年”。

一、需求持续增加，产不足需的矛盾仍将存在

2007 年全国棉纱产量继续创新高，1—11 月纺纱 1 794 万吨，同比增 15.9%；预计全年棉纱产量约 2 000 万吨，增幅 15%；用棉约 1 300 万吨，增 200 万吨，增幅 20%。

2007 年全国棉花呈现面积增，单产减，总产 673 万吨，虽然总产减少，但仍是历史上的高产年景。这对满足日益增长的纺织用棉需求产生积极的作用。然而，由于产不足需固有的尖锐矛盾，棉花仍不能满足基本需求，缺口依然存在，我国棉花生产、进口与需求之间仍处于严重的不平衡状态。

2007 年纺织品服装出口再创新高，出口额 1 666.7 亿美元，增长 15.7%，其中棉制品出口“十分天下有其三”。

2008 年我国棉纺呈现增速减慢态势。一是宏观“稳健的财政政策和从紧的货币政策”将对棉花产业经济产生重大影响，市场调控的预期将加速增量减弱的势头。据从 2008 年 1 月 10 日棉花形势分析会议了解，货币采取季度平衡，而过去为年度平衡，因此，银行资金催紧，还款催促，“双结零”催紧，企业资金周转必须加快。一大批中型棉纺企业将因资金从紧“日子”变得不好

过，有的将不得不停产或破产，而大型和小型或微型企业日子仍然好过。二是棉纺企业利好因素。2007 年新棉的棉籽价格攀升，原棉成本转向全社会，原棉成本相对降低 1 500～2 000 元/吨，降幅达到 11%。植棉业和棉纺业是典型劳动密集型产业，为社会提供大量就业岗位，保持充分就业和增加低收入人群工资是宏观调控的目标，宏观调控整体将对棉花产业带来相对利好。三是增加内需，特别是在奥运会的拉动下，包括农村在内的纺织品消费增长将开始升温。四是 2008 年全球经济呈现增长减慢。联合国预测 2008 年全球经济将呈温和增长，增长率 3.4%，低于 2007 年的 3.7%。世界银行预测 2008 年增长率放慢至 3.3%。国际货币基金组织（IMF）1 月 29 日预测全球经济增长率为 4.1%，低于 2007 年 10 月估计的 4.8%和 2007 年的 4.9%。美国经济增长遭遇"严重衰退"，增长率仅为 1.5%，低于 2007 年 10 月估计的 1.9%，也低于 2007 年的 2.2%。由于我国纺织品服装对外依存度为 49%，预计 2008 年我国纺织品服装出口依然会稳定增长，但预期增速减慢，增速 15%上下，预计出口达到 1 917 亿美元，棉及棉织品将占 40%。

综合几项平衡，2008 年全球经济增速放慢和美国经济增长遭遇"严重减速"是棉纺增速减慢的外部环境，国内货币"从紧"和纺织业结构调整和技术升级是棉纺增速减慢的内部环境。在内外环境共同作用下，预测 2008 年将是棉纺增速的拐点年，纺纱增速将由两位数下降到一位数，测算最高增速将在 10%上下，这将结束自 2001 年以来连续 10 年的高速增长期。然而，由于我国棉纱锭产能总量已达 1 亿锭，消费基数已很大，消费动力依然十分强劲，预计棉纱产量达到 2 120 万～2 200 万吨，需棉 1 400 万～1 500 万吨。又由于受高油价的拖累，纺织原料之一的涤纶短纤和粘胶短纤价格必上涨，加上全球棉价涨幅度不大，预计纺织业将增加对棉花的消费，测算每增加一个百分点棉花消费约增 20 万吨。

表 4－2　2008 年中国棉花生产景气指数预测

项　目	纺织品服装出口（亿美元）	棉纱产量（万吨）	纺纱用棉（万吨）	棉花价格（元/吨）	棉花（万吨）	
					进口	出口
2007 年实际	1 666.7	2 000.0	1 300	13 957～14 500	246	1.1
2008 年预测—低水平	1 833（10%）	2 180（9%）	1 468	14 500～15 500	300	0.5
中水平	1 892（13%）	2 240（12%）	1 509	14 500～15 500	350	0.5
高水平	1 917（15%）	2 300（15%）	1 549	15 500～16 500	400	0.5

二、植棉面积稳中有升

预测2008年全国植棉面积呈稳中有升走向。2007年新棉售价上涨20%。据对2 000多户的连续定点定户监测，9—12月，全国棉农子棉售价为6.00元/千克，比2006年5.0元/千克提高1.00元/千克，涨幅达到20%。然而，受宏观调控的影响，12月中下旬价格普遍下降。总体看，2007年新棉售价运行平稳，没有出现高开低走现象，但惜售普遍，销售缓慢，12月还出现“打白条”现象。

由于子棉售价回升20%，尽管2007年单产减少，全国棉花主产品产值达到1 491.4元/亩，植棉收益486.4元/亩，增幅达到10.4%。

2007年粮棉价格同步上涨，粮棉比价的差距扩大对棉花表现利好。监测结果表明，2007年新棉价格上涨20%，除黄河玉米的涨幅达到18%以外，长江水稻和黄河小麦的价格也上涨，但增长的绝对值和涨幅不及棉花，粮棉价格双上涨的结果对棉花表现利好。

2006年长江皮棉与早稻、中稻和晚稻的比价为1∶8.0、1∶7.3和1∶7.2，2007年分别上升到1∶8.0、1∶7.6和1∶7.6。黄河皮棉与小麦的比价2006年为1∶7.4，2007年为1∶8.1，与玉米的比价2006年为1∶8.6，2007年为1∶8.5。

综合粮棉、棉肥性比价和棉花主产品产值达到被认为相对合理的1 500元/亩，棉田继续“下湖上山”和“西进北移”，加快布局结构转移的客观事实，植棉面积将继续保持稳中有升的走向。

分析全国棉田“下湖上山”和“西进北移”的原因：一是农田水利条件继续恶化，如渠道老化，淤积和堵塞，原有排灌已没有排灌和蓄水功能，加上修路和架桥对水利设施的破坏等，水系被改变，输水功能丧失。另外由于气候变化，长江自1998年大水之后，遭遇10年枯水期，千湖之省也不得不靠天吃饭，因而缺水促使长江中下游棉田“下湖上山”。在洞庭湖、鄱阳湖和洪湖等均可见大片棉田，在长江两岸的丘陵和山区也可见大片棉田。二是农村青壮年劳动力转移之后，对留守老人和妇女而言种棉比种稻容易，如水稻耕田、育苗、插秧和收获的季节更集中，技术性更强，劳动强度更大，留守老人和妇女无法承担，因此不得不水改旱，稻改棉。三是棉花价格好，产值高，棉花好卖是一个公认看法。前述棉花是我国大宗农产品中最为短缺的品种之一，棉花没有卖难问题，这是加快棉花“西移北进”的原因。

三、价格适位走高

预测 2008/09 年度新棉价格将呈适位走高的态势。从国内外多种因素来看，支持 2008/09 年度新棉价走高的利好因素多。如，调整后的滑准税既对国内棉价起到较好的支撑作用，还适当降低了“高等级”棉的进口成本。国际油价上涨导致农资价格的结构性上涨，以及人工费用的上涨都不支持棉价下降。2008 年将结束全球面积扩大和单产高速增长的周期，支撑国际棉价继续回升，全球粮价上涨也将拉动棉价上涨。

但要密切关注“从紧”货币政策对棉花产业资金链的影响，进而对植棉业的影响。

1. 调整滑准税，高等级棉进口成本降低，对棉纺业利好，对国内价格仍起支撑作用。调整后的配额外进口棉滑准税计算：当进口棉完税价高于或等于 11.379 元/千克时，按 0.570 元/千克计征从量税。当进口棉完税价低于 11.379 元/千克时，暂定关税税率 $R_i = 8.686/P_i + 2.526\% \times P_i - 1$，式中 R_i 取值 40%；P_i 为关税完税价（元/千克）。测算结果，当进口棉完税价低于 44 美分/磅执行 40%的关税，此时税后价与 2007 年一样。当进口棉完税价为 44～70.5 美分/磅按公式执行 5%～40%的关税，此时税后价降低 130 元/吨，比 2007 年税率降低 1%～1.6%。当进口棉完税价为 71～100 美分/磅执行 570 元/吨，此时税后价降低 289 元/吨，比 2007 年税率降低 1.8%。

从实际情况来看，当前进口棉价普遍超过了 70 美分/磅，调整后的滑准税将促使进口棉成本下降 200 多元/吨，有利于纺织业降低成本；对进口“高等级”棉起激励作用，有利于提高棉织品的国际竞争力。当国际棉价在 70 美分/磅以上时，对国内价格仍起到有力支持；也有认为，当国际棉价在 70 美分/磅以上时，如果国内价格低于国际市场，两个市场的价格不接轨，国内棉价获得国际市场支撑的程度将大于从新滑准税获得支持的程度。

2. 成本“双上涨”不支持价格下降。2007 年全国棉花生产成本突破 1 000 元，达到 1 005.1 元/亩，增 120.2 元/亩，增幅 13.6%。在总成本的构成中，物化成本 452.5 元/亩，增幅 4.5%。人工费用 432.7 元/亩，增幅 20.2%，其中雇工费用 124.2 元/亩。固定成本 86.5 元/亩，增幅 27.2%。间接费用 33.3 元/亩，增幅 44.3%。

步入 2008 年国际油价突破 100 元/桶，大多数预测，国际油价将在高位上攀升到 80 美元/桶左右，涨幅 10%上下。化肥、地膜、农药等农资将会继续上涨，农业生产成本将增加，不支持棉价下降。

3. 全球棉价继续保持回升态势。分析指出，2007年即将结束全球棉价持续5年多的低位期，进入周期性回升期，并且今后几年也将呈走高态势，Cotloot A指数逐步恢复70～80美分/磅这一合理价位，期间可能达到90～100美分/磅的高位。分析指出，国际棉花价格呈现一定的周期性规律：自20世纪70年代以后的4个10年，每个10年内A指数≥70美分/磅都有几个年度，其中70年代4个，80年代6个，90年代6个。全球棉价自1994/95年度创94.3美分/磅的历史新高之后，1998/99年度步入低谷期持续了8年。进入新世纪，A指数不断刷低记录，2000/01年度57.2美分，2001/02年度41.81美分，2002/03年度57.71美分，2003/04年度69.19美分，2004/05年度53.52美分/磅，2005/06年度57.04美分/磅，2006/07年度59.13美分/磅。预测2007/08年度将回升到65～70美分/磅的水平。

4. 全球棉价回升还与粮价上涨有关。由于干旱、台风、涝灾等极端天气频繁发生，病虫害灾害危害加重，导致全球粮食连续多年减产，一些传统的粮食净出口国（如印度与欧盟）正在变成粮食进口国。全球粮食库存已降到24～30年以来的最低点，同时出口减少。2007年下半年以来，许多国家出台提高关税限制出口，降低关税鼓励进口等对策，以保障国内供给和防止通货膨胀。而新生经济体对粮食的需求增加，特别是由于玉米作为生物质能源比重的加大，2007年美国8 500万吨玉米用于生产乙醇，消耗全美1/3玉米产量，“人油争粮”打破了全球原本紧张的粮食供求关系，加速推动全球粮价的上涨，国际粮价在一年内上涨了50%，国内也上涨了20%。预测2008年全球粮价上涨18%，棉价跟随上涨。

然而，为什么棉价和纺织品价不如粮食和食品的变化那样大呢？首先从农产品属性来看，纺织品作为生活的御寒品是第一属性，“衣食住行衣为首”，反映纺织品是生活的必需品，但在生活中吃饭比穿衣问题更重要，“手中无粮心中慌”，因此，粮食供需一旦出现短缺，就会掀起全球性的抢购、增加储备和加强生产等一系列的联动反应，带动全球价格的普遍上涨，并牵连到以农产品为原料的所有食品，进而诱发通货膨胀，甚至经济危机。其次从市场要素来看，棉花是纺织工业原料，纺织品作为御寒品是生活的必需品，而作为一种奢侈品则是生活的非必需品。三是从储备性来看，纺织品具有“耐用性”，因而具有广泛的储备特性，纺织服装能做到“藏衣于民”而粮食做不到“藏粮于民”。四是从替代性和互补性来看，纺织原料除棉花以外，还有麻等植物纤维，丝、毛、皮等动物纤维，还有重要的化学原料。因此，棉花和纺织品在价格、生产、消费、贸易、储备诸多方面受市场机制的调节要比粮食表现得更加充分。

5. 棉副产品救市，可能是我国棉价为什么没有样像粮价那样高涨的原因。受食用植物油短缺的影响，2007 年新棉油籽价格飙升，棉花成本通过油籽输向全社会，加上衣分率明显提高，在高棉籽价和高衣分双重作用下，原棉成本最少相对降低 2 200 元/吨，降幅 16.7%以上。成本转移的结果，既为棉花加工保留了增大利润的空间，棉纺业受惠和获利也较大，棉农也相应地获得了实惠。棉副产品价格转移起到救市作用，可能是棉价为什么没有大涨的原因。

受天气影响，2007 年新棉衣分率偏高，春棉衣分率从常年的 37.5%提高到 42%，最高达到 46%；短季棉也从常年的 35%提高到 40%，均比常年高出 4～5 个百分点。

受食用植物油短缺的影响，新棉油籽价从 2006 年的 1.5 元/千克提高到 2007 年 2.5 元/千克，涨幅达到 66.6%，最高飙升到 3.0 元/千克，涨幅 100%。在高油籽价和高衣分率的共同作用下，农民子棉售价应比现实价再提高 10%，达到 6.6 元/千克，最低也不应低于 6.3 元/千克，而实际上仅为 6 元/千克，低于合理利润的 10%。若与 2006 年均售价 5 元/千克相比，应提高 30%以上，而实际上也只回升 20%，比合理利润损失了 10%以上。售价回升不多，为加工提供了获利空间，为纺织业降低成本创造了机会。

如油籽价从 1.5 元/千克提高到 2、2.5 和 2.8 元/千克，衣分为 37.5%时，皮棉价格依次为 13 500 元/吨、12 667 元/吨、11 833 元/吨和 11 333 元/吨；与棉籽价 1.5 元/千克相比，依次降低 6.2%、8.6%和 12.3%，皮棉成本分别减少 833、1 167 和 1 667 元/吨。

在高衣分基础上，皮棉成本进一步降低，加工利润空间增大，原棉成本降低更大。如衣分率从 37.5%提高到 40%和 42%，油籽价 2.5 元/千克，皮棉依次为 11 833、11 250 和 10 833 元/吨；与衣分 37.5%相比，皮棉成本降低 4.9%和 8.5%，吨皮棉分别减少 583 和 1 000 元。

在高棉籽价格和高衣分的双重作用下，皮棉成本大幅度降低。在油籽价 1.5 元/千克和衣分 37.5%时，吨皮棉 13 500 元；在油籽价 2.5 元/千克和衣分 40%，吨皮棉 11 250 元；在油籽价 2.5 元/千克和衣分 42%时，吨皮棉 10 833 元；在油籽价 2.8 元/千克和衣分 40%时，吨皮棉 10 800 元；依次降低 2 250 元/吨和降 16.7%，降低 2 667 元/吨和降 19.8%，降低 2 700 元/吨和降 20%。

6. 全球棉花总产将呈下降趋势。全球棉花面积于 2004/05 年度达到近 25 年以来第二个新高，播种面积达到 5.3 亿亩。由于全球粮价大幅度上涨，各国重视粮食生产，棉田可能转向粮田，这可能是诱发本次棉田面积减少的直接原因。自2000/01年度以来全球棉花单产上升到612千克/公顷之后，接着步入连续4年的持续增长期，2004/05年度747千克/公顷。由于气候变暖，天气不确定因素增加，极端气候严重影响农业生产，提高单产和保持稳产的难度越来越大。

四、进口保持高位增长

据《海关统计》，2007年进口原棉246.2万吨，同比减32.5%；进口金额34.79亿美元，同比减28.5%。出口原棉2.1万吨，同比增62.1%；金额0.32亿美元，同比增39.7%。2007年进口棉量减价增，均价1 413.1美元/吨，比2006年增75.6美元/吨，增幅5.7%。在人民币升值条件下，进口棉价格降幅达到6.7%，可见，人民币升值有利于进口。

同时，2007年还进口废棉15.6万吨，金额0.56亿美元，数量减4.8%和金额增5.1%。进口棉短绒12.6万吨，金额0.45亿美元，分别减23.2%和15.3%。

国际棉价回升。2007年Cotlook A指数63.29美分/磅，涨5.85美分/磅，涨9.2%。国内棉价2007年中国棉花价格指数年均13 422元/吨，减367元/吨，降2.7%。

预测2008年棉花进口在高位上保持平稳增长态势，预计全年进口350万～400万吨。

五、提高棉花竞争力的主要对策措施

进入新世纪，党中央提出科学发展观，发展现代农业，实现国民经济“又好又快”发展。贯彻落实科学发展观，对棉花而言，宏观上，国家要力争实现产需大致平衡的格局，保障13亿居民的纺织品消费，居民纺织品消费量2006年达到14.3千克，预计2020年增加到25千克，需求将持续增加，国人的穿衣问题要立足自己解决。微观上，要力促棉花产量、质量和效益的协调统一。棉花是经济作物，各类政策、调控措施和科技进步要力保棉农收益不减少，这是植棉业落实科学发展观的具体体现。

（一）科技兴棉

1. 全力提高单产，力争低产到高产、高产再高产超高产，产量、质量和

效益相协调。要依靠科技植棉，提高单产，协调产量和质量的关系，减轻“双上涨”的压力。选用优良品种和杂交种，推广育苗移栽、地膜覆盖、平衡施肥、病虫害综合防治、化学调控技术使用和到位率。长江中下游要在简化节本基础上，创棉花高产超高产，黄河要大力推进麦棉两熟双高产技术，新疆要高产再高产和超高产。研究表明，高产已成为抵御和抗衡市场和自然风险的关键要素，是评价作物竞争力的关键指标，各项惠农政策和科技进步要立促提高单产，同时要把高产作为考核农业补贴效果的一个标准。

2. 推进棉花品种和农业公益性科技进步，解放和发展生产力。当前急需加快研究：合理密植问题，以氮肥为主的科学施肥问题，简化节本条件下的杂交种制种技术；积极稳妥地推进精准农业、工厂化和机械化育苗移栽等新技术的示范和推广；有效控制“三丝”，制定可操作方案；信息化服务，满足棉花产品市场国际化和经济全球化的新需求，解决农业信息的不对称问题。这些公益性技术问题已列入国家行业科研专项，承担和协作单位要按照统一规划，统一方案，认真加以实施，尽快研究提出解决方案和措施，为科技兴棉提供技术支撑。

（二）政策支持

1. 建议良种补贴实行普惠制，延长补贴年限，增加补贴资金。2007年棉花良种补贴的示范和引导作用大于实际效果，然而，非均衡补贴的示范和引导作用还有限。建议良种补贴采用普惠制，并由一县补贴的2年延长到4年，补贴资金也由15元/亩提高到30元/亩，这样将有利于加快良种的脱颖而出，也有利于优势公司的培育和形成，逐步克服品种“多乱杂”。

2. 继续控制主要农资价格。自2007年10月25日国际油价每桶攀升90美元以来，到2008年1月的高位运行有90多天，春季农资价格上涨的势头强劲，农民寄希望国家采取有效措施控制农资价格不上涨或少上涨。否则，受报酬递减率的影响，农业生产投入必将减少，对夺取农业丰收很不利。为此，要采用市场和行政手段，加强监管，有效控制农资价格的过快上涨。如尿素价格不超过1 800元/吨，柴油价格上限要列入控制范围；如果有条件，把农用地膜也列入控价品种，最高限价12 000元/吨。实际上，对农资采取最高限价以控制价格上涨是一种普惠制政策，对整个农业有利，但一般人不易感觉到。

同时，要恢复农田小水利建设，保障农业基本生产力，培育公益性的社会化服务企业，推进节本增效种植技术和现代农业技术的应用。

虽然成本“双上涨”不支持价格下降，但是受金融危机影响，实际棉价下降幅度高达20%，进口也明显减少至14.2%，其预测方向不正确，关于“植棉面积稳中有升”的判断有误。但对“需求增加和产不足需的矛盾仍将存在”的判断准确，预测纱增量的走向正确。

全国公益性棉花科研专项组　　WWW. CCPPI. COM. CN　　中国优质棉网
中国棉花生产景气报告 NO. 135　　仅供领导决策参考　　出版日期　2008 02 27

2008 年棉花种植意向调查报告（二）

——植棉意向略减，近期国际棉价强势走高

王香河　毛树春

一、意向植棉呈略减的走向

1. 意向植棉略减。相比 12 月调查持平意向，1 月监测全国意向植棉面积比 2007 年略减 0.9%。据对 136 个优质棉样本县（团）240 个乡（镇）3 956 个植棉户的调查（表 4-3），持平户占 63.5%，增加户占 16.1%，减少户占 20.4%。照 2007 年植棉面积 8 523 万亩（中棉所），预测意向面积 8 446 万亩，减 77 万亩。

表 4-3　2008 年棉花种植意向（一）

棉区	县数（个）	总户数（户）	持平		增加		减少		2007/08 年度子棉		面积变化（%）
			户数	比例（%）	户数	比例（%）	户数	比例（%）	售价（元/千克）	增减（%）	
2007 年 12 月											
全国	87	2 508	1 712	68.3	407	16.2	389	15.5	6.00	20.0	0
长江流域	38	1 229	964	78.4	140	11.4	125	10.2	5.86	16.0	−0.4
黄河流域	39	980	544	55.5	209	21.3	227	23.2	6.18	21.3	−0.6
西北内陆	6	139	55	39.6	49	35.3	35	25.2	5.82	22.5	1.3
特早熟	4	160	149	93.1	9	5.6	2	1.3	5.81	11.8	0
2008 年 1 月											
全国	135	3 956	2 512	63.5	635	16.1	809	20.4	6.02	20.4	−0.9
长江流域	51	1 734	1 086	62.6	302	17.4	346	20.0	5.92	17.3	−1.3
黄河流域	61	1 549	828	53.5	284	18.3	437	28.2	6.26	22.7	−2.2
西北内陆	19	503	439	87.3	40	8.0	24	4.8	5.54	16.7	1.7
特早熟	5	170	159	93.5	9	5.3	2	1.2	5.47	5.3	0.9

注：12 月调查的子棉售价为 2007 年 9—12 月均价，1 月为本月价格。

2. 意向植棉特点。一是三大流域十分接近（表 4－3）。植棉意向持平户占主导，比例占 53.5%～87.3%；减少户次之，比例占 4.8%～28.2%；增加户占 8.0%～18.3%。二是各地平、增、减并存（表 4－4）。主要产棉省区按幅度排序，湘增 2.6%，冀增 2.0%，鄂增 1.9%，新增 1.8%，鲁减 1.6%，皖减 3.0%，苏减 5.5%，豫减 7.8%。其他产棉省市，津增 4.4%，赣增 2.8%，蒙、辽和吉增 0.9%，甘增 0.2%，川减 0.9%，晋减 2.3%，秦减 4.2%。

表 4－4　2008 年 1 月种植意向（二）

棉区	县数（个）	总户数（户）	持平		增加		减少		2007/08 年度子棉		面积变化（%）
			户数	比例（%）	户数	比例（%）	户数	比例（%）	售价（元/千克）	增减（%）	
四川	2	40	14	35.0	11	27.5	15	37.5	6.16	20.8	－0.9
湖南	6	259	225	86.9	29	11.2	5	1.9	5.86	15.9	2.6
湖北	13	382	284	74.3	61	16.0	37	9.7	5.84	15.4	1.9
安徽	12	292	198	67.8	31	10.6	63	21.6	5.95	15.5	－3.0
江西	3	60	47	78.3	9	15.0	4	6.7	5.83	13.7	2.8
江苏	15	701	318	45.4	161	23.0	222	31.7	6.04	23.9	－5.5
河南	19	470	141	30.0	104	22.1	225	47.9	6.23	23.4	－7.8
河北	20	420	270	64.3	89	21.2	61	14.5	6.25	19.6	2.0
山东	14	319	200	62.7	58	18.2	61	19.1	6.44	17.1	－1.6
山西	3	120	107	89.2	1	0.8	12	10.0	5.80	20.8	－2.3
陕西	3	160	74	46.3	27	16.9	59	36.9	5.63	15.5	－4.2
天津	2	60	36	60.0	5	8.3	19	31.7	5.80	15.0	4.4
新疆	16	443	389	87.8	37	8.4	17	3.8	5.54	16.9	1.8
甘肃	2	40	30	75.0	3	7.5	7	17.5	5.60	17.8	0.2
辽宁	5	170	159	93.5	9	5.3	2	1.2	5.47	5.3	0.9

注：子棉售价 2007 年 9—12 月前为 6.00 元/千克。

二、植棉略减的原因分析

与去年 12 月调查相比，引起 1 月植棉意向略减的变动原因：一是去年价格对稳定或扩大棉花有利，棉田下湖上山和西移北移仍将继续（见中国棉花生产景气报告，第 133 期）。二是国家重视粮食生产，出台一系列政策鼓励多种粮，在粮棉重叠产区对农民筹划生产产生一定影响。

三、近期国际棉价强势走高

从中国棉花价格指数来看，1 月均价 13 621 元/吨，比 2007 年 12 月涨 197 元/吨，涨 1.5%；2 月 1—25 日均价 13 694 元/吨，比 1 月均价升 73 元/吨，涨 0.5%。

从 Cotlook A 指数来看，1 月均价 73.38 美分/磅，比 12 月涨 10.09 美分/磅，涨 15.9%；2 月 1—25 日均价 73.15 美分/磅，比 1 月均价涨 0.23 美分/磅，涨 0.3%，特别是 2 月 26—27 日 A 指数突破 80 美分/磅，达到 80.75 美分/磅，相当于国棉 15 342 元/吨。

从期货来看，郑棉期货“803”，1 月均价 14 200 元/吨，比 12 月 14 080 元/吨涨 120 元/吨，涨 0.85%；2 月 1—25 日均价 14 438 元/吨，比 1 月均价涨 238 元/吨，涨 1.7%。而“805”1 月均价 14 660 元/吨，比 12 月 14 805 元/吨则降 145 元/吨，降 0.98%；2 月 1—25 日均价 14 827 元/吨，比 1 月均价涨 167 元/吨，涨 1.1%。

四、关于科技兴棉的几点建议

1. 积极引导，扶持棉花生产，加强农资价格控制。做好棉花良种推广补贴，建议良种补贴采用普惠制，补贴年限由 2 年延长到 4 年，补贴资金也由 15 元/亩提高到 30 元/亩，这样将有利加快良种的脱颖而出，也有利于优势公司的培育，形成棉种市场主体，逐步克服品种“多乱杂”状况。继续控制主要农资价格和管理好农资市场。针对农田水利老化、损坏和毁坏十分严重，灾害频繁，农业基础损伤很大的现状，加强农田水利建设，保障农业基本生产力，恢复冬春小水利建设已成为当务之急。

2. 科学植棉，全力提高单产，力争低产到中产、高产超高产。推广抗虫棉和杂交棉等高产优质主推品种，使用优质精加工种子；推广育苗移栽、地膜覆盖、化学调控等促进早发早熟高产植棉技术，推广宽膜覆盖和节水灌溉技术；加大省种节本增产等简化种植应用，积极示范棉花精准种植技术，工厂化育苗和机械化移栽等现代农业新技术。

3. 加强服务，积极推进科技进村入户，搞好技术培训和指导。要把技术培训课堂办进村、办进组，办进户，办进农家大院，讲课要让农民能听得懂，学得会，用得上。科技指导要经常性和持续性，走进田间地头，走近农民，和农民聊天谈事谈技术。要把技术变成彩色挂图，看图操作，对照着做；“明白纸”既要通俗又要准确，这样做能把技术留给农民，受到欢迎。

全国公益性行业科研棉花专项组　WWW.CCPPI.COM.CN　中国优质棉网
中国棉花生产景气报告 NO.136　仅供领导参考　出版日期 2008 03 11

适时播种，抗旱保苗，夺取棉花生产开门红

——以造墒和保墒，抗旱保苗为重点

毛树春　李亚兵

“好种出好苗，好苗一半产”，说明种子和苗情是棉花生产的基础；“三分种，七分管”，可见管理是一播全苗，壮苗早发的关键。

一、播种到苗期主产区气候走向

据国家气候中心预测，自去年秋季发生的“拉尼娜”事件会持续到今年夏季前，春季（3～5月）北方地区沙尘暴天气偏多，东部地区以少雨干旱为主，东部大部地区可能出现春旱，其中华北至黄淮春旱可能较为严重。此外，棉区大部气温偏高，降水偏少，大风日多，寒潮频率高，强度大，对棉花保苗不利，但气温整体偏高，降水减少，蒸发加大，对棉花播种出苗有利。我国棉花播种始于3月下旬，到4月底结束，育苗移栽到5月下旬结束。要夺取棉花生产的开门红，根据天气变化，以造墒保墒、抢墒和保墒、抗旱保苗、适时播种为重点，同时要防强寒潮、低温和多雨，争取一播全苗，壮苗早发。

二、搞好备播，适时播种，加强管理

（一）搞好备播

一是备足种子，适当增加用种量，留足备用种和备用苗，供补种补栽用。二是备好苗床，选好床址，培好床土，制钵数一般比移栽密度增加20%，提倡用中大制钵器制钵，淘汰小制钵器，有利于培育壮苗。三是大田播种要精细整地，达到土细、土松和土活，底墒足，口墒。四是施足底肥。有机肥与化肥结合施用，磷肥和钾肥提倡基施。

（二）适时播种

棉花播种适期以 5 厘米地温稳定通过 14℃并迅速上升到 16℃为技术标准。早春低温寒潮活动频繁，要看天看地看苗看茬口确定适播期。抢“冷尾暖头”播种。营养钵育苗要求地温稳定通过 10℃，播种时间在 4 月初。内地播种在 4 月中下旬，西北内陆一般在 4 月上、中旬。

从墒情考虑，墒情不足需在造墒之后播种。从品种类型来看，黄河流域抗虫棉大多为中早熟类型，加上种子成熟度差，提倡适时播种。从种子类型来看，包衣子播种出苗遭遇低温多雨，易烂子烂芽，宜在适播期之内靠后播种。成熟度很差的种子，适当延后晚播。

（三）精选种子，提倡精量半精量播种

——播前晒种和精选。选晴天晒种 2～3 天。结合晒种进一步粒选，剔除绿毛子、大头子、畸形子、破子、红棕色和黄红色子以及瘪子等。用稀硫酸脱绒后，选择种衣剂包衣。

——毛子、光子提倡浸种和药剂处理。播种前“温汤浸种”12～24 小时，再用药剂处理，药剂可选用杀虫剂和杀菌剂，具体方法请教技术人员。

——包衣子不能浸种，一旦浸种包衣剂则脱落，很易伤害种子，也易造成烂子烂芽。

——包衣子提倡精量半精量播种，提倡穴数，每穴 1～2 粒。毛子和光子要增加播种量和播种穴数，播种深浅和覆土厚薄要合适。

——搞好苗床管理，培育壮苗。苗床期管理以增温控温，控湿补湿，防治病虫害为主。

——地膜覆盖。地膜两侧埋深 5 厘米以上，压紧扎实，及时放苗，防高温烧苗和大风揭膜。

——查苗补种，移栽补苗。一般播后 7～10 天出齐苗，之后逐地块逐床查苗，补子补苗。

——防治病虫草害。苗期主要病害有立枯病、炭疽病、红腐病和猝倒病，以及苗蚜和地老虎等。采用种衣剂包衣一般防效良好，使用半量式波尔多液喷洒防治苗病的效果很好。同时，搞好增温降温和控湿补水，间苗除草，减轻病害发生，培育壮苗。

——加强检查，及早发现，及早补救。

（四）抗旱保苗几项技术措施

——抢墒整地，提早进行膜覆盖。在 3～4 月抢墒整地，接着进行地膜覆盖，压实膜两侧。当气温适合时在膜上打洞点播，明显减少地面蒸发失水，保

持土壤水分，这对于旱地区和盐碱地的效果显著。

——沟浇覆膜。播前开沟，沟中浇水，接着播种覆土，再地膜覆盖，适合旱地保苗。

——“水种包包”。这是一种旱地造墒播种法，刨个土坑人工浇水播种，覆土高于地面形成一个土包包。一般不地膜覆盖，本法在无水浇条件的旱地应用效果好。

——抗旱育苗。在苗床足墒播种的基础上，适当减少苗床供水，逐步进行幼苗耐旱锻炼，当幼苗红茎达到一半炼苗成功，耐旱适应能力提高，移栽后具有一定抗旱作用。

——抗旱移栽。干旱季节移栽，开沟或打洞的深度适当加深，移栽后“点水浇株”，一株一斤水，确保成活，有条件再进行地膜覆盖，可实现保墒保苗。

——使用保水剂，提高移栽成活率。对旱地播种、对营养钵和裸苗移栽棉花使用“保水剂”1∶200倍浸种或蘸根，可提高耐旱能力。

三、积极示范工厂化、规模化集中育苗

近几年，棉花规模化、工厂化集中育苗应用逐步扩大，形成以村乡为单位的集中育苗模式。在一村建一个育苗基地或在一个乡建几个基地，可解决千家万户育苗的难点，解决留守老人妇女农事操作的困难。该技术的关键：一是利用基质加干净河沙制作苗床，取代土质营养钵；二是使用促根剂苗床灌根和浸根，促进新根生长；三是移栽采用裸苗，不带土移栽。四是规模化集中育苗要求制订计划，实行分批播种、分批育苗、分批起苗和分批移栽的“四分”方案。五是技术效果好，苗床成苗率和移栽成活率达到95%，明显省种、省工、省地。

四、开展技术培训，加强现场指导

一是广泛开展技术培训。当前正是棉花播种季节，组织专家，送技术进村入户，在田间地头巡回诊断，切实帮助棉农解决生产实践中的问题。

二是看天看地看苗，多听天气预报，掌握气候变化，抢“冷尾暖头”播种。

全国公益性棉花科研专项组　WWW. CCPPI. COM. CN　中国优质棉网
中国棉花生产景气报告 NO. 137　仅供领导决策参考　出版日期　2008 03 25

2008年棉花种植意向调查报告（三）

——植棉意向继续减少，但面积规模仍很大，科学植棉夺取开门红

毛 树 春

一、植棉呈继续减少的走向

1. 意向植棉继续减少，但面积总量仍很大。与2007年12月持平意向相比，1月监测意向植棉面积减0.9%，3月减少到3.4%。据对163个优质商品棉样本县（团）285个乡（镇）4 811个植棉户的调查（表4－5），持平户占61.2%，增加户占17.4%，减少户占21.4%。照2007年监测面积9 074万亩（中国棉花生产预警监测数据），预测植棉面积8 765万亩，减309万亩；照国家统计局8 385万亩，减285万亩，但面积规模已很大。

表4－5　2008年棉花种植意向（一）

棉区	县数（个）	总户数（户）	持平		增加		减少		2007/08年度子棉		面积变化（%）
			户数	比例（%）	户数	比例（%）	户数	比例（%）	售价（元/千克）	增减（%）	
2007年12月											
全国	87	2 508	1 712	68.3	407	16.2	389	15.5	6.00	20.0	0
长江流域	38	1 229	964	78.4	140	11.4	125	10.2	5.86	16.0	−0.4
黄河流域	39	980	544	55.5	209	21.3	227	23.2	6.18	21.3	−0.6
西北内陆	6	139	55	39.6	49	35.3	35	25.2	5.82	22.5	1.3
特早熟	4	160	149	93.1	9	5.6	2	1.3	5.81	11.8	0

（续）

棉区	县数（个）	总户数（户）	持平		增加		减少		2007/08年度子棉		面积变化（%）
			户数	比例（%）	户数	比例（%）	户数	比例（%）	售价（元/千克）	增减（%）	
2008年1月											
全国	135	3 956	2 512	63.5	635	16.1	809	20.4	6.02	20.4	−0.9
长江流域	51	1 734	1 086	62.6	302	17.4	346	20.0	5.92	17.3	−1.3
黄河流域	61	1 549	828	53.5	284	18.3	437	28.2	6.26	22.7	−2.2
西北内陆	19	503	439	87.3	40	8.0	24	4.8	5.54	16.7	1.7
特早熟	5	170	159	93.5	9	5.3	2	1.2	5.47	5.3	0.9
2008年3月											
全国	163	4 811	2 945	61.2	836	17.4	1 030	21.4	6.03	20.6	−3.4
长江流域	60	2 027	1 185	58.5	390	19.2	452	22.3	5.93	17.4	−1.9
黄河流域	65	1 538	807	52.5	311	20.2	420	27.3	6.27	23.0	−6.6
西北内陆	33	1 076	794	73.8	126	11.7	156	14.5	5.55	16.8	0.2
特早熟	4	160	149	93.1	9	5.6	2	1.3	5.82	11.9	0.9

注：12月调查的子棉售价为2007年9—12月均价，1月为当月价格，3月为2007/08年度价格。

2. 意向植棉特点。一是三大流域出现较大差异，长江减1.9%，黄河减6.6%，西北内陆增0.2%。二是从户数占比例来看，持平户仍占主导地位，比例为61.3%～68.3%；减少户次之，比例为15.5%～24.4%；增加户更次之，为16.1%～17.4%。三是各地植棉意向减少增加（表4-6）。按增减幅度排序，湘增3.1%、鄂增1.9%和新增0.2%，豫减14.3%、鲁减6.8%、皖减6.7%、苏减5.6%和冀减1.6%。其他产棉省市，川增5.6%、津增4.4%、赣增2.4%和辽增1.2%，甘减0.9%、晋减5.6%和秦减10.8%。

表4-6　2008年3月棉花种植意向（二）

棉区	县团数（个）	总户数（户）	持平		增加		减少		2007/08年度子棉		面积变化（%）
			户数	比例（%）	户数	比例（%）	户数	比例（%）	售价（元/千克）	增减（%）	
四川	2	80	33	41.3	30	37.5	17	21.3	6.2	20.8	5.6
湖南	6	260	227	87.3	30	11.5	3	1.2	5.86	16.1	3.1
湖北	17	463	308	66.5	98	21.2	57	12.3	5.83	15.2	1.9

（续）

棉区	县团数（个）	总户数（户）	持平		增加		减少		2007/08年度子棉		面积变化（%）
			户数	比例（%）	户数	比例（%）	户数	比例（%）	售价（元/千克）	增减（%）	
安徽	15	384	226	58.9	39	10.2	119	31.0	5.97	15.9	−6.7
江西	3	60	43	71.7	9	15.0	8	13.3	5.83	13.8	2.4
江苏	17	780	348	44.6	184	23.6	248	31.8	6.05	23.9	−5.6
河南	21	447	133	29.8	118	26.4	196	43.8	6.28	24.3	−14.3
河北	20	400	251	62.8	90	22.5	59	14.8	6.33	21.0	−1.6
山东	16	359	209	58.2	74	20.6	76	21.2	6.39	16.2	−6.8
山西	3	112	89	79.5	6	5.4	17	15.2	5.80	20.8	−5.6
陕西	3	160	65	40.6	23	14.4	72	45.0	5.63	15.5	−10.8
天津	2	60	36	60.0	5	8.3	19	31.7	5.80	15.0	4.4
新疆	31	1 036	764	73.7	123	11.9	149	14.4	5.55	17.0	0.2
甘肃	2	40	30	75.0	3	7.5	7	17.5	5.60	17.8	−0.9
内蒙古	1	10	10	100	0	0.0	0	0.0	4.8	—	0.0
辽宁	3	120	110	91.7	8	6.7	2	1.7	5.80	—	1.2
吉林	1	40	39	97.5	1	2.5	0	0.0	5.80	—	0.0

二、植棉意向变化的原因分析

与2007年12月和2008年1月的两次监测结果相比，本次植棉意向变动的原因：一是2007/08年度子棉售价达到6.03元/千克，特别是进入2008年的售价没有下降，表明价格因素对稳定植棉面积有利。由于价格相对合理，继续支持长江中游的棉田“下湖上山”，全国棉区的北移西移。二是国家重视粮食生产，出台一系列政策鼓励多种粮，这对粮棉重叠产区的农民筹划今年“种什么”产生一定影响。三是淮河流域气候不利，棉花低产徘徊多年，种棉不如种粮划算。这在河南、皖北、苏北以及鲁南局部产区的反映更为明显。调查可见，自2003年以来，由于淮河流域气候不利，多雨高湿导致低产徘徊多年；加上农资价格不断上涨，成本大幅度增加，这一高一低对植棉而言的确不划算。此外，本领域麦棉两熟采用套种，不利于小麦机械化收获，已成为木流域发展棉花生产的重要技术障碍，几种因素叠加导致淮河流域植棉面积不断减少。

三、科学植棉，夺取棉花生产的开门红

一播全苗和壮苗早发是苗期棉花生产的主要任务。全苗要求出苗整齐，苗龄大小一致，按照密度要求不缺苗或缺苗率小于 3%。苗壮要求子叶完整，叶片无病斑，叶色绿，苗病轻，长势有劲。达到这一要求，要看天看地因苗管理。全国棉花播种始于 3 月下旬，到 4 月底结束，育苗移栽到 5 月下旬结束，持续时间 50 天。根据春季天气多变特点，既要防干旱少雨又要防低温高湿，生产管理以造墒保墒、抗旱保苗、适时播种和防病治病为重点。为此，提出生产建议供决策参考。

（一）科学植棉，全力提高单产，力争低产到中产、高产超高产和双高产

推广抗虫棉和杂交棉等高产优质主推品种，良种棉补贴的中标品种要讲究质量，加强售后服务。推广育苗移栽、地膜覆盖等高产早熟技术，膜下滴灌、省种省工等简化种植技术，积极示范精准技术、工厂化育苗和机械化移栽等现代农业技术。

（二）加强苗期管理

1. 搞好备播。一是备足种子，适当增加用种量。二是备好苗床，提倡用中大制钵器制钵，培育壮苗。三是精细整地，达到土细、土松和土活，底墒足，口墒好。四是强调有机肥与化肥配合施用，增施有机肥，施足底肥，磷肥全部基施，钾肥一半基施。

2. 适时播种。棉花播种适期以 5 厘米地温稳定通过 14℃并迅速上升到 16℃为技术标准。早春低温寒潮活动频繁，要看天看地看苗看茬口确定适播期，抢“冷尾暖头”播种。营养钵育一般 4 月初播种。大田直播 4 月中下旬，西北内陆 4 月上中旬。

3. 精选种子，提倡精量半精量播种。

——播前晒种和精选。选择种衣剂包衣，播前晒种 2～3 天。结合晒种进一步粒选，剔除绿毛子、大头子、畸形子、破子、红棕色和黄红色子以及瘪子等。毛子可用稀硫酸脱绒。

——毛子、光子提倡浸种和药剂处理。播种前“温汤浸种”12～24 小时，再用药剂处理，药剂可选用杀虫剂和杀菌剂，具体方法请教技术人员。

——包衣子不能浸种，一旦浸种包衣剂则脱落，因种子受伤害造成烂子

烂芽。

——包衣子提倡精量半精量播种，穴播每穴1～2粒。毛子和光子要增加播种量，播种深浅和覆土厚薄要合适。

——搞好苗床管理，培育壮苗。苗床期管理以增温控温，控湿补湿，防治病虫害为主。

——地膜覆盖。地膜两侧埋深5厘米以上，压紧扎实；及时放苗，防高温烧苗和大风揭膜。

——查苗补种，移栽补苗。一般播后7～10天出齐苗，逐地块逐床查苗，补子补苗。

——加强检查，及早发现，及早补救。

4. 立足抗旱，抓好抗旱保苗措施。

——抢墒整地，提早地膜覆盖。抢墒整地，接着地膜覆盖，压实膜两侧。当气温适合时膜上打洞点播，可减少地面蒸发失水，提高干旱地区和盐碱地抗旱保苗效果。

——沟浇覆膜。播前开沟，沟中浇水，接着播种覆土，再地膜覆盖，适合旱地保苗。

——“水种包包”。这是一种旱地造墒播种法，人工刨坑，点水播种，再覆土。一般不地膜覆盖，本法适合无水浇条件的旱地。

——抗旱育苗。在足墒播种基础上，适当减少苗床供水，逐步加强耐旱锻炼，当幼苗红茎达到一半炼苗成功，耐旱适应能力提高，移栽后具有一定抗旱作用。

——抗旱移栽。干旱季节移栽，开沟或打洞的深度适当加深，移栽后“点水浇株”，确保成活，有条件再地膜覆盖，有效保墒保苗。

——使用保水剂，提高成活率。保水剂1∶200倍浸种或蘸根，有利于提高旱地播种、营养钵和基质育苗移栽耐旱能力，提高成活率。

5. 立足防寒防湿，综合措施防苗病。

——苗床选地势高亢处，阳光充足；大田深沟高畦，及时排水降渍；地膜覆盖提高地温。

——综合措施防控苗病。苗期主要病害有立枯病、炭疽病、红腐病和猝倒病，以及苗蚜和地老虎等。用代森锌、五氯硝基苯、福尔马林和多菌灵处理苗床土壤。用抗菌剂401（402）浸种、多菌灵、50%福美双可湿性粉剂等进行药剂拌种或种衣包衣。喷洒棉增灵、多菌灵和半量式波尔多液，防治苗病的效果好。

（三）积极示范工厂化、规模化集中育苗

近几年，规模化、工厂化育苗在棉花上的应用面积不断扩大，形成多种以村乡为单位的集中育苗模式。在一村建一个育苗基地或在一个乡建几个基地，可解决千家万户育苗的难点，解决留守老人妇女农事操作的困难。该技术的关键：一是利用基质加干净河沙制作苗床，取代土质营养钵。二是使用促根剂苗床灌根和浸根，促进新根生长。三是移栽采用裸苗，不带土移栽。四是建议集中育苗采取“五分法”，即：分批播种、分批育苗、分批起苗、分批和分组移栽。五是技术效果好，苗床成苗率和移栽成活率达到95%，明显省种、省工、省地和省力。

（四）加强服务，积极推进科技进村入户，搞好技术培训和指导

要把技术培训课堂办进村、办进组，办进户，办进农家大院，讲课要让农民能听得懂，学得会，用得上。科技指导要有经常性和持续性，走进田间地头，走近农民，和农民聊天谈事谈技术。要把技术变成彩色挂图，看图操作，对照着做；“明白纸”既要通俗又要准确，这样做能把技术留给农民，受到欢迎。

全国公益性棉花科研专项组　WWW. CCPPI. COM. CN　中国优质棉网
中国棉花生产景气报告 NO. 138　仅供领导决策参考　出版日期　2008 04 20

棉花播种进度和生产管理建议（一）

——开播晚，出苗慢，播期延长，区域灾情重；抢时播种，防灾减灾，争取全苗

毛树春　王香河

一、开播晚，出苗慢，播期延长，西北灾情重

截至4月15日，全国棉花春播（栽）面积占预计总面积的55.3%（表4-7），其中直播占28.0%，育苗移栽的苗床播种占27.3%。受冷冬和春寒、低温与干旱的影响，今年棉花开播时间比去年晚3～5天，同时，播种进度慢，播种——出苗时间延长，目前出苗率仅85%，同时，苗病发生偏重。4月17日西北遭遇强寒潮侵袭，局部灾情严重；长江和黄河连续降雨，气温降低，到4月20日全国棉花播种基本停止。

长江春播（栽）面积占预计面积的61.4%，其中大田直播占2.0%，育苗移栽的苗床播种占59.4%。湘、鄂、皖、赣、苏分别为61.8%、48.3%、65.0%、73.2%和74.1%。湖南苗床初播于3月24日，其他各省随后。预计大田移栽将在4月下旬到5月上旬。

黄河春播（栽）面积占预计面积的44.5%，其中直播占15.8%，育苗移栽苗床播种占28.7%。豫、冀、鲁、晋、陕分别为59.9%、14.4%、51.5%、100%和100%。晋、陕初播于3月22日，4月上中旬基本结束，播后地膜覆盖。冀、鲁、豫初播于4月4日，4月10日后各地透雨抢播，受本次强寒潮的影响，播种高峰将出现在4月下旬。淮北棉区两熟棉田初播于3月底，受阴雨低温影响，进度仅占45%～55%，进展偏慢。

西北播种面积占预计面积的66.7%，其中南疆快于北疆，进度达到74.2%，北疆进度只占57.3%。到4月16日前，播种顺利，早播棉田正在出苗。然而，4月17日遭遇强寒潮侵袭，大风沙尘、降水、降雪和强降温

对棉花生产造成不同程度的影响，且强度大，持续时间长，北疆以雨雪低温冻害为主，南疆以大风沙尘暴为主。奎屯垦区普遍降雪，截至 4 月 19 日 11 时，积雪厚度达 5 厘米以上，85%的棉田普遍积雪，最低气温下降到－3℃到－6℃。大风掀起地膜和滴灌管，需重新铺膜和铺滴灌管，重播棉田的生产成本至少增加 100（常规灌溉）～150 元/亩（滴灌）以上。本次强寒潮还在持续。

特早熟春播尚未开始，当气温回升，预计播种时间在 4 月下旬到 5 月上旬。

二、抢时播种，适时移栽，防灾减灾，争取全苗

这次强寒潮除对西北影响以外，由于降雨时间长，雨量大，大大缓解华北旱情，有利加快播种，但对长江和黄河其他棉区的播种和保苗也产生了不利影响。

（一）抢时播种，及时防治病虫害

1. 抢冷尾暖头播种。从全国来看，4 月下旬仍是棉花的播种适期，当气温回升后要趁墒抢时间播种。

2. 加强测报，及时防治病虫害。用“棉增灵”、多菌灵和半量式波尔多液等防治苗病（立枯病、炭疽病、猝倒病和红腐病），效果好。同时防治棉蚜、地老虎和蜗牛等害虫。

（二）西北棉花防灾减灾措施

1. 调查摸底，分类指导。遭遇冻害子叶和真叶发紫，气温升高之后，检查幼苗受害程度和烂子烂芽情况，当幼苗生长点发黑，则无活力。

2. 积极备种、地膜和农机具。对高密度棉田，烂子烂芽和死苗达到 40%以上；对常规密度棉田，烂子烂芽和死苗超过 30%以上，建议补种和重播。

3. 压实地膜，清理膜面。压好膜孔并在一定距离的地膜上打地锚及腰带，以防大风再次掀起地膜，要及时清理膜面尘土，提高地膜覆盖的增温效果。

4. 及时中耕，破除板结和盐碱壳。对低洼积水、黏重土壤、重盐碱地棉田，强调做好破板结和中耕工作，帮助出苗，减少烂子烂芽和死苗。

此外，对已出苗棉田，在无风条件下，可采用“熏烟法”防止急剧降温造成的冻害。

表4-7　2008年春播（栽）进度调查（一）

棉区和省市区	播种进度（%）		
	总计	直播	育苗移栽播种
全国	55.3	28.0	27.3
长江流域	61.4	2.0	59.4
湖南	61.8	—	61.8
湖北	48.3	2.6	45.8
安徽	65.0	—	65.0
江西	73.2	—	73.2
江苏	74.1	5.2	68.9
黄河流域	44.5	15.8	28.7
河南	59.9	5.2	54.7
河北	14.4	14.4	0
山东	51.5	5.6	45.9
山西	100.0	99.9	0.1
陕西	100.0	100	—
西北内陆	66.7	66.7	—
新疆	66.3	66.3	—
南疆	74.2	74.2	—
北疆	57.3	57.3	—
甘肃	77.5	77.5	—
特早熟	0	0	—

注：4月15日前进度 = 4月15日前播种面积 ÷ 预计植棉面积。

全国公益性棉花科研专项组　　WWW.CCPPI.COM.CN　　中国优质棉网
中国棉花生产景气报告 NO.139　　仅供领导决策参考　　出版日期　2008 05 05

棉花播种进度和生产管理建议（二）

——春播结束，移栽开始；受强寒潮和“干热风”影响，播期延长，早晚苗差异大

毛树春　王香河

一、春播基本结束，移栽即将开始；受强寒潮和“干热风”影响，重播和补种面积大，播期延长，苗情差异大

截至4月30日，全国棉花春播（栽）面积播种占预计总面积的97.1%（表4-8），其中直播占57.7%，苗床（育苗移栽，后同）占39.4%；移栽比例为12.0%。结果表明，全国春播棉花基本结束，育苗移栽已开始。4月中下旬全国棉区天气多变，几乎冰火两重天，4月18—22日西北遭遇强寒潮侵袭，局部气温下降到−6℃，灾情严重，导致北疆重播几百万亩，低温还导致烂种和死苗面积增加，补种也有几百万亩，除生产成本大幅增加外，生产进度延后，出苗不整齐。然而4月28到5月2日，黄河遭遇持续5～6天的“干热风”，骄阳、高温和大风致使播种出苗困难，局部“烧苗”。受4月上中旬低温影响，长江营养钵苗床烂子烂芽也很严重，中游补种面积大，幼苗生长不整齐。

表4-8　2008年春播（栽）进度调查（二）

棉区和省市区	播种进度（%）			移栽进度（%）
	总计	直播	育苗移栽苗床播种	
全国	97.1	57.7	39.4	12.0
长江流域	99.5	2.8	96.7	15.0
湖南	100.0	0.0	100.0	41.0

（续）

棉区和省市区	播种进度（%）			移栽进度（%）
	总计	直播	育苗移栽苗床播种	
湖北	100.0	4.2	95.8	6.9
安徽	98.0	0.9	97.1	16.7
江西	100.0	0.0	100.0	21.1
江苏	100.0	5.3	94.7	7.7
黄河流域	95.1	59.3	35.8	10.5
河南	94.1	9.3	84.8	3.9
河北	100.0	100.0		
山东	100.0	53.4	46.6	14.7
山西	100.0	100.0		
陕西	100.0	100.0		
西北内陆	98.4	98.4		
新疆	98.4	98.4		
南疆	100.0	100.0		
北疆	96.5	96.5		
甘肃	100.0	100.0		
特早熟	100.0	100.0		

长江春播（栽）面积占预计面积的99.5%，其中大田直播占2.8%，苗床占96.7%；另移栽占15.0%。湘、鄂、皖、赣、苏分别为100%、100%、98.0%、100%和100%。苗床播种最迟于4月21日结束。受4月上中旬低温影响，本流域营养钵烂子烂芽也很严重，中游补种面积大，幼苗不整齐。4月下旬转晴，温度高，光照足，棉苗生长加快，苗病减轻，一熟棉田开始移栽，而大面积移栽将于5月上中旬油菜收获后进行，皖北麦后棉播种在5月初。

黄河春播（栽）面积占预计面积的95.1%，其中直播占59.3%，苗床占35.8%；另移栽占10.5%。豫、冀、鲁、晋、陕分别为94.1%、100%、100%、100%和100%。其中陕、晋播种结束于4月20日，冀结束于4月底，豫、鲁直播延迟至5月初结束。本流域4月下旬遭遇“干热风”危害，骄阳大风，气温高达30～35℃持续4～5天，华北干旱严重号召抗旱保苗，播种出苗延后，地膜覆盖棉田局部出现“烧苗”现象，5月3日降水降温“干热风”被解除。河南麦后棉育苗移栽苗床播种在5月初。

西北播种面积占预计面积的98.4%，受4月18—22日的强寒潮侵袭，最低气温低于0℃，最低下降到－6℃，霜冻明显，播种停止和延后5～7天，低温冻害导致死苗，北疆玛纳斯河流域、奎屯垦区、伊犁河谷等重播几百万亩，南疆出现浮尘天气，全疆烂种死苗需要补种的面积也很大，播种和出苗期明显延后，苗情差异大。大风掀膜、滴灌管拉断和膜面刮破，重铺滴灌管、地膜，加上种子和机械作业费等，重播成本高达270～280元/亩。

特早熟初播4月20日，5月初结束，受4月上中旬低温影响，播种比往年延后3～5天。

二、加强管理，及时移栽；争取全苗，壮苗早发

5月上旬，棉花生产以保全苗，育壮苗和争早发为重点，受4月强寒潮和“干热风”的影响，播种期早晚相差20多天，苗情差异大，要分田分苗分类进行管理。

1. 提高移栽质量。受冬季冻害影响，今年长江中游油菜相对早熟，棉花移栽进入大田时间提早。要提高营养钵移栽质量，增施有机肥，施足底肥，提倡开沟移栽，浇足“安家水”，特别强调合理密植，适当增加移栽株数。

2. 加强管理。地膜覆盖棉田，做到及时放苗，及时查苗补种，及时疏苗间苗和定苗，及时中耕除草。重播和补种棉田要加强放苗和覆土管理，注意烂子烂芽，及时补种和移栽补缺。

3. 及时灌溉，协调麦棉争水矛盾。5月是小麦需水高峰期，黄河麦田套栽和直播地膜覆盖，要注意麦田灌溉，协调麦棉争水矛盾。

4. 及时防治病虫害。用“棉增灵”、多菌灵和半量式波尔多液等防治苗病（立枯病、炭疽病、猝倒病和红腐病），效果好。同时防治苗蚜、地老虎、蜗牛、蓟马等害虫。

全国公益性棉花科研专项组　WWW. CCPPI. COM. CN　中国优质棉网
中国棉花生产景气报告 NO. 140　仅供领导决策参考　出版日期　2008 05 26

5 月中国棉花生长指数分析

——苗小苗弱苗晚，苗情明显差于去年和常年，全国棉花生产开局差

毛树春　王香河

一、苗小苗弱苗晚，苗情参差不齐，区域差异大，棉花生产开局差

中国棉花生长指数（CCGI）5 月为 82，真叶数 1.9 片/株，苗情差于去年和常年同期的近两成和三成。到 5 月中旬，一类棉田真叶 3～4 片/株，补种和晚播棉田尚未出生真叶。监测结果（表 4－9），4—5 月的苗情是 2002 年以来最差的一年，表明 2008 年棉花生产开局差。

表 4－9　2008 年中国棉花生长指数（CCGI）

棉　区	2008 年 5 月	为常年的
全国	82	72
长江流域	90	85
湖南	102	106
湖北	86	76
安徽	86	81
江西	73	71
江苏	89	93
黄河流域	81	72
河南	91	70
河北	63	65

(续)

棉　区	2008 年 5 月	为常年的
山东	98	94
山西	93	74
陕西	89	86
天津	95	73
西北内陆	77	60
新疆	75	60
南疆	79	71
北疆	64	41
甘肃	119	67
特早熟	77	20

从苗情上看：一是部分早播大田和苗床出苗顺利，苗齐，苗全，多为一类棉田。二是 4 月中下旬播种，迟发弱苗，而 5 月中下旬干旱导致迟栽，苗情参差不齐，早播与晚播在时间上相差 1 个多月，密度减少。三是区域之间很不平衡。从大区来看，长江苗情好于黄河，黄河好于西北和特早熟。从亚区来看，黄土高原、南襄盆地、淮北平原大部、长江下游和河西走廊的苗情相对较好；北疆和华北平原北部的苗情相对较差。

从天气上看，春季气候异常，几乎冰火两重天，整体上气温偏低，低温与高温和“干热风”并存，最高最低温度差异大。强寒潮、雨雪以及冰雹导致受灾面积大。由于不利天气影响，今年全国棉田受灾和补种面积占播种面积的三成多，是近 7 年以来最多的一年。

长江 CCGI 5 月为 90，苗情差于去年同期一成，差于常年一成半。真叶数 2.6 片/株。本流域早移栽地膜覆盖棉田以及南襄盆地的苗情好，成为一类苗。由于 4 月上旬低温，中游因烂子烂芽，营养钵苗床不得不补种，5 月中旬高温偏旱，移栽进度减慢，加上地老虎危害加重，保苗难度大。下游气温偏低苗情略偏差。

黄河 CCGI 5 月为 81，苗情差于去年同期两成，差于常年近三成。真叶数 1.8 片/株。4 月下旬到 5 月初遭遇持续 5～7 天“干热风”，对播种出苗的不利影响大。华北北部一熟早播地膜覆盖苗情好。黄土高原虽然高温干旱有所影响，但出苗整齐。然而，5 月上中旬低温阴雨持续 10 多天，导致华北北部的苗病重发，死苗和缺苗面积增大，补种面积大，加上棉蚜、地老虎和蓟马的危害，苗情很差。

西北CCGI 5月为77，苗情差于去年同期两成多，差于常年四成。真叶数1.3片/株，南疆1.8片/株，北疆0.7片/株，河西走廊1.1片/株。本流域4月18—22日遭遇强寒潮和雨雪侵袭，北疆气温下降到−6℃，烂种死苗、重播和补种面积几百万亩，这些棉田直到5月中旬才出苗，晚于去年1个多月。南疆虽然也遭遇低温、大风和沙尘侵袭，地膜和滴灌管被大风掀起，导致局部重播和补种，但受灾面积和灾情轻于北疆很多。

特早熟CCGI 5月为25，真叶数0.1片/株，苗情差于去年同期两成多。受低温多雨和强寒潮的不利影响，许多补种棉田尚未出苗，迟播和弱苗迟发是苗情的主要特征。

二、加强管理，促进转化，实现晚中求早，均衡生长

针对当前苗小、苗弱和迟发面积比例大，苗情参差不齐的特点，要结合天气，以保全苗和促进早发为主攻目标，以增温保墒、防涝与抗旱、防治病虫害为重点加强田间管理。在措施上，要划分类型，分类管理，促进生长，加快转化，实现晚中求早。“两管、两抢和三防”是当前棉花生产的主要措施。

1. 勤管早管。一是勤中耕，轻施提苗肥，肥水结合，促进三类、四类生长，加快弱苗的转化。二是重播和补种棉田，要早间苗和早定苗，及时中耕松土除草，防“草荒苗和苗荒苗”。三是对早发壮苗的一、二类田，要看苗调控，移栽后的“高脚苗”返苗生长后，适时进行化学调控，提倡“少控轻控”。

2. 抢收抢栽。由于干旱和局部油菜晚熟，长江中游棉区要抢栽油后棉，浇足“安家水”。黄河即将进入收获期，在抢收小麦的同时，要早灭茬，棉花早定苗，早施提苗肥。麦茬地移栽晚春棉密度1 500～2 000株/亩，移栽短季棉密度5 000～5 500株/亩，要灌溉补足口墒水。

3. 防病治虫。低温高湿要防治盲蝽和蓟马，高温干旱要防治苗蚜和红蜘蛛，重播和补种棉田要防治地老虎和蜗牛，确保全苗。

4. 防涝防旱。长江流域即将进入梅雨季节，开通“四沟”，保证排水渠道畅通。黄河既要注意灌溉防旱，又要注意多雨防渍涝。

此外，今年育苗移栽新技术示范面积增加，裸苗移栽棉花特点：一是裸苗移栽棉花5月以地下部生长为主，根系建成提早，而地上部生长相对慢些，进入6月苗情转化逐步加快，生长优势逐步得到发挥。二是看苗轻施蕾肥，蕾期一般不需化学调控。

全国公益性棉花科研专项组　　WWW. CCPPI. COM. CN　　中国优质棉网
中国棉花生产景气报告 NO. 141　　仅供领导决策参考　　出版日期　2008 05 27

2008 年全国春播（栽）棉花面积减少

毛树春　王香河

一、春播（栽）棉面积呈减少态势，减幅 4.2%

1. 春播（栽）面积 8 691 万亩，减 4.2%。至 5 月下旬，全国棉花春播（栽）基本结束，定点定户监测结果，今年植棉面积呈减少态势。据对 145 个优质棉基地代表县（团）290 个乡（镇）4 853 个植棉户的定点连续监测（表 4-10），增加户占 18.0%，持平户占 62.3%，减少户占 19.7%。与 2007 年相比，今年春播面积减 4.2%（表 1），照去年 8 385 万亩（国统局）和 9 704 万亩（中棉所），面积减 354 万～383 万亩，预测全国春播（栽）面积 8 691 万亩。最终植棉面积还与油后和麦后棉花的面积有关。

表 4-10　2008 年棉花春播（栽）面积监测结果

区　域	县数（个）	总户数（户）	持平户		增加户		减少户		面积增减（%）	预测面积（万亩）
			户数	比例（%）	户数	比例（%）	户数	比例（%）		
全国	145	4 853	3 024	62.3	874	18.0	955	19.7	−4.2	8 691
长江流域	41	1 529	895	58.5	325	21.3	309	20.2	−1.8	2 098
黄河流域	59	1 810	915	50.6	396	21.9	499	27.6	−6.2	3 908
西北内陆	41	1 354	1 057	78.1	151	11.2	146	10.8	−3.1	2 676
特早熟	4	160	157	98.1	2	1.3	1	0.6	0.2	9

2. 三大流域均减少，但减幅不等。今年春播（栽）面积黄河减 6.2%，长江减 1.8%，西北减 3.1%。主产省区面积有增有减，7 个大省区按减幅大小排序，冀增 0.2%，皖减 0.7%，鄂减 2.4%，新疆减 3.1%，苏减 6.8%，鲁

减 8.9%，豫减 11.5%。其他省市：湘和晋各增 3.4%，赣增 3.0%，津减 1.4%，甘减 3.3%，陕减 17.0%，辽和吉增 0.2%。

二、春播（栽）面积增减原因分析

1. 棉花售价提高与良种补贴对稳定面积有利。监测结果，2007/08 年度子棉售价达到 6 元/千克，比 2006/07 年度提高 20%（表 4－11），特别是进入 2008 年售价没有下降，市场平稳为稳定植棉面积提供了坚实的基础。

棉花良种补贴对稳定面积也有一定作用。中央继续支持良种棉补贴，补贴资金 5 亿元，补贴面积 3 333 万亩，单位面积补贴 15 元/亩，补贴湘、鄂、皖、苏、鲁、冀、豫、新疆地方和兵团。由于补贴棉花生产的组织和领导也有所加强，有利于面积的稳定。

此外，长江中游还因农田水利设施不足，灌溉无法保证，棉田仍保持“下湖上山”态势，一些产区棉田面积还有所扩大。

2. 国家重视粮食生产，出台一系列政策鼓励多种粮，植棉面积减少。从各地调查可见，棉花产区大豆、玉米和花生价格的上涨，与棉花存在明显的竞争现象。一是西北粮食呈现恢复性生产，春小麦和玉米的种植面积增加，黄土高原一些春播棉田也因此改播春玉米。这是近几年少有的现象。二是淮河流域气候不利，棉花低产徘徊多年，种棉不如种粮划算。这在河南、皖北、苏北、鲁南、鲁西南等产区的反映更为明显。该地区还有春播棉田改种为春播花生的现象。三是由于农业成本不断上涨，内地一些丘陵棉田也因高投入而改种小杂粮，西北部分低产棉田改种油葵等。此外，南疆林果与棉花间作，随着果林的逐年长大，棉田也转变成果园了。

表 4－11　2007/08 年度与 2006/07 年度棉农子棉售价比较

单位：元/千克

棉　区	2006/07 年度	2007/08 年度	2007/08 比 2006/07 年度增（%）
全国	5.00	6.00	20.0
长江流域	5.05	5.86	16.0
黄河流域	5.10	6.18	21.2
西北内陆	4.75	5.82	22.5
特早熟	5.00	5.81	16.2

三、期望总产700万吨上下，天气与投入将对单产产生明显影响

如果中后期气候正常，不出现重大气象灾害和病虫危害，按前3年单产80千克/亩上下测算，期望总产700万吨上下。然而，今年棉花生产开局差，受4—5月低温、干旱、强寒潮和降雪等不利天气的影响，5月中国棉花生长指数为82，只为常年的72，苗情差于去年和常年同期的二三成。

投入对棉花单产也将产生一定影响。自2007年10月以来，全球石油价格持续攀升，价格已突破130美元/桶，在高油价的拉动下，化肥、地膜和农药等物化成本不断上涨，地膜价格已突破13 000元/吨，尿素控制价格也已上涨到2 300元/吨，加上雇工成本的上涨，棉花生产成本在2007年1 005元/亩基础上，还将继续上涨。由于报酬递减律的存在，必将减少生产投入，这对夺取棉花高产很不利。

全国公益性棉花科研专项组　　WWW. CCPPI. COM. CN　　中国优质棉网
中国棉花生产景气报告 NO. 142　　仅供领导决策参考　　出版日期　2008 06 02

棉花播种进度和生产管理建议（三）

——春播结束，移栽进入收尾阶段；
加强管理，培育壮苗，实现早发

王香河　毛树春

一、春播全面结束，移栽进入收尾阶段

监测结果表明，到5月底，全国棉花播种结束，移栽进入收尾阶段。截至5月15日，全国棉花移栽达到71.3%；截至5月31日，移栽比例增加25个百分点，达到96.7%（表4-12）。受强寒潮、低温和干热风等不利天气影响，今年棉花播种和移栽进入大田的时间比常年晚5～7天，重播和补种面积达到2 500万亩次，其中北疆和华北平原最为严重。

表4-12　2008年棉花春播（栽）进度调查（三）（截至2008年5月31日）

棉区和省市区	播种进度（%）			移栽进度（%）	
	总计	直播	育苗移栽苗床播种	5月15日前	5月31日前
全国	100.0	100.0	100.0	71.3	96.7
长江流域	100.0	100.0	100.0	67.0	98.0
湖南	100.0	100.0	100.0	43.3	100.0
湖北	100.0	100.0	100.0	70.0	100.0
安徽	100.0	100.0	100.0	63.1	98.2
江西	100.0	100.0	100.0	83.8	100.0
江苏	100.0	100.0	100.0	79.2	99.3
黄河流域	100.0	100.0	100.0	81.4	93.6
河南	100.0	100.0	100.0	78.8	94.5

（续）

棉区和省市区	播种进度（%）			移栽进度（%）	
	总计	直播	育苗移栽苗床播种	5 月 15 日前	5 月 31 日前
河北	100.0	100.0			
山东	100.0	100.0	100.0	84.5	92.6
山西	100.0	100.0			
陕西	100.0	100.0			
西北内陆	100.0	100.0			
新疆	100.0	100.0			
南疆	100.0	100.0			
北疆	100.0	100.0			
甘肃	100.0	100.0			
特早熟	100.0	100.0			

长江 5 月中旬移栽进度为 71.3%，5 月下旬为 98.0%。5 月上旬主要是麦套棉、油套棉和空白地移栽，5 月中旬油后棉抢栽开始，5 月下旬油后棉移栽结束，麦后棉抢栽开始。各地因油菜收获推迟，油后棉移栽结束推迟 7～10 天，多数结束于 5 月 24～26 日前，最迟于 30 日。本流域中下游和南襄盆地尚有 2%的棉田需在油菜或小麦收获后，通过移栽进入大田。

黄河大田直播和苗床播种于 5 月上旬结束，移栽进入大田在 5 月中旬达到 81.4%，5 月下旬达到 93.6%。本流域麦套棉、蒜套棉、葱套棉等于 5 月上中旬移栽。还有麦茬棉田将在 6 月上旬麦收后移栽进入大田，面积约占 6.7%。

西北播种已于 4 月下旬结束，因强寒潮导致重播和补种也于 5 月上旬结束。

特早熟播种 4 月底结束，因低温和多雨导致重播和补种也于 5 月上旬结束。

二、加强管理，促进转化；晚中求早，均衡生长

针对当前苗弱和迟发面积比例大，苗情参差不齐的特点，要结合天气，以促进早发、实现晚中求早、均衡生长为主攻目标，以增温保墒、防涝与抗旱、防治病虫害为重点加强田间管理。在措施上，要划分类型，分类管理，促进生长，加快转化，实现晚中求早，油后和麦后棉要抢栽。因此，“抢栽、两管和三防”是当前棉花生产的主要措施。

1. 抢栽麦（油）后棉。一是抢栽。到5月底，全国尚有3.3%～4.5%棉田（面积约300万亩）需在油菜或小麦收获后进入大田，这类棉田当前要以抢栽为重点，针对高温干旱提倡深栽。二是合理密植。长江油菜和黄淮棉区麦茬地，一般为春棉品种晚育苗，移栽密度要求达到2 000～2 500株/亩上下。黄淮麦茬短季棉移栽密度要求达到5 000～5 500株/亩。三是栽后浇足“安家水”，天气干旱要灌溉，只有足墒才能确保成活，缩短缓苗期。

2. 勤管早管。一是勤中耕，轻施提苗肥，肥水结合，促进三类、四类弱苗的生长和转化，特别是华北北部重病棉田要加强中耕，追施苗肥，促进病后恢复生长。二是黄淮麦套棉在抢收小麦后，要早灭茬，早移栽，早定苗，早施提苗肥。三是对早发壮苗的一、二类田，要看苗调控，移栽后的“高脚苗”返苗生长后，适时进行化学调控，提倡“少控轻控”。四是及时整枝。早播早发棉田叶枝已出生多个。研究表明，整枝可以简化，利用优势叶枝还能增产。优势叶枝在上位，位置处于果枝之下，可以留。弱势叶枝位于子叶节以上，应该整掉。一般提倡留优势叶枝2～3个/株。缺苗断垄棉田可适当增加叶枝数量。

3. 灌溉抗旱。5月下旬以来，由于高温干旱，黄河和长江中游春播和春栽棉田，在麦收后要抓紧浇水抗旱，减轻干旱威胁。蒜套棉和葱棉套等高效棉田也需浇水补墒，促进生长。

4. 防病治虫。在搞好虫情测报基础上，当前要防治棉盲蝽和蓟马，减少“多头棉”。高温干旱要防治苗蚜和红蜘蛛，重播和补种棉田要防治地老虎和蜗牛，确保全苗。前期低温导致苗病大发生，高温干旱对苗病产生抑制作用。

然而，黄萎病和枯萎病已开始发生，主要措施：一是在增施有机肥基础上，提倡增施钾肥。二是渍涝棉田要加强排水与中耕管理，减轻高湿导致病情的加重。三是发病田块可用棉枯净，或绿氨铜，或高锰酸钾，或速效治萎灵加磷酸二氢钾，采用喷雾与灌根结合的方法进行防治。

此外，长江流域即将进入梅雨季节，要清理棉田，开通“四沟”，保证排水渠道畅通，减轻渍涝危害。

全国公益性棉花科研专项组　　WWW.CCPPI.COM.CN　　中国优质棉网
中国棉花生产景气报告 NO.143　　仅供领导决策参考　　出版日期　2008 06 22

6月中国棉花生长指数分析

——生长转化加快，长势普遍偏弱，
差异很大，一类苗比例减少

毛树春　王香河

一、棉花生长转化加快，长势普遍偏弱，迟发弱苗比例大

中国棉花生长指数（CCGI）6月为95，为常年（前6年）的95，全国真叶数9.2片/株，苗情差于去年和常年同期半成。监测结果（表4-13），6月生长转化加快，但苗情普遍偏弱，一类苗真叶数达到10～12片/株，果枝数4～5个/株，现蕾8～10个/株；部分灌溉棉田进入盛蕾期，6月中旬见花，极为早发。但区域之间和区域内部的差异很大。

表4-13　2008年6月中国棉花生长指数（CCGI）

棉　区	2008年5月	2008年6月	6月与常年比
全国	82	95	95
长江流域	90	95	99
四川	126	107	122
湖南	102	98	112
湖北	86	92	94
安徽	86	93	89
江西	73	80	92
江苏	89	94	96
黄河流域	81	93	93
河南	91	97	105

（续）

棉　区	2008年5月	2008年6月	6月与常年比
河北	63	81	83
山东	98	101	98
山西	93	96	92
陕西	89	90	103
天津	95	0	0
西北内陆	77	98	99
新疆	75	97	98
南疆	79	96	105
北疆	64	108	94
甘肃	119	107	113
特早熟	77	56	69

从总体来看，一是苗情长势普遍偏弱，一类苗面积少于去年同期三到四成，现蕾占六成，少于去年一成多。二是区域之间不平衡。南襄盆地、黄淮大部、华北南部、南疆大部和河西走廊的苗情相对较好，而沿海因低温大风和北疆因强“倒春寒”长势相对较差。

从天气来看，从5月中旬到6月中旬，长江中游旱情被南方大雨解除，有利于弱苗转化。黄淮因降水麦棉争水矛盾缓解，华北南部高温导致小麦早熟，“两萎病”被抑制，有利棉花。黄土高原和华北北部因旱弱苗早发。新疆高温有利于重播和补种棉花的生长。

从灾害来看，5月中旬到6月中旬期间，一是灾害性天气对棉花的影响较小，南方多雨对长江中游的棉花无影响。然而，局部遭受雷雨大风和冰雹侵袭，据不完全统计，受灾面积达50多万亩，重灾棉田补种或改种，对单产影响较大。二是6月“两萎病”发生明显轻于去年同期，大多产区的发病株率减少三成，也有局部偏重发生；长江大部棉盲蝽危害偏重。

长江CCGI 6月为95，为常年的99，苗情长势差于去年同期半成，与常年接近。真叶数8.6片/株。沿江油后移栽棉因少雨返苗发棵晚，生长慢，长势偏弱，迟发7～10天，但6月中旬降水旱情解除，转化加快。下游受低温高湿影响，苗弱，缺苗增加，目前正抓补苗、施肥、清茬、理墒和除草等田间管理，以促进转化。

黄河 CCGI 6 月为 93，为常年的 93，苗情长势差于去年和常年同期的半成多。真叶数 10.0 片/株。淮北 6 月上旬降水墒情适宜，苗情好。华北南部和黄土高原因旱早发，部分棉田 6 月 20 日见花。受低温多雨影响，沿海普遍较弱，现蕾晚，迟发严重。

西北 CCGI 6 月为 98，为常年的 99，苗情长势与去年和常年同期接近，真叶数 8.8 片/株，其中南疆 9.7 片/株，北疆 8.3 片/株，河西走廊 9.8 片/株。5 月中旬以来，高温多阳，气温升到 38～39℃，及时灌溉促进生长，叶片数和现蕾数增加。然而受 4 月强“倒春寒”影响，各地重播和补种一直持续到 5 月底，因而早晚苗差异大。另，由于北疆去年 5 月遭遇长时间的低温，苗弱，今年 5—6 月出现高温，苗情相比之下略好，但仍差于常年。

特早熟 CCGI6 月为 56，为常年的 69，真叶数 4.5 片/株，苗晚，生长慢，苗情差四成多。

二、加强管理，促进转化，协调“三长”，搭好丰产架子

6 月下旬到 7 月上旬，棉花生产主要任务是搭好丰产架子。然而，这一时段全国棉区都进入灾害多发期。据中央气象台预报，6 月下旬到 7 月上旬华北降雨偏少，黄淮大部及长江棉区高温多雨。又据全国农业技术推广中心预报，今年二代棉铃虫发生面积将达 3 300 万亩，黄河为重发区。针对前期弱苗面积大，结合气候和病虫害发生特点，要以平衡生长、营养生长和与生殖生长（即三长）相协调为主攻方向，以抗旱与防涝为重点，实行分类管理，以促为主，促控结合，搭好丰产架子。主要技术措施：

1. 中耕灭茬，定苗整枝。一是油后和麦套棉田要中耕松土，清除残茬和杂草，清沟理墒，追施苗蕾肥，封根培土。二是晚播棉田要抓紧定苗，移栽棉剪除双株，提倡粗整枝，早整枝。

2. 稳施蕾肥，重施花铃肥。蕾期要求稳长，一类早发棉田要看苗稳施蕾肥，三四类弱苗要增施氮肥促进生长，地膜覆盖棉田要求在揭膜和除草之后施肥。花铃肥长江分两次施用，施肥时间在 6 月下旬到 7 月上旬，以及 7 月下旬到立秋前后；黄河一般 7 月下旬施用一次。肥料品种要求氮钾配合，施肥应与培土结合，高培土，有利于灌排，减轻渍涝。

3. 促控结合，看苗化调。一类棉田蕾期提倡适当调控，一般用缩节胺 0.5～1 克/亩控制旺长的效果好。三类、四类弱苗如果肥水碰头也容易出现旺长，因此要看苗轻控，多次控制。结合施肥灌溉，协调棉花“三长”，搭好丰

产架子。

4. 预测预报，综合防治病虫害。二代棉铃虫重发地区，要加强监测，做到乡乡有测报点，村村有测报员，及时发布虫情信息。提倡诱杀与化学防治相结合。同时，华北南部和西北干旱，要密切关注因旱导致红蜘蛛和伏蚜的暴发危害。

5. 抗旱排涝，减轻旱涝。针对高温，西北棉区要增加滴灌次数和滴水量。华北干旱仍在持续，要抗旱保苗。长江和沿海棉区遇涝及时清沟排渍，保证渠沟畅通。

6. 洪涝抢救措施。一是扶理倒伏棉株。二是抢排水和快速清洗植株上的泥沙。三是早中耕松土，早施重施肥，四是推迟打顶7～10天，精细整枝打杈，及时抹赘芽。四是坚持测报，加强防治病虫害。

7. 冰雹补救措施。一是逐田块诊断，划分类型，分类补救。二是时间计算，从受灾到吐絮约需90天。三是围绕促进生长实施补救，如留叶枝和增施氮肥，补种或改种叶菜类和萝卜类等蔬菜。

8. 防高温热害措施。气温在38～40℃以上为高温热害天气，增加灌溉次数是防制高温热害的主要措施。有条件地区，采用沟灌“跑马水”，也可喷灌或滴灌，以降低田间温度，增加成铃。

全国公益性棉花科研专项组　　WWW. CCPPI. COM. CN　　中国优质棉网
中国棉花生产景气报告 NO. 144　　仅供领导决策参考　　出版日期　2008 07 17

农资涨价猛如虎，棉贱伤农需早防

——上半年棉花生产亩成本增 135.7 元，增幅近三成；棉农期望价格合理

毛树春　王香河

一、2008 年棉花生产遭遇物质和人工费用“双高涨”的重压，由于农资暴涨，上半年亩成本增 135.7 元，增幅达到近三成。农民讲，“农资上涨猛如虎”。预计全年将增 200 多元/亩，增幅 20%上下，前所未有

监测结果，上半年国际油价 111 美元/桶，同比增幅 80%，棉花生产成本增加 135.7 元/亩（表 4－14），同比增幅近三成（29.3%）。其中物质成本上涨 109.0 元/亩，占上涨部分的 80.3%；而肥料涨 89.1 元/亩，占上涨部分的 65.5%。雇工费涨 26.7 元/亩，占上涨部分的 19.7%。预计全年棉花生产成本增 200 元/亩，增幅 20%以上，达到 1 200 元/亩。

表 4－14　2008 年上半年棉花生产现金投入及增加部分（截至 7 月 10～15 日）

单位：元/亩

区域	现金支出成本	同比增	同比涨幅（%）	物质费用增（其中肥料）	物质费用占上涨部分（%）（其中肥料）	人工费用增	
						金额	占上涨部分（%）
合计	629.7	135.7	29.3	109.0（89.1）	80.3（65.5）	26.7	19.7
长江	611.8	138.1	30.9	110.3（96.9）	79.9（70.1）	27.8	20.1
黄河	456.8	118.4	34.6	93.9（71.3）	79.3（60.2）	24.5	20.7
西北	896.4	152.1	20.9	112.9（91.6）	74.3（60.3）	29.0	19.3

注：自用工不计。雇工费增加因日工资的上涨，一般增 5～10 元/工。

三大流域上半年棉花生产成本全部上涨。长江涨138.1元/亩，同比增30.9%；黄河涨118.4元/亩，同比增34.6%；西北涨152.1元/亩，同比增20.9%。三大流域肥料占上涨部分的60.2%～70.1%，增71.3元～96.9元/亩。

再看看上半年几个肥料品种的单价：尿素净涨0.4元/千克，涨幅两成；7月中旬部分棉区单价涨到2.7元/千克。磷酸二铵与复合肥都净涨1.7～1.8元/千克，涨幅都为六到七成。硫酸钾净涨1.9～2.0元/千克，氯化钾净涨1.4元/千克，涨幅都为七到八成。地膜价突破14元/千克，净涨2.0元/千克，涨幅一到两成。农药和除草剂等的价格也上涨，但幅度较小。雇工日工资增5～10元/工，雇工数量并没有增加多少。

二、由于农资价格的不断高涨，农民对新棉的预期价格不断抬高，因此，研究提出“双提高”对策，积极应对“双高涨”的压力，要尽早出台指导价，谨防棉贱伤农

（一）采用“双提高”应对“双高涨”

提高单产和提高价格即“双提高”是应对成本高涨的积极举措，也是经济学中提高效率的有效方法。提高产品价格与提高单产可增加单位面积的产值，提高单产还可以降低单位产品的成本，主要途径是增加投入，加强管理，同时要靠天气。过去的经验是，人努力，天帮忙，增加投入，科学植棉夺高产。

（二）期望新棉价格相对合理

上半年成本增加135.7元/亩，测算全年成本增200元/亩。按上年度子棉售价6元/千克，需增子棉33千克/亩，要求增产幅度达到13.3%，否则农民就减收，而年际间的单产一般只增3%。若单产不增，又要保持农民不减收，则要求价格提高13.4%，达到6.80元/千克（2007年全国样本子棉产量248.5千克/亩）。

以棉农不减收为基点，测算子棉售价上涨15%，达到6.9元/千克，明年生产才有可能保持稳定。若子棉产量与去年持平，为248.5千克/亩，产值1 715元/亩。成本1 200元/亩，收益515元/亩，约增6%。按衣分38%和棉籽2.5元/千克测算，皮棉成本14 078元/吨。按衣分37%和棉籽2.5元/千克测算，皮棉成本14 392元/吨。

（三）影响新棉价格的几个因素

1. 上半年国际棉价走高，有利于拉动国内棉价。上半年A指数均价

75.82 美分/磅，同比增 17.67 美分/磅，增幅 30.4%。国内棉价比国际低 1 391元/吨，如果下半年继续走高或在 80 美分/磅上下，国内外价格接轨，将拉动国内价格。

2. 粮价上涨，有利于带动棉价。粮棉重叠产区小麦价上涨 10%以上，达到 0.81 元/斤，长江油菜籽上涨 1 元/斤，达到 2.6 元/斤，涨 60%，有利于带动棉价走高。

3. 期货由高走低，不支持价格上涨。如“809”下滑，从 1 月 15 405 下降到 7 月初的 13 890 元，减 1 515 元/吨，降 9.8%。“811”也在继续下滑，从 1 月 15 420 下降到 7 月初的 14 183 元，减 1 237 元/吨，降 8.0%。“901”从 1 月 15 535 下降到 7 月初的 14 849 元/吨，减 686 元，降幅 4.4%。

4. 宏观调控，银根紧缩，期盼大力扶持棉花品种。如果收购资金短缺，银行收购指导价偏离实际，将极大地挫伤农民积极性。今年全国棉田面积减 4.2%，今后几年新疆棉田面积将减少 700 万亩，实际上今年新疆棉田面积已减 3%多。如果棉价不合理，出现棉贱伤农问题，明年植棉面积必将锐减，这将动摇产棉大国地位，进一步拉大产不足需的矛盾，与纺织大国的需求极不相符。

三、具体措施建议

本研究围绕积极应对“双高涨”，实现“双提高”为目标，提出几点具体对策措施。

（一）加强中后期管理，增加投入，力争夺取高产和超高产

7—8 月是棉花产量形成的关键期，要不放松管理，加强管理，增加投入，主要措施：

一是加强化学调控，塑造高产株型。今年黄河降水量明显增加，华北降水量提早，7 月雨日多，雨量大，棉花长势普遍偏旺，要增加化学调控次数，适当增加缩节胺用量。

二是科学施肥，增施有机肥，平衡施肥，提倡肥料深施，提高利用率。长江和黄河要重施花铃肥，花铃肥要以氮肥和钾肥为主，后期要增加叶面施肥。当前肥价高涨，特别提倡化肥深施，提高利用率，减少损失，降低成本。同时提倡积肥和增施有机肥，发展绿肥。

三是精细管理，及时打顶、整枝和除草。棉花打顶坚持“枝到不等时和时到不等枝”原则。多雨高湿棉田要及时整枝抹赘芽，防除杂草，安全使用除

草剂。

四是坚持测报，加强病虫害防治。抗虫棉要加强三代、四代棉铃虫的综合防治，以及棉盲蝽等非靶标害虫的防治。高温干旱有利于一些害虫的暴发流行，西北要最大限度地预防控制棉蚜和棉叶螨的暴发危害。

五是立足防灾减灾，力争抗灾夺丰收。长江要防高温酷暑，沿海棉区要加强台风的防御。今年黄河降水明显增加，要加强防涝降渍，开通田间排沟水，疏通渠道，减轻渍涝危害。西北要加强抗旱。

（二）尽快研究出台调控措施

1. 出台最低收购指导价。以棉农收益不减少为基本原则，综合考虑，建议以328级子棉6.6元/千克为最低收购指导价。设子棉6.6元/千克，按衣分38%和棉籽2.5元/千克测算，皮棉成本13 289元/吨。按衣分37%和棉籽2.5元/千克测算，皮棉成本13 581元/吨。

由于肥价持续猛涨，农民对新棉的预期价格不断抬高，建议国家采取听证方法听取最低指导价的意见。

2. 托市收购。效仿粮食收购方法，采用新棉托市收购以防价格的下滑，力争做到力保新棉市场稳定，力保价格相对合理，力保棉农收益不减少。

3. 扩大良种棉补贴。一是补贴实行普惠制，种多少补多少。二是提高补贴强度，从15元/亩提高到30元/亩。测算8 500万亩，补贴金额25.5亿元。

4. 看好国门。一是配额外进口棉的关税率不能降到3%。二是提高2009年配额外进口棉的“税基”。基于滑准税对国产棉的价格支撑作用，按2008年上半年物化成本上涨109元/亩测算，以2007年监测样本产量92.0kg/亩为基数，测算2008年增产3%计，产量为94.5千克/亩，相当于每千克皮棉上涨1.153元，即皮棉成本增1 153元/吨。

建议：2009年配额外的“税基”增加1 153元/吨，即在2007年11 397元/吨基础上增加到12 550元/吨。

“三个最早”：最早监测和发布棉花生产现金成本大幅度上涨数据，最早提出用“双提高”应对“双高涨”的压力；最早呼吁“要尽早出台棉花收购指导价，谨防棉贱伤农”。

全国公益性棉花科研专项组　WWW. CCPPI. COM. CN　中国优质棉网
中国棉花生产景气报告 NO. 145　仅供领导决策参考　出版日期　2008 07 26

7月中国棉花生长指数分析

——长势偏弱，差异大；加强管理，增加投入，力争大面积均衡高产

毛树春　王香河

一、长势偏弱，迟发弱苗比例大

中国棉花生长指数（CCGI）7月为92，为常年（前6年）的107，全国果节数24.7个/株，苗情差于去年半成多，但好于常年同期半成多。监测结果（表4-15），虽然7月长转化加快，但内地大部苗情偏弱，一类苗，内地果节数40～45个/株，西北18～20个/株，伏前桃0.5～1/株，早发棉田3～5个/株，晚发棉田开花期推迟到7月底，区域之间和区域内部的差异很大。

表4-15　2008年中国棉花生长指数——CCGI

棉　区	2008年5月	2008年6月	2008年7月	2008年与常年比
全国	82	95	92	107
长江流域	90	95	87	105
四川	126	107	—	—
湖南	102	98	92	131
湖北	86	92	90	114
安徽	86	93	73	78
江西	73	80	78	114
江苏	89	94	99	114
黄河流域	81	93	98	108
河南	91	97	102	116

（续）

棉　区	2008年5月	2008年6月	2008年7月	2008年与常年比
河北	63	81	93	97
山东	98	101	94	114
山西	93	96	100	99
陕西	89	90	108	108
天津	95	0	69	74
西北内陆	77	98	105	118
新疆	75	97	104	118
南疆	79	96	103	125
北疆	64	108	111	106
甘肃	119	107	105	103
特早熟	77	56	119	145

总体来看：一是苗情长势偏弱，一类苗面积少于去年同期三到四成。二是区域之间不平衡。南襄盆地、黄淮大部、华北南部、南疆大部和河西走廊的苗情相对较好，长江中下游和沿海大面积迟发，苗弱，生长滞后7～10天，长势相对较差，丰产架子没有搭起来。

从天气来看，从6月到7月中旬，降水南少北多，气温北低西高，沿海日照最少，降水最多，气温明显偏低，棉花长势最差。南疆干旱，生长加快。

从灾害来看，6月中旬到7月中旬，灾害性天气仍对棉花的影响较小，其绝收面积相对较少。一是长江中游7月上旬降雨对棉花有影响，但非灾害。而沿海雨量大，局部涝灾严重，天津、冀东和鲁东绝收面积增加。二是华北平原7月上旬黄萎病重发，最高发病株率达到70%以上，其他产区相对较轻，长江大部棉盲蝽危害偏重。三是受积雪减少和河道来水量减少的影响，新疆提水和井灌困难，成本增加，远离水源棉田的灌溉次数减少，对产量的影响大。

长江CCGI 7月为87，为常年的105，苗情长势差于去年同期一成多，好于常年半成。果节数36.3个/株。由于梅雨降水减少，加上阴天多，日照少，油后移栽棉苗弱，发棵晚，生长慢，迟发7～10天，果枝少2个/株，丰产架子基本没有搭起来。沿海棉区“水发旺长”，苗嫩，前期病害轻，目前黄萎病正在发生。

黄河 CCGI 7 月为 98，为常年 108，苗情长势与去年同期相同，好于常年同期近一成。果节数 30.0 个/株。其中淮北和黄淮气候适宜，苗情长势好。华北 6 月下旬到 7 月多雨高湿，局部“两萎病”重发，最高发病株率达到 70%，蕾铃脱落严重。黄土高原早发伏前桃达到 12～13 个/株。沿海棉区受低温、多雨和寡照影响，病害重，普遍较弱，现蕾晚，迟发严重。

西北 CCGI 7 月为 105，为常年的 118，苗情长势好于去年同期半成，好于常年同期近两成，果节数 16.3 个/株，其中南疆 17.6 个/株，北疆 15.2 个/株，河西走廊 9.9 个/株。7 月高温加快生长发育，丰产架子搭得好，现蕾增多，棉叶螨和棉蚜得到有效控制，但受旱和灌溉困难棉田生长明显减慢，补种和重播田的长势较差。

特早熟 CCGI 7 月为 119，为常年的 145，果节数 14.6 个/株，由于气温高，降水适宜，生长明显加快。

二、加强管理，增加投入，力争大面积均衡高产

增结伏桃和早秋桃是 8 月棉花生产的主要任务，然而，由于今年迟发面积大，仍强调要搭好丰产架子。由于农资价格猛涨，增施肥料已成为制约高产的重大障碍。气候上，这一时段仍是全国棉区的灾害多发期。既要防洪涝、防台风和高温干旱，还要防治病虫害和防早衰。针对生长不平衡，结合气候和病虫害发生特点，仍以平衡生长、营养生长和与生殖生长（即“三长”）相协调为主攻方向，以防减灾和防治病虫害为重点，实行分类管理，多结伏桃和早秋桃，力争实现大面积的均衡增产。主要措施：

1. 重施花铃肥，提倡土壤深施和叶面喷施。花铃肥长江分两次施用，施肥时间 7 月下旬到立秋前后；黄河一般 7 月下旬到 8 月初一次施用。针对当前肥价高涨，特别提倡化肥深施和叶面喷施，可提高化肥利用率，减少损失，降低成本。土壤施肥要求深度达到 15 厘米，同时，施肥与培土结合，高培土，有利于灌排，减轻渍涝，降低病害发生。打农药与叶面喷施 1%～2%尿素、0.5%～1%磷酸二氢钾等肥料结合，每隔 5～7 天喷一次，效果好。

2. 把握原则，适时打顶。打顶坚持“枝到不等时和时到不等枝”原则，全国棉花打顶时间均不迟于立秋，高密棉田早打顶，稀植棉田晚打顶。长江和黄河高产棉花一般果枝 20～22 个/株，西北一般果枝 8～10 个/株即打顶。同时，提倡抹赘芽和打空枝，改善田间通风条件。

3. 看苗化调，精细管理。迟发旺苗提倡适当调控，一般用缩节胺 1～2

克/亩控旺的效果好。三类、四类弱苗如果肥水碰头也容易出现旺长，因此要看苗轻控，多次控制。打顶后第一个果枝现蕾5～7个提倡用缩节胺3～4克/亩进行重控。多雨高湿要防除杂草，安全使用除草剂。

4. 坚持测报，综合防治病虫害。抗虫棉田要加强第三代、四代棉铃虫，以及棉盲蝽和蓟马等害虫的防治，提倡诱杀与化学防治相结合。高温干旱有利于一些害虫的暴发流行，西北要最大限度地防控棉蚜和棉叶螨的暴发危害。

5. 立足防灾减灾。防高温酷暑，长江有条件的地区可灌“跑马水”，西北要增加滴灌次数和滴水量。黄河防涝和抗旱并重，沿海棉区要以开沟和疏通输水渠道为重点提早防御台风的侵袭。

全国公益性棉花科研专项组　　WWW. CCPPI. COM. CN　　中国优质棉网
中国棉花生产景气报告 NO. 146　　仅供领导决策参考　　出版日期　2008 07 28

2008 年中期全国棉花产需形势展望

毛树春　王香河

一、2008/09 年度我国棉花产业形势预测

中国棉花生产景气指数（CCPPI）2008/09 年度将在 300～330 之间波动，预测 2008 年全国棉花产业经济的走向"需求持续增加，面积稳中有升；进口保持高位，价格适位走高，市场理性增强"，今年将是我国棉纱增速的拐点年。上半年各月 CCPPI 走低（表 4－16），运行特点如下：

表 4－16　2003/04—2007/08 年度 CCPPI 预测与实证检验

项目	2004/05	2005/06	2006/07	2007/08	2007/08 预测	2008 年各月						
						1	2	3	4	5	6	7
CCPPI	241	300	283	304	300～330	332	297	300	304	289	281	282

1. 需求持续增加，但增幅明显回落。棉纱产量仍保持两位数增长，上半年棉纱产量 1 027. 9 万吨，同比增 100. 6 万吨，增幅 10. 9 ％，明显回落 8. 6 个百分点。棉布产量 138. 2 亿米，同比增 8. 8 亿米，增幅 6. 8％，回落 6. 5 个百分点。上半年纺织服装出口 816. 9 亿美元，同比增 81. 9 亿美元，增幅 11. 1％，明显回落 6. 3 个百分点。

综合分析，一是受全球经济增长放慢以及美国次贷危机影响，下半年纺织品服装出口继续减速。二是如果"从紧"的货币政策没有松动，下半年纺纱增速将由两位数下降到一位数。三是内需将提速，冬南方雪灾和汶川大地震，以及奥运会都将拉动纺织品服装消费。四是棉纱产能基数很大（1 亿锭），消费动力依然强劲，预计棉纱产量达 2 120 万～2 200 万吨，需棉 1 400 万～1 500 万吨。

2. 播种面积减少，但植棉规模很大。受农资价格一路飙升的影响，今年

棉花播种面积 8 691 万亩，减 4.2%。照去年 8 385 万亩（国统局）和 9 704 万亩（中棉所），面积减 354 万～383 万亩，预测全国春播（栽）面积 8 691 万亩。

3. 进口棉增加。上半年进口 124.3 万吨，同比增 6.7 万吨，增幅 5.7 %。

4. 国内外价格走高。上半年中国棉花价格指数（CC Index）13 773 元/吨，同比增 713 元/吨，增幅 5.5%。上半年 Cotlook A 指数 75.82 美分/磅，同比增 17.67 美分/磅，增幅 30.4%，国内棉价比国际低 1 391 元/吨。

二、2008 年棉花产量展望

1. 中国棉花生长指数（CCGI）前中期为 90。表明长势差于去年同期一成，也揭示增产的难度大。主要特点：一是播种进度偏后。二是前中期长势偏弱。5 月 CCGI 为 82，为常年（前 6 年）的 72，真叶数 1.9 片/株，苗情差于去年和常年同期的近两成和三成。6 月 CCGI 为 95，为常年的 95，全国真叶数 9.2 片/株，苗情差于去年和常年同期半成。7 月 CCGI 为 92，为常年的 107，全国果节数 24.7 个/株，苗情差于去年半成多，但好于常年同期半成多，全国棉花参差不齐的问题很突出。

2. 前中期为中等偏差年景。从 4 月的播种到 7 月中旬的初花期，全国主产棉区天气特点，日照大部减少，降水南少北多，气温北低西高。其中苏、鲁、冀和津等沿海产区的日照最少，降水最多，气温明显偏低。

3. 前中期灾害轻于去年同期。监测结果（表 4－17），前中期灾害轻于去年同期，受灾面积 6 811 万亩次，占播种面积的 77.9%，少于 2007 年同期 22.9 个百分点，但成灾面积 457 万亩次，高于去年同期 4.5 个百分点。主要是西北、华北和沿海产区，播种到苗期遭遇低温、干旱、强寒潮和降雪等不利天气的影响，重播和补种面积大，沿海播种移栽和保苗的难度加大。

主要特点：一是灾害性天气导致棉花受灾面积 1 652 万亩次，占播种面积的 18.9%，少于去年同期 5.4 个百分点。二是“两萎病”发生明显轻于去年同期，发病面积 2 702 万亩次，低于去年同期 2.5 个百分点，但 7 月以来，华北枯萎病暴发，重病田发病株率达到 90%对产量很不利。三是虫害发生面积2 457万亩次，少于去年同期 14.9 个百分点，但长江大部棉盲蝽危害偏重。所幸的是，到 7 月中旬，全国棉田受灾绝收面积不大，少于去年同期。

表 4-17　2008 年中期棉花灾害评估

项　目	受灾面积（万亩次）		受灾面积占播种面积的%		成灾面积（万亩次）		成灾面积占播种面积的%	
	2008	2007	2008	2007	2008	2007	2008	2007
低温、冻害、干旱、涝灾和雹灾等	1 652	2 072	18.9	24.3	457	60（绝收）	5.2	0.7
病害（枯、黄萎病）	2 702	2 850	30.9	33.4	463	500（重害）	5.3	5.9
虫害（棉铃虫、棉蚜、棉盲蝽和红蜘蛛等）	2 457	3 668	28.1	43.0	627	325（重害）	7.2	3.8
合计	6 811	8 591	77.9	100.8	1 548	885（重灾）	17.7	10.4

4. 期望总产 700 万吨，关键看天气与投入两个要素。如果中后期气候正常，不出现重大天气灾害和病虫危害，提高单产的难度较大。按前 3 年单产 80 千克/亩测算，期望总产 700 万吨。然而，关注两个方面情况：一要关注天气和灾情。天气方面看三点：一看长江是否秋雨连绵，二看沿海棉区是否台风侵袭，三看北疆是否低温早临。后期高温干旱对棉花有利。二要关注投入。由于农资价格的飙涨，据调查，已有 1/3 农民改变了施肥计划。一改高浓度复合肥为低浓度，二改施肥数量，一般减少施肥量的 1/3～1/2，还有放弃施肥的计划。由于报酬递减律的存在，投入必将减少，这对夺取高产很不利。

三、新棉价格展望

1. 棉花生产遭遇“双高涨”的重压，由于农资暴涨，上半年亩成本绝对增加值为 135.7 元，增幅达到近三成。农民讲，“农资上涨猛如虎”。预计全年将增 200 元，增幅 20%上下，前所未有。由于生产成本高涨，农民期望新棉价格上涨，价格要相对合理，棉贱伤农要早防。

根据研究找到棉花价格的转递规律：自 2007 年 10 月以来，全球石油价格持续攀升，2008 年 7 月油价已突破 140 美元/桶，2008 年上半年国际油价达到 111 美元/桶，同比增幅 80%。在高油价的拉动下，农资特别是化肥价格上涨 60%～80%；今年新棉价上涨 10%，棉农不减收，上涨 15%棉农可增收。

监测结果（表4－18），上半年全部成本增加135.7元/亩，同比增幅达到近三成（29.3%）。其中物质费用上涨109.0元/亩，占上涨部分的80.3%；而肥料上涨89.1元/亩，占上涨部分的65.5%；雇工费用上涨26.7元/亩，占上涨部分的19.7%。

表4－18　2008年上半年棉花生产现金投入及增加部分（截至7月15日）

单位：元/亩

区域	现金支出成本	同比增	同比涨幅（%）	物质费用增（其中肥料）	物质费用占上涨部分（%）（其中肥料）	人工费用增	
						金额	占上涨部分（%）
合计	629.7	135.7	29.3	109.0（89.1）	80.3（65.5）	26.7	19.7
长江	611.8	138.1	30.9	110.3（96.9）	79.9（70.1）	27.8	20.1
黄河	456.8	118.4	34.6	93.9（71.3）	79.3（60.2）	24.5	20.7
西北	896.4	152.1	20.9	112.9（91.6）	74.3（60.3）	29.0	19.3

注：自用工不计。雇工费增加因日工资的上涨，一般增5～10元/工。

监测结果，上半年三大流域生产成本都上涨。再看上半年几个肥料品种单价：尿素：净涨0.4元/千克，涨幅两成。7月中旬部分棉区价涨到2.7元/千克。磷酸二铵与复合肥：净涨1.7～1.8元/千克，涨幅六到七成。钾肥，硫酸钾净涨1.9～2.0元/千克，氯化钾净涨1.4元/千克，涨幅都为七到八成。地膜价格突破14元/千克，净涨2.0元/千克，涨幅一到二成。比较农药、除草剂和化学调节剂品种上涨，但幅度较小。雇工费上涨，日工资一般增5～10元/工，雇工数量并没有增加多少。

2. 期望新棉价格相对合理。农民讲，要么控制农资价格，要么让农产品涨价，二者要择其一。现在担心的是，如果农产品价格不能跟随上涨，通货膨胀必将转移到农产品上，农产品将为通货膨胀付出代价，相信这既不是国家宏观调控的初衷，更不是宏观调控的目的。

按照上半年成本增加135元/亩，测算全年成本增加200元/亩以上。按去年子棉售价6元/千克，需增子棉33千克/亩，要求增产幅度达到13.3%，否则农民就减收，而年际间的单产一般提高3%。若产量不增加，又保持农民收益不减少，则要求价格提高13.4%，达到6.80元/千克（2007年全国子棉248.5千克/亩）。

以棉农收益不减少为出发点，测算子棉售价上涨15%，达到6.9元/千克，明年生产才有可能保持稳定。产值和收益：子棉产量与去年持平，为

248.5 千克/亩，产值 1 715 元/亩。成本 1 200 元/亩，收益 515 元/亩，约增 6%。按衣分 38%和棉籽 2.5 元/千克测算，皮棉成本 14 078 元/吨；按衣分 37%和棉籽 2.5 元/千克测算，皮棉成本 14 392 元/吨。

四、影响新棉价格的几个因素

1. 上半年国际棉价走高，有利于拉动国内棉价。上半年 A 指数均价 75.82 美分/磅，同比增 17.67 美分/磅，增幅 30.4%。国内棉价比国际低 1391 元/吨，如果下半年继续走高或在 80 美分上下，国内外价格接轨，拉动国内价格。

2. 粮价上涨，有利于带动棉价。粮棉重叠产区小麦价上涨 10%以上，达到 0.81 元/斤，长江油菜籽上涨 1 元/斤，涨幅 62%，达到 2.6 元/斤，有利于带动棉籽和棉价的走高。

3. 期货由高走低，不支持新棉价格的上涨（表 4－19）。“809”下滑，从 1 月 15 405 元下降到 7 月的 13 784 元/吨，减 1 621 元，降幅 10.5%。“811”从 1 月 15 420 元下降到 7 月的 14 055 元/吨，减 1 365 元，降幅 8.8%。“901”从 1 月 15 535 元下降到 7 月的 14 696 元/吨，减 839 元，降幅 5.4%。

表 4－19　2008 年郑州棉花期货收盘价

单位：元/吨

月份	809	811	901
1	15 405	15 420	15 535
2	15 935	15 870	16 110
3	15 495	15 695	16 300
4	14 740	15 150	15 560
5	14 425	14 770	15 200
6	14 075	14 400	15 155
7月28日	13 784	14 055	14 696

五、尽快研究出台调控措施

1. 期盼大力扶持棉花品种。宏观调控，银根紧缩，担心不会因此伤害棉农，如果收购资金短缺，银行收购指导价偏离农资上涨的实际，棉花价格走低，将极大地挫伤农民积极性，国内外棉价不能接轨。

2. 尽快研究出台收购指导价。由于肥价持续猛涨，农民对新棉价格的预期不断抬高。以植棉收益不减少为基本原则，综合考虑，建议以328级子棉6.6元/千克为最低收购指导价。设子棉6.6元/千克，两种衣分率下的皮棉成本：按衣分38%和棉籽2.5元/千克测算，皮棉成本13 289元/吨；按衣分37%和棉籽2.5元/千克测算，皮棉成本13 581元/吨。

3. 托市收购，力争实现三个力保。效仿粮食收购方法，采用新棉托市收购以防价格的下滑，力争做到三个力保：力保新棉市场稳定，力保价格相对合理，力保棉农收益不减少。

4. 扩大良种棉补贴。一是补贴实行普惠制，棉花种多少良种补多少。二是提高补贴强度，补贴从15元/亩提高30～50元/亩。

5. 看好国门，追加配额和配额外关税率不能降到3%。

六、2008/09年度全球棉花形势展望

1. 全球植棉面积、单产和总产都呈减少趋势，而棉价呈上涨趋势。这是ICAC、USDA和Cotlook公司等（表4－20）几家国际棉花组织的基本看法。如USDA 7月预测，2008/09年度全球面积减77万公顷，减幅2.3%；预计总产108.2万吨，减幅4.1%；单产减0.6%。主要原因：一是受高价农资影响，棉田转向种植投入较少的作物，如大豆、花生、小杂粮和高粱等，同时棉花生产的物质投入也减少。二是受高粮价的拉动，棉田转向种植粮食，如玉米和大豆等。此外，今年7月印度还宣布控制棉花出口，这也是国际棉花市场出现的一个最新情况。

表4－20　美国农业部2008年7月预测全球棉花面积、总产和单产

年　度	面积（万公顷）	总产（万吨）	单产（千克/公顷）
2006/07	3 469	2 538	766
2007/08	3 326	2 611	785
2008/09	3 249	2 503	780

由于全球植棉面积和总产的减少，出口增加，中国以外地区库存减少，ICAC认为，2008/09年度Cotlook A指数将达到82美分/磅，并在68～95美

分/磅之间波动。

植棉面积减少的国家有：巴西减14%～20%，美国减14.6%。

2. 全球棉花生产进入一个新的周期。研究认为，全球棉花将以2008年为起点，进入一个新的循环周期，即面积减少、单产降低和总产减少的周期。上一个面积扩大、单产提高和总产增加的周期始于2002年，持续了6年。跟2001年前的5年相比（表4-21），全球植棉面积扩大了930万亩，增幅1.9%；单产提高20%，达到48千克/亩；总产增440万吨，增幅22.2%。然而，国际棉价处于较低水平上，Cotlook A指数平均为61.7美分/磅，比上一个5年增5.1美分/磅，增9%。

表4-21　入世前5年和后6年全球棉花面积、总产和单产变化

年	播种面积(万公顷)		总 产（万吨）		单产（千克/亩）		Cotlook A 指数	
	数量	增（%）	数量	增（%）	数量	增（%）	美分/磅	增（%）
前5年（1997—2001）平均	3 296	—	1 980	—	40	—	56.6	—
后6年（2002—2007）平均	3 358	1.9	2 420	22.2	48	20.0	61.7	9.0

全国公益性棉花科研专项组　　WWW. CCPPI. COM. CN　　中国优质棉网
中国棉花生产景气报告 NO. 147　　仅供领导决策参考　　出版日期　2008 08 25

8月中国棉花生长指数分析

——长势增强，但与去年同期基本持平；加强管理不放松，防早衰促早熟夺丰收

毛树春　王香河

一、长势增强，但与去年同期基本持平

中国棉花生长指数（CCGI）8月为100，为常年（前6年）的112，全国成铃数10.8个/株，苗情与去年基本持平，好于常年同期一成多（表4-22）。监测结果，内地成铃15.6个/株，西北6.7个/株，早发和受旱棉田于8月初吐絮，为历年少见，而沿海迟发棉田的吐絮将滞后到9月中旬，相差1月有余，差异很大。

表4-22　2008年中国棉花生长指数——CCGI

棉　区	2008年5月	2008年6月	2008年7月	2008年8月	2008年与常年比
全国	82	95	92	100	112
长江流域	90	95	87	98	109
湖南	102	98	92	102	116
湖北	86	92	90	97	120
安徽	86	93	73	80	92
江西	73	80	78	84	115
江苏	89	94	99	115	107
黄河流域	81	93	98	98	109
河南	91	97	102	111	122
河北	63	81	93	88	99

（续）

棉区	2008年5月	2008年6月	2008年7月	2008年8月	2008年与常年比
山东	98	101	94	102	115
山西	93	96	100	83	99
陕西	89	90	108	99	106
天津	95	0	69	95	101
西北内陆	77	98	105	105	113
新疆	75	97	104	105	115
南疆	79	96	103	105	124
北疆	64	108	111	104	109
甘肃	119	107	105	111	111
特早熟	77	56	191	92	103

综合分析，从7月到8月中旬，一是弱苗转化加快，成铃增加，参差不齐的苗情被缓解。二是从区域来看，西北灌溉充足区大面积高产超高产的典型不断涌现，淮北大部单产水平有望恢复到历史上较好水平。三是区域之间的熟性存在显著差异，长江中游、华北南部、黄土高原因旱和西北灌溉不足的地区，早熟早衰的趋势明显；而沿海因前中期低温、多雨和寡照晚熟的趋势明显。总体看，今年大部棉花呈丰产和早晚熟并存的走向，如果中后期秋高气爽，单产水平有望达到80千克/亩，与去年基本持平。

从灾害来看，7月中旬到8月中旬，一是长江中下游遭遇“海鸥”和“凤凰”台风侵袭对棉花有不利影响，虽然蕾铃脱落增加，单产减一到两成，但棉田遭遇渍涝灾害的面积相对较小，未造成区域性灾害。二是今夏全疆无极端高温，虽8月中旬北疆遭遇冷空气，但气温低于12℃的时间短且回升较快，没有造成明显危害。三是本阶段局部棉盲蝽、红蜘蛛和烟粉虱害虫的危害加重，而“两萎病”普遍轻发，对夺取高产优质很有利。

长江CCGI 8月为98，为常年的109，苗情长势与去年同期基本持平，好于常年同期近一成，成铃数19.1个/株。洞庭湖、江汉平原和南襄盆地高温少雨，成铃增加。中下游、江淮和沿海棉区遭遇“海鸥”和“凤凰”台风侵袭，蕾铃脱落增加，单株成铃减一到二成。

黄河CCGI 8月为98，为常年109，苗情长势与去年同期基本持平，好于常年同期近一成，成铃数14.5个/株。淮北平原前中期气候适宜，伏桃增加。华北南部降水少，早熟早衰趋势明显，沿海受前中期不利天气的影响，成铃减少，晚熟明显。黄土高原因严重干旱而早熟早衰。

西北CCGI8月为105，为常年的113，苗情长势好于去年同期半成，好于常年同期一成多，成铃数6.8个/株，其中南疆7.8个/株，北疆5.6个/株；河西走廊7.5个/株。本阶段全疆无极端高温，充足灌溉区高产超高产条田大量涌现，重播迟发棉田转化加快，“两萎病”轻发，害虫得到较好控制。加上8月中旬北疆低温天气过程较短，对夺取高产有利。

特早熟CCGI 8月为92，为常年的103，成铃数10.5个/株，降水适宜，生长明显加快，但晚熟明显。

二、加强管理不放松，增结秋桃和增铃重，防早衰促早熟夺丰收

争结晚秋桃、实现秋桃盖顶、增铃重和科学收摘是后期生产管理的主要任务。高产超高产棉花后期长势，要求嫩过八月，九月不衰，十月青枝绿叶吐白絮。9月是收获季节，要做到“瓣瓣进家，朵朵归仓”，四分五拣，控制“三丝”。因此，生产管理不能放松。针对今年早熟早衰和迟发晚熟并存的现实，围绕增结秋桃和增铃重，生产上既要防早衰又要促进早熟，管理措施如下：

1. 增施叶面营养，肥水结合，养根保叶。晚熟棉田适当增加叶面喷施磷酸二氢钾和尿素氮肥的次数。西北超高产棉田滴灌停水停肥的时间要后移；内地秋旱要灌溉补水。

2. 整枝打杈，通风透光。晚熟棉田往往容易出现旺长，提倡抹赘芽，剪空枝，打老叶；多雨高湿提倡推株并垄，改善通风透光条件，减少烂铃。早衰棉田要防二次生长。

3. 化学调控，控晚熟。旺长棉田使用缩节胺4克/亩兑水50千克实行重控；10月下旬或枯霜前气温在20℃以上时，对旺长晚熟棉田适时使用“乙烯利”催熟。

4. 防治病虫害。有效防治红蜘蛛、蚜虫等，长江要防五代棉铃虫和斜纹夜蛾等的危害。

5. 及时收获，子棉“四分”。早发棉田8月初见絮，抢摘黄熟桃，剥花和晾晒，搞好“四分”。

6. 严控有害外来杂物“三丝”混入子棉。主要措施：一要用布袋替代化

纤袋；二要用竹床支架替代地面晾晒；三要单独储藏，单独存放。子棉要与鸡、猪、狗、猫与人实行严格分开，减少羽绒、毛发、废地膜、废塑料和化纤丝等有害外来物的混入。

7. 防雨季后移，防“烂场”，减少损失。今年主产棉区雨季后移的趋势明显，要积极预防秋雨连绵，抢收和晾晒，防“烂场”危害；而沿海要继续防台风，清沟排渍，降低田间湿度；倒伏棉株要及时扶理；干旱地区要抓紧抗旱，及时补水，有利于防早衰，增结晚秋桃。

全国公益性棉花科研专项组　　WWW. CCPPI. COM. CN　　中国优质棉网
中国棉花生产景气报告 NO. 149　　仅供领导决策参考　　出版日期　2008 10 07

2008 年全国棉花产量简评

——面积减，单产减，仍是一个高产年景

毛树春　王香河

一、面积减，单产减，总产减；熟性偏晚，品质差于去年，接近常年

总体看，到 9 月底，全国棉花呈现面积减、单产减和总产减的走向。2008 年全国棉花生产呈现三个特点：

1. 播种面积减少，但植棉面积很大。受农资价格一路飙升的影响，今年棉花播种面积减 3.1%，照去年 9 074 万亩（中棉所），面积减 285 万亩，监测全国棉花播种面积 8 789 万亩，其中春播 8 691 万亩，麦后夏播（栽）98 万亩。

2. 单产减，但仍是一个高产年景。据连续监测，全国棉花单产呈减少的走向，减幅 2.0%～2.6%，单产 82.1～83.3 千克/亩，但高于前 5 年的平均水平。由于内地大部分熟性偏晚，9—10 月的低温多雨天气还对单产产生影响。

从各地典型来看，单产呈减少的趋势明显，除黄河新增子棉产量达到 400 千克/亩典型外，新疆虽然有子棉产量达到 400～500 千克/亩的超高产条田，但比去年低 100 千克/亩，而长江少见 400 千克/亩的超高产田块。

3. 总产减，仍是高产年景。由于播种面积减少，受灾和成灾面积增加，单产减，监测总产 720 万～735 万吨，减幅 5%上下，低于预期，也低于上年 760 万吨的创记录水平，但仍是一个高产年景。

4. 熟性早晚相差大，品质差于去年，接近常年。在熟性方面，长江和黄河熟性大部偏晚，沿海棉区偏晚 10 多天。由于 9 月持续阴雨，光照不足，局部寡照，长江中游和南襄盆地烂铃大幅度增加，还出现轻度的“烂场”，但其程度轻于 2003 年和 2005 年，“高等级”比例减少。西北早熟，吐絮畅，“高等

级”比例较大。另外，今年7～8月三大流域均没有出现极端高温天气，马克隆值低于去年，纤维成熟度将有所改善。

5. 见絮早，但收获进度慢。受前中期干旱影响，长江和西北吐絮均提早，收获也早，8月中旬即开始收花，但因8月下旬和9月的持续低温多雨，吐絮进程减慢，因而收获进度也慢，其中沿海棉区吐絮进程更慢。据连续监测，到9月30日，全国收获进度仅占总量的30%，低于去年同期17个百分点，而常年国庆节前采收应过半，今年滞后20多个百分点。

二、各流域面积有增有减，单产长江减幅一成多

长江播种面积2 145万亩（表4-23），增0.4%；单产72.3千克/亩，减11.3%；总产155.1万吨，减11.0%。黄河播种面积3 852万亩，减7.5%；单产70.9千克/亩，增2.2%；总产273.1万吨，减5.5%。西北播种面积2 783万亩，增0.7%；单产105.1千克/亩，减0.8%；总产292.5万吨，减0.7%。

表4-23　2008年全国棉花预测产量（截至9月30日）

全国与棉区	CCPPI 2008年面积（万亩）		2008年预测单产（千克/亩）		CCPPI 总产（万吨）		2008年 CCGI
	播面	比2007年增减（%）	产量	比2007年增减（%）	2008	比2007年增减（%）	
全国	8 789	−3.1	82.1	−2.0	721.4	−5.1	94
长江	2 145	0.4	72.3	−11.3	155.1	−11.0	93
黄河	3 852	−7.5	70.9	2.2	273.1	−5.5	95
西北	2 783	0.7	105.1	−0.8	292.5	−0.7	97
特早熟	9	0	71.5	−6.7	0.6	−6.7	103

注：长江领域棉区含川、湘、鄂、赣、皖、苏、浙，黄河流域棉区含冀、鲁、豫、陕、晋、津，西北内陆棉区含新、甘，特早熟指辽和吉。

三、棉花长势偏弱，前期开局不利，中期相对转好，后期大部转差

中国棉花生长指数（CCGI）2008年年均值为94，表明棉花长势差于去年半成多，为常年的105，好于常年半成。

从各阶段来看，今年全国大部棉花呈偏弱长势，前期开局不利，中期相对

转好，后期转差。主要特点：一是播种进度偏后，西北和华北进度滞后明显。二是前中期长势偏弱。三是8月中下旬和9月不利天气多，长势呈强与弱两个极端，长江大部长势明显转差，秋桃铃重减轻，成铃明显减少和烂铃增加。三是今年吐絮早，首次收获也早，但吐絮无高峰期，收获进度滞后偏慢。各月CCGI如下：

5月为86，为常年（前6年，后同）的72，真叶数1.9片/株，苗情差于去年和常年同期的近一成多和三成。监测结果，苗情是2002年以来最差的一年，全国棉花生产开局不利。

6月为95，为常年的95，真叶数9.2片/株，苗情差于去年和常年同期半成。

7月为92，为常年的107，果节数24.7个/株，苗情差于去年半成多，好于常年半成多。

8月为100，为常年的112，成铃数10.8个/株，苗情与去年基本持平，好于常年一成多，早发和受旱棉田于8月上旬见絮，为历年少见。

9月为97，为常年的104，成铃数12.7个/株，苗情略差与去年同期，好于常年近半成。监测结果，内地成铃15.6个/株，西北6.7个/株，沿海棉田吐絮期将滞后到9月中下旬，晚熟明显。

10月上旬，秋湿，冷空气活动频繁，且强度大，吐絮不畅，收获进度慢。

四、2008年天气为中等偏差年景，前期大部不利，前中期相对有利，中后期大部转差；全生育期气温偏低，中后期低温多雨导致晚熟，吐絮进程大幅减慢，收获期延后10多天

（一）主产棉区天气特征

全国大部棉花长势偏弱的主要天气特征：一是光照不足，日照时数减少明显。4—9月主产区日照比历年减少一到两成，比2007年减少一到一成多。二是全生育期气温偏低，≥20℃活动积温减少100多℃·天；且低温早临，初霜冻提早，局部还遭遇轻度冻害。三是降水分布不均，南少北多，长江前旱后涝，华北和沿海雨季提早，降水量增2～3成。西北中期干旱。

（二）从前中后各生育期来看

前期（4—6月），从播种期到现蕾期，全国日照大部减少，降水南少北多，气温北低西高。其中沿海产区的日照最少，降水最多，气温明显偏低。

中期（7—8 月），从初花期到花铃期，全国天气大部转好，虽然长江先旱后涝，但干旱解除；黄淮气温适宜，降水均匀；西北日照充足，气温适宜，成铃增加。8 月吐絮是今年早熟的势特征之一。

后期（9—10 月），从见絮期到收获期，秋湿是主要天气特征。8 月下旬到 9 月内地雨日数偏多，降水量大，长江中游、南襄盆地渍涝严重，日照减少。其中 9 月下旬遭遇两次冷空气侵袭，气温明显偏低，对北疆和内地尤其是沿海棉花成铃和铃重很不利。10 月上旬冷空气活动频繁，寒潮强度一次强一次，气温下降到 10℃以下，10 月 5 日北疆气温下降到 7℃、华北下降到 5℃，对吐絮很不利。

（三）从三大流域来看

长江：前旱后涝的天气特征明显，苗弱贯穿整个生长期。7—8 月无极端高温天气有利于成铃，然而前旱迟发，到 7 中旬大多没有搭起丰产架子。8 月中旬旱情解除，但多次暴雨导致渍涝，中后期降水多，雨日多，并且暴雨导致渍涝；特别是 8—9 月田间高湿，日照减少，中上部蕾铃脱落多，中下部烂铃多是减产的原因。

黄河：黄淮和华北南部天气正常，气温和降水适宜，是高产年景。然而，华北平原北部和沿海气温偏低 1～2℃，降水提早且增加两成，日照减少两成且后期寡照，形成前期迟发后期晚熟的长相；后期低温早临不利于早熟，初霜冻提早到 10 月上旬。沿海长期低温多雨迟发晚熟明显。黄土高原则干旱早发早熟，灌溉棉田产量较高。

西北：全生育期气温适宜，5～6 月天气转好，7～8 月日照充足，气温适宜，且无极端高温，有利高产。然而，播种季节遭遇强冷气侵袭，南疆大风吹起地膜和滴灌带，北疆降雪降雨，重播和补种面积 200 多万亩，对单产有不利影响。中期大面积干旱，后期冷空气活动频繁，初霜冻提早到 9 月 23 日。北疆于 9 月下旬出现霜冻。

五、自然灾害偏重发生，绝收面积增加，病虫害中重度发生，局部暴发

1. 2008 年是一个中重等灾害年景。监测结果（表 4－24），棉田受灾面积 10 311 万亩次，比 2007 年增 2 020 万亩次，增幅 23.5%；棉田成灾面积 2 047 万亩次，比 2007 年增 1 162 万亩次，增幅 131%；成灾面积占播种面积的 23.4%，比 2007 年增 13.4 个百分点。从全生育期来看，前中期灾害轻于去

年，中后期灾害偏重；后期冷空气活动频繁，低温早临，气温明显偏低。

表4－24　2008年中期棉花灾害评估（截至9月30日）

项　目	受灾面积（万亩次）		受灾面积占播种面积的（%）		成灾面积（万亩次）		成灾面积占播种面积的（%）	
	2008	2007	2008	2007	2008	2007	2008	2007
低温、冻害、干旱、涝灾和雹灾，等	3 152	2 072	35.9	24.3	957（150绝收）	895（60绝收）	10.1	0.7
病害（苗病、枯萎病、黄萎病）等	3 202	2 850	36.4	33.4	663	500（重害）	7.5	5.9
虫害(棉铃虫、棉蚜、棉盲蝽、红蜘蛛）等	3 957	3 668	45.0	43.0	727	325（重害）	8.3	3.8
合计	10 311	8 591	117.3	100.8	2 047	885（重灾）	23.3	10.4

2. 受灾面积大，绝收面积增加。监测结果，遭遇低温、冻害、干旱、涝灾和雹灾等棉田受灾面积3 152万亩次，比去年增1 080万亩次，增幅52.1%。其中，成灾面积957万亩（次），比去年增62万亩次，增6.9%。西北和华北苗期遭遇低温、冻害和多雨导致重播和补种面积500万亩。因冰雹、渍涝、干旱和重病绝收累计面积150万亩，占播种面积的1.7%，比去年增60万亩，是近几年较多的一年。

3. 病虫害中重度生，局部暴发。病害发生面积3 202万亩次，比去年增加352万亩次，增幅12.3%。特点之一，7月前“两萎病”发生明显轻于去年同期，但7月以后，华北枯萎病暴发，重病田发病株率达到90%对产量很不利。8～9月长江中游和南襄盆地“两萎病”暴发，严重地块成光杆，减产三成以上的重灾面积100万亩。同时，田间湿度大，烂铃增加。

虫害发生3 957万亩次，比去年增加289万亩次，增幅7.8%。特点之一7月前虫害发生面积少于去年同期，8～9月长江大部棉盲蝽和灰飞虱危害偏重发生，新疆棉铃虫大部偏重发生，其中北疆棉铃虫偏重发生，局部大暴发，危害严重地块减产三成多。

全国公益性棉花科研专项组　　WWW.CCPPI.COM.CN　　中国优质棉网
中国棉花生产景气报告 NO.150　　仅供领导决策参考　　出版日期　2008 10 19

新棉遭遇“熊市”，全力做好托市收购

——建议收储 100 万吨，“328”级子棉最低收储指导价 6 元/千克

毛树春　王香河

监测结果，今年棉花前旱后涝，新棉吐絮早，收获迟，进度慢，开秤迟，价格一路走低，棉农不愿卖，加工企业不愿收，纺纱企业不愿要，农民对预期价格丧失信心。

面对新棉产销的严峻形势，呼请政府救市。建议追加储备棉收购，收储数量 100 万吨，子棉 328 级最低收购指导价 6 元/千克，力保棉农不减收，力保市场不出现恐慌，力保市场稳定。

一、新棉遭遇“熊市”

新棉遭遇熊市，市场清淡，棉农、加工企业和纺纱企业处于交织状态，市场出现一定程度的恐慌。

1. 交售进度很慢，同比减慢一半。监测结果，采收进度 9 月 15 日前为 17.9%，比上年同期慢 0.4 个百分点。9 月 30 日前为 46.6%，与去年同期持平。10 月 15 日前 57.9%，比去年同期滞后 7.5 个百分点（表 4-25）。

表 4-25　2007—2008 年棉农子棉采收和交售进度监测结果

项　目	采摘进度（%）	交售进度（%）	子棉售价（元/千克）
全国 2007 年 10 月 15 日	65.4	19.5	2.86
全国 2008 年 10 月 15 日	57.9	10.3	2.67

监测结果，交售进度 9 月 15 日前为 1.5%，比上年同期慢 0.5 个百分点。

9月30日前为8.4%，比上年同期慢一半。10月15日前为10.3%，比上年同期慢9.2个百分点。

2. 子棉售价一路走低，同比降幅一成多。监测结果，子棉售价9月15日前为2.73元/斤，比去年同期减0.20元/斤。9月30日前为2.73元/斤，比去年同期减0.10元/斤。10月15日前为2.67元/斤，比去年同期减0.19元/左右，降幅6.6%。近日，多数产区子棉售价降至2.5元/斤以内，降幅两成。

3. 当前市场遭遇"熊市"，棉农恐慌，对预期价格失去信心。与上半年农资一路高涨的情景恰好相反，新棉价格一路走低，与棉农的预期价格恰好相反。进入10月本应为收购高峰期，然而当前有价无市，市场冷冷清清。棉农普遍惜售，收购企业观望气氛浓厚，纺织企业不愿买，市场处于交织和焦虑状态。特别是，棉农对一路走低的价格，对冷清的市场，很不满意，心里发慌，带有牢骚。

二、受金融危机的冲击，国内外棉花遭遇"熊市"，期货和现货大幅下跌

受全球金融危机的冲击，自新棉上市的9月以来，国内外期货、现货价格一路下跌（表4-26、图4-1）。郑州期货"811"、"901"和"903"，2008年10月17日比8月均价降低730～1 485元/吨，跌幅5.5%～10.9%。纽约期货"810"、"812"和"903"，2008年10月16日比8月均价降低12～16美分/磅，跌幅18.7%～21.7%。现货进入9月也一路走低，中国棉花价格指数（CC Index）10月17日比8月均价降低1 169元/吨，跌幅8.6%。Cotlook A指数，10月16日比8月均价降低18.53美分/磅，跌幅23.7%。

1. 国内外棉花现货大幅下跌（表4-26）。CC Index 8月13 585元/吨，进入9月一路走低，到10月17日降至12 416元/吨，减1 169元/吨，跌幅8.6%。Cotlook A指数从8月的78.08美分/磅，降至10月16日的59.55美分/磅，减18.53美分/磅，跌幅23.7%。

2. 国内外棉花期货全线大跌（表4-27、图4-2）。郑州期货"811"、"901"和"903"，2008年10月比8月降730～1 485元/吨，跌幅5.5%～10.9%。纽约"810"、"812"和"903"，2008年10月比8月降12～16美分/磅，跌幅18.7%～21.7%。

表 4-26 国内外棉花现货 7—10 月价格

项　目	CC Index（元/吨）		Cotlook A 指数（美分/磅）	
	2007 年	2008 年	2007 年	2008 年
7 月	14 184	13 769	66.00	77.27
8 月	14 434	13 585	66.62	78.08
9 月	13 662	13 186	68.14	73.58
9 月第一周	14 198	13 462	66.73	77.77
第二周	13 941	13 310	66.89	74.51
第三周	13 598	13 163	68.56	72.20
第四周	13 445	12 934	70.41	71.77
10 月第一周	（假日）	12 861	68.87	68.42
第二周	13 151	12 709	68.16	65.18
第三周	13 353	12 518	68.48	60.94（至 10/16）
10/17 日	13 371	12 416	68.15	59.55（10/16）

注：2008 年 9 月—10 月 17 日各周依次是 9/1—9/5、9/8—9/12、9/15—9/12、9/22—9/26、9/29—10/3、10/6—10/10、10/13—10/17。

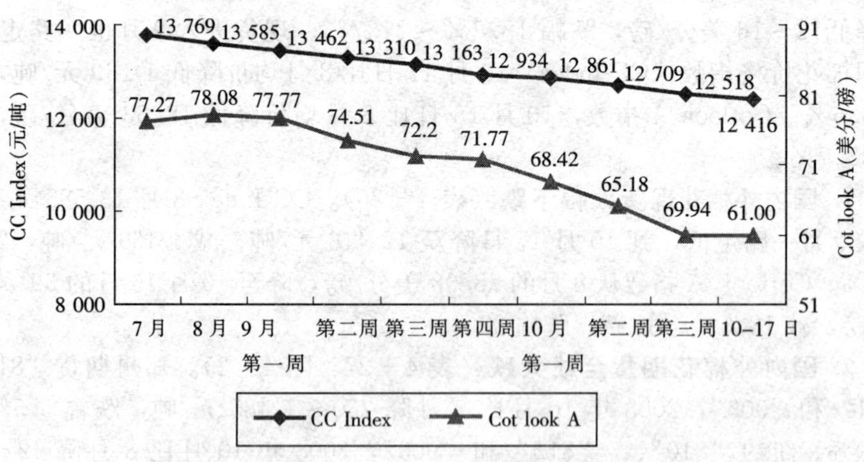

图 4-1 2008 年 7—10 月国内外棉花现货价格变化

表4-27　国内外棉花期货走向和走势

月	2008年郑州棉花期货收盘价（元/吨）			2008年纽约棉花期货结算价（美分/磅）		
	811	901	903	810	812	903
7月	13 930	14 410	14 650	69.65	72.84	77.62
8月	13 130	13 675	13 945	67.16	69.37	74.42
9月	12 965	13 080	13 335	60.86	63.26	67.82
9月第一周	13 152	13 652	13 916	66.09	68.54	73.05
第二周	13 068	13 281	13 567	62.00	64.41	69.06
第三周	12 825	12 733	13 020	59.24	61.49	66.05
第四周	13 004	13 047	13 330	59.40	62.02	66.54
10月第一周	—	—	—	55.89	57.76	62.28
第二周	12 632	12 660	12 838	51.07	53.57	57.46
第三周	12 428	12 313	12 501	50.01	54.17	55.95
10月17日前	12 505	12 435	12 435	51.87	54.84	58.05
10月17日	12 400	12 190	12 385	52.57	56.39	58.14

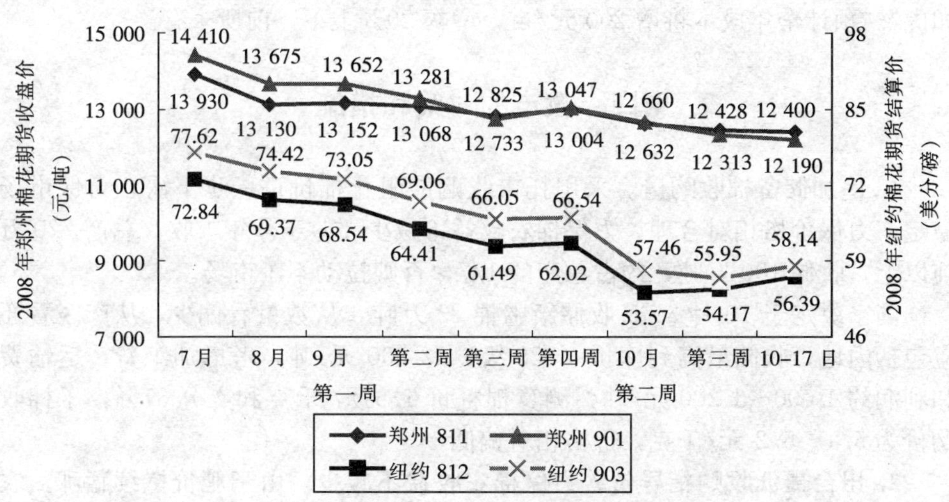

图4-2　2008年7—10月国内外棉花期货变化

郑州“811”从8月13 130元/吨降至10月17日的12 400元/吨，减730元，跌幅5.5%。郑州“901”从8月13 675元/吨降至10月17日的12 190

元/吨，减 1 485 元，跌幅 10.9%。郑州“903”从 8 月 13 945 元/吨降至 10 月 17 日的 12 190 元/吨，减 950 元，跌幅 7.1%。

纽约“810”从 8 月 67.16 美分/磅降至 10 月 17 日的 52.57 美分/磅，减 14.56 美分，跌幅 21.7%。纽约“812”从 8 月 69.37 美分/磅降至 10 月 17 日的 56.39 美分/磅，减 12.98 美分，跌幅 18.7%。纽约“903”从 8 月 74.42 美分/磅降至 10 月 17 日的 58.14 美分/磅，减 16.28 美分，跌幅 21.8%。

三、2008 年仍是棉花高产年景，预计总产 720 万～735 万吨

监测结果，尽管植棉面积减少，单产降低，今年仍是我国高产年景之一，预计总产 720 万～735 万吨，略低于去年。这是狠抓科技兴棉，大力推广转基因抗虫棉和优势杂交种，推广育苗移栽、地膜覆盖、宽膜覆盖和膜下滴灌等一系列先进技术，积极应对强寒潮、雪灾、冰雹、渍涝和干旱等多种自然灾害，加强棉盲蝽、棉蓟马和苗病等病虫害防治，取得的积极结果。

然而，今年棉花生产遭遇物质和人工费用“双高涨”的重压，由于农资暴涨，上半年现金成本增 135.7 元/亩，增幅达到近三成。农民讲，“农资涨价猛如虎”。预计全年成本将增 200 元/亩，增幅 20%上下，前所未有。

四、救市的对策和措施

1. 追加储备棉收购量。采用托市收购能阻止棉价进一步下滑，力保市场稳定，力保价格相对合理，力保棉农收益不减少。鉴于今年丰收，总产 720 万吨以上，收储 100 万吨，约占总产的 1/7，否则拉动不了市场。

国家决定于 10 月 21 日收储新疆棉 22 万吨，从数量看偏少，从产区看还应包括内地；收储最高到库价（328 级）12 600 元/吨，考虑加工费、运输费和利润约 1 000～1 200 元/吨，测算棉籽价 1.5 元/千克和衣分 37%，子棉收购价为 5.1～5.2 元/千克，价格相对偏低。

2. 出台最低收购指导价，力保棉农收益不减少。由于肥价持续猛涨，农民对新棉价格的预期不断抬高，以植棉收益不减少为基本原则，综合考虑，建议以 328 级子棉 6.0 元/千克为收购的最低指导价。

设棉籽价 2.0 元/千克，衣分 38%，皮棉 12 526 元/吨；衣分 37%，皮棉 12 811 元/吨；加上加工费、运输费和利润约 1 000～1 200 元/吨，皮棉成本

为13 526～13 811元/吨。

设棉籽价1.5元/千克，衣分38%，皮棉13 342元/吨；衣分37%，皮棉13 662元/吨，加上加工费、运输费和利润约1 000～1 200元/吨，皮棉成本为14 342～14 662元/吨。

3. 适时放贷，为新棉收购提供适量的资金。受金融危机的冲击，银行紧缩贷款，收购资金造成压力，担心不会因此伤害棉农，如果收购资金短缺，银行收购指导价偏离农资上涨的实际，棉花价格走低，将极大地挫伤农民积极性，国内外棉价不能接轨。

4. 扩大良种棉补贴，调动农民植棉积极性。一是补贴实行普惠制，棉花种多少良种补多少。二是提高补贴强度，补贴从15元/亩提高30～50元/亩。

5. 看好国门，控制进口，追加配额和配额外关税税率不能降至3%。

最早提出收购储备棉，数量为100万吨，被采纳。

全国公益性棉花科研专项组　WWW. CCPPI. COM. CN　中国优质棉网
中国棉花生产景气报告 NO. 151　仅供领导决策参考　出版日期　2008 10 28

新棉“救市”迫在眉睫

——建议收储数量增至 200 万吨，328 级子棉最低收储价提高到每斤 3 元

毛树春　王香河

一、棉花总产创历史第二个高产年景

中国农业科学院棉花研究所和国家棉花产业技术体系，对全国 15 个产棉省市区 5 000 家农户长期定户的连续监测结果，受农资价格猛涨，今年植棉面积减少，又因主产区受强寒潮、旱、涝、低温早临等自然灾害和光照不足的影响，棉花单产普遍降低，总产低于创历史的 2007 年，预计 720 万～735 万吨，仍是历史上超过 700 万吨的第二个高产年景。这是依靠增加投入，狠抓科技兴棉，大力推广转基因抗虫棉和优势杂交种，推广育苗移栽、地膜覆盖、宽膜覆盖和膜下滴灌等一系列先进技术，加强病虫害防治，积极应对自然灾害，立足抗灾夺取丰收，高产年景来之不易。

受天气影响，今年新棉吐絮早，但收获迟，进度慢。

二、国内外棉花价格一路下跌，市场呈现“萧条”景象

受全球金融危机的冲击，自新棉上市的 9 月以来，国内外期货、现货价格一路持续下跌，现货一路走低。

1. 国内外棉花期货全线大跌（表 4－28）。郑州：“811”从 8 月 13 130 元/吨降至 10 月 27 日的 12 035 元/吨，减 1 095 元，跌幅 8.3%。“901”从 8 月 13 675 元/吨降至 10 月 27 日的 12 170 元/吨，减 1 505 元，跌幅 11.0%。“903”从 8 月 13 945 元/吨降至 10 月 27 日的 12 240 元/吨，减 1 705 元，跌幅 12.2%。

表4-28 2008年7—10月国内外棉花期货走向和走势

月	2008年郑州棉花期货收盘价（元/吨）			2008年纽约棉花期货结算价（美分/磅）		
	811	901	903	812	903	905
7月	13 930	14 410	14 650	72.84	77.62	81.7
8月	13 130	13 675	13 945	69.37	74.42	76.32
9月	12 965	13 080	13 335	63.26	67.82	69.92
9月第一周	13 152	13 652	13 916	68.54	73.05	75.25
第二周	13 068	13 281	13 567	64.41	69.06	71.34
第三周	12 825	12 733	13 020	61.49	66.05	68.12
第四周	13 004	13 047	13 330	62.02	66.54	68.45
10月第一周	—	—	—	57.76	62.28	64.21
第二周	12 632	12 660	12 838	53.57	57.46	58.89
第三周	12 428	12 313	12 501	50.01	54.17	55.95
第四周	12 280	12 363	12 389	49.08	52.62	54.45
10月27日	12 035	12 170	12 240	47.10	50.95	52.58

纽约："812"从8月69.37美分/磅降至10月27日的47.1美分/磅，减22.27美分，跌幅32.1%。"903"从8月74.42美分/磅降至10月27日的50.95美分/磅，减23.47美分，跌幅31.5%。"905"从8月76.32美分/磅降至10月27日的52.58美分/磅，减23.74美分，跌幅31.1%。

2. 国内外现货大幅度持续下跌（表4-29）。CC Index 8月13 585元/吨，进入9月一路走低，到10月27日降至12 041元/吨，减1 544元/吨，跌幅11.3%。Cotlook A指数从8月的78.08美分/磅，降至10月27日的57.95美分/磅，减20.13美分/磅，跌幅25.8%。

表4-29 国内外棉花现货7—10月价格

项　目	CC Index（元/吨）		Cotlook A指数（美分/磅）	
	2007年	2008年	2007年	2008年
7月	14 184	13 769	66.00	77.27
8月	14 434	13 585	66.62	78.08
9月	13 662	13 186	68.14	73.58

（续）

项　　目	CC Index（元/吨）		Cotlook A 指数（美分/磅）	
	2007 年	2008 年	2007 年	2008 年
9 月第一周	14 198	13 462	66.73	77.77
第二周	13 941	13 310	66.89	74.51
第三周	13 598	13 163	68.56	72.20
第四周	13 445	12 934	70.41	71.77
10 月第一周	（假日）	12 861	68.87	68.42
第二周	13 151	12 709	68.16	65.18
第三周	13 353	12 518	68.48	60.97
第四周	—	12 180	—	61.47
10/27 日	—	12 041	—	57.95

注：2008 年 9 月—10 月 17 日各周依次是 9/1—9/5、9/8—9/12、9/15—9/12、9/22—9/26、9/29—10/3、10/6—10/10、10/13—10/17。

三、受金融危机的冲击，国内新棉遭遇“熊市”

受市场和消费信心的影响，国内新棉价格一路下滑，进入 10 月下旬，子棉售价比去年同期每斤降 3 元，降幅达到两成多，10 月上中旬棉农仍不愿卖，加工企业仍不愿收，纺纱企业仍不愿要，蔓延成了卖棉难，农民对预期价格的心里底线彻底崩溃。国内市场出现这种十分荒凉的“萧条”景象，棉农和业主心里不免发慌，棉花遭遇多年以来少有的“熊市”。

1. 交售进度很慢，同比减慢一半。监测结果，交售进度 9 月 15 日前为 1.5%，比上年同期慢 0.5 个百分点。9 月 30 日前为 8.4%，比上年同期慢一半。10 月 15 日前为 10.3%，比上年同期慢 9.2 个百分点，2007 年 10 月 30 日全国子棉交售进度为 49.1%，预计今年滞后一半以上（表 4－30），市场无奈情绪浓厚。

2. 子棉售价一路走低，同比降幅从一成增至两成多。监测结果，子棉售价 9 月 15 日前为 2.73 元/斤，比去年同期减 0.20 元/斤。9 月 30 日前为 2.73 元/斤，比去年同期减 0.10 元/斤。10 月 15 日前为 2.67 元/斤，比去年同期减 0.19 元/斤，降幅 6.6%。

去年 10 月 30 日子棉售价 3 元/斤（表 4－30），今年同期下降到 2.2～2.3

元/斤，降幅26.6%，市场冷冷清清，这与棉农期望每斤3.1～3.3元的价格背道而驰，相差甚远，棉农心急如焚。

表4-30　2007—2008年棉农子棉采收和交售进度监测结果

项　目	采摘进度（%）		交售进度（%）		籽售价格（元/斤）	
	2007年	2008年	2007年	2008年	2007年	2008年
10月15日	65.4	57.9	19.5	10.3	2.86	2.67
10月30日	87.9		53.6		3.00	2.2～2.3（10月26—27日）

3. 当前市场遭遇"熊市"，棉农恐慌，对预期价格彻底丧失信心。与上半年农资一路高涨的情景恰好相反，新棉价格一路走低，与棉农的预期价格恰好相反。进入10月本应为收购高峰期，然而当前有价无市，市场冷冷清清。从9月的棉农普遍惜售，收购企业观望气氛浓厚，纺织企业不愿买，到10月下旬，蔓延成了卖棉难，有的没有开秤，国内市场出现这种荒凉的"萧条"景象，棉农和业主心里不免发慌，棉花遭遇多年以来少有的"熊市"。

四、针对严峻的市场形势，政府救市迫在眉睫

面对棉花严峻的产销形势，面对上半年农资涨价猛如虎，下半年棉价一路下滑，形成两个极端反差的现状，我们要满腔热情关注棉花生产，满腔热情关注棉农增收，满腔热情出台积极的救市措施，落实国务院第四季度关于做好粮棉收购工作。为此，呼请政府救市，该出手时就出手！对策措施建议：

1. 大幅度增加储备棉的收购，收储数量增至200万吨，国家储备棉要抓住这一良好时机。国家决定于10月21日收储新疆棉22万吨，从数量看的确偏少。即便收储增至200万吨，也占不到总量的1/3，数量少了启动不了市场。在区域布局上要兼顾新疆和内地。这是效仿国家新近出台收购东北稻谷、玉米和大豆等的做法。棉花关乎国计民生，关乎2亿多的棉农收益，也应如此。同时，当前棉花遭遇"熊市"，也正是增加国家储备棉的良好时机，国家启动储备棉收购符合市场调节原则，应快速启动这一调控手段。

2. 提高最低收储价，建议328级子棉最低收储价提高到每斤3元。即便最低收储价提高到每斤3元，与去年的价格持平，棉农收益也将减168元/亩，减幅达三成多；全国棉花播种面积8 789万亩，棉农整体利益将要减少约150亿元。这是因为今年上半年棉花生产成本增加了135.7元/亩且全国单产水平降低了4%。

国家决定于10月21日收储新疆棉22万最高到库价（328级）12 600元/吨，考虑加工费、运输费和利润约1 000元/吨，测算棉籽价每市斤0.75元和衣分37%，子棉收购价每斤2.5～2.6元。从力保棉农少减收出发，价格的确偏低。

为此，建议328级子棉最低收储价提高到每斤3元（表4-31），若37%衣分（除杂后），棉籽价每斤0.75元，则皮棉每斤6.8元；加上加工成本和利润每斤0.5元，则皮棉每斤7.3元。若328级子棉最低收储价提高到每斤2.85元，37%衣分，棉籽价每斤0.75元，则皮棉每斤6.42元；加上加工成本和利润每斤0.5元，则皮棉每斤6.92元。

表4-31　2008年度新棉最低收储价测算

单位：元/斤

设置条件	加工成本和利润	收购价	棉籽价	皮棉价	皮棉	吨价
328级子棉、37%衣分	0.5	3.00	0.75	6.83	7.33	14 660
		2.85	0.75	6.42	6.92	13 840
328级子棉、38%衣分	0.5	3.00	0.75	6.67	7.17	14 340
		2.85	0.75	6.27	6.77	13 500

最近（10月10日）国家出台粮食收购价格同比上涨一成多，如果棉花采取这一最低价，将有利于保持全国粮棉合理的比价，进而保持粮经合理的种植面积，况且，棉花农资成本绝对增量大于粮食的50%上下。

3. 增加收购资金，力保不打“白条”。按照国务院第四季度做好粮棉收购工作的部署，要增加棉花收购贷款，资金是否充足关乎收购工作能否做好，市场是否稳定。

4. 扩大良种棉补贴，调动农民植棉积极性。一是补贴实行普惠制，棉花种多少良种补多少。二是提高补贴强度，补贴从15元/亩提高30～50元/亩。

5. 进一步看好国门，严格控制棉花进口。明年追加的配额外进口棉花要审时度势，配额外关税税率一定不能降至3%。

五、政府重锤“救市”将产生积极的效果

1. 有利于减轻金融危机对棉花生产和棉纺业的冲击，有利于缓解棉花供需矛盾。目前全球金融危机正向实体经济蔓延，对棉纺业的冲击还将持续。在危机面前，政府采取收储措施是适宜和恰当的，政府对棉花采取救市措施也是

理所当然的。

2. 有利于减轻农业通胀的压力，有利于棉农增收，进而有利于拉动农村消费，这是落实中央关于促进农民增收的举措。棉花关乎国计民生，关乎2亿多的棉农收益，救市有利减轻上半年输入性通货的压力。今年上半年棉花生产遭遇物质和人工费用“双高涨”的重压，由于农资暴涨，上半年现金成本增135.7元/亩，增幅达到近三成。农民讲，“农资涨价猛如虎”。监测结果，上半年国际油价111美元/桶，同比增幅80%，棉花生产成本增加135.7元/亩（表4-32），同比增幅近三成（29.3%）。其中物质成本上涨109.0元/亩，占上涨部分的80.3%；而肥料涨89.1元/亩，占上涨部分的65.5%；雇工费涨26.7元/亩，占上涨部分的19.7%。预计全年棉花生产成本增200元/亩，增幅20%以上，达到1 200元/亩。

表4-32　2008年上半年棉花生产现金投入及增加部分（截至7月30日）

单位：元/亩

区域	现金支出成本	同比增	同比涨幅（%）	物质费用增（其中肥料）	物质费用占上涨部分（%）（其中肥料）	人工费用增	
						金额	占上涨部分（%）
合计	629.7	135.7	29.3	109.0（89.1）	80.3（65.5）	26.7	19.7
长江	611.8	138.1	30.9	110.3（96.9）	79.9（70.1）	27.8	20.1
黄河	456.8	118.4	34.6	93.9（71.3）	79.3（60.2）	24.5	20.7
西北	896.4	152.1	20.9	112.9（91.6）	74.3（60.3）	29.0	19.3

注：自用工不计。雇工费增加因日工资的上涨，一般增5～10元/工。

3. 有利于保持全国粮棉双增长的新格局。加入WTO以来，我国出现少有的粮棉双增产和双丰收的新格局，即全国粮棉同步增产，这一良好格局是多年农业结构调整取得的积极成果，应该珍惜。如果救市不到位，今后几年植棉面积大减，对满足棉花需求很不利，同时，一旦粮棉双增产的格局被打破，重建则需很多年。

此外，有利于增加食用植物油产量。棉籽油是我国第三大植物油，年产180万吨，约占菜籽油的45%，实际上保护棉花生产也保护了植物油的生产，两者相辅相成。2007年食用油涨价，棉籽也跟随价涨，可见两者的关系极为密切。

由于棉花市场形势严峻，呼吁政府救市，数量为200万吨，在中国棉花协会10月28日会上提出，为决策提供依据。

全国公益性棉花科研专项组　　WWW.CCPPI.COM.CN　　中国优质棉网
中国棉花生产景气报告 NO.152　　仅供领导决策参考　　出版日期　2008 11 06

棉花市场深度恶化，政府救市需加大力度

——重塑信心，开启停止运行的市场；加大收储，数量增至200万吨以上，328级子棉最低收储价提高到每斤2.85元

毛 树 春

当前我国棉花市场处于深度恶化状态，棉花交售、收购、加工和销售的旺季却不旺，呈现“三无法”、“三停止”和“三艰难”的萧条局面——“棉农无法卖、轧花厂无法收、纺企无法买”，造成三个“停止”，即停止收购、停止加工和停止销售，导致“卖棉难、收棉难和用棉难”的恐慌局面，现货市场信心进一步下降。农民“种的不敢种”，轧花厂“收的不敢收”，皮棉“卖的无人要”，遏制棉花市场深度恶化刻不容缓。

为此，呼吁国家加快出台棉花救市政策，消除市场恐慌，挽救棉花，维持正常的经营秩序，稳定价格，保护棉农和收购加工企业利益。当前救市刻不容缓。主要措施：一是扩大收储，数量增至200万吨以上。二是适当提高收储价格，建议最低收购价增1 000元/吨，从12 600元增至13 600元/吨，尽可能地减少种棉的损失，让棉农的收益少减一些。

一、“棉花无法卖”和“轧花厂无法收购”，是当前棉花市场的真实写照

（一）“棉花无法卖”，卖棉难

进入深秋，棉花收摘接近尾声，据对内地6个主产棉省的调查，到11月3日，棉花收摘占总量的90%。河北由于棉田一年一熟棉花，吐絮快，收获进度最快，达到95%以上；河南两熟套种，棉花在10月中下旬拔柴，农民正在收获拔柴上的棉花；苏北和皖北由于晚熟，收摘约占总量90%。

子棉交售进度很慢和处于停止状态是当前棉花市场的一个真实写照。调查结果，6个主产棉省农民子棉出售仅占总量的28.6%，低于去年同期进度55%的26个百分点。各省存在差异，长江中游开秤较早，收购进度快些；湖北开秤也早，进度43.2%，许多棉花被河南企业收购；河北交售进度34.7%，江苏进度29.1%；尽管山东为棉花消费大省，进度仅为26.6%。然而，到10月下旬，受价格一路下滑的影响，江苏子棉交售处于交交停停的状态，而河北、山东、安徽几个大省基本处于停止状态。在河南商丘、周口和开封等集中产区，这里农户一斤没有交售，棉农讲，去年这个时候到处是棉贩子，走村串户收子棉，今年却一个都没有，出现棉花卖不掉的局面。

（二）“轧花厂无法收购”，一些厂先收后停，内地许多厂根本没有开秤

对6个主产棉省收购加工企业的调查可见，新棉收购普遍开秤迟，收购量大减，当前收购和加工基本处于停止状态。到11月3日，19家轧花厂子棉收购量只占去年同期的39%，即收购量少于去年同期61个百分点。在调查19家收购企业，除安徽固镇天源棉花公司和江苏苏东棉业公司收购量比去年同期多一倍和20%以外，其余各家都少于去年同期。特别是到了11月初，大部分轧花厂根本没有开秤，于10月开秤收购加工的企业也已被迫停止，原本繁忙的收购变得“门前冷落车马稀”，原本机声隆隆的轧花厂变成寂寞和冷清的大厂房，有的加工厂正在清理杂草。

收购是连接棉花产业的纽带和桥梁，收购一旦停止，桥梁就断了，纽带就散了。为此，收购、加工和销售这样一个连续联动的运行机器，不管哪个环节停止运行，整个市场运行也就被迫停止。

主要原因：一是由于期货和现货价格一路下滑，熊市加深，市场极端疲软，轧花厂不敢收。收到手轧花厂老总也整日提心吊胆，照当前日益走低的价格，肯定亏本赔钱，照此下去，收购量大的企业，面临倒闭的危险。二是皮棉销售十分困难，棉花没有人要，棉籽除价格下滑一半以外，也无人问津。由于皮棉积压，棉籽无人问津，企业资金被套牢，资金周转困难，不得不停止收购。

二、棉价一路下滑，棉农收益剧减，植棉积极性遭受重挫

（一）价格一路下滑

今年新棉价格高开低走，价格一路走低，与棉农期望的价格相差甚远。子棉售价从9月的2.8～2.9元/斤，下降到10月上旬的2.4～2.5元/斤，10月

中旬的 2.4～2.5 元/斤。到 10 月下旬，一些产地子棉售价下降到 2.0～2.2 元/斤，还有产地下降到 1.8～1.9 元/斤，许多产地出现有价无市和无价无市的局面。

（二）植棉收益大幅度减少三至七成

预计内地植棉收益将减 30%～70%，平均约减一半，净减 380～425 元/亩，还要看后期救市结果如何。

收益下降的主要原因：一是源自子棉的价格大幅度下降，去年子棉高开高走，调查样本户子棉斤价 3.1～3.3 元；今年低开低走，自开秤到 10 月的停收前，每斤价 2.47 元，因售价下降 20%减收 310 元/亩，占减收的 70%～80%；同时，今年上半年因农资涨价导致减收 100～150 元/亩，占减收的 20%～30%，两项合计收益减 400～450 元/亩。三是局部减收严重。2008 年长江中游棉花减产幅度约两成，减收 250～300 元/亩，总计减收 750～780 元/亩，真可谓“雪上加霜”。由于市场价格一路下滑，新棉行情走低何时见底难以预测，如果没有市场支持，棉农收益将继续减少。

三、正确认识当前国内外棉花形势

（一）我国棉花消费虽然增量减少，但需求总量很大的局面不会改变

全球金融危机对我国棉花经济的冲击是客观存在的，棉花经济的运行速度明显放缓了，但要看到基本态势仍为“三个没有改变”，即：虽然 2008 年棉纱增量减少，但产能呈增长的态势还没有改变；虽然纺织服装出口减速，但出口总量仍呈增长的态势还没有改变；在出口和内需的拉动下，我国棉花消费呈增长的态势也不会改变。这一形势要看清弄明，正确认识。

一是我国棉花生产形势是好的。今年有望成为历史上的第二个高产年，预计总产 720 万～735 万吨，是继 2007 年创历史新高的第二个高产年景。

二是我国棉纺织业和服装形势也是好的。从国家统计局公布的生产数据来看，第三季度（表 4－33），棉纺产量比去年同期增长 9.7%，其中 9 月产量 190.5 万吨，是继今年最高月 6 月 199.9 万吨的第二个高产月份。第三季度，棉布产量比去年同期增长 1.6%，其中 9 月产量 25.93 亿米，是继今年最高月 6 月 26.96 亿米的第二个高产月份。纺织品服装出口形势也是好的，第三季度出口额比去年同期增长 4.0%，其中 9 月出口额达到 180.1 亿美元，是继 7—8 月出口的 185 亿～186 亿美元的第三个高月份，虽然出口回落，但仍在高位上继续保持增量态势。

表4-33　2007—2008年第三季度棉花产业主要数据对比

月　份	棉纱（万吨）		棉布（亿米）		纺织品服装出口（亿美元）	
	2007年	2008年	2007年	2008年	2007年	2008年
7	169.1	185.4	24.8	24.3	173.7	186.9
8	169.5	184.4	24.0	24.6	180.9	185.9
9	172.1	190.5	25.0	25.9	176.8	180.1
合计	510.7	560.3	73.7	74.9	531.5	552.9
增幅（%）	—	9.7	—	1.6	—	4.0

从广交会和布料展会来看，虽然订单总量减少15%，但总量仍很大。从总体看，我国棉纱棉布和纺织品服装的产能都很大，棉纱对原棉的需求仍很大，今年棉花丰收，这对缓解原棉短缺极为有利。但是，当前棉花市场极度低迷，对棉纺业的正常生产极为不利。调研中，一些企业棉纱销售还出现明显恢复的迹象，新接订单增多，市场走向趋好。

（二）现货和期货价格大幅下挫

1. 狂跌笼罩期货市场，未来信心不足。受国际金融危机的冲击，自8月以来国内外棉花期货价格一路下滑，郑棉期货“901”10月比9月下降910元/吨，跌幅7.0%。10月末到11月初连续狂跌5日，“901”10月31日跌135元，11月3日跌360元，4日跌425元，5日跌170元，6日跌340元至11 005元/吨，7日跌445元至10 625元/吨，比10月30日的12 270元/吨，跌1 645元/吨，跌幅13.4%。

市场人士认为，如果不采取果断措施，郑棉期货将会跌破10 000元/吨大关。同时，纽约期货也在小幅振荡中下跌。

2. 国内外现货持续走低。CC Index自7月的13 769元/吨下降到10月12 322元/吨，减1 447元/吨，降幅10.5%；10月到11月初连续走低，自10月6日12 823元/吨降至11月6日的11 433元/吨，减1 390元/吨，降幅10.8%。

Cotlook A指数 自8月的78.08美分/磅下降到10月的62.3美分/磅，减15.78美分/磅，降幅20.2%。10月1日为68.7美分/磅，11月6日为57.45美分/磅，降11.25美分/磅，降幅16.4%。

四、救市的措施和对策建议

受全球经济下行和消费疲软影响，当前我国棉花市场信心受挫，市场处于深度低迷状态，加上近期国内外棉价一落千丈，未来棉花产业经济布满荆棘，信心更加不足。为了保护棉花产业经济的持续健康发展，保障农产品的顺利销售，保护农民增收，当务之急是恢复市场信心，重振市场信心，重树市场信心。因此，建议加强宏观调控，呼请政府大力出手，采取全方位的救市措施。

（一）追加收储棉至200万吨是快速启动停顿的市场，打通市场堵塞，促进市场运行的重大举措

增加国家储备棉的收购能够启动皮棉销售，进而启动处于停止状态的子棉收购和皮棉加工，要明确告诉农民，国家重视棉花，国家在加速收储棉花，国家还将继续追加棉花收储，收储数量可以超过200万吨。收购已加工的皮棉，按国家最低价直接入库，可以快速打通皮棉销售的梗塞，挖通堵塞沟渠，实行开渠放水。国家仓库不够可借用企业的或纺纱厂的仓库进行库存。一些行业人士建议，在国家救市的同时，也可建议棉花消费大省和生产大省收储，采取国家和地方共同救市。

同时，增加贷款，降低利率，支持企业收购。资金不足和销售停止困扰着收购和加工企业。老板们正在一等二看，一等即等市场何时能够回暖，二看国家支持和重视棉花的程度。解铃还需系铃人，要打通销售这一梗节，一是销售加工皮棉，腾出周转资金，还要提供信贷支持力度，降低信贷准入门槛，扩大信贷规模，支持子棉收购。二是降低贷款利率，减轻轧花企业负担，降低亏损。

（二）适当提高收储价，最大限度地让棉农少减收，减轻“棉贱伤农”

在追加收储棉的同时，还应关注棉农，尽最大可能让棉农少减收，建议328级最低收储价增加1 000元/吨，从12 600元增至13 600元/吨。若328级子棉最低价每斤2.85元，37％衣分，棉籽价每斤0.75元，则皮棉每斤6.42元；加上加工成本和利润每斤0.5元，则皮棉每斤6.92元。调研中，棉农普遍反映和期待，最低价不能低于2.75～2.85元/斤，低于这一价格无法接受。

（三）棉纺业救市责无旁贷

棉花是纺织业的主要原料，棉花生产好坏事关棉花纺织业的发展。因此，棉纺业也必须承担救市的责任，当前救市就要积极购买皮棉，增加厂内库存和存放，减轻收储库存压力，这是纺织企业的当务之急。

（四）像重视粮食一样重视棉花生产

一是良种补贴实行普惠制，棉花种多少良种补多少。提高补贴强度，补贴从15元/亩提高30～50元/亩。二是对棉花实行农资补贴。三是像粮食一样，出台棉花最低收购价，避免价格的大起大落引起植棉面积的大起大落。

此外，要加强家庭子棉安全储存方法和知识的宣传。棉花是易燃品，受家庭条件限制，家庭存放子棉容易诱发火灾，存在不安全隐患，要总结宣传家庭防火知识和方法，强调子棉单独存放。要与火源隔开相当距离。同时要防危害性杂物混入子棉，特别是与人、与动物、与家畜家禽隔开，减少有害杂物混入子棉之中。

本期报告通过新华社每日价格快报于11月8日呈送国务院，引起各方重视。

11月11日《农民日报》记者周佳鸣以“呼吁政府救市，储备棉要惠及整个棉区”为题进行报道。

建议“增加储备棉100万吨”被采纳，11月20日国家启动收储100万吨。

首次提出“三个不会变”的基本观点，成为应对危机，认清形势，提升信心，稳定棉花生产的重要决策依据。

全国公益性棉花科研专项组　　WWW. CCPPI. COM. CN　　中国优质棉网
中国棉花生产景气报告 NO. 153　　仅供领导决策参考　　出版日期　2008 11 12

2008 年全国棉花品种监测报告

——播种品种（系）579 个，增 108 个，增幅 22.9%

毛树春　王香河

一、品种（系）数量大幅度增加

1. 全国品种（系）数 579 个。监测结果显示，全国棉花播种品种（含没有审定的品系、组合、材料、代号和不知名等，后同）579 个（表 4-34、表 4-35，图 4-3），增（与 2007 年比较，后同）108 个，增幅 22.9%。

表 4-34　2008 年棉花不同类型品种（系）排序

品种（系）类型	占品种数的%	占播种面积的%	前 30 名品种（系），按占播种面积的多少排序
常规棉 158 个	27.3	36.1	新陆早 26、新陆早 36、新陆早 31、中棉所 49、新陆早 33、中棉所 43、邯 333、中棉所 35、新陆中 35、冀丰 197、邯 4849、中棉所 40、81-3、冀丰 106、欣抗 4 号、皖棉 34、中棉所 42、新陆早 24、冀棉 228、苏棉 22、新陆早 13、中棉所 44、巴棉 3 号、冀 298、国欣 23、快丰 868、297-5、博陆早 1 号、国欣 4 号、新陆早 39
杂交棉 218 个	37.7	33.3	鄂杂棉 10、鄂杂棉 23、湘杂 8 号、鲁棉研 15、豫杂 35、鲁棉研 23、中棉所 48、中棉所 47、鲁棉研 24、鄂杂棉 11、湘杂 5 号、科棉 3 号、鄂杂棉 6 号、鄂杂棉 17、岱杂棉 1 号、南抗 3 号、湘杂 3 号、楚杂 180、鲁 RH-1、湘杂 13、湘丰棉 3 号、中棉所 57、瑞杂 816、冀杂 1 号、冀创棉 1 号、湘杂 7 号、鄂杂棉 25、冀杂 6268、邯杂 98-1、赣杂棉 1 号

（续）

品种（系）类型	占品种数的%	占播种面积的%	前30名品种（系），按占播种面积的多少排序
Bt棉（含转Bt杂交种）102个	17.6	44.5	鲁棉研28、中棉所41、鄂杂棉10、鲁棉研21、晋棉38、国欣3号、鄂杂棉23、鲁棉研25、湘杂8号、鲁棉研15、豫杂35、鲁棉研23、中棉所48、中棉所47、鲁棉研24、鑫秋1号、邯郸802、鲁棉研27、中棉所45、邯5158、DP99B、银硕1号、岱杂棉1号、南抗3号、冀棉589、沧198、鲁RH－1、湘杂13、冀2000、中棉所57
优质专用棉27个	4.7	3.0	冀棉25、科棉6号、新海21、科棉4号、新海16、新陆早28、新海17、新海20、科棉5号、科棉3号、科杂70、科杂8号、科杂3号、科棉5号、新海22等
其他棉191个	33.0	5.7	荆原棉800、大桃棉、银山4号、冀棉38、科抗026、SH31、禾源2号、禾源1号、淮杂、华棉2、庆丰1号、866、98－6、菏泽大丰2、润富棉900、银杉121、承天1号、新特1号、ZM－2、荆01－45、思壮1号、银山棉2号、对花棉、7887、T09－11、293、金垦208、2188、先杂棉1号、千棉-1
其中：30个优势品种	5.2	51.2	鲁棉研28、中棉所41、新陆早26、新陆早36、鄂杂棉10、鲁棉研21、晋棉38、国欣3、新陆早31、中棉所49、鄂杂棉23、新陆早33、中棉所43、鲁棉研25、湘杂8号、鲁棉研15、豫杂35、鲁棉研23、邯333、中棉所48、中棉所35、中棉所47、鲁棉研24、鄂杂棉11、新陆中35、冀丰197、鑫秋1号、邯4849、邯郸802、湘杂5号
其中：美育Bt棉4个	0.7	1.9	DP99B、岱杂1号（DPH37B）、DP20B、新棉33B

表4－35　2008年全国棉花播种品种（系）类型

单位：个

项目	品种总数	其中				
		常规种	杂交种	Bt棉	优质专用	其他
2007年	471	144	157	58	34	128
2008年	579	158	218	102	27	191
2008年长江	258	30	175	65	5	77

（续）

项目	品种总数	其中				
		常规种	杂交种	Bt 棉	优质专用	其他
黄河	248	76	74	60	3	51
西北	188	72	28	17	21	68
特早熟	9	7	1	0	0	1

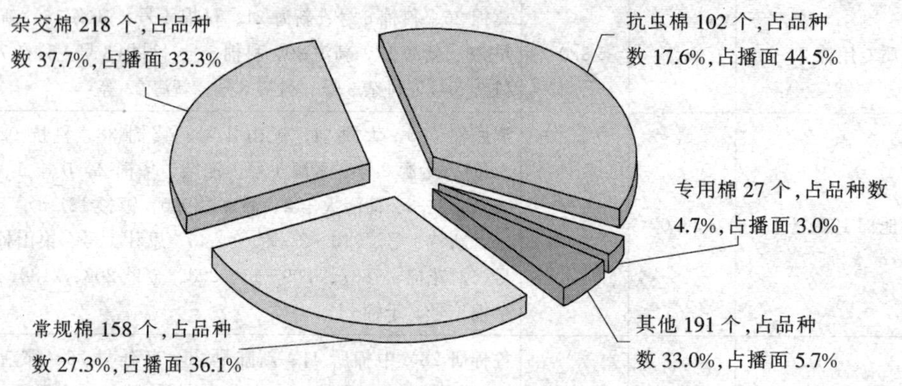

图 4-3　2008 年全国不同品种类型构成

常规棉 158 个，增 14 个，增幅 9.7%；占品种数的 27.3%，减 3.3 个百分点，占播种面积的 36.1%，减 3.6 个百分点。

杂交棉（种）218 个，增 61 个，增幅 38.9%；占品种数的 37.7%，增 4.3 个百分点；占播种面积的 33.3%，增 2.5 个百分点。从结果来看，补贴后杂交种的种植面积略有增加。长江基本杂交种化，黄河种植面积扩大，西北以兵团为主的示范在加快。

Bt 棉 270 个，其中“合法” 102 个，具抗虫性 168 个，增 55 个，增幅 25.6%；占播种面积的 70.6%，增 4.5 个百分点。其中，通过安全性评价、允许环境释放的 Bt 棉花品种（即合法）102 个，增 44 个，增 75.9%；占品种数的 17.6%；占播种面积的 44.5%，比 2007 年增 10.4 个百分点。在合法的 Bt 棉中，美育 4 个，占 Bt 棉播种面积的 4.3%，减 45.5%。具有抗虫性（通过安全性评价，但没有以 Bt 棉的名义审定的品种之和）有 168 个，增 11 个，增 7.0%，占品种数的 29.0%，占播种面积的 26.1%，减 5.9 个百分点。合法与具抗虫性的品种占总播种面积的70.6%。结果表明国产Bt棉继续占绝对主导地位。

优质专用棉27个，占品种数的4.7%；减8个，减20.6%；占播种面积的3.0%，减1.8个百分点。主要是海岛（长绒）棉（绒长35毫米以上）面积120万亩（含海陆或陆海杂种），预计产量12万吨，主要分布在南疆和东疆。中长绒棉（绒长31～34毫米）面积60万亩，预计产量5万吨，主要分布在华北平原、南疆和北疆。高比强棉（比强度35cN/tex）面积70万亩，主要分布在长江中下游，预计产量6万吨。彩色棉播种面积12万亩，预计产量1万吨，分布在北疆、南疆和河西走廊，内地仅有少量种植。

其他（含代号、不知名品系、高代材料、自选自留和杂种亲本等）191个，增63个，增49.2%；占品种数的33.0%，增5.8个百分点；占播种面积5.7%，减3.9个百分点。

2. 区域。长江品种（系）258个品种，增31个，增13.6%。黄河品种248个，增18个，增7.8%。西北品种188个，增58个，增44.6%。

3. 优势品种（组合、系）**51个，占全国面积的63.4%，减1.0个百分点。**2008年占全国播种面积0.5%以上（面积43万亩以上）的品种（组合、系）51个，依次是：鲁棉研28占5.9%，中棉所41占3.4%，新陆早26占3.2%，新陆早36占3.0%，鄂杂棉10、鲁棉研21各占2.7%，晋棉38占2.4%，国欣3号占1.8%，新陆早31、中棉所49、鄂杂棉23各占1.5%，新陆早33、中棉所43、鲁棉研25各占1.4%，湘杂棉8号、鲁棉研15、豫杂35、鲁棉研23各占1.3%，邯333占1.2%，中棉所48、中棉所35、中棉所47、鲁棉研24、鄂杂棉11各占1.1%，新陆中35、冀丰197各占1.0%，鑫秋1号、邯4849各占0.9%，邯郸802、湘杂5号各占0.8%，科棉3号、中棉所40、鲁棉研27、81－3、中棉所45各占0.7%，冀丰106、欣抗4号、皖棉34、中棉所42、新陆早24、鄂杂棉6号、冀228各占0.6%，鄂杂棉17、DP99B、邯5158、苏棉22、新陆早13、银硕1号、中棉所44、巴棉3号、岱杂棉1号各占0.5%。

二、棉花种子技术水平不断提高，市场化进程因补贴出现新变化

1. 种子技术水平。监测显示（表4－36），2008年棉花生产使用毛子占总用种量的5.7%，减15.2个百分点；光子占21.6%，增13.3个百分点；包衣

子占72.7%，增1.8个百分点；光子和包衣子占94.3%，增1.8个百分点。结果表明，在补贴和市场化的作用下，种子科技含量有所提升。

表 4-36　2007—2008 年棉花种子技术

单位：%

项　目	毛　子		光　子		包衣子	
	2007年	2008年	2007年	2008年	2007年	2008年
全国	20.9	5.7	8.3	21.6	70.9	72.7
长江流域	4.2	4.0	3.2	6.2	92.6	89.7
黄河流域	34.6	10.6	3.6	20.7	61.8	68.7
西北内陆	4.9	0.2	25.1	34.6	70.0	65.2

包衣子占三大产区种子技术水平的主导地位。长江毛子、光子、包衣子所占的比重比较稳定，分别为4.0%、6.2%、89.7%，包衣子占绝对地位，表明种子商业化程度为全国最高水平。黄河棉花生产用种毛子比重大幅下降，2008年为10.6%，减24.0个百分点；光子比重大幅度增长，达20.7%，增17.1个百分点；包衣子为68.7%，增6.9个百分点。西北毛子为0.2%，减4.7个百分点；光子为34.6%，增9.5个百分点；包衣子为74.9%，减4.8个百分点。

2. 种子市场化程度。全国棉种市场化进程又有所加快。主要标志是农民自留种继续下降，统一供种因种子补贴又有所增加。监测显示（表4-37），农民自留种子占11.0%，下降6.3个百分点。统一供种占49.7%，继2007年增19.8个百分点之后再增17.4个百分点，农民市场购买占39.3%，继2007年下降17.2个百分点后再下降11.1个百分点。

表 4-37　2007—2008 年棉花种子市场化水平

单位：%

项　目	自留种		统一供种		市场购买	
	2007年	2008年	2007年	2008年	2007年	2008年
全国	17.3	11.0	32.3	49.7	50.4	39.3
长江流域	5.1	12.0	44.5	65.2	50.4	22.8
黄河流域	29.6	18.0	18.4	53.8	51.9	28.3
西北内陆	2.9	0.6	47.2	32.1	49.9	67.2

2008年统一供种的继续高速增长、市场购买水平的降低与良种补贴的关系密切。采用统一供种推进良种补贴，说明补贴使农民对品种和种子的自主经营权被进一步剥夺。

内地和西北产区种子市场化和组织化水平化差异分化明显。实施棉花良种推广补贴，内地统一供种比例增加，市场购买比例下降。如长江种子统一供种增20.7个百分点，达到65.2%；市场购买下降到22.8%，减27.6个百分点。黄河统一供种增35.4个百分点，达到53.8%；市场购买下降到28.3%，减23.6个百分点；自留种比例也减11.6个百分点，下降到18.0%。西北自留种比例下降到0.6%，统一供种下降了15.1个百分点，为32.1%；市场购买增17.3个百分点，达到67.2%，表明该棉区种子进一步向市场化方向转变。

三、杂交棉制种呈现“北平西增”格局

今年全国杂交棉制种面积约13万亩，比2007年11.5万亩，增13.0%，呈现“北平西增”格局。内地制种面积约11.0万亩，基本持平；新疆面积近2万亩，增加幅度大（图4-4），预计杂交种单产95千克/亩，减2.8%，总产1.2万吨，增9.1%。

值得指出的是，新疆兵团大力发展杂交棉制种，走自制自用的路子。一些团场采取蔬菜大棚种植，育苗移栽栽培，提早育苗、提早移栽、提早现蕾、提早去雄、人工授粉，由于生育期延长，制种产量高，效益佳。

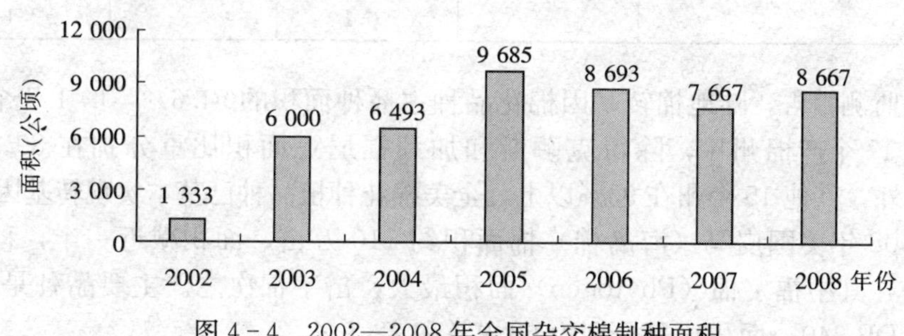

图4-4 2002—2008年全国杂交棉制种面积

四、2008年美国棉花品种

据美国农业部9月发布的报告，2008年全美种植陆地棉品种达到155个（另有6个海岛棉），比2007年增1个，今年美国陆地棉种植面积约4 600万

亩，比 2007 年减 26.0%。全美陆地棉占播种面积 0.5%以上（面积 23 万亩以上）的品种 44 个，增 5 个，合占陆地棉播种面积的 89.1%，增 2.5 个百分点；其中 DP 555 BG/RR 占 17.2%，面积从上年 1 100 万亩减少到近 800 万亩（表 4-38），这与植棉面积减少的幅度相同。另有 47 个品种的播种面积在 2 万～23 万亩之间，合计占 9.5%；还有 64 个品仅占播种面积的 1.4%。

表 4-38　2008 年美国陆地棉棉花品种归类及应用面积比重

棉花公司经营名称系列	经营品种占播种面积比重（%）		经营品种数量（个）	
	2007 年	2008 年	2007 年	2008 年
Deltapine	42.9	41.5	34	31
Bayer Crop Science-Fibermax	29.3	32.1	33	31
Bayer Crop Science-Stoneville	15.4	14.2	18	15
Phytogen	3.3	4.11	14	15
Americot	2.2	2.7	9	19
All-Tex	1.7	1.8	12	14
Dyna-Gro	1.4	1.5	5	8
MISC	0.9	0.7	1	1
Cropland Genetics	0.5	0.6	7	5
Bayer Crop Science-AFD	1.1	0.5	7	6
Paymaster	1.3	0.2	11	5
Bronco	—	0.1	—	4
Concho	—	0.1	—	1

据监测报告，陆地棉转基因棉花品种占播种面积的 94.6%，增 1.9 个百分点。在 17 个产棉州中，除得克萨斯和加利福尼亚面积比重分别在 89.9%和 71.3%外，其他 15 个州在 95%以上，全美棉花种植品种已基本实现转基因化。

2008 年美国皮马（海岛棉）棉面积约 110 万亩，面积减近一半，种植品种 6 个，其中福字棉（Phytogen）面积最大，岱字棉次之。主要品种是 PHY 800 和 DP 340，面积比重分别为 68.9%和 22.9%。

五、讨论和建议

（一）品种多乱杂加剧

实行良种补贴的初衷旨在提高优良品种的覆盖率，遏制品种多乱杂不断扩张，然而这个目标难以实现。从监测结果来看，2007年品种（系）数比2006年增加了28.5%，优势品种的市场份额减少3.8个百分点。2008年又比2007年增加22.9%，优势品种的种植面积下降到6%以内，近3年全国没有一个品种的种植面积达到10%，即没有一个优势品种。分析原因：一是品种审定过多是品种多乱杂的源头，通过审定的品种获得了合法外衣便进入了市场。统计结果很巧合（表4-39），近两年通过国家和地方审定的品种都为118个，不计国家和地方以及地方与地方的重复审定有100个。二是品种来源更加广泛，除原来国家和省级科研机构以外，来自公司和个人的数量正在快速增加。三是按一个品种使用寿命5～6年计，全国一年种植的品种（系）数量至少有600个。

表4-39　2007—2008年棉花品种审定数

单位：个

年份	合计	国审	省审															
			川	湘	鄂	赣	皖	苏	浙	冀	鲁	豫	疆	晋	秦	津	甘	辽
2007	118	17	2	8	8	1	15	2	2	11	10	12	17	6	0	5	2	0
2008	118	25	6	14	8	2	4	6	1	15	6	14	8	3	2		3	1

注：国家和地方重复审定计1个，省与省之间的重复审定也只计1个，但在应用区域和面积上有差异。

解决品种多乱杂问题，首先要从源头抓起，严格审定制度是控制品种无节制增多的根本措施，品种审定须严肃，标准须严格，数据须真实，资料要完整。无论国家还是地方审定都必须强调产量指标、品质指标和抗性指标的协调。鉴于我国棉花枯萎病和黄萎病发生呈蔓延之势，在“两萎病”抗性方面应提出更加严格的标准，新品种只有取得科技的实质性进步，才能在生产中发挥应有的作用。二是加快老品种退出速度。近几年，国家和地方陆续开出退出品种清单，2007年农业部提出退出50个，据不完全统计，各地退出品种近100个，但这些退出品种都是20世纪80—90年代的老品种，对预防“旧瓶装新酒”有作用，但对控制多乱杂的帮助不大。三是优势品种推广要研究新方法，鉴于我国棉种公司的实力不大，委托一家公司不如同时委托几家公司推进，后者的效果肯定大于前者，优势品种在服务棉花生产的同时也将产生更加显著的经济效益。

退出机制如何确立？一是审定一个新品种退出一个旧品种。如系列品种，当审定1个新品种时要求申报退出1个旧品种。二是当一轮区域试验的对照品种更换时，与对照同时审定的和/或在对照之前审定的老品种即退出。这一退出机制的优点：一是可以防治“旧瓶装新酒”和“新瓶装旧酒”，堵住老品种在市场上的交易。二是退出机制涉及多少品种数量合适这样一个问题。我国棉区幅员辽阔，种植制度分为一年一熟制和一年两熟制度。在熟性上，分为早熟、中熟和中晚熟几个大类型。参考美国面积和商品品种数150～160个，全国大致300个即可，这个数量已比20世纪80年代增加了5倍多，而植棉面积和生产区域分布基本相同。

（二）中美比较可见，尽管2008年美国植棉面积减少26%，品种数量也在增加，总体数量也不少，但优势品种的地位十分突出

如，DP 555 BG/RR品种仍占全美陆地棉种植面积的17.2%，与上年基本持平。据分析，种子经营主体是引起市场份额差异的原因之一，全美有13家种子公司经营15个棉花系列品种（表4-39），其中拜尔作物科学因2008年收购了斯字棉公司和AFD公司，经营品种占播种面积的比重已达到46.8%，居首位；岱字棉公司其次，占41.5%；其他11个公司仅占11.7%以下。虽然我国棉种公司很多，但其规模都很小，在技术创新、市场开拓、风险防范和应对方面还不具备实力，目前还没有哪个公司能够经营全国10%的面积。因此，加快棉种公司的成长，在做大方面取得长进。同时，尽管品种数量和种子公司不断增加，一些科研机构优势还很明显。如监测到的3个品种系列占全国播种面积的35%，其中：中棉所系列品种31个，占全国播种面积的14.1%；鲁棉研系列品种23个，占全国播种面积的15.7%；邯郸（农科院）系列品种16个，占全国播种面积的5.2%。如果这些系列品种由几家公司同时推进，优势品种的覆盖率将会明显扩大。

全国公益性棉花科研专项组　　WWW. CCPPI. COM. CN　　中国优质棉网
中国棉花生产景气报告 NO. 154　　仅供领导决策参考　　出版日期　2008 12 25

2008年全国棉花栽培技术监测报告

毛树春　王香河　李亚兵

一、栽培技术

(一) 普及促早化技术

抽样结果显示（表4-40），全国棉花育苗移栽（含营养钵、基质、穴盘和水浮4种方法）占播种面积的30.4%，比2007年（均与2007年比，后同）减5.6个百分点。地膜覆盖占67.1%，增9.8个百分点。育苗移栽和地膜覆盖之和占面积的97.5%，增4.2个百分点。大田直播占2.4%，减4.2个百分点。在地膜覆盖中，常规地膜覆盖占36.5%，增5.7个百分点；宽膜覆盖占23.9%，增2.3个百分点；双膜棉（育苗移栽加地膜覆盖）占6.7%，增1.8个百分点。结果表明，我国棉花生产广泛普及促早化栽培技术。

表4-40　2008年促早化栽培技术水平（%）

年份及区域	常规育苗移栽	地膜覆盖				大田直播
		小计	常规地膜覆盖	宽膜覆盖	双膜棉	
2007	36.0	57.3	30.8	21.6	4.9	6.6
2008	30.4	67.1	36.5	23.9	6.7	2.4
长江流域	78.2	18.6	5.8	0.6	12.2	3.2
黄河流域	26.0	70.9	64.0	0.0	6.9	3.2
西北内陆	—	99.1	21.7	75.0	2.4	0.9

注：①常规育苗移栽指移栽后不覆盖地膜。地膜覆盖含常规覆盖和宽膜覆盖，双膜覆盖。常规地膜覆盖指一幅地覆盖1行或2行棉花，宽膜覆盖指一膜覆盖4或6行或8～12行，或一幅地膜覆盖一垄或2个宽行棉花。双膜覆盖指育苗移栽加地膜覆盖。②数据说明：2008年全国棉花播种面积8 789万亩，减285万亩，减幅3.1%。其中，长江增8万亩，黄河减313万亩，西北增20万亩。由于两年权数发生变化，2008年西北权数由27.1%扩大至31.7%，扩大4.6个百分点。

进一步分析，长江以常规育苗移栽为主，占面积的78.2%，减5.9个百分点；常规地膜覆盖占5.8%，减2.9个百分点。双膜棉占12.2%，增5.7个百分点。这可能与育苗移栽期间遭遇低温多雨和移栽时间后移有关。值得注意的是，长江中下游直播棉增3.0个百分点（4－40）。黄河常规育苗移栽占26.0%，减2.7个百分点；地膜覆盖占70.9%，增10.4个百分点，其中常规地膜覆盖增6.8个百分点，双膜棉增3.6个百分点，这与杂交棉扩大种植面积有关；直播占3.2%，减7.6个百分点。西北均为地膜覆盖，其中常规地膜覆盖占21.7%，增1.6个百分点；宽膜覆盖占75.0%，减4.3个百分点。

（二）收获密度继续减少

密度与成铃数是单产构成的关键要素。监测结果显示，2008年全国棉花种植密度继续减少，收获密度为5 106株/亩，减113株/亩，减2.2%（表4－41）。其中：长江1 532株/亩，减105株/亩，减6.4%；黄河3 018株/亩，减69株/亩，减2.2%；西北收获密度12 549株/亩，减609株/亩，减4.6%。

全国收获面积继续减少的原因：一是气候不利，4月中下旬西北遭遇强寒潮、雨雪、大风和沙尘侵袭，4—5月华北平原和沿海遭遇持续低温多雨高湿，导致烂种死苗、重播和补种，但密度减少幅度仍很大。二是长江流域收获密度减少持续8年，与种植棉花杂交种、劳动力短缺、宣传不当，以及移栽季节先低温后高温干旱有密切关系。

表4－41　2008年全国棉花收获密度和单株成铃（平均数±标准差）

全国与棉区	年份	密度（株/亩）	成铃（个/株）
全国	2007	5 219±3 142	11.6±7.2
	2008	5 106±3 285	11.3±6.8
长江流域	2007	1 637±984	29.7±10.3
	2008	1 532±950	29.4±9.5
黄河流域	2007	3 087±1 240	16.5±5.2
	2008	3 018±1 312	17.0±4.8
西北内陆	2007	13 158±2 864	5.2±2.5
	2008	12 549±3 043	5.9±3.2

注：±为标准差。

（三）单株成铃略减

单株成铃数是产量构成的关键要素，棉株个体生产力年际间变化很大。抽样结果显示，2008 年全国平均成铃数 11.3 个/株，由于密度减少对单株成铃增加有利，实际比上年减 0.3 个/株，减 2.6%，是 2007 年全国棉花单产减少的原因之一。三大产区单株成铃数：长江 29.4 个/株，减 0.3 个/株，减 1.0%；黄河 17.0 个/株，增 0.5 个/株，增 3.0%；西北 5.9 个/株，增 0.7 个/株，增 13.5%。

（四）减产要素分析

收获密度减 2.2%，单株成铃减 2.6%，单位面积成铃减幅为 4.7%，由于长江中游减产超出预期，全国单产减幅达到 3%。主要原因是长江中游秋雨连绵、“烂场”、死株和早衰秋桃减少，烂铃增加，导致减产达到四成，黄河大部增产显著，西北持平。

二、复种指数和种植模式

（一）复种指数相比下降

监测显示，全国棉田一熟制占播种面积的 55.3%，面积 4 860 万亩；两熟制占播种面积的 41.7%，面积 3 665 万亩；多熟（三熟、四熟等）占播种面积的 3.0%，面积 264 万亩（表 4－42）。棉田复种指数为 147%，减 1 个百分点，主要原因是黄淮棉田面积减少，而其他区域增加，全国棉区复种指数相对下降。各棉区复种指数，长江 190%，增 10 个百分点，即本流域棉田两熟和多熟面积增 41 万亩；黄河 144%，减 4 个百分点，本流域两熟和多熟面积减少；西北为 119%，增 12 个百分点，本流域棉田中果（枣、杏和葡萄）棉间作面积增加。

表 4－42　2008 年种植制度调查

项　目	复种指数	所占比重（%）			占全国面积比重（%）			折面积（万亩）		
		一熟	两熟	多熟	一熟	两熟	多熟	一熟	两熟	多熟
2007 年										
全国	148	54.5	41.2	4.2	54.5	41.3	4.2	4 948	3 742	383
长江流域	180	14.8	77.7	7.5	3.6	19.1	1.8	330	1 730	167
黄河流域	148	54.2	40.8	5.0	25.9	19.5	2.4	2 348	1 767	216
西北内陆	107	100	0	0	24.9	偶见	偶见	2 344	159	偶见
特早熟	100	100	0	0	0.1	偶见	偶见	9	0	偶见

（续）

项　目	复种指数	所占比重（%）			占全国面积比重（%）			折面积（万亩）		
		一熟	两熟	多熟	一熟	两熟	多熟	一熟	两熟	多熟
2008年										
全国	147	55.3	41.7	3.0	55.3	41.7	3.0	4 860	3 665	264
长江流域	190	11.6	83.5	4.8	2.8	20.3	1.2	246	1 784	105
黄河流域	144	60.7	35.1	4.2	26.9	15.5	1.8	2 364	1 362	158
西北内陆	119	81.3	18.7	0	25.6	5.9	偶见	2 250	519	偶见
特早熟	100	100	0	0	0.1	偶见	偶见	9	0	偶见

注：2007年的复种指数148是按2007年的权重计算，由于两年权数发生变化，2007年西北权数扩大3.8个百分点。2007年全国棉花播种面积调高到9 074万亩（中棉所），比原来的8 523万亩净增551万亩，增幅6.1%。

2008年的复种指数147是按2008年的权重计算，由于两年权数发生变化，2008年西北权数由27.1%扩大至31.7%，扩大4.6个百分点。

（二）连作复种模式发展较快

一是棉田套种（栽）模式占两熟面积的76.5%，面积2 804万亩。其中：麦棉套种（栽）占两熟面积的43.9%，分布于黄河，其中河南麦棉套种占其两熟面积的72%，其次在鲁西南，占两熟面积的35%。多种瓜类与棉花间作套作占两熟面积的7.6%，各地都有分布。油套棉占两熟面积的3.1%，分布于长江流域。蒜或葱套种（栽）棉占两熟面积的7.0%，分布于黄河，在济宁、菏泽、徐州等产区却很集中，估计500万亩。南疆果棉间作发展很快，预计面积500万亩。二是棉田连作复种占种植面积的23.5%，面积861万亩。主要模式：长江油后棉占其两熟面积的37.1%，已成为主要模式；小麦收获后移栽或直播棉花占两熟面积的5.3%，主要分布于南襄盆地，黄河也呈发展态势（表4-43）。

表4-43　2008年全国棉田两熟种植模式比重（%）

项目	面积	油棉套	油后	麦棉套	麦后	蒜棉	葱棉	瓜棉	肥棉	果棉间作	其他	套作	连作
全国	100	3.1	18.2	43.9	5.3	4.0	3.0	7.6	0.0	14.0	0.9	76.5	23.5
长江流域	100	4.4	37.1	33.7	3.7	4.4	4.5	10.9	0.0	0.6	0.8	59.2	40.8
黄河流域	100	2.7	0.4	73.8	9.3	5.0	2.1	5.6	0.0	0.4	0.7	90.3	9.7
西北内陆	100	—	—	—	—	—	0.2	1.6	—	96.2	2.0	—	—

注：西北内陆两熟种植“其他”项目指孜然和棉花套种。

全国公益性棉花科研专项组　　WWW.CCPPI.COM.CN　　中国优质棉网
中国棉花生产景气报告 NO.156　　仅供领导决策参考　　出版日期　2009 01 04

金融危机对我国棉花生产的影响和对策研究

毛 树 春

2008年我国棉花生产经历输入型通货膨胀和金融危机的双重重压，上半年“农资涨价猛如虎”，下半年棉价一路下滑，棉农植棉收益蒙受巨大损失，棉花生产遭受重创。上半年农资和雇工费用出现“双高涨”，成本增加135.7元/亩，增幅达到近三成。下半年新棉市场不断恶化，价格一路下滑，“卖棉难”前所未有。到12月农民出售量仅为60%，少于2007年同期近20个百分点；售价4.76元/千克，跌幅20.7%。

监测结果，2008年为中等偏差气候年景，全国单产减3%。在价格、成本和单产三要素的互作下，到11月，净收益仅为62.9元/亩，减幅达87.1%，全国有60%的棉田处于亏损状态。到12月，净收益为−7.5元/亩。按植棉面积8 789万亩测算，主产品减收从11月的372亿元增至12月的434亿元，棉农植棉收益蒙受巨大损失。

由于金融危机正在向实体经济蔓延，棉花市场不景气的程度仍在加深，加上“卖棉难”问题还没有得到根本解决；尽管良种棉补贴采取普惠制，然而粮棉油大宗农产品扶持政策存在不平衡，棉花生产信心受挫，植棉积极性低落。当前种子市场十分疲软，棉花生产形势很不乐观。关于植棉面积，乐观估计将减20%～25%，悲观看法将减30%。据近期现场调查，一些集中产区植棉面积将可能减40%～50%，届时我国优化的棉花生产布局和粮棉双增产的格局将被打破。

减轻危机对我国棉花生产的冲击，政府还要加大棉花救市和扶持生产的力度，狠抓科技兴棉。主要措施：一是扩大收储，彻底解决“卖棉难”问题，保持“328”级子棉2.6元/斤的收购价。二是尽快出台棉花最低收购指导价，力挽价格的大落引发面积的大减，力保植棉面积相对稳定和粮棉双高产的优化种植结构。三是狠抓科技兴棉。

一、2008 年棉花生产回顾

(一) 产量和长势

1. 2008 年仍是棉花高产年景。据监测，全国棉花总产 720 万～735 万吨，创历史第二个高产年景。受农资价格一路飙升影响，植棉面积减 3.1%，全国播种面积 8 789 万亩。由于长江中游和沿海局部的减产超出预期，全国棉花单产减幅高于 10 月的 2.6%，为 3.0%。

2. 2008 年天气为中等偏差年景。光照不足，气温偏低和降水减少，分布不均。前期大部不利，中期大部转好，后期大部转差；中后期低温多雨导致晚熟和局部“烂场”，吐絮进程减慢，收获期延后。

3. 2008 年自然灾害偏重发生，绝收面积增加；病虫害中重度发生，局部暴发。监测结果，棉田受灾面积 10 611 万亩次，增 23.5%；成灾面积 2 047 万亩次，增 131%。

(二) 销售进度缓慢，价格一路走低

监测结果：2008 年度新棉价格高开低走，10 月中旬市场疲软显见，11 月中旬市场进入深度恶化状态，交售、收购、加工和销售出现的萧条景象——“棉农无法卖、轧花厂无法收、纺企无法买”，造成“停止收购、停止加工和停止销售”的三停止状态，导致“卖棉难、收棉难和用棉难”的三难境地，市场出现不同程度的恐慌、信心下挫。12 月中旬国家出台收储 150 万吨，月底略见起色，交售进度为 60.2%（表 4-44），但受加工条件和资金等的限制，对市场的影响很有限，进度仍慢于 2007 年同期近 20 个百分点。主要问题是储备棉收购强调大打包机的加工条件，以及资金不足的限制。

表 4-44 2007—2008 年棉农子棉交售进度比较

项目	9 月	10 月	11 月	12 月	减百分点（个）
2007 年	16.8	49.1	63.7	73.2	
2008 年	8.4	28.9	46.8	60.2	−17.8

注：①资料来源中棉所中国棉花生产预警监测结果。②各月为加权均价，2008 年 12 月为 15 日数据。③进度（%）＝交售量÷资源总量×100。

(三) 成本大幅上涨，收益下降七到八成

1. 各月价格一路下滑，跌幅两成多。新棉价格高开低走，一路下滑（表

4-45)，棉农子棉售价从9月的5.44元/千克下降到12月的4.76元/千克，减幅20.7%。与2007年相比，9—12月的减幅分别为2.3%、20.5%、26.9%和25.4%。其中11月下旬内地一些产区子棉售价下降到4.0～4.4元/千克，还有的下降到3.6～3.8元/千克的最低水平。

表4-45　2007—2008年棉农子棉售价比较

单位：元/千克

项目	9月	10月	11月	12月	9—12月加权均价	减（%）
2007年	5.57	6.06	6.13	5.90	6.00	—
2008年	5.44	4.82	4.48	4.40	4.76	−20.7

注：①资料来源中棉所中国棉花生产预警监测结果。②各月为加权均价，2008年12月为15日数据。

2. 植棉收益大幅减少至八九成，蒙受巨大损失。到11月中旬，全国植棉收益减少87.1%，生产成本上涨150元/亩、单产降低2%，子棉售价5.0元/千克，减幅16.7%；主产品产值为1 218.0元/亩，减幅达到18.3%；植棉收益净减423.65元/亩，净收益仅为62.9元/亩。到12月，植棉收益减少101.5%。由于售价下降到4.76元/千克，减幅20.7%；单产低于预期减幅为3%，主产品产值下降到1 147.6元/亩，减幅达23.0%，净收益为−7.5元/亩。

植棉收益蒙受巨大损失，按植棉面积8 789万亩测算，主产品减收从11月的372亿元增至12月的434亿元，全国亏损棉田从11月的一半扩大到12月的70%。

减收原因和要素组成：子棉售价下降占57.6%，成本上涨占36.5%，单产减少占5.8%。

二、棉种市场疲软，生产形势不容乐观

金融危机正在向我国实体经济蔓延，目前棉花市场“萧条”，加上“卖棉难”问题还没有得到根本解决。尽管良种棉补贴实行普惠制，然而粮棉油大宗农产品扶持政策存在着不平衡性，生产者信心受挫，植棉积极性低落，2009年全国棉花生产形势很不乐观。据2009年1月初对中棉种业公司等10家规模棉种企业的调查，到2008年12月，棉种出库量不足2007年同期的一半，出库种子仍在分销商手中，而分销市场基本没有启动。关于2009年植棉面积，

乐观估计将减 20%～25%，悲观看法将减 30%。据近期现场调查，一些集中产棉区将减 50%。届时全国优化的棉花生产布局和粮棉双增产的格局将被打破。

三、保持棉花生产相对稳定的对策和建议

我国是棉花消费大国，消费基数大是最主要的特点，稳定面积对保障棉花基本供给事关重大。保障国内居民需棉约 650 万吨，植棉面积至少 8 000 万亩。在金融危机面前，也有机遇和许多有利条件。党中央号召保证粮食安全和主要农产品供给，增加农业投资，各种农业补贴增加到 1 200 多亿元，棉花良种补贴全面覆盖。但从减轻危机对棉花生产的冲击来看，国家还要加大救市和扶持生产的政策力度，狠抓科技兴棉。主要措施：

（一）政策扶持，扩大收储，出台最低保护价，稳定植棉面积

1. 扩大收储，加快收储进度，彻底解决“卖棉难”是棉花生产的头等大事。尽快收购农民手中 40%的子棉，保持“328”级子棉 2.6 元/斤的收购价，尽可能减少植棉损失。

2. 出台最低保护价是力保植棉面积稳定，减轻危机冲击的重大举措。2008 年年底，长江水稻和黄河小麦的最低价提高，新增东北玉米、大豆和长江油菜，唯棉花没有列入。建议像重视粮食一样重视棉花生产，出台棉花最低收购价，避免价格的大起大落引起植棉面积的大起大落，力保粮棉种植结构的相对稳定，力保粮棉双增产的优化格局。同时建议将棉花列入农资综合补贴范围。

3. 看好国门，控制进口。近期国内棉价高于国际市场，除品质结构性短缺需要进口以外，应控制一般商品棉进口，滑准税的税率不能降至 3%。

（二）科技兴棉，提高单产，改善品质，降低成本，促进增效

开展棉花高产超高产、低产到高产和棉麦双高产示范活动，稳步示范两熟北移技术；推广一批优势转 Bt 基因棉花新品种和杂交种，推广合理密植、简化管理、测土施肥、节水灌溉和防治病虫害等简化节本植棉新技术，提高产量，降低成本。

要把狠抓科技培训作为落实科技兴棉计划的具体行动。要加大培训力度，今冬明春要送技术进村入户，进农家大院，出版一批的彩色挂图、光盘、百问百答和明白纸，做到准确而又通俗易懂，让农民能够看得懂，学得会，照着做。

全国公益性棉花科研专项组　　WWW.CCPPI.COM.CN　　中国优质棉网
中国棉花生产景气报告 NO.159　　仅供领导决策参考　　出版日期　2009 01 19

大宗农产品应对金融危机的对策研究

——从建立应急储备机制着手解决卖难问题，并政策扶持和科技支撑三手抓

毛 树 春

一、大宗农产品都存在卖难问题

由美国次贷危机引发的金融危机蔓延到全球的各个经济实体，对我国经济的影响逐步扩大和加深，而大宗农产品首当其冲。去年秋收大宗农产品都不同程度地出现卖难问题，价格走低，市场恶化，“粮贱伤农”、“棉贱伤农”，成为通货膨胀和金融危机的最大承受者和受害者。

自2008年10月以来，棉花交售、收购、加工和销售出现的萧条景象——“棉农无法卖、轧花厂无法收、纺企无法买”。11月还出现停止收购、停止加工和停止销售的“三停止”状态，导致“卖棉难、收棉难和用棉难”的“三难”境地，市场曾出现不同程度的恐慌。12月国家出台收储150万吨后有所缓解，到12月底监测结果，农民子棉售价为4.32元/千克，低于最低收储价5.2元/千克的16.9%。

目前农民手中还有40%的棉花等待出售，东北的大豆和玉米、黄河的花生、玉米也都不同程度地存在卖难问题。

二、由卖难引发的问题亟待解决

由卖难引发农产品积压问题，将会引起农民的心里恐慌、牢骚和怨恨，甚至农村的社会稳定。

由卖难还会引发农家储存的不安全问题。如家储棉花易引起火灾，额外增加“三丝”有害杂物，降低品质。黄河的花生、东北的玉米和大豆均因高含水

率滋生黄曲霉病，霉烂变质，不能食用，造成浪费和损失，危及人和畜禽的健康和生命。

由卖难还进一步引发“种什么”问题，农民对今年种什么不知所措，进而影响生产的筹划、备耕、备播和种植。时下农民问：今年种不种，种什么？种子买不买，买哪个品种？正如农时讲，“人误地一时，地误人一年”。

三、建立大宗农产品的应急储备、政策支持和科技支撑的急需机制

这次全球金融危机的暴发，农产品卖难问题被充分暴露，深刻揭露人口大国和农业大国应对危机的机制和干预问题。如何防范和规避全球危机事件对大宗农产品造成的冲击和伤害，是农业大国需要认真研究解决的一个重大课题。从现实来看，应从解决卖难问题着手，牢牢抓住大宗农产品的生产能力不放松，保持大宗农产品种植结构的稳定性。为此建议，建立大宗农产品的应急储备、政策支持和科技支撑三手抓的机制，而且三手都要硬。

一手抓应急储备，着力提高收储的吞吐和吸收能力，建立灵活的应急储备机制。我国大宗农产品储备能力和应急机制尚不足以应对危机问题，主要是储备能力不够，储备机制不灵活，最低价不易落实。因此，要增加大宗农产品的储备能力建设，拿出资金兴建一批粮棉油储备库。制定应急预警监测方法，提出应急收储的启动和终止机制。新机制应包括国家层面的应急性和经常性的储备能力，商业性应急商品储备能力，主销区和主产区地方的应急储备制度。只有扩大储备能力，建立灵活的储备机制，价格监督机制，才能有效干预市场，应对危机时刻大宗农产品的卖难问题。

从棉花来讲，我国储备能力至少应达到 400 万吨。当前农民手中还有40％的棉花产量急需出售，应加快收储。

二手抓政策扶持，着力保持大宗农产品种植结构的稳定性，提升农业生产效率。最低保护价是农业大国应对危机、稳定和提升农业生产能力的重大举措，但要协调和平衡大宗农产品的结构和比例关系，要预防因政策失衡导致大宗农产品种植结构的失衡问题。

棉花是粮棉油的大宗农产品之一，迄今尚未列入保护范畴，建议列入将有利于保持棉花生产的相对稳定。

三手抓科技支撑，着力解决当前农业生产成本高和效益低问题。把危机转换成推进科技兴农、科技兴粮和科技兴棉的动力，把专家示范田的高产产

量转化成农户大面积的高产产量，这样的话，应对危机能力就提升了。

在危机时刻，要紧紧依托产业体系和行业专项，派大批农业专家、教授到农村去，到田间去，在农民家住下来，当专家、教授与种植大户联姻，进村入户，切切实实帮助解决农业生产中的一些实际问题，危机就一定能成功应对。

全国公益性棉花科研专项组　　WWW.CCPPI.COM.CN　　中国优质棉网
中国棉花生产景气报告 NO.160　　仅供领导决策参考　　出版日期　2009 03 07

2008 年全国新棉采收、交售和价格监测报告

——采收初日早，但进度慢；高开低走，跌幅高达 22.22%；市场低迷，出售进度缓慢

李亚兵　毛树春

一、2008 年新棉采收出日早，但进度偏后

1. 全国采收初日早，但进度偏后。受前期干旱影响，2008 年采收初日出现最早，长江流域初日在 8 月上旬，黄河流域在 8 月中旬，西北内陆在 8 月下旬，比 2007 年常年早 15 天左右。因迟发和晚熟是 2008 年棉花生产的显著特点，大面积采收进度比 2007 年推迟近 15 天左右。前期采收进度明显低于 2007 年同期水平。到 9 月下旬，与 2007 年基本一致，采收进度 46.6%（表 4-46），仍属于晚发年景。中后期采摘年度迅速上升，到 10 月中旬，采收进度已过 85%，2008 年同期仅为 65%。到 11 月 15 日采摘进度达到 98.7%，11 月底全国棉花采摘基本全部结束。

从天气上看，2008 年长江中游前期干旱弱苗早发，早现蕾早开花早吐絮，但华北和西北春季气候异常，整体上气温偏低，最高最低温度差异大。强寒潮、雨雪以及冰雹导致受灾面积大。由于不利天气影响，2008 年全国棉田受灾和补种面积占播种面积的三成多，导致大面积棉田迟发晚熟。棉花吐絮中后期 10 月上中旬气温高，日照时间充足，吐絮加快，子棉年度采收集中在此阶段。

表 4－46　2008 年新棉全国棉农子棉采摘进度

单位:%

日期（月/日）	9/15	9/30	10/15	10/31	11/15
全国	17.9	46.6	60.1	88.7	98.7
长江流域	16.9	43.0	58.2	83.9	97.2
黄河流域	22.4	50.2	61.6	92.1	99.9
西北内陆	10.4	43.6	61.4	87.1	97.9

2. 三大棉区。长江流域前中期采收推迟和后延。中游前期早发也早熟，收获初日出现在8月上旬，但9月雨日多，9月30日进度仅占总收获量的43%，低于常年7个百分点。下游前期迟发，加上台风不利影响，吐絮晚，收获初日偏晚，到9月30日收获子棉不到30%。本流域8—9月出现40多天的阴雨寡照，田间湿度大，引起腐烂，吐絮不畅，采摘进度缓慢，到10月上中旬，天气转好，吐絮加快，采摘进度加快。

黄河流域采收顺利，主要由于在棉花收获季节，气候适宜，国庆节前后采收进度过半，属于正常早发年景。到10月15日采摘进度达到61.6%，10月中下旬天气晴朗，吐絮集中，在此半月时间收获量占全年的30%。

西北内陆棉区，前期启动慢，中期进度也偏后。一方面由于新疆植棉面积大，考虑到子棉采摘成本，习惯于集中收花。同时，机采棉面积扩大，北疆集中在10月中旬收获，南疆在10月到11月下旬。此外，由于棉价大幅下降也对采摘进程造成不利影响。

各省市区采收进度见附表11。

二、2008年新棉交售进度缓慢，售价一路下滑

1. 交售进度缓慢。受金融危机影响，2008年新棉市场疲软，“卖棉难”前所未有，各个阶段交售进度缓慢，最高为12月15日（图4－5）。到12月底，全国子棉交售进度为68.9%（表4－47），比2007年同期滞后20个百分点；新棉花交售进度缓慢，没有出现往年的交售高峰期。每半月增加10个百分点上下，交易十分冷淡。10月底，全国棉农子棉交售不到30%，而上年同期交售已超50%，滞后20个百分点。

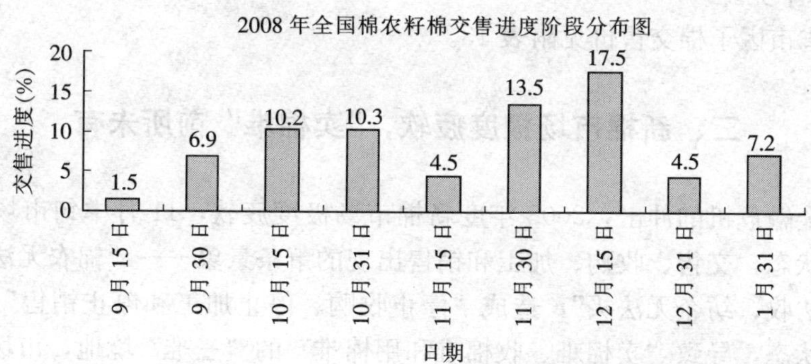

图4－5　2008年9月—2009年1月全国新棉子棉交售进度

表 4-47　2008 年新棉棉农子棉交售进度

单位:%

日期（月/日）	9/15	9/30	10/15	10/31	11/15	11/30	12/15	12/31	1/31
全国	1.5	8.4	18.6	28.9	33.4	46.9	64.4	68.9	76.1
长江流域	1.0	6.4	14.3	29.3	39.7	49.6	59.0	68.5	81.2
黄河流域	2.2	6.7	9.3	10.7	14.3	26.6	36.2	38.2	47.5
西北内陆	0.8	13.5	40.7	62.4	63.8	80.6	98.1	100.0	100

10 月底，长江流域棉农子棉交售 29.3%，而上年同期交售为 53.6%。到 12 月底全年交售 68.5%，比去年 93.1%降低 24 个百分点。

10 月底，黄河流域棉农子棉交售 10.7%，而上年同期交售为 36.9%。到 12 月底全年交售 38.2%，比 2007 年的 55%降低 17 个百分点。

10 月底，西北内陆棉区棉农子棉交售 62%，而上年同期交售为 67.6%，到 12 月底棉农子棉交售比例接近 100%。这主要是兵团收购棉农子棉，没有考虑兵团的实际出售情况，如果按实际发生出售给棉花收购企业，实际交售进度预计 60%左右，上年同期交售为 90%，降低 30%左右。

各省市区子棉交售进度见附表 12。

2. 售价一路下滑。2008 年新棉售价高开低走，从 9 月开秤时的 5.46 元/千克一路下降到 12 月的 4.32 元/千克，降幅 20.4%。全年均价为 4.69 元/千克，比 2007 年度的 6.03 元/千克，降低 1.34 元/千克，跌幅达 22.22%。整体局面基本呈现为有价无市状态。

三大产区子棉售价，长江 4.61 元/千克，黄河 4.80 元/千克，西北内陆 4.94 元/千克。

各省市区子棉交售价见附表 13。

三、新棉市场极度疲软，“卖棉难”前所未有

受金融危机的冲击，2008 年度新棉市场极度疲软，11 月中旬市场进入深度恶化状态，交售、收购、加工和销售出现的萧条景象——“棉农无法卖、轧花厂无法收、纺企无法买”，造成“停止收购、停止加工和停止销售”的“三停止”状态，导致“卖棉难、收棉难和用棉难”的“三难”境地，市场出现不同程度的恐慌，信心下挫。

四、国家出台收购储备棉272万吨也前所未有，前期对新疆的托市和救市效果明显，后期对内地的救市效果差

9月出台收储新疆棉22万吨，发挥较好的托市效果，同期新疆棉售价下降幅度最小，收购进度接近正常年景。

11月国家出台收储棉100万吨，集中收购新疆棉，发挥较好的救市作用，致使新疆价格下滑势头有较大幅度的收敛，收购进度快。

前两次收储122万吨成功地解决了新疆“卖棉难”问题，一是新疆棉价下降幅度虽为11.2%，但比内地降幅高达24.6%减少了14个百分点。二是2009年1月新疆意向植棉面积虽然下降但减幅不大，仅为6.6%，可见托市收购对植棉产生的效果最为直接和有效。

12月中旬国家再次出台收储150万吨，子棉收购指导价5.2元/千克，收储地点在内地。由于危机加深，国内现货和期货以及国际市场价格全面下滑，加上贷款困难和加工企业条件的限制，虽然月底略见起色，有所回升，但内地交售进度仅为50.2%，滞后2007年同期的30个百分点，一些没有收储企业的产地与植棉大户所售极少。可见这次收储救市效果表现较差，对市场的调节极为有限。

从调研了解到，收储指标全部招标很不妥，应该按照产量水平进行分配，超标比例不能超过50%，否则不公平。

第五章

中国棉花生长指数（CCGI）在2008年各地棉花长势监测中的应用

第一节　CCGI在2008年湖南省棉花长势监测中的应用

2008年湖南棉花生产的总体情况是成本高、单产减、售价降。据全国公益性行业棉花专项科研组和国家棉花产业技术体系的连续监测，2008年湖南省棉花生长指数（CCGI）为98，表明全年棉花生长整体情况差于2007年。植棉面积266万亩，比2007年增加11.7%；皮棉单产81千克/亩，比2007年少17.3千克，降幅21.4%；总产21.5万吨，减10.7%。天气不利在中后期，中期和后期连续阴雨、中涝后涝是全省棉花减产的主要原因。

一、全省棉花生产概述

（一）播种、移栽基本处于适宜期之内

2008年全省棉花播种普遍在4月10—18日，个别地方为3月底4月初播种，播后天气晴好，地温上升快，5天出苗，6～7天齐苗。但由于受5月8—11日连续大风降雨的影响，大部分棉苗移栽时间推至5月13—19日，特别是湖区的油棉二熟制到5月下旬才完成棉花移栽工作。

（二）前中期天气整体上对棉花生长发育有利

4月中下旬到5月初第一次持续高温天气，有利于出苗齐苗；5月初降雨对移栽时间有一定影响，但影响不大。5月底6月初湘北降水量小，天气晴好光照充足，虽然影响了5月底移栽的棉苗返青，但对5月8日降雨前移

栽的棉苗来说十分有利于其加快营养生长，促进早发。6月中下旬的天气比较适宜于棉花生长。7月上旬高温加快生殖生长，棉花普遍早发，带桃入伏。从8月上旬到8月15日的10多天时间里，日照多雨水少，有利于开花成铃。

（三）8月15日以后自然灾害频发

除6月初澧县局部地区遭受了冰雹、龙卷风等恶劣天气的袭击，造成了约8万亩棉田不同程度的受灾（估计一般单产减产在50%以内，但严重的改种）外，前中期没有发生严重的自然灾害。然而，8月15—17日，湘北范围内普降大到暴雨，加上8月25—28日连续阴雨天气，两次大的灾害性天气导致全省大部分棉田，特别是地势较低棉田渍水，从而引起落叶、落蕾、落铃严重，甚至死苗，以致秋桃数量极少。另外，10月多次连日阴雨造成严重的“烂场”，品质明显降低，僵烂花比例增加。

（四）植棉成本比去年增加120～200元/亩（不含雇工）

与去年相比直接生产资料价格涨幅大增，劳动力工价猛涨，棉农成本加重，2008年用于棉花生产的肥料如尿素、钾肥、复合肥以及其他生产资料如农膜、农药等价格大幅上涨。钾肥涨到230元/包（50千克），同比涨幅高达92%；其他肥料价格均上涨。如复合肥每包（50千克）涨到190元，尿素每包（40千克）售价达83元，磷肥每包售价达36元，地膜每卷（10千克）160元；同时，劳动力工价猛涨，由2007年的30元/个涨到40元/个。部分农民为了节本，不得不减少肥料和雇工。

（五）新棉价格低迷市场冷清

9月开秤子棉售价5.6～5.8元/千克，此后持续走低，进入10月下降到4.8～5.0元/千克，11月后下降到3.8～4.2元/千克，进入12月只有3.4～3.8元/千克，与开秤价格相比降幅接近40%。更严重的问题是新棉低价还无市，由于上半年农资价格高，棉农植棉投入大，对新棉价格期望值普遍较高，所以开秤时惜售不卖。而受经济危机和收购资金有限等因素的影响，收购价格的一路下跌，棉市行情逐渐恶化：棉农无法卖、轧花厂无法收、纺织企业无法买，不少地方收购停止、加工停止、销售停止，形成了卖棉难、收棉难、用棉难的恐慌局面。大部分棉农直到春节前为了需钱和安全不得不低价抛出。虽然通过政府救市棉花价格到2009年1月有所回升，但幅度极低，且棉农受惠少。目前还有20%子棉仍积压在棉农家中。由此看来，2008年是一个减产又减收的年景。

二、全省棉花长势分析

(一) 湖南棉花生长指数变化分析

2008年湖南省棉花生长指数为98（表5-1），9月生长指数为94。由于受8、9、10月多阴雨天气的影响，气候条件前好后差，造成今年棉花成铃“有头无尾”，产量下降幅度较大，是一个歉收年份。

表5-1　湖南省棉花生长指数（CCGI）

年份	5月	6月	7月	8月	9月	平均
2008年	102	98	92	102	94	98
2007年	103	106	123	95	99	105
历年	96	88	70	88	98	88

表5-1看出，2008年前中期棉花生长指数不低，开局较好；7月棉花生长指数较上年低，8月有所回升，但8月15日成了棉花长势的转折点，之后成铃率不断下滑。

表5-2看出，2008年棉花全生长季节热量资源与2007年相差不大，其中≥10℃积温和≥20℃积温均表现出高于2007年的趋势，全生长季节日照时数与2007年相差不大，而降雨量比2007年高出达42%，属于多雨年份。其中，8月15日以后直到10月底这一关键时期多雨更严重影响了棉花的正常成铃吐絮和收花。

表5-2　2008年湖南棉花生长季节（4—10月）**气象资料**

项目	≥10℃积温（℃）		≥15℃积温（℃）		≥20℃积温（℃）		降雨量（毫米）		日照时数（小时）	
	2007年	2008年	2007年	2008年	2007年	2008年	2007年	2008年	2007年	2008年
4月	544	549	480	425	222	250	105	141	153	114
5月	794	765	794	765	794	746	112	190	197	186
6月	779	822	779	822	779	822	175	91	84	138
7月	915	904	915	904	915	904	138	173	202	176
8月	908	857	908	857	908	857	107	300	227	174
9月	706	745	706	745	669	675	77	35	120	152
10月	576	597	537	569	214	279	25	120	93	134
合计	5 223	5 239	5 121	5 087	4 501	4 533	738	1 049	1 075	1 074

由表5-2可见，湖南棉花生长季节降雨量2008年明显多于2007年，其中4、5月降雨量对棉花产量影响较小，7、8、10月大量的降雨则严重影响了棉花的开花、成铃、吐絮和收花，最终导致产量的降低。

4、5、7、8月日照时数2008年低于2007年，月日照时数虽比上年多，但仍然不足150小时；9—10月日照时数虽多于上年，但由于连日阴雨天气多，较多的日照并没能带来较高的产量。

（二）各月生长指数分析

5月CCGI为102，苗情略好于上年同期。棉花生产开局较好，4月中下旬到5月初出现第一次持续高温天气，有利于出苗齐苗，最高气温达到30℃，苗病发生轻；5月降雨出现在5月8—12日，影响了移栽时间，但苗病仍很轻。

6月CCGI为98，苗情转化比上年同期稍差。5月底6月初湘北（雨水集中到湘南）降水量小，天气晴好光照充足，这样的高温十分有利于加快营养生长，促进早发，但对5月底移栽的棉苗返青不利。6月上中旬的高温高湿天气，枯黄萎病中度发生，面积达50万亩左右，但大部分得到有效控制，恢复较好。6月中下旬的天气比较适宜于棉花生长。

7月CCGI为92，苗情差于上年同期。7月上旬高温加快生殖生长，7月下旬受短时间狂风暴雨的影响，部分棉区同时受高温高湿影响，脱落增加，成铃率下降。但从与常年相比情况看，7月棉花长势并不差。

8月CCGI为102，苗情略好于上年同期。由于持续高温干旱，有利的天气加快恢复生长，现蕾多，开花多，成铃进程加快。8月15日伏前桃达到30个/株以上，丰收在望。

9月CCGI为94，苗情比上年同期差。从8月16日到9月初，遭遇连续绵绵阴雨天气，中上部蕾铃大量脱落，由于植株受渍后，棉花根系活力减弱，加上雨后病害流行，而进入9月气温降至25℃以下，更有部分棉田出现早衰。虽9月中旬天气转好，但对前段时间造成的产量损失补偿不大。

10月天气多阴雨，4次连日阴雨时间累计长达18天，对棉花吐絮和收获极为不利。

综上所述，2008年全省CCGI基本能反映棉花生产状况，对指导湖南棉花生产具有十分重要的意义。

三、2009年棉花生产展望

（一）棉花生产中存在的主要问题

2008年上半年农资疯涨导致植棉成本大幅提高，后期气候条件严重影响了棉花产量，新棉上市以后受金融危机影响，棉花价格急剧下滑，还一度出现有价无市的局面。虽然 12 月国家出台了相关收储政策，市场有所恢复，但对棉农来说植棉不但没有好的收益反而严重亏损，棉农的植棉积极性大大降低。

(二) 2009 年植棉走向

受 2008 年植棉成本高、子棉收购价格低等不利因素的影响，2009 年湖南棉花生产形势不容乐观，预计全省植棉面积下降 20%左右。从布局来看，主产区面积减幅不很大，分散产区减幅大，被减棉田将种植水稻和/或改种蔬菜、大豆和玉米等杂粮作物。

（撰稿：郭利双，湖南省棉花科学研究所）

第二节 CCGI 在湖北省棉花长势监测中的应用

据全国公益性行业棉花专项科研组和国家棉花产业技术体系的连续监测，2008 年湖北省棉花生长指数（CCGI）为 91，表明棉花长势比 2007 年差近一成。播种育苗期受低温阴雨影响，棉花生产开局不利；中期气候适宜，苗情有所转化；8 月中下旬的两次强降雨，棉花生产形势急转直下；9 月棉花生长指数为 92，单产明显低于上年。

总体看，2008 年湖北省棉花生产“一增三减”，即面积增、单产减、总产减、效益减。监测结果，全省植棉面积为 675 万亩，比 2007 年增 11.1%；单产 60.8 千克/亩，减 12.5%；皮棉总产 41.0 万吨，减 1.7%。

一、全省棉花生产概述

(一) 面积增、单产降、总产减，效益降

一是面积继续恢复性增加。受 2006 年和 2007 年连续两年棉田收益相对较高的影响，棉农生产积极性进一步提高，备耕备种早，扩种改种面积大。监测结果，2008 年全省植棉面积为 675 万亩，增幅 11.1%。从三大生态区看，鄂北棉区增幅为 15.2%，鄂东棉区增幅 14.1%，江汉平原棉区增幅 7.6%。

二是单产降，总产减。受 8 月中下旬两次强降雨影响，棉花单产减 8.7 千克/亩，为 60.8 千克/亩，减 12.5%；总产 41.0 万吨，较上一年减少 1.7%。

三是效益大幅下降。2008 年度子棉收购价呈高开低走态势，年度均价 4.5 元/千克左右，比上一年度降 25.4%；另一方面生产资料价格全面暴涨，棉田投入大幅增加。据 7 月监测，国产尿素 2 480 元/吨，比上年同期增 42%，高含量复合肥3 200元/吨，增465元/吨，氯化钾4 750元/吨，增11%。由于肥料价格的暴涨，棉田投入成本大幅上升；加上单产下降，棉田效益锐减。

（二）灾害性气候频繁，是减产主因

2008年湖北省各棉区气候条件整体不利。一是受4月雨水偏多和前作成熟期推迟影响，全省棉花移栽结束期较常年推迟7～10天，栽后持续高温，僵苗迟发面积大；二是梅雨期阴雨天多，光照少，生长缓慢。三是8月两次强降雨，给棉花生产造成毁灭性打击，早衰及死苗面积大；收获期低温阴雨，更是雪上加霜，造成单产大幅下降。

二、全省棉花长势分析

（一）全省棉花生长指数分析

2008年湖北省棉花生长指数为91，棉花长势较2007年差近一成（表5-3）。从全生长期来看，气候灾害频发，温光水资源不利，产量减少。全省4—10月降水量977毫米，分别比2007年和历年平均多156毫米和59毫米；日照时数比2007年少114小时，比历年少273小时（表5-3）。≥10℃积温和≥20℃积温比2007年和历年都大大减少。积温偏低、日照不足，雨水偏多，是2008年棉花生产不利的主要原因。

表5-3 湖北主产棉区4—10月气象资料

项目	主产棉区	≥10℃积温（℃）	≥20℃积温（℃）	降雨量（毫米）	日照时数（小时）
历年	全省	4 837	3 711	918	1 281
	鄂东	4 918	3 857	1 053	1 302
	江汉平原	4 876	3 807	876	1 313
	鄂北	4 695	3 257	794	1 213
2007年	全省	5 118	4 397	821	1 122
	鄂东	5 316	4 620	738	1 180
	江汉平原	5 056	4 404	861	1 088
	鄂北	4 980	4 165	863	1 098
2008年	全省	4 372	3 145	977	1 008
	鄂东	4 541	3 333	1 050	1 122
	江汉平原	4 635	3 233	1 100	854
	鄂北	3 941	2 870	780	1 047

棉花生长指数的大小与棉花生产的实际情况非常接近，较好地反映了湖北省棉花生长动态（表5-4），是反映气候因素的敏感快捷指标，对指导棉花生产，开展技术服务具有重要的意义。

表5-4　2007—2008年湖北省棉花生长指数（CCGI）

年份	5月	6月	7月	8月	9月	年均
2007年	100	106	103	98	89	99
2008年	86	92	90	97	92	91

（二）各月生长指数分析

5月棉花生长指数为86，主要是播种育苗期低温阴雨较多，播种进度受阻；棉田受前期雪灾和阴雨影响成熟期推迟，全省棉花移栽结束期较常年推迟7～10天，僵苗迟发面积大，移栽后遇到长达20天的高温干旱天气，棉苗生长缓慢，子叶脱落多，红茎上顶多，僵弱迟发面积大。

6月棉花生长指数为92，主产棉区在5月下旬至6月上旬气温正常，雨量适中，土壤墒情适宜，棉苗生长情况好转，但与2007年相比，6月真叶数仍少0.9片/株。

7月棉花生长指数为90，棉花生长再次受阻，受梅雨期多雨寡照的影响，温度回升慢，光照少，部分棉区雨水集中，强度大，有的地方甚至出现了少有的冰雹天气，对棉花生长极其不利。7月监测，全省三分之一以上的棉田未搭起丰产架子，生育指标为近四年同期最差。

8月棉花生长指数为97，棉花生长状况接近2007年，棉花呈现出丰产趋势。7月中下旬至8月上旬全省棉区气温较高，日照充足，降雨量适宜，非常适合盛花期开花结铃的需要。本月的有利气候条件，预示本省棉花将扭转前期不利，向好的方向发展。

9月棉花生长指数为92，棉花生长情况再次急转直下，较2007年低近一成，棉花减产已定。8月的中下旬的两次强降雨天气给全省棉花生产造成毁灭性打击，使稍有好转的棉花生产形势急转直下。据监测，8月11—17日，全省棉区普遍受到3天以上的大暴雨袭击，加上雨后的暴晴，导致棉株中上部蕾、花大量脱落。天门市8月14—16日降水量221毫米，全市近40万亩棉田渍害严重，绝收面积3.5万亩。8月28—30日全省再次强降雨，钟祥市降雨量达200毫米左右，局部地区高达300毫米以上，导致棉田全面受渍，田间湿度大，棉花蕾、花、幼铃大量脱落，棉株下部烂铃增加，早衰死苗面积大，全省近70%棉田9月中旬出现早衰趋势，面积之大为本世纪前9年之最。

秋季连续阴雨，棉田湿度大，烂铃增加。9月下旬至10月上旬全省连阴雨天气，更是“雪上加霜”，不仅影响了棉铃正常开裂吐絮，烂桃增加，且加速了棉株死亡，单产进一步下降，部分棉田拔秆提早到国庆节前后，10月底，全省50%左右的棉田已拔秆腾茬和秋播。

三、2009年棉花生产展望

（一）棉花生产主要问题

1. 杂交棉种植密度依然偏稀，抗灾能力弱。据监测，全省棉花种植密度1 593株/亩，比上年减少25株/亩，有的田块棉花种植密度不足1 100株/亩。在2008年灾害性气候条件下，稀植棉株中上部集中结铃的个体优势不仅未能显现，导致棉花单产大幅度下降。

2. 植棉比较效益低。生产资料价格全面暴涨，棉田投入大幅增加，棉价低迷，加上单产大幅下降，部分棉田投入都收不回，农民植棉积极性受到了严重挫伤。表现最为明显的是，常年11月启动的棉种市场，12月十分清冷，2009年植棉面积呈下滑趋势。

3. 受全球经济危机影响，新棉收购开秤时间迟，且棉价大幅下跌。全省棉区9月20日左右才开秤收购新棉，比常年推迟10天左右，部分县市出现了有价无市现象，与前几年商贩走村串户，服务上门，收购进田的热闹场面形成了强大的反差。子棉售价，从开秤时的5.2～5.6元/千克降到11月中旬的4.0元左右，12月最低仅1.6元/千克。由于收购价与棉农的成本价差距较大，农民不愿出售；收购企业有因市场走向不明，后市难以预测，不愿收，即使收了，也是前收后跌，收一批赔一批，收得多赔得多。

4. 一些非靶标害虫，如盲蝽象和烟粉虱的发生呈逐年加重趋势，需引起足够重视。

（二）2009年棉花生产展望

受2008年产量下降、成本提高、效益大幅下滑等因素影响，2009年植棉形势不容乐观。据2009年1月监测结果，湖北全省植棉面积将锐减两成，减少120万亩以上。

（撰稿：张教海，别墅，王孝纲，夏松波，余隆新；
湖北省农科院经济作物研究所）

第三节　CCGI 在 2008 年安徽省棉花长势监测中的应用

据全国公益性行业棉花专项科研组和国家棉花产业技术体系安徽项目组的连续监测，2008 年安徽省 CCGI 为 84，表明棉花生长情况整体差于上年一成半，属“晚熟、烂铃、减产、减收、负效”年景。全省棉花面积略增 0.46%，单产减 16%，总产减 15.7%，品质较差；植棉成本飙升，棉花收购价跌入谷底，棉农收益锐减甚至赔本。

一、全省棉花生产概述

（一）面积略减，单产、总产减少，品质较差

监测显示，2008 年全省种植面积 483 万亩左右，比 2007 年增 0.46%，中、南部（沿江和江淮棉区）略增，北部（淮北棉区）继续下降；棉花单产为 65.5 千克/亩，比 2007 年减 16%（2007 年按实际面积校正后为 78 千克/亩），总产为 31.6 万吨，比 2007 年减 15.7%。全省棉花生长前中期多低温阴雨，棉花生育期较历年有所推迟，烂铃严重，棉花品质较差。

又据《2008 年安徽省国民经济和社会发展统计公报》：2008 年全省棉花面积为 571.5 万亩，增 1.46%；皮棉总产为 36.9 万吨，减 1.34%。

（二）植棉成本飙升，收购价跌入谷底，植棉效益暴降

1. 成本涨两成以上。据调查，全年棉花生产成本增加 200 元/亩以上，增幅 20%左右，其中物质费用占上涨部分的 80%，用工费用占 20%。化肥价格同比增长 40%～120%，其中尿素涨幅 20%，磷酸二铵与复合肥涨幅 60%～70%，钾肥涨幅 70%～120%，地膜价格增 12%，农药价格增 25%～60%。

2. 单产减两成。据调查，全省棉花单产下降 20%。主要原因：一是受前茬油菜冻害迟熟迟收的影响，移栽进入大田推后（不包括空白田和麦茬），加上前期严重干旱和低温，导致弱苗迟发，生长进度滞后 10～20 天，直到 8 月大多棉田没有搭起丰产架子。二是不利气候影响。前期干旱持续到 7 月，然而，进入 8 月遭遇“凤凰”台风侵袭，出现连阴雨天气，烂铃率达到 5%左右；10 月还出现一次连阴雨天气，10 月中下旬气温下降快，许多晚秋桃未能正常吐絮，加重了减产，降低了品质。三是病虫害发生危害加重。枯、黄萎病

发生较重，全省棉盲蝽重发，棉花顶叶、幼蕾、生长点受害严重，对棉花产量形成和品质影响较大。四是投入不足。由于农资价格的飙涨，据调查，已有三分之一的农户改变了施肥计划。一改高浓度复合肥为低浓度复合肥，二改施肥数量，一般减少施肥量的三分之一，还有放弃施肥。

3. 植棉效益跌幅高达40%，收益几乎为零。受金融危机影响，棉价一路下跌，2008年新棉价格高开低走，价格一路走低，呈跳水走势。棉价从9月的5.4～5.8元/千克，下降到10月上旬的4.8～5.0元/千克，到10月下旬的4.0～4.4元/千克，有的地方甚至更低到3.4元/千克。到11月大部分地区出现有价无市和无价无市的局面，各加工厂纷纷停止收购。虽然国家出台了相关调控政策，收购启动但效果甚微。

据调查分析，2008年生产资料价格、单产降低和棉花售价下降三大要素导致植棉收益将减少41%，如果将用工计算在内，棉花为负收益。

二、全省棉花长势分析

（一）全省生长指数分析

2008年安徽省CCGI平均值为84（表5-5），棉花生长明显差于2007年。从全省的棉花生长指数来看，5月、6月、7月均显著低于2007年同期，苗情差于2007年，8月、9月可能气候较适宜于生长，棉花生长指数仍小于2007年同期，这是因前期长势差和发育迟的缘故。

表5-5　2008年安徽省棉花生长指数（CCGI）

棉区	5月		6月		7月		8月		9月		平均	
	2007年	2008年	2007年	2008年	2007年	2008年	2007年	2008年	2007年	2008年	2007年	2008年
全省	105	86	107	93	102	73	96	80	94	90	101	84
沿江棉区	110	83	115	88	117	64	105	71	95	85	108	78
江淮棉区	95	109	104	120	87	115	85	84	84	97	91	105
淮北棉区	120	103	102	99	105	90	93	131	91	100	102	105

（二）各亚区棉花生长指数分析

比较2008年安徽三个亚区长势，淮北好于江淮，以沿江最差。

1. 沿江棉区（表5-6）。4月至5月天气晴好，雨水适中，气温比历年略高，对棉花出苗有利，棉苗早发。但由于茬口和雨水偏少等原因，该棉区部分棉花移栽较历年要晚，缓苗期稍长，5 月 CCGI 仅为 83，显著差于 2007 年同期近两成。6 月降雨量仅为历年的一半左右，温度偏低，日照时数较历年有所减少，对棉花生长极为不利，枯黄萎病发生较重。6 月 CCGI 为 88，显著低于 2007 年同期。7 月气候同样不利于棉花生长，温度较历年偏高，有数日温度达 35℃以上，部分地区棉花遭受高温伤害。7 月低至 8 月初，“凤凰”台风来袭，沿江棉区不少棉花被水淹没，花蕾等脱落严重，有的甚至整株死亡；又因前期雨水少，所施肥料造成肥害，死株多。7 月、8 月的 CCGI 分别为 64 和 71，差于 2007 年同期的近四成和三成，一方面由于棉花生长前期长势差、发育慢造成棉花整个生育进程少则推迟一周，多则 10 天以上；另一方面，枯黄萎病、“凤凰”台风以及肥害均对棉花生长产生非常不利的影响。进入 9 月，气候条件较适宜于棉花生长，温度、雨水均较适中，9 月 CCGI 为 90，与 2007 年同期差异不大。10 月温度较高，雨水略多于历年，对棉花吐絮较为有利。

2. 江淮棉区。江淮地区 4 月、5 月的温度回升较快，降水多于 2007 年同期，由于该地区棉田土壤较瘠薄，经常受旱，因此 2008 年的这种气候特别利于棉苗早发稳长，5 月、6 月的 CCGI 分别为 109 和 120，显著高于 2007 年同期值。虽然 6 月雨水仍然较 2007 年偏多，日照时数偏少（表 5 - 6），较适合于枯、黄萎病的暴发，但该棉区是新棉区，历年枯、黄萎病发生就特别轻，2008 年枯、黄萎病仅零星发生，因此 7 月的 CCGI 较高，为 115。7 月底 8 月初，“凤凰”台风对该棉区也有很大影响，花蕾脱离严重，棉株遭受渍害，以至于 8 月的 CCGI 直线下降，仅为 84，低于 2007 年同期值（85）。8 月中旬以后，天气晴好，雨水较少，日照时数与 2007 年同期相当，对棉花生长非常有利，加上前期棉花长势很好，9 月的 CCGI 回升至 97，显著高于 2007 年同期值。10 月天气晴好，利于吐絮。

3. 淮北棉区。4—5 月淮北地区降水较多，日照时数同历年相当，≥10℃活动积温略低于 2007 年（表 5 - 6），对棉花育苗及生长较为有利，5 月 CCGI 为 103，表明此时棉花长势较好，尽管 CCGI 仍低于 2007 年。6 月、7 月气温正常，日照时数略少于 2007 年同期，但雨水偏少，仅相当于 2007 年同期降水的 1/3，棉花受旱较重，6 月、7 月的 CCGI 也呈逐渐下滑趋势，分别为 99 和 90，均低于 2007 年同期值。7 月底的“凤凰”台风在该地区破坏力有所减弱，雨量及风力均不是很大，没有造成不良影响，相反，却是一场及时雨，缓解了旱情。8 月下旬至 9 月上旬，天气晴好，日照充足，但 9 月中旬以后日照时数显著少于 2007 年同期，给棉花生长带来一定程度的不利影响。总体来说，生长后期，本亚区气候较为有利，8月、9月的CCGI分别为131和100，均高于2007年同期。10月天气多阳，有利于吐絮。

表5-6　安徽省主产棉区棉花生长季节（4—10月）气象资料

时间	棉区	≥10℃积温（℃）	降水量（毫米）	日照时数（小时）
历年	全省	4 768	1 020	1 317
	沿江	4 922	982	1 261
	江淮	4 683	1 376	1 251
	淮北	4 700	701	1 438
2007	全省	4 968	1 048	1 197
	沿江	5 115	846	1 138
	江淮	4 920	1 175	1 237
	淮北	4 868	1 123	1 217
2008	全省	4 971	794	1 102
	沿江	5 260	804	1 121
	江淮	4 847	776	1 016
	淮北	4 806	803	1 168

三、2009年棉花生产展望

由于棉价过低，许多棉农仍然持观望态度，不肯出售棉花，据2009年2月调查，棉农家中尚有约20%的子棉待售。受植棉成本上扬与棉花价格大幅度下跌影响，2009年植棉形势不容乐观，据2009年1月意向调查，预计2009年全省植棉面积将减少26%，沿江棉区、江淮棉区及淮北棉区面积分别减少17%、30%和42%。

（撰稿：郑曙峰，王维；安徽省农业科学院棉花研究所）

第四节　CCGI在2008年江苏省棉花长势监测中的应用

据全国公益性行业棉花专项科研组和国家棉花产业技术体系的连续监测，

2008 年江苏省年均棉花生长指数（CCGI）为 99，表明棉花生长情况略低于 2007 年。2008 年生育前中期低温寡照，不利于发棵生长，7 月 4 日出梅雨后，虽受渍害、病虫害及台风影响，但比 2007 年相对较轻，加之结铃吐絮期气候总体有利，单产高于 2007 年。监测结果，2008 年单产 75.9 千克/亩，增 7.4%；总产 36.1 万吨，减 1.9%。

一、全省棉花生产概述

（一）植棉面积下降

近年来一方面由于自然灾害频繁而产量不稳，另一方面植棉成本增加，导致植棉效益不尽如人意。据江苏省优质棉科技服务项目组对 16 个主产棉县定点调查估测，全省植棉面积比去年下降 8.6%。2008 年全省棉花种植面积为 476.2 万亩，比 2007 年植棉面积减少 44.8 万亩。

（二）总产下降，单产增加，各大棉区产量差异较大

据监测，全省 2008 年皮棉单产为 75.9 千克/亩，比 2007 年增 7.4%；总产 36.1 万吨，比上年减 1.9%。根据 9 月份估产结果，四个棉区产量差异较大，其中沿江棉区皮棉产量为 96.1 千克/亩，里下河棉区单产为 94.2 千克/亩，沿海棉区和徐淮棉区分别为 69.9 和 77.9 千克/亩。

（三）棉价下跌，成本增加，植棉效益低微

全省棉花售价与 2007 年形成较大反差，2007 年子棉价格一路上扬，平均售价 5.84 元/千克，2008 年子棉售价低开低走，持续低迷，平均售价在 4.8 元/千克左右，比 2007 年降 17.8%。棉农因子棉售价与期望价相差太大不愿出售，到 12 月大丰县售子棉仅占应售的 17.0%，灌云仅占 58.0%，观望状态浓厚。

监测显示，棉花生产成本比 2007 年有较大幅度上涨，为 1 048.1 元/亩（含人工工资），比 2007 年上涨 17.8%。其中以肥料价格上涨惊人，与 2007 年相比，尿素价格上涨 32%，过磷酸钙、二铵、复合肥等价格上涨幅度为 44.2%～67.7%，氯化钾的价格则翻了一番。

2008 年受棉价和生产资料成本上涨的双重影响，一般农户棉花主产品产值为 1 176.7 元/亩，比 2007 年减 172.8 元/亩；收益 128.6 元/亩，比 2007 年减 71.7%。即使加上良种补贴 15 元/亩，植棉纯收入仅为 150 元左右，严重挫伤了农民的植棉积极性。

二、全省棉花长势分析

（一）全年棉花生长指数分析

2008年江苏省年均棉花生长指数为99，与历年比为103，表明2008年棉花生长情况与上年相当但好于历年（表5-7）。棉花生长前中期受低温寡照的影响，棉花生长指数偏低。7月中旬后气候条件总体有利于棉花生长发育，棉花生长恢复，棉情与2007年相当。

2008年棉花生长季节（4—10月）热量资源与历年相差不大（表5-8），其中≥10℃积温均表现出高于往年的趋势，但≥15℃积温均偏低。降雨量除徐淮棉区外均比历年少，各大棉区日照时数明显不足，其中沿海棉区和徐淮棉区比历年分别少278和267小时。9月和10月份，除了徐淮棉区外，各棉区≥10、15℃活动积温高于2007年，各棉区日照时数与2007年相当，而降水都少于2007年，对棉花裂铃吐絮总体有利，提高了结铃强度，有效地弥补了棉花前期发育普遍偏晚的不足。因此，2008年吐絮期有利的气候条件特别是降雨偏少是产量形成的重要前提。

就全省2008年棉花生长指数变化规律看，生长指数基本反映棉花适时生长动态，也是反映气候因素的敏感快捷指标。

表5-7　2008年江苏省棉花生长指数（CCGI）

项　目	5月	6月	7月	8月	9月	年均
与2007年比	89	94	99	115	99	99
与历年比	93	96	114	107	107	103

表5-8　江苏省典型产棉县气候资料

典型市（县）	年份	活动积温（℃）			降雨量（毫米）	日照时数（小时）
		≥10℃	≥15℃	≥20℃		
沿海棉区（射阳）	历年	4 552	4 201	3 363	809	1 493
	2007	4 776	4 407	3 615	917	1 246
	2008	4 692	4 277	3 429	786	1 215
沿江棉区（启东）	历年	4 589	4 203	3 213	832	1 378
	2007	4 244	3 811	2 842	711	1 087
	2008	4 850	4 512	3 502	756	1 288

（续）

典型市（县）	年份	活动积温（℃）			降雨量（毫米）	日照时数（小时）
		≥10℃	≥15℃	≥20℃		
徐淮棉区（丰县）	历年	4 606	4 302	3 451	654	1 602
	2007	4 843	4 509	3 589	663	1 394
	2008	4 643	4 271	3 334	858	1 335
里下河棉区（兴化）	历年					
	2007	4 950	4 659	3 848	1 105	1 344
	2008	4 973	4 625	3 752	957	1 216

（二）各月生长指数分析

5月全省棉花生长指数为89，表明5月苗情比2007年同期差一成多，5月中旬真叶数为3.1叶/株，比2007年同期少0.4叶/株。棉花生产开局一般，主要由于江苏全省苗蕾期低温及光照不足，使得棉花生长发育期比常年迟7～10天。

6月全省棉花生长指数为94，表明苗情虽有所转化但仍差于2007年同期。6月中旬真叶数为8.0，比2007年同期少0.6叶/株。6月14日入梅，梅雨早，加剧棉苗迟发晚长。

7月棉花生长指数为99，棉花生长情况好转接近2007年同期。7月果节数为28.2个/株，比2007年同期少0.2个/株。7月4日出梅，梅雨期长短正常，部分棉区受渍面积较大，但与前几年相比梅雨灾害相对较轻，对棉花营养体的建成及伏前桃形成有一定影响，比常年生育期推迟10～15天左右。

8月棉花生长指数为107，棉花生长状况已经好于2007年同期。8月单株成铃数12个/株，比2007年多1.6个/株。江苏棉区自出梅后，天气条件总体有利于棉花生长转化。但这段时期连续遭遇大到暴雨天气以及台风“凤凰”侵袭过程，对沿海棉区和徐淮棉区棉花中部成铃产生较大的影响，也是造成这两个棉区产量较低的原因之一。

9月棉花生长指数为99，棉花生长情况与2007年接近。9月单株成铃24.6个/株，比2007年少0.2个/株。8月底9月初两次冷空气过境，降温幅度大，加上枯、黄萎病大发生，盲蝽象发生加重，影响了棉花后期产量的进一步补偿。其他时段晴热高温，有利于吐絮。

综上所述，2008年CCGI较好地反映了各生育时段棉花生长发育状况，是反映气候和病虫害等影响的极为敏感和快捷的指标，对进行棉情诊断、调整栽培管理措施及棉花产量预测等提供了依据。

三、2009年棉花生产展望

（一）棉花生产问题

一是效益下滑，植棉面积难以稳定。受金融危机的影响，棉花价格持续低迷，加上成本持续上涨，用工多，而粮棉比价失调，因此稳定植棉面积以及提高植棉收益难度增大。二是自然灾害频繁，病虫危害重，影响稳产和高产。棉花产量很大程度上取决于天气和台风暴雨影响，以及枯、黄萎病暴发程度、盲蝽象为害加重都是产量不稳的重要因素。三是种植密度偏低，抗灾补偿能力差。四是品种多、乱、杂的现象依然存在。

（二）展望

2008年棉花价格大幅度下跌和农资成本上涨导致植棉收益大幅下降，加之江苏棉区近几年棉花产量受灾害性气候影响，2009年植棉形势不容乐观。据2009年1月调查，各大棉区植棉面积都有下降，预计下降幅度达到20%以上。

（撰稿：杨长琴，徐立华；江苏省农业科学院经济作物所）

第五节　CCGI在2008年山东省棉花长势监测中的应用

据全国公益性行业棉花专项科研组和国家棉花产业技术体系的连续监测，2008年山东省棉花生长指数CCGI为108，表明棉花生长状况较上一年度为好。监测结果表明，全省植棉面积1 350万亩左右，较上年减少1.3%；气候对棉花生长较为有利，加上管理到位，棉花单产较上一年提高了5%以上，创历史单产最高水平。在面积减少的情况下，总产达104万吨，仍比上年度增加4%。但由于生产成本上涨，收购价格下降，棉农增产不能增收，植棉积极性遭受重挫。

一、全省棉花生产概述

2008年山东省植棉面积1 350万亩，较上年减少1.3%。全年气候条件对棉花生长较为有利，加上品种和棉田管理技术到位，病虫危害较轻，主产棉区的棉花单产普遍提高，达78.1千克，较上一年提高5.4%，创历史最高水平；棉花总产104万吨，在面积减少的情况下，仍较上年度增加4%。2008年山东省棉花生产的总体情况是面积减少、单产提高、总产增加。

回顾一年的生产情况，可以看出2008年受春季降雨的影响，棉花播种期普遍推迟到4月下旬，个别推迟到5月上旬，虽然棉花播种晚，但出苗好，基本上是一播全苗；棉花前期生长受低温影响，发育迟缓，但是现蕾以后温度高、光照好、降水适宜，个别地区尽管雨水较多，但也多是夜雨昼晴，没有形成大的涝灾，比较有利于棉花生产。特别是8月份以后，光照充足，气温偏高，极利于棉花生长发育，棉花早衰较轻，熟相较好，产量普遍较高。

二、全省棉花长势分析

2008年山东省棉花生长指数明显好于全国和黄河流域的平均水平。全国和黄河流域9月份棉花生长指数分别为98和97，年平均分别为94和95，较上一年差；而山东省9月份棉花生长指数为118、年平均为108，好于上一年。生长指数说明，2008年山东省棉花生产好于全国平均水平。

与常年相比，2008年山东省CCGI前期偏低，但6月份后明显升高，9月份达到118，明显好于常年的平均水平（表5-9）。

表5-9　2008年5—9月山东省及全国棉花生长指数情况

棉区	指数	5月	6月	7月	8月	9月	年均
全国	2008	86	95	92	100	98	94
黄河流域	2008	88	93	98	101	97	95
山东	2008	98	101	99	102	108	101
	与历年比	94	98	114	116	118	108

5月CCGI为98，较上一年度低，主要是由于3、4月份雨水较多，影响了播种，全省棉花播种期明显推迟，一般较常年推迟10天左右，棉花苗期生长发育偏晚。

6、7、8月CCGI分别为101、99和102，棉花生长状况有所好转，基本接近或超过上一年水平，5、6月份温度偏低对棉花生长有一定的影响，但7月的高温对棉花生长极为有利。

9月CCGI达到108，明显好上一年。前期7月份的高温多雨和8、9月份的少雨富照，极利于棉花营养和生殖的协调生长，特别是对棉花有效成铃的生长发挥了重要作用。10月高温天气又对棉花后期成熟创造了极为有利的条件，使增产成为定局。

从各主产棉区的生长指数来看，生产上也存在差异。山东省南部棉花生长较好，而北部生长稍差些，表5－10基本上反映了各区的棉花生产的实际情况。

表5－10　2008年5—9月山东省主要产棉县生长指数情况

县　区	5月	6月	7月	8月	9月
菏泽市牡丹区	63	84	102	113	112
成武县	98	102	103	128	110
夏津县	99	105	100	99	94
邹平县	70	106	67	82	98
惠民县	77	92	95	98	109
广饶县	116	85	79	92	123

2008年山东省CCGI较好地反映了不同生长期各地的棉花生长情况，同时也给出了一个非常直观的数字化参数，对棉花生产具有现实的指导和参考意义。

三、气候因素及病虫害情况分析

2008年棉花生长季节（4—10月）≥0℃积温远高于上一年及常年平均水平（表5－11）。2008年4月份的平均气温与上一年相当；5、6月平均气温明显低于上年的平均气温；而7月份气温则显著高于上一年的气温，对生长较为有利；8、9月与上一年及常年相当，10月份气温偏高，平均气温较上一年高10℃以上，极利于棉花后期的生长及成熟。

表5－11　山东省主产棉区棉花生长季节（4—10月）气象资料

地　区	时　间	≥0℃积温（℃）	降水量（毫米）	日照时数（小时）
菏泽市	历年	4 522	545	1 555
	2007	4 720	636	1 371
	2008	4 982	783	1 297

（续）

地　区	时　间	≥0℃积温（℃）	降水量（毫米）	日照时数（小时）
聊城市	历年	4 411	539	1 574
	2007	4 497	455	1 140
	2008	4 768	570	1 171
德州市	历年	4 555	486	1 644
	2007	4 668	472	1 419
	2008	5 043	554	1 291
滨州市	历年	4 330	527	1 647
	2007	4 540	573	1 438
	2008	4 790	472	1 246

2008 年 4—10 月降雨量明显多于 2007 年和常年平均降雨量。4、5 月降雨偏多，6、7 月降雨与常年相当，只是个别地区稍多于常年和上一年，8、9 月雨量稍偏少，极利于棉花中后期的生长与成铃，10 月份降雨明显多于上一年及常年。2008 年尽管降雨较多，但分布较为均匀，特是中后期的降雨多为夜间下雨白天晴，没有形成大的涝灾，比较有利于棉花生产。

从日照来看，生长季节内日照时数略低于 2007 年，也低于常年水平。4—7 月日照低于上一年和常年，但 8 月和 10 月的棉花关键生长季节，其日照还高于上一年和常年水平，对棉花生产有利，对 2008 年棉花增产发挥极为重要的作用。

2008 年棉花病虫害危害较重。棉铃虫发生范围广，面积大，落卵量高，鲁北棉区累计卵量为 1 500 粒/百株，有的地方多达 3 000 多粒；同时盲蝽象、烟粉虱、棉蓟马在鲁西北和鲁北棉区发生较重，危害也较重。近几年棉花枯、黄萎病发生上升趋势，对棉花生产也造成了不利影响。

四、2009 年棉花生产展望

2008/09 年度农资价格上涨，用工费用上扬，棉花生产成本增幅较大。据调查，化肥价格上涨 30％以上，农膜、农药、棉种等价格也上涨 10％以上。加之近两年来，盲椿象等次要害虫的大发生，治虫成本也有所增高。但受国外市场及国内经济形势的影响，棉花收购价格一直低迷。2008 年子棉价格开始为 6.0 元/千克，一路下滑，有些地方甚至滑到 4.0 元/千克以下，目前平均子棉价格为5.0元/千克左右，较上一年度每千克子棉低了1.0元以上。虽然2008年的棉花单产有所增加，但生产成本增加，收购价格下降，造成2008年棉花增产不增收现象。农民的植棉积极性严重受挫，预计2009年全省植棉面积会显著减少。据近期对部分产棉县农民来年植棉意向调查，2009年山东省的植棉面积可能会减少15%左右。

棉花价格的下降、植棉效益的剧减和生产资料价格的上涨，会使棉农进一步降低对棉田的物质和人工投入，棉花单产自然会受到影响。在面积减少的基础上，若单产再降低将会使总产大幅度减少，原棉供求矛盾将进一步加剧。

（撰稿：李维江、董合忠；山东棉花研究中心）

第六节 CCGI在2008年河南省棉花长势监测中的应用

据全国公益性行业棉花专项科研组和国家棉花产业技术体系的连续监测，2008年河南省棉花生长指数101，表明棉花生长势略好于2007年。播种育苗期受低温阴雨影响，棉花生产开局不利；中期气候适宜，苗情转化加快；8月中下旬的两次强降雨，棉花生产形势急转直下；9月棉花生长指数为92，单产水平低于上年。由于主产区近几年棉花产量不稳定，且外出务工增加，面积继续减少。

全省意向面积840万亩，实际植棉面积909万亩（河南省统计局），比2007年1 050万亩减141万亩，减13.4%。皮棉单产71.6千克/亩，比2007年71.4千克/亩略增0.2千克/亩，增0.2%。预计全省棉花总产为65.1万吨，比2007年75万吨减9.9万吨，减13.2%。由于棉花市场处于深度恶化状态，预计2009年植棉面积继续下降。

一、全省棉花生产概述

（一）植棉面积减少

由于主产区近几年产量不稳定，外出务工增加，2008年棉花面积为909万亩，减13.4%。

（二）单产略增，总产减少

监测结果，全省棉花平均单产71.6千克/亩，略增0.2%。预计全省棉花总产为 65.1 万吨，比 2007 年减 13.2%，与 2006 年持平。

（三）成本增加，收益增加

调查样本子棉产量 226.0 千克/亩，比上年的 210.1 千克/亩增 7.6%。子棉售价 4.30 元/千克，比上年的 6.18 元/千克减 30.4%。全省棉花主产品产值 971.8 元/亩，比上年的 1 297.9 元/亩减 326.1 元/亩，减幅 25.1%。生产投入 440.7 元/亩，比上年的 380.7 元/亩增 60.0 元/亩，增 15.8%；人工投入 501.0 元/亩，比上年的 405.6 元/亩增 95.4 元/亩，增 23.5%；加上其他间接投入和固定资产折旧，生产成本 1 002.0 元/亩，比上年的 850.8 元/亩增 151.2 元/亩，增幅 17.8%。由于子棉售价下降 30.4%，2008 年植棉收益为 —32.0 元/亩，比上年的收益 447.2 元/亩减 477.4 元/亩，减幅达到 106.8%。

（四）天气整体不太好，高温不足，多阴寡照

棉花生长季节≥10℃积温略偏多，≥20℃积温偏少，降水略偏多，日照偏少，但基本上无灾害性天气发生，对棉花正常生长还是适宜的。

一是日照偏少（表 5－12）。日照时数 1 111 小时，比历年少 291 小时，比 2007 年多 67 小时。7 月中下旬起，低温阴雨天气多，9 月中旬至 10 月，高温偏低，多阴少阳。

二是热量偏少（表 5－12）。4—10 月≥10℃积温 4 636℃，比历年多 24℃，比 2007 年多 101℃；但≥20℃积温 3 505℃，比历年少 239℃，比 2007 年多 38℃。其中，平均气温除 8 月较正常外，其他月份均偏低，6、7 月为甚。且 7、8 月高温天气尤其不足，加上多阴寡照及病虫为害，蕾铃脱落严重，伏前桃少，秋桃空。

三是降水增加（表 5－12）。2008 年降雨量 633 毫米，比历年多 31 毫米，比 2007 年多 55 毫米。中期降水集中，但阴天较多。

表 5－12　河南省主产棉区棉花生长季节（4—10 月）气象资料

棉区	项目	≥10℃积温（℃）	≥20℃积温（℃）	降水量（毫米）	日照时数（小时）
全省	历年	4 612	3 744	602	1 392
	2007	4 535	3 467	578	1 044
	2008	4 636	3 505	633	1 111
豫南	历年	4 954	4 163	674	1 263
	2007	4 703	3 679	663	1 002
	2008	4 653	3 649	703	982

（续）

棉区	项目	≥10℃积温（℃）	≥20℃积温（℃）	降水量（毫米）	日照时数（小时）
豫东和豫东南	历年	4 516	3 667	599	1 408
	2007	4 490	3 457	675	1 045
	2008	4 699	3 475	681	1 141
豫北	历年	4 552	3 417	484	1 537
	2007	4 483	3 339	392	1 070
	2008	4 556	3 390	514	1 211

（五）播期先低温后干旱为害重，中期病虫害加重

4月中下旬至5月初先低温后干旱，推迟田间和苗床播种4～5天，且烂种烂芽普遍，出苗不齐，苗病重。5月中旬后阴雨天增多，麦棉两熟套种棉花趁雨移栽正常。

7月中下旬—8月下旬，棉铃虫和棉盲蝽偏重发生，同期黄萎病也偏重发生，加重蕾铃脱落。

二、全省棉花长势分析

全省CCGI 2008年年均值为101（表5-13），表明棉花生长略好于2007年，各月生长指数如下：

表5-13　2008年河南省棉花生长指数（CCGI）

年份	5月	6月	7月	8月	9月	年均
全省	91	97	102	111	104	101
豫南	90	91	104	126	104	103
豫东及豫东南	94	102	103	113	107	104
豫北	91	98	97	94	97	95

5月CCGI为91，苗情比2007年差近一成，棉花生产开局一般。4月上中旬低温阴雨持续，大田直播和苗床播种推迟，已播棉田和苗床烂种烂芽普遍。4月下旬到5月初“干热风”持续5～7天，不利于播种出苗。5月上中旬阴雨持续，导致豫北死苗面积大，出苗不齐；但对麦棉两熟套种棉花移栽有利，麦棉争水矛盾小，返苗成活和生长加快。

6月CCGI为97，苗情略差于2007年。6月高温少，豫北棉区旱情重，黄

淮和豫南麦套棉区降水墒情适宜，麦收后棉苗生长加快，苗情好，丰产架子搭建早。

7月CCGI为102，苗情略好于2007年。7月普遍高温不足，降水集中偏多，日照少。豫北尤重，降水多于上年和常年，达80～100毫米。棉田渍涝危害重，高温高湿又加重黄萎病的发生，同时，三、四代棉铃虫和棉盲蝽为害加重，导致蕾铃脱落增加，棉株上部和下部较空。

8月CCGI为111，苗情好于2007年一成多。进入8月全省温度增高，有利于增结伏桃，但高温偏少，多阴少阳，不利于增结秋桃，对麦后棉花棉铃正常成熟和吐絮也不利。

9月CCGI为104，苗情好于2007年近半成。进入9月，气温下降快，阴雨少，有利于棉花吐絮收获。

10月中下旬低温阴雨持续，不利于棉花收获。

三、2009年棉花生产展望

受金融危机的冲击，棉花市场处于深度恶化状态。据开封市、周口市、商丘市三地调研，新棉价格一路走低，从9月的2.8～2.9元/斤，下降到10月下旬的2.2元/斤左右，出现有价无市和无价无市的局面，“棉农无法卖、轧花厂不敢收、纺企不敢买”，植棉收益大幅度减少三至七成。到2009年3月仍有大量棉花存于农民家，销售滞后。由于市场疲软，价格大幅度下跌，重挫棉农植棉积极性，加上粮棉比价失调，以及全省增产粮食目标之所需，预计2009年植棉面积大幅度减少，可能跌破600万亩水平。

（撰稿：王香河，中国农业科学院棉花研究所）

第七节 CCGI在2008年河北省棉花长势监测中的应用

据全国公益性行业棉花专项科研组和国家棉花产业技术体系的连续监测，2008年河北全省棉花生长指数CCGI为92，表明棉花生长情况略低于2007年；9月生长指数为100，由于受播种期间低温降雨影响，前期生长指数过小，但后期“风调雨顺”。因此总体来看，2008年棉花产量与2007年相当，仍是一个丰收年。监测结果，全省植棉面积1 042.4万亩，比2007年减1.6%；单产 86.0 千克/亩，增 5.7%；皮棉总产 89.6 万吨，增幅 3.9%。

一、全省棉花生产概述

据连续监测，2008 年河北省棉花生长指数（CCGI）为 92，表明棉花生长情况略低于 2007 年，但与常年相比，棉花生长指数为 124，2008 年仍是一个丰收年。监测结果，全省植棉面积为 1 042.4 万亩，单产 86.0 千克/亩，皮棉总产 89.6 万吨。

2008 进入 4 月后气温逐渐回升，各地在 4 月中旬普遍进入播种期，但从 4 月 18 日开始持续到 23 日的降水与低温天气严重影响了棉花的播种出苗，尤其是 4 月 15 日以后播种的棉花出现了大面积的补苗毁种情况。24 日以后天气好转，各地播种进度加快。总体来看，受持续低温降雨影响，河北省大部地区播种（包括毁种）较常年晚 7～10 天左右，但从棉花适宜播期来看，今年的棉花播种期基本处于适宜播期之内。2008 年棉花整个生长期内多阵性降雨，降水完全可以满足棉花生长发育的需要，尤其有利于大面积旱地棉田棉花的生长，气温日照基本能满足棉花生长发育的需要，没有出现大的灾害性天气，“三桃”（伏前桃、伏桃和秋桃）齐结，9 月与 10 月棉花收获期降雨不多，烂铃少，吐絮收获正常。

2008 年棉花产量高于常年，属于丰产年景。然而，受金融危机影响，2008 年新棉高开低走，开秤价 5.6～5.8 元/千克左右，到 10 月之后售价一路下跌，11—12 月大量加工厂停收、棉农惜售，在国家出台收储政策后，棉花收购加工市场出现了复苏的迹象，目前棉花收购价格在 4.2～4.6 元/千克，许多棉农仍然持观望态度，不肯出售棉花。棉农家中尚有约 40% 的子棉待售，高于常年 30 个百分点，很是焦急。

二、全省棉花长势分析

（一）全省棉花生长指数分析

2008 年河北省棉花生长指数为 92（表 5 - 14），但 9 月棉花生长指数为 100，由于播种期间受低温降雨影响，今年前期棉花生长指数偏低，棉花生长中后期可以用“风调雨顺”来形容，棉花“三桃”齐结，产量与 2007 年基本相当，属于丰产年景。

就全省 2008 年棉花生长指数变化规律看，生长指数基本反映棉花适时生长动态，是反映气候因素的敏感快捷指标。

表 5-14　2007—2008 年河北省棉花生长指数（CCGI）

项目	5月	6月	7月	8月	9月	年均
2007年	160	120	105	105	103	119
2008年	86	81	93	98	100	92

2008 年棉花生长季节（4—10 月）热量资源与历年相差不大（表 5-15），其中≥10℃积温均表现出高于往年的趋势，但≥20℃积温均偏低，日照时数略微低于往年。影响棉花产量的主要因素是降雨量，全省棉区降雨量均明显高于往年，属于多雨年份，降雨量比常年增加 180 毫米，比历年和 2007 年增 35%和 70.6%，而且降雨量在各月之间分布非常平均，全省棉花生长季节没有灌溉，也没有出现大旱灾情，这使得棉花中后期生长稳健，尤其有利于河北省大面积的旱地棉花的生长。后期无大的连阴雨天气，棉花正常收获。

表 5-15　2008 年河北省三亚区棉花生长季节（4—10 月）气象资料

项目		≥10℃积温（℃）	≥20℃积温（℃）	降雨量（%）	日照时数（小时）
河北省三亚区平均	历年	4 235	3 392	513	1 591
	2007	4 445	3 588	406	1 536
	2008	4 465	3 296	693	1 539
威县（冀南）	历年	4 311	3 461	516	1 538
	2007	4 798	3 762	312	1 529
	2008	4 690	3 437	580	1 488
南皮县（冀中）	历年	4 220	3 610	584	1 703
	2007	4 267	3 774	367	1 480
	2008	4 556	3 406	652	1 605
唐海县（冀北）	历年	4 174	3 104	449	1 531
	2007	4 269	3 229	538	1 598
	2008	4 229	3 046	847	1 524

（二）各月生长指数分析

2008 年进入 4 月后，气温正常回升，4 月中旬各地均开始播种，但 4 月 20 日前后持续了将近一周的低温降雨天气给播种出苗带来了严重的影响，致使大部分地区出现补苗毁种，24 日后天气转晴，各地加快播种进度，到月底播种基本结束。

河北省5月全省棉花生长指数为86，主要是受4月低温降雨影响了播种进度所致。由于大部分地区播种（包括毁种）较常年要推迟7～10天，导致5月棉苗发育推迟，本月日照充足，适合棉苗生长。

6月全省棉花生长指数为81，主产棉区在5月下旬与6月上旬气温较常年偏低1～2℃，土壤墒情适宜，棉苗生长基本正常，但6月真叶数仍然受播期影响较上年明显降低。

7月棉花生长指数为93，棉花生长情况好转，受播种期的影响在逐渐减小。6月中下旬到7月中上旬这段时间内多阵性降雨，主产棉区降雨量均在150%以上，土壤水分完全能满足棉花生长发育的需要。温度大部分地区接近常年或偏高1～2℃，日照充足，棉花生长发育加快，7月15日调查结果显示，伏前桃2～3个，棉花生长稳健。

8月棉花生长指数为98，棉花生长状况接近2007年，棉花已经呈现出丰产趋势。7月中下旬与8月上旬仍然保持着气温较高，日照充足的天气特点，降雨量冀南地区在100%左右，冀中地区在150毫米左右，而冀东地区则超过了200%。充足的降雨正适合盛花期对水分的需求，因此本月的气象条件奠定了棉花高产的基础。

9月棉花生长指数为100，棉花生长情况与2007年持平，棉花高产已成定局。8月下旬日照偏少，降水偏多，气候条件稍有不利，但对棉花产量已经形不成太大的影响。9月上旬气温升高，日照接近常年，光温水条件有利于棉花后期成熟与开始吐絮。

10月天气多阳，有利于吐絮收获。

三、2009年棉花生产展望

（一）棉花生产存在的问题

上半年农资价格疯狂上涨导致棉花种植成本增加200～230元/亩，尽管单产提高，但由于受金融危机影响，棉价一路下跌，由开秤时的5.6～5.8元/千克，一直下跌到4.2～4.6元/千克，其中11月出现有价无市的局面，各加工厂纷纷停止收购。后来国家出台了相关收储政策，棉花市场开始逐渐复苏，但价格大幅度下跌与植棉成本大幅度上升对棉农造成了太大的伤害。据2009年植棉成本调查，普通植棉户收益减少60%以上，承包租地植棉大户普遍亏损严重，农民植棉积极性低落，已有不少地区改种小麦。

（二）2009 年植棉走向

受植棉成本大幅度上涨与棉花价格大幅度下跌影响，2009 年植棉形势不容乐观，预计河北全省植棉面积会有所下降。其中冀中南主产棉区由于常年一熟棉田为主，面积变化不会太大，冀中、冀东部分非主产棉区预计面积下降幅度大。

（撰稿：林永增，王树林；河北省农林科学院棉花研究所）

第八节　CCGI 在 2008 年山西省棉花长势监测中的应用

根据全国公益性行业棉花专项组和国家棉花产业技术体系的任务安排，运城棉花综合试验站对山西棉花主产区 120 户棉农连续调查监测，2008 年山西省棉花生长指数（CCGI）为 90，表明棉花长势差于 2007 年一成。据山西省农业厅统计，2008 年全省植棉面积 151.3 万亩，减 2.4%。据运城市农业局统计，运城市植棉面积 132.97 万亩，减 1.2%，皮棉单产 72.2 千克/亩，减 8.4%。据项目组对三县市 120 户棉农的定点监测，2008 年植棉面积 2 012 亩，减 17.3%，子棉单产 204.8 千克，减产 3.7%。

一、全省棉花生产概述

2008 年进入 4 月后，气温回升缓慢，特别是 4 月中下旬，平均气温为 15.3℃和 16.7℃，低于 2007 年同期的低 2.1℃和 1.8℃；极端低温降到 2.8℃，严重影响出苗，所以 4 月下旬出现棉花大面积补种，部分棉田重播。总的来看，由于晋南棉区近年来播种普遍偏早，3 月下旬就开始播种，很多棉田采用干籽播种和地膜覆盖，膜上漫灌。所以，在 4 月 15 日前基本播种结束。经过 4 月中旬的补种，到 5 月初，基本达到生产用苗要求。

2008 年山西棉区前期热量不足，日照时数减少，可以满足棉花生长发育对光热的需要。但由于降雨偏少，旱情较重，加上电力紧张等原因，多数棉田灌溉不及时，灌水量不足，造成生长发育不良，个体偏小，蕾铃脱落严重。部分棉田 6、7 月蚜虫严重发生，中后期盲蝽象的危害，导致减产。但 9—10 月降雨少，有利吐絮和采摘，品质较好。

受金融危机影响，2008 年全省新棉高开低走，由 8 月开秤时的 5.6～5.8

元/千克一路暴跌，下降到4.0～4.6元/千克。11月大部分加工厂停止收购，谁收谁赔钱，并且棉农惜售。在国家出台收储政策以后，由于晋南棉花纤维长度达不到国家储备棉纤维品质标准，不能享受国家这个优惠政策。至2009年初，子棉收购价格在4.0～4.2元/千克，大部分棉农仍然持观望态度，不愿出售，棉农家中仍有35%左右的子棉待售。

二、全省棉花长势分析

（一）全年棉花生长指数综合分析

2008年山西省全年棉花生长指数为90（表5-16），其中9月份棉花生长指数最低，为78。由于播种期间受低温降雨的影响，4月播种不利。5月立苗困难，但6月和7月降雨均衡，棉花生长状况与2007年基本相当，8月和9月棉花结铃状况与往年相当，但差于2007年。

表5-16　2007—2008年山西省棉花生长指数（CCGI）

月份	5月	6月	7月	8月	9月	平均
2007年	100	101	94	130	105	106
2008年	93	96	100	83	78	90

从2008全省棉花生长指数（CCGI）变化规律看，生长指数基本反映棉花适时生长状态，也是反映气候因素的敏感快捷指标。

2008年山西省棉花生长季节（4—10月），光照不足和降水减少是2008年减产的主要天气原因（表5-17）。其中≧10℃积温高于往年，但≧20℃的积温却低于往年，日照时数减少最多，少于往年400多小时；生育期降雨量比2007年少220.9毫米，少于历年平均降雨量86.5毫米。7月和8月降雨量分别为87.2毫米和91.5毫米。如果适时灌溉，对棉花生长发育不会形成大的影响。9月和10月降水较少，光照充足，有利于吐絮和收获。

表5-17　山西省棉花生长季节气象资料（4—10月）

项目	≥10℃积温（℃）	≥20℃积温（℃）	降雨量（毫米）	日照时数（小时）
历年	4 394	3 469	449.0	1 628.0
2007年	4 511	3 000	583.4	1 126.5
2008年	4 523	3 408	362.5	1 207.2

（二）各月生长指数分析

4 月平均温度 15.3℃，比 2007 年低 1.2℃，其中 4 月 23—24 日最低温度降至 3.2℃和 2.8℃，造成轻微冷害，许多田间补种，部分棉田毁种，幼苗生长缓慢。

5 月指数为 93。其主要原因是 4 月冷害致使苗弱，生长缓慢，普遍迟发。

6 月指数为 96。5 月气温 22℃，虽比 2007 年同期低 1.7℃，但当月降水量 31.8 毫米，比 2007 年同期多 12.3 毫米，土壤墒情好，棉苗生长转为正常，但真叶数比 2007 年少 1～2 片。

7 月指数为 100。棉花营养生长和生殖生长速度明显加快。6 月平均温度 25.1℃，降水量 20.1 毫米；7 月平均温度 26.8℃，降雨量 87.2 毫米。虽然 6 月气温低于 2007 年 0.6℃，降雨少于 2007 年 48.4 毫米，但可基本满足生长发育所需，加之 6 月下旬和 7 月上旬普遍灌水 1～2 次，棉花长势与 2007 年持平。

8 月指数为 83，棉花生长状况差于 2007 年近两成。2007 年度，6、7 月连续阴雨天气，蚜虫成灾，出现一些中空棉，成铃差于 2007 年一成多。

9 月指数为 78，棉花生长状况差于 2007 年两成多，形成该状况的原因和 8 月份类似。但 9 月阳光充沛，降雨较少，有利于吐絮和收获。

10 月天气艳阳高照、气温合适，适合收获优质棉。

三、2009 年棉花生产展望

（一）棉花生产存在的问题

山西省植棉面积不大，但品种多、乱、杂的问题比较突出。全省棉花品种（系）100 多个，参差不齐，严重影响品质和价格，也损伤了棉农的经济利益；其次棉农在采收子棉时，喜欢拽掉“笑口棉”，再摊在家中晾晒开裂后剥花，对纤维品质有不利影响，且易混入“三丝”。建议主推品种 3～5 个，实行优质棉品种的区域化种植和专业化采收，定点收购，标准化轧花，形成产、销、加、售一条龙，提高品质。

（二）2009 年植棉走向

2008 年上半年农资价格上涨，植棉成本增 250～300 元/亩，下半年受全球金融危机影响，经济不景气，棉价一路下跌，造成种棉无利，收棉赔钱。虽然国家出台了储备棉收购政策，收储数量 272 万吨，但是由于山西省纤维长度达不到国家储备棉标准，企业不敢收，所以这一利好政策没有起到应有的作用，到2009年2月棉农家中仍有大量存棉。预计2009年全省植棉面积大幅度下降，除部分棉田改种小麦以外，春季还会有一大部分棉田改种其他作物，全省植棉面积在120万亩左右。

（撰稿：史俊东，杨苏龙，石跃进；山西省农业科学院棉花研究所）

第九节 CCGI在2008年陕西省棉花长势监测中的应用

一、全省棉花生产概述

据全国公益性行业棉花专项科研组和国家棉花产业技术体系的连续监测，2008年全省棉花生产呈现“五减”情形。植棉面积123万亩，比2007年减27万亩，减幅18.0%；总产8.6万吨，减8.8%，单产减6.5%，价格跌幅两成多，收益降幅九成多。

大荔县是陕西省最大的产棉县，全县植棉46万亩，比2007年减6.4万亩，减幅12.2%；皮棉单产69千克/亩，减8.0%。陕西棉花生长指数2008年为94，长势差于2007年半成多。受华尔街金融风暴的影响，2008年新棉“卖棉难”前所未有，到2009年1月全省仍有约40%的棉花滞留在农民家中，等待销售，子棉售价跌幅高达25%，收益大幅度减少，净收益为－260元/亩。

二、全省棉花长势分析

（一）天气与长势关系

以大荔县为例，2008年陕西棉区气温偏低（表5－18），降水明显减少，日照充足是主要特点。≥10℃积温低于历年133℃，但高于2007年34℃；其中高温偏低的特征比较明显，≥20℃积温比历年低61℃，与2007年相当，7—8月没有出现极端高温天气。降水明显减少，4—10月降水量比历年减少64毫米，比2007年减少41毫米，其中7—8月降水减少占80%，呈现明显的伏旱特征。日照充足，日照时数比历年多178小时，增12%；比2007年多140小时，增9.2%。

表 5-18 大荔县 4—10 月主要气象因素与历年比较

年份	≥10℃积温	≥20℃积温	日照时数（小时）	降雨量（毫米）
历年	2 543	690	1 488	450
2007	2 386	631	1 526	427
2008	2 420	629	1 666	386

在光温水共同作用下，2008 年全省棉花生长指数为 94，比 2007 年差 7%，全省单产实际减 6.5%，其中大荔县单产减 8.0%，与生长指数下降 7% 相吻合。天气与长势关系见表 5-19。

表 5-19 2008—2007 年陕西省棉花生长指数比较

年份	5 月	6 月	7 月	8 月	9 月	年均值
2007	106	112	83	99	107	101
2008	89	90	108	99	86	94

4 月多雨和气温偏高，有利早播，一播全苗，但本月连续出现低温过程，对一播全苗影响较大，苗病发生偏重。

5 月指数为 89（表 5-19），长势较差，这是由于 4 月下旬以来，阴雨天多，温度低，光照不足，苗病发生偏重，保苗难度加大，且棉蚜和盲椿象发生和危害加重。

6 月指数为 90，降水缓解旱情，长势有所好转，但红叶茎枯病大发生。

7 月指数为 108，7 月下旬 8 月上旬出现中等强度的伏旱过程，生殖生长加快，灌溉使棉田结铃增加，一些棉田呈现早衰现象。

8 月指数为 99，干旱继续，生殖生长加快，出现吐絮，早熟明显。

9 月指数为 86，长势差于上年同期近一成半，日照充足，有利于吐絮，但因红叶茎枯病致早衰的现象普遍，基本上没有多少秋桃。

（二）市场疲软，价格一路下滑，普遍存在卖棉难

2008 年新棉呈现高开低走的态势，自 8 月开秤时子棉 5.8 元/千克下降到 11 月初的 5.0 元/千克，11 月下旬以后有开始缓慢回升，为 4～4.5 元/千克，一直持续到 2009 年 2 月，价格下降两成多。总体看棉农收益明显减少，受棉价降低和农资上涨的影响，棉农减产减收，净收益为－260 元/亩。

三、2009 年棉花生产展望

受市场疲软和价格大幅度下降的影响，植棉效益与种植其他农作物比效益

明显降低，加上由于棉花没有最低保护价和良种补贴，棉花生产遭遇重挫，植棉积极性低落，预计2009年全省植棉面积下降一半左右，棉花生产陷入低潮。

（撰稿：夏志明，杜健；西北农林科技大学农学院）

第十节　CCGI在2008年新疆棉花长势监测中的应用

据新疆优质棉科技服务项目组的连续监测，2008年新疆棉花生长指数（CCGI）为97，与上年基本相同。主要特点：一是前期低温对棉花播种保苗极为不利，重播面积较大，棉花生长受影响较大，开局不利。二是中期天气利于弱苗转化，棉花生长迅速，病虫灾害中度发生，由于防治及时，未对棉花造成实质影响。三是后期高温天气较多，棉花吐絮较快，但由于劳动力短缺，采收不及时，9—10月的降水多于历年，对原棉品质有不利影响。

通过项目组监测及调查，2008年全疆棉花种植面积为2 400万亩，与上年实际棉花种植面积持平；总产275万吨，增加14%；皮棉单产114千克/亩，增加16%。

受国际金融危机影响，2008年子棉收购价高开低走，国家在新疆收储122万吨，“托市”效果显著，有效解决“卖棉难”问题。但由于棉田投入的刚性增长，价格持续走低，致使植棉收益大幅下降，很多棉农收益位负增长，对棉花生产的打击很大，植棉积极性遭遇重挫。

一、全疆棉花生产概述

（一）植棉面积温和扩大，总产及单产均有不同程度的增加

棉花作为新疆的主要经济作物，甚至是很多植棉市、县、团（农场）的支柱性产业，因而面积持续增加。2008年新疆植棉面积、总产及单产均有不同程度的增加。监测结果显示，全疆植棉面积为2 400万亩，基本持平；总产275万吨，增14%；单产属正常水平，114千克/亩，增16%。

（二）刚性投入持续增加，棉花种植成本接近棉农承受的上限

2008年初，农业生产资料仍高价位运行，棉花种植成本仍居高不下；同时由于滴灌棉田的大面积推广，棉田一次性投入（650元/亩）大幅增加。据调查，2008年棉花种植成本达1 258～1 278元/亩，涨143元/亩，日此成本

不含拾花费；人工拾花劳务费为长绒棉1.4～1.8元/千克，细绒棉1.1～1.4元/千克。棉花种植成本已基本接近棉农承受的上限。

（三）病虫害中度发生，但自然灾害影响较大，对原棉纤维品质有显著影响

日照减少，病虫害中度发生，自然灾害影响较大是本年度棉花生长的特点（表5－20）：

表5－20　新疆棉区4—10月气候资料

年份	主产区	≥10℃积温（℃）	≥20℃积温（℃）	降雨量（毫米）	日照时数（小时）
历年	全疆	3 976	2 535	69	1 932
	南疆	4 148	2 729	46	1 892
	北疆	3 787	2 393	103	1 960
2007	全疆	4 243	2 638	102	1 917
	南疆	4 287	2 682	61	1 879
	北疆	3 954	2 467	283	1 926
2008	全疆	4 243	2 638	93	1 917
	南疆	4 230	3 019	76	1 827
	北疆	3 880	2 475	110	1 879

一是4月中下旬的低温及降雪使棉田大面积重播，导致苗期迟发弱苗面积大。

二是4—10月南疆高温天气较多，≥20℃的积温在3 000℃以上；降雨量（南疆）明显多于历年，高温及强降雨对棉花产量及品质影响较大。

三是由于温度及降雨的影响，原棉纤维长度较短，马克隆值多在4.3以上。

四是病虫害中度发生，其中尤棉铃虫对棉花的影响较大，病害主要是在前期低温及中后期的降雨天气后，棉花死苗现象严重，但未对产量造成实质影响。

（四）子棉收购价格高开低走，且价格较低，波幅较大，棉农收益较历年显著下降

由于全球经济低迷，棉花及棉副产品滞销等原因的影响，2008年子棉收购开秤价较低，长绒棉为5.8元/千克，细绒棉为5.4～5.5元/千克，与棉农期望值相差甚远（表5－21）。且价格持续走低，波幅较大，长绒棉最低仅为4.2元/千克，细绒棉为3.2元/千克。在此情况下，棉花收益大幅下降，亩收

益普遍下降30%以上。表5-21为植棉投入成本计算与产值（以亩产子棉300千克计）收益。

表5-21　子棉单产300千克/亩的产值与收益

单位：元/亩

项目	前期投入	拾花费	合计	子棉均价	产值	收益	期望售价	产值	收益
长绒棉	1 278	450（1.5元）	1 728	5.5	1 650	−78	7.0	2 100	372
细绒棉	1 258	360（1.2元）	1 618	5.0	1 500	−118	6.2	1 860	242

二、全疆棉花长势分析

2008年全疆棉花生长指数（CCGI）为97（表5-22），与上年基本持平，其中4月的低温及降雪，导致5月南、北疆弱苗迟发，指数为79、64，分别低于去年同期两到三成多，表明前期开局很不利。

表5-22　2008年新疆棉花生长指数

项目	5月		6月		7月		8月		9月			年均	
	2007	2008	2007	2008	2007	2008	2007	2008	2007	2008	常年	2007	2008
新疆	94	75	102	97	96	104	97	105	95	102	108	97	97
南疆	102	79	106	96	98	103	103	105	96	96	105	101	96
北疆	86	64	93	108	95	111	95	105	94	109	115	93	99

6月南疆CCGI为96，差于去年同期一成，北疆CCGI为108，好于去年一成半，这一时期气温较高，棉苗弱化转向正常，其中北疆较为明显。

7月南、北疆的CCGI为103、111，由于6月的高温，7月无异常天气灾害，且降雨量较多，防治及时，危害较轻，因而棉花生长发育快，丰产架子搭得好，生长略好于去年同期。

8月南疆CCGI为105，与去年基本持平，北疆CCGI为105，仍好于去年同期。由于南疆种植的长绒棉属0-Ⅰ式分枝，高温对单株蕾铃脱落影响较大，因而从CCGI分析，北疆棉花生长优于南疆。

9月南疆CCGI为96，与上年持平，北疆为109，好于去年同期一成半，但全疆棉花生长总体情况均差于常年同期一成，南疆尤为明显，这主要是由于后期降水降雨量偏多，8月18日—10月2日降雨量33毫米，田间荫蔽，吐絮进程慢，还出现不同程度的烂铃，不仅影响了棉花产量，也降低了原棉的纤维品质。棉铃虫也对南北疆造成一定的影响。

三、2009 年棉花生产展望

受金融危机、纺织业不景气、棉产品及棉副产品滞销以及植棉成本上涨、植棉收益显著下降，结合本区农业发展及种植业结构调整的综合影响，2009 年全疆植棉面积存在不同程度的萎缩及结构性调减，预计植棉面积将减少 150 万亩左右，而子棉收购价格将持续走低，植棉收益仍将受一定的影响。

（撰稿：崔建平，新疆维吾尔自治区农业科学研究院经济作物研究所）

第六章
金融危机、话语权、简化种植、生物质能源与棉花专题调研报告

本章围绕金融危机对棉花生产的冲击，经济全球化条件下棉花话语权问题，劳动力转移之后对简化种植技术的需求，开发棉副产品生物质能源，提高棉花综合效益等热点问题开展专题调查研究，形成一些意见和建议，供决策参考。

第一节 金融危机对中国棉花生产的影响和对策研究

一、危机引发棉花市场深度恶化

根据国家棉花产业技术体系和行业科研棉花专项组的安排，2008 年 11 月 1—4 日由多位专家组成 10 个调研组，分别调查走访我国主产棉区——湖北、安徽、江苏、河南、山东、河北、新疆地方和兵团，行业专项实施所在的县团场和产棉大县 20 个、植棉农户 143 户、收购加工龙头企业 20 家，就当前棉花市场进行专题调研，调查组进村入户，座谈交流，察看子棉收获、存放、销售和企业加工情况，在 9 个专题调研报告基础上综合形成本报告。

根据调研结果，到 11 月我国棉花市场处于深度恶化状态，棉花交售、收购、加工和销售的旺季却不旺，呈现“三无法”、“三停止”和“三艰难”的萧条境地——“棉农无法卖、轧花厂无法收、纺企无法买”，造成三个“停止”，即“停止收购、停止加工和停止销售”，导致“卖棉难、收棉难和用棉难”的恐慌局面，现货市场信心进一步下降。农民“种的不敢种”，轧花厂“收的不

敢收"，皮棉"卖的无人要"，遏制棉花市场深度恶化刻不容缓。

为此，呼吁国家加快出台棉花救市措施，消除市场恐慌，挽救棉花，恢复经营，稳定价格，保护棉农和收购加工企业利益。当前救市刻不容缓，主要措施：一是扩大收储，数量增至200万吨以上。二是适当提高收储价格，建议最低收购价增1 000元/吨，从12 600元增至13 600元/吨，尽可能地让棉农少亏一点。

（一）"棉花无法卖"

"棉花无法卖"，"卖棉难"前所未有是11月棉花深度恶化的情景。

11月进入深秋，棉花收摘接近尾声，收摘量占总量的90%。河北棉田由于一年一熟棉花，吐絮快，收获进度最快，达到95%以上；河南两熟套种，棉花在10月下旬拔柴，农民正在收获拔柴上的棉花；苏北和皖北由于晚熟，收摘约占总量90%以上。

子棉交售进度很慢和处于停止状态是当前棉花市场的一个情景。调查结果，6个主产棉省农民子棉出售仅占总量的28.6%（表6-1），低于2007年同期进度（55%）26个百分点。各省存在差异，长江中游开秤较早，收购进度快些；湖北开秤也早，进度43.2%，许多棉花被河南企业收购；河北交售进度34.7%，江苏进度29.1%；尽管山东为棉花消费大省，进度仅为26.6%。然而，到10月下旬，受市场价格一路下滑的影响，江苏子棉处于交交停停状态，而河北、山东、安徽几个大省基本处于停止状态。在河南商丘、周口和开封等集中产区发现，这里农户一斤没有交售，棉农讲，2007年这个时候到处是棉贩子，走村串户收子棉，今年却一个都没有，出现棉花卖不掉的局面。

表6-1 内地子棉交售进度和价格调查

省	县	调查户数（户）	样本植棉面积（亩）	收摘（斤）	子棉交售（斤）	交售进度（%）	农民子棉售价（元/斤）
合计	19	131	3 486.4	1 483 991	424 065	28.6	2.47
湖北	1	13	234.4	64 860	28 020	43.2	2.58
安徽	5	33	385.4	149 370	22 500	15.1	2.69
江苏	4	47	2 081.6	866 611	251 935	29.1	2.32
河南	3	10	64.0	21 550	0	0	—
河北	1	13	462.1	248 200	86 100	34.7	2.83
山东	5	15	259.0	133 400	35 510	26.6	2.50

资料来源：中国棉花生产预警监测结果，调查日期：2008年11月1—3日。

由于“卖棉难”，子棉销售进度缓慢。监测结果，10 月底（表 6-2），全国农民子棉出售仅占总量的 28.9%，低于去年同期 20 个百分点。到 11 月 15 日，子棉出售仅占总量的 33.4%，低于去年同期的 30.3 个百分点。

表 6-2　2007—2008 年棉农子棉交售进度比较

项目	年份	9月	10月	11月15日	减百分点（个）
全国	2007	16.8	49.1	63.7	—
	2008	8.4	28.9	33.4	30.3
长江流域	2007	17.7	53.6	75.2	—
	2008	6.4	29.3	39.7	35.5
黄河流域	2007	13.1	36.9	50.4	—
	2008	6.7	10.7	14.3	36.1
西北内陆	2007	22.9	67.6	77.5	—
	2008	13.5	62.4	63.8	13.7

注：数据为 2007 年为 11 月 10 日，2008 年为 11 月 20 日。

资料来源：中国棉花生产预警监测结果。

（二）“轧花厂无法收”

对 6 个主产棉省收购加工企业的调查可见，2008 年新棉收购普遍开秤迟，收购量大减，当前收购和加工基本处于停止状态。到 11 月 3 日，19 家轧花厂子棉收购量只占 2007 年同期的 39%（表 6-3），即收购量少于去年同期 61 个百分点。在调查 19 家收购企业，除安徽固镇一家公司和江苏苏东一家公司收购量比去年同期多一倍和 20%以外，其余各家都少于 2007 年同期。特别是大部分轧花厂根本没有开秤，于 10 月开秤收购加工的企业也已被迫停止，原本繁忙的收购变得“门前冷落车马稀”，原本机声隆隆的轧花厂变成寂寞和冷清一片的大厂房，有的加工厂正在清理杂草。

收购是连接棉花产业的纽带和桥梁，收购一旦停止，桥梁就断了，纽带就散了。收购、加工和销售这样一个连续联动的运行机器，不管哪个环节停止运行，整个链条运行也就被迫停止。

主要原因：一是由于期货和现货价格一路下滑，熊市加深，市场极端疲软，轧花厂不敢收。收到手轧花厂老总也整日提心吊胆，照当前日益走低的价格，肯定亏本赔钱，照此下去，收购量大的企业，面临倒闭的危险。二是皮棉销售十分困难，棉花没有人要，棉籽价格下滑一半，且无人问津。由于皮棉积压，棉籽无人问津，企业资金被套牢，资金周转困难，不得不停止收购。

表 6-3　当前内地主产棉省棉花收购状态

省	企业名称	当前子棉收购量（吨）	占 2007 年同期收购量的（%）	子棉收购价（元/斤）	占 2007 年同期收购价的（%）	当前状态
合计	19 家	20 645	39.0	2.59	82.2	停收
湖北	公安百盛某公司	1 150	74.2	2.4	77.4	不敢收
	公安云海某公司	1 380	86.3	2.35	75.8	不敢收
安徽	东至良种棉业某公司	1 500	30.0	2.5	81.0	不敢收
	固镇天源某公司	12 000	200.0	2.6	84.0	不敢收
	铜陵丰盛某工厂	150	20.0	2.3	85.0	不敢收
	六安市金丰某公司	50	35.0	2.45	75.0	不敢收
江苏	兴化轧花三厂	1 750	50.0	2.35	77.0	不敢收
	六合区某轧花厂	325	60.0	2.4	80.0	不敢收
	苏东某公司	3 000	120.0	2.62	84.5	不敢收
河南	尉氏永兴镇某加工厂	150	20.0	2.8	88.0	停止收购
	尉氏清源某公司	20	1.0	2.7	84.0	停止收购
	河南中方某公司	100	0.5	2.6	81.3	停止收购
	银河棉业某工厂	250	10.0	2.9	86.0	停止收购
	淮阳区某棉厂	0	0.0	—	—	没有开秤
河北	威县东升某公司	450	45.0	2.7	85.0	停止收购
	河北强达某公司	600	42.0	2.8	85.0	停止收购
山东	成武县银祥某厂	200	16.7	2.6	78.8	停止收购
	成武县某公司	100	12.5	2.6	78.8	停止收购
	惠民县某公司	0	0.0	—	—	没有开秤

注：河南中方某公司，在本地和湖北收购 100 吨后停止，据介绍转移到新疆昌吉收购。

资料来源：中国棉花生产预警监测结果，调查日期：2008 年 11 月 1—3 日。

（三）棉价一路下滑，棉农收益剧减，受危机冲击最大

2008年新棉价格高开低走，价格一路走低，与棉农期望的价格相差甚远。子棉售价从9月的5.6～5.8元/千克，下降到10月上中旬的4.8～5元/千克，到10月下旬，一些产地子棉售价下降到4.0～4.4元/千克，还有产地下降到3.6～3.8元/千克，许多产地出现有价无市和无价无市的局面。到11月中旬，全国棉农子棉售价降幅高达16.8%（表6-4）。

表6-4　2007—2008年棉农子棉售价比较

项目	年份	9月	10月	11月15日	9—11月15日前加权均价	减（%）
全国	2007	5.57	6.06	6.08	5.94	—
	2008	5.44	4.82	4.54	4.94	−16.8
长江流域	2007	5.51	5.80	6.12	5.82	—
	2008	5.54	5.14	4.38	5.01	−13.9
黄河流域	2007	5.85	6.17	6.33	6.13	—
	2008	5.48	4.84	4.76	5.12	−16.4
西北内陆	2007	5.96	6.27	5.64	6.09	—
	2008	5.30	4.92	4.48	4.99	−18.1

注：2008年9月和10月的售价为加权均价。

资料来源：中国棉花生产预警监测结果。

植棉收益大幅减少至八成多。测算内地植棉收益将减87.1%，加上全年生产成本上涨150元/亩，以及单产降低2%，植棉收益净减423.65元/亩，全国一半以上棉田处于亏损状态。按植棉面积8 789万亩测算，植棉收益损失达到372亿元。如果市场持续疲软，救市不到位，棉农损失还要放大。

收益下降的原因：一是源自子棉的价格大幅度下降，2007年子棉高开高走，调查样本户子棉价6.0～6.1元/千克；2008年高开低走，自开秤到10月的停收前，因售价下降20%减收310元/亩，占减收的70%～80%；同时，2008年上半年因农资涨价导致减收100～150元/亩，占减收的20%～30%，两项合计收益减400～450元/亩（表6-5）。二是长江中游因棉花减产幅度约两成，减收250～300元/亩，总计减收750～780元/亩，真可谓雪上加霜。由于市场疲软，价格一路下滑，行情走低何时见底难以预测，如果没有市场支持，棉农收益将继续减少。

表 6－5　2008 年内地主产省的植棉表观收益比较（2008 年 11 月初）

省	县	调查户数（户）	样本植棉面积（亩）	子棉产量（斤/亩）	植棉成本（元/亩）	2008 年表观收益（元/亩）	2008 年表观收益比 2007 年增减量（元/亩）	减幅（%）
合计	18	43	2 851	426	692	396.6	－425.4	－51.7
湖北	1	5	49.5	360	646	248.1	－786.6	－76.0
安徽	5	13	86.9	422	682	427.6	－502.9	－54.0
江苏	5	10	437.5	390	624	382.6	－378.4	－49.7
河南	3	5	43.5	363	477	431.9	－420.1	－49.3
河北	1	4	205.1	584	913	546.9	－250.6	－31.4
山东	3	6	2 029.0	496	898	347.2	－155.3	－30.9

注：表观植棉成本指现金支出成本大部，不包括自用工作价、贷款利率和固定资产折旧等。

(四) 期货价格大幅下挫

狂跌笼罩期货，市场信心不足。受国际金融危机的冲击，自 2008 年 7 月以来国内外棉花期货价格一路下滑，郑棉期货"901" 10 月比 9 月下降 910 元/吨，跌幅 7.0%。10 月末到 11 月初连续狂跌 5 日（表 6－6），"901" 10 月 31 日跌 135 元，11 月 3 日跌 360 元，4 日跌 425 元，5 日跌 170 元，6 日跌 340 元至 11 005 元/吨，7 日跌 445 元至 10 625 元/吨，比 10 月 30 日的 12 270 元/吨，跌 1 645 元/吨，跌幅 13.4%。

市场人士认为，如果不采取果断措施，郑棉期货将会跌破 10 000 元/吨大关。同时，纽约期货也在小幅振荡中下跌。

表 6－6　2008 年 7—11 月国内外棉花期货走向和走势

月份	2008 年郑州棉花期货收盘价（元/吨）			2008 年纽约棉花期货结算价（美分/磅）		
	901	903	905	812	903	905
7 月	14 410	14 650	14 920	72.84	77.62	81.70
8 月	13 675	13 945	14 250	69.37	74.42	76.32
9 月	13 080	13 335	13 640	63.26	67.82	69.92
10 月	12 170	12 280	12 465	50.57	54.67	56.44
11 月第一周	11 254	11 373	11 543	43.38	47.31	48.90
11 月第二周	10 698	10 635	10 721	40.39	42.15	43.31
11/17	10 705	10 525	10 565	39.37	41.62	42.63
11/18	10 710	10 585	10 750	39.39	41.84	42.9
11/19	10 860	10 745	10 800	40.81	41.78	42.59
11/20	10 995	10 990	11 090	39.64	39.91	40.57

(五) 国内外现货持续走低

中国棉花价格指数（CC Index）自2008年7月的13 769元/吨下降到10月12 322元/吨（表6-7），减1 447元/吨，降幅10.5%；10月到11月初连续走低，自10月6日12 823元/吨降至11月6日的11 433元/吨，减1 390元/吨，降幅10.8%。

Cotlook A指数 自8月的78.08美分/磅下降到10月的62.3美分/磅，减15.78美分/磅，降幅20.2%。又自10月1日68.7美分/磅降至11月6日57.45美分/磅，降1 125美分/磅，降幅16.4%。11月17—21日在53美分/磅上徘徊。

表6-7　2008年7—11月国内外棉花现货价格

项目	CC Index（元/吨）	Cotlook A指数（美分/磅）
7月	13 769	77.27
8月	13 585	78.08
9月	13 186	73.58
10月	12 322	62.30
11月第一周	11 497	57.23
11月第二周	10 825	54.06
11/17	10 510	53.80
11/18	10 411	53.00
11/19	10 402	53.10
11/20	10 395	53.10

(六) 2009年植棉面积锐减，产不足需的矛盾更加突出

由于农民植棉积极性遭受重挫，2009年植棉面积乐观估计将减1/5～1/4，净减1 757万～2 200万亩；悲观看法将减1/3，净减3 000万亩。届时我国棉花优化的生产布局和粮棉双增产的格局将被打破，原棉短缺加剧，预测缺口将放大，加上国际市场可供采购的资源减少，全球新一轮棉价上涨即将到来。

二、应对危机的措施和对策建议

受全球经济下行和消费疲软影响，当前我国棉花市场信心受挫，市场处于

深度低迷状态，加上近期国内外棉价一落千丈，未来棉花产业经济布满荆棘，信心更加不足。为了保护棉花产业经济的持续健康发展，保障农产品的顺利销售，保护农民增收，当务之急应采取救市措施，恢复市场信心，重振市场信心，重树市场信心，因此，建议加强宏观调控，呼请政府大力出手，采取急需的救市措施。

（一）解决“卖棉难”是救市和应对危机的头等大事

建议国家再追加收储 100 万吨，增至 300 万吨，快速启动停顿的市场，促进市场正常运行。在国家救市的同时，建议棉花产销大省与企业进行商品棉收储，采取国家、地方和企业多方救市。同时，打破资金瓶颈，增加贷款额度，支持企业收购。

（二）适当提高收储价，最大限度地减少棉农损失，减轻“棉贱伤农”

在追加收储棉数量的同时，还应关注棉农，尽最大可能让棉农少减收，建议 328 级最低收储价增加 1 000 元/吨，从 12 600 元增至 13 600 元/吨。若 328 级子棉最低价每斤 2.85 元，37%衣分，棉籽价每斤 0.75 元，则皮棉每斤 6.42 元；加上加工成本和利润每斤 0.5 元，则皮棉每斤 6.92 元。调研中，棉农普遍反映和期待，3～8 级子棉最低价不能低于 2.75～2.85 元/斤，低于这一价格无法接受。

（三）像重视粮食一样重视棉花生产

一是良种补贴实行普惠制，棉花种多少良种面积补多少。提高补贴强度，补贴从 15 元/亩提高 30～50 元/亩。二是对棉花实行农资补贴。三是像粮食一样，出台棉花最低收购价，避免价格的大起大落引起植棉面积的大起大落。

（四）安全储棉

棉花是易燃品，受家庭条件限制，家庭存放子棉容易诱发火灾，存在不安全隐患，要总结宣传家庭防火知识和方法，强调子棉单独存放。要与火源隔开相当距离。同时要防危害性杂物混入子棉，特别是与人、与动物、与家畜家禽隔开，减少有害杂物混入子棉之中。

（撰稿：毛树春，中国农业科学院棉花研究所，国家棉花产业技术体系）

三、金融危机对中国棉花产业的影响及对策研究

自 2008 年 9 月以来，由美国次贷危机引发的全球经济危机对我国的影响开始显现，这对外贸依存度高，对国际市场依赖性强的国内纺织业，特别是棉

纺织业无疑又是雪上加霜。随着全球金融危机向实体经济的蔓延，市场对全球经济衰退的恐惧日益加剧，我国纺织服装品出口下降，成品积压，对棉花原料的消费需求减少。新棉上市以来，棉花购销不畅，价格下跌，棉区农户收入大幅度下降。尽管国家出台了收储 122 万吨棉花的调控政策，但未能遏制棉价下跌趋势，收储对市场的调控作用非常有限。为了避免下年棉花生产出现大的滑坡局面，建议国家尽快出台有利于棉花产业健康稳定发展的政策措施。

（一）全球经济危机开始冲击我国棉纺织业

继 2008 年上半年国内纺织业，特别是棉纺织业面临企业资金紧张、人民币升值、劳动力成本上升导致成本上涨，利润空间被挤压等种种困难之后，下半年又遭遇由美国金融危机引发的全球经济危机的冲击。

美国、欧洲作为典型的低储蓄高消费的国家和地区，对中国经济的发展有着相当重要的意义。入世以来，随着我国纺织服装业飞速发展，美国和欧盟市场在我国纺织服装出口中占据愈来愈重要的地位。据中国纺织品进出口商会有关统计，最近几年，美国、欧盟分别占据我国纺织品服装出口市场约 14%和 22%的份额。9 月以后，由于经济危机导致的消费疲软，欧美市场减少对中国纺织服装品的需求，据海关统计，2008 年 1—9 月纺织品服装累计出口 1 369.4 亿元，较 2007 年同比增长 8.12%，出口增速较 1—8 月下降 11.3%，连续 8 个月回落。在纺织服装品出口中，服装出口下降最为明显，9 月份，服装出口出现负增长，为 120.6 亿美元，同比减少 3.2%，1—9 月服装出口增速为 1.76%，增速同比大幅下滑 21.24 个百分点。同期对美国出口纺织品和服装明显减少，9 月份同比减少 0.4%，1—9 月累计同比减少 2.7%，其中服装出口减幅达到 6.0%。在 2008 年第 104 届广交会上，欧盟及美国的纺织服装采购额也明显下降。

随着经济危机影响的蔓延，除了欧美市场对纺织品服装的消费需求萎缩，国外订单减少，纺织品服装出口下滑，引发中国对纺织原料棉花等需求的下降外，金融危机还将导致以欧美为主的国外商周转资金缺乏，一些企业倒闭，呆账坏账增加，最终资金压力将转嫁到国内出口企业。另外，金融危机还将促使人民币进一步被动升值，又将抑制纺织品服装出口，国内纺织服装行业出口形势将更为严峻，从而形成恶性循环。

由于纺织服装品出口受挫，我国纱产量增速明显回落。据国家统计局最新统计数据显示，2008 年 1—9 月，我国累计产纱量为 1 588.2 万吨，同比增长 10.4%。增幅比上年同期回落 6.3 个百分点。经济危机在对我国纺织业带来强烈冲击的同时，对棉花生产经营带来严重的影响。

(二) 棉农生产、销售两头受挤压，饱尝经济危机的苦果

2008年棉花生产期间，受国际石油价格上涨影响，国内农资价格持续上升，植棉成本大幅度增加。根据国家发改委“粮食化肥价格周报”统计，4月中旬，主产区农调户平均每50千克，国产尿素、国产磷酸二铵，进口磷酸二铵分别比2007年增加23元、94元和100元。农膜、农药、棉种、人工费用，合计每亩增加约150元，同比增幅为17.2%。

7月上旬，国家棉花产业技术体系产业经济功能研究室、农业部农村经济研究中心农村发展研究室等在新疆棉区调查分析，农资价格的全面上涨带动植棉成本的大幅度增加。据新疆维吾尔自治区成本统计分析，2006年棉花每亩总成本为845.08元，2007年增加到898.21元，预计超过1 045元/亩，成本增幅为16.3%。

在棉花收获期间，随着全球金融危机向实体经济的蔓延扩张，市场对全球经济衰退的恐惧日益加剧，纺织品服装出口下降，国内棉花市场销售不畅，企业收购风险加大，收购信心不足，价格低迷，棉花收购市场空前冷清，棉农收入大幅下降。

9月新棉上市以后，收购价格持续下跌。据中国棉花价格指数，10月全国三级子棉平均收购价格为2.7元，同比下降11.6%，环比下降5.2%。进入11月后，国内棉花现货、期货价格下跌进一步加剧，棉花期货价格与全国棉花交易市场电子撮合价格出现6天跌停，每吨跌幅超过千元，由此传导到棉花收购价格进一步下跌，全国子棉平均收购价格为2.25元/斤，长江流域安徽个别棉区仅有1.90元/斤，比新棉上市初期下跌了30%以上，跌至棉花流通体制改革以后的低谷。

一方面棉花生产成本大幅上升，一方面棉花收购价格大幅下降，农户植棉收益大幅减少。按照国家发改委棉花成本收益测算，每亩产量按照89千克，2008年棉农平均每亩收益为−37.1元，同比减少108.3 %。

(三) 现有国家宏观调控措施，未能拟制棉价下跌趋势

为降低全球经济危机对我国棉花产业的影响，国家相继出台了有关棉花产业发展的扶持政策，其中主要包括：出口退税率调整，2008年7月30日，国家财政部、税务总局联合发出通知，自2008年8月1日起将部分纺织品、服装的出口退税率由11%提高到13%；国家收储棉花政策，为稳定棉花市场，2008年10月16日，国家决定公开收储本年度生产的部分新疆棉，收储数量为22万吨，收储标准级每吨按照12 600元作为最高到库价格。同年10月29

日，国家又一次启动收储措施，在已经收储新疆棉花22万吨的基础上，继续以每吨12 600元/吨收储100万吨，并开始收储一部分内地棉花。在国家增加收储棉花政策刚刚出台的几天，收储措施对价格迅速下跌起到了一定的遏制作用，但很快棉花价格又一次迅速下跌，售出政策未能改变棉花价格下滑的趋势。

分析国家宏观调控收储等政策效果，一方面受全球经济危机影响，纺织品服装市场需求不足；另一方面，国家收储量无论是相对今年的产量，还是应对空前的经济危机都显得力度不够。另外，在国家收储具体操作技术也存在问题，如收储上一味地强调只是收储参加质检改革的400型大包棉花，而目前市场上流通的为200型主体小包棉花。这样国家售出政策实施，无论在收储规模，还是速度都大受影响，政策的调控作用相当有限。

（四）尽快出台棉花保护政策，保证我国棉花产业健康发展

棉花是我国重要农产品和纺织工业原料，棉花产业发展对我国国民经济发展有着举足轻重的意义。为了保证我国棉花产业的健康稳定发展，国家应尽快出台相关政策措施：

1. 加大棉花储备力度，完善国储棉运行机制。首先在原有收储的基础上再适当增加棉花储备，切实发挥其稳定市场的作用。近期国家已经收储棉花122万吨，但这个收储规模从目前棉花市场状况发展看，远远没有解决问题。另外在目前棉花产业面临全球经济危机冲击的关头，收储不应拘泥于形式，而应从目前讲解决棉花价格下滑，保护棉农收益，树立市场信心出发，使国家宏观调控政策真正发挥其积极作用。

2. 尽快出台棉花最低收购价政策。针对2008年棉花价格较低、销售不利的局面，建议尽快出台棉花最低收购价政策，稳定棉农收益。最低收购价水平由国家发展改革委、财政部和农业部联合制定。在具体操作上可以参照粮食最低收购价执行方案和经验，由中国储备棉管理总公司作为执行主体，保护范围仅限于主产区，所需资金直接由中央财政提供。尽管相比粮食，棉花商品率较高，但是我国是世界上最大的棉花消费国，这几年我国棉花消费量一直在1 000万吨左右。如果市场上棉花数量较少，棉花价格就会快速上涨（例如2003年），根本不需要启动最低收购价预案。因此从本质上说，棉花生产资料综合补贴和棉花最低收购价政策除了直接稳定植棉农户收益外，最主要的是可以稳定地方政府和农户保持和发展棉花生产的信心。

3. 应将棉花列入农资综合补贴范围。由于棉花生产所需的物质费用和人工成本较高，化肥等生产资料价格上涨对棉农植棉效益影响很大，建议尽快将棉花列入农业生产资料增支综合补贴范围。按照每亩补贴 50 元的标准（相当于成本增幅的三分之一），2007 年全国 8 431 万亩棉花，全国需要 42.2 亿元。具体做法可以参照粮食直接农资综合直补。

4. 建议国家继续坚持棉花良种补贴政策，尽快实行普惠制。逐步扩大棉花良种补贴面积，使大多数植棉农户享受政府的良种补贴政策。考虑到目前国家财力，可将棉花良种补贴政策与农业部《棉花优势区域发展规划》进一步有机结合，应保证项目实施前的 2006 年全国已有的 10 万亩以上棉花主产县市和 5 万亩以上的农垦团场均可得到补贴。这样做既遵循和完善了棉花良种补贴的实施发放原则，又保证了全国 80%以上植棉面积和农户得到了补贴。简化操作方式，变间接补贴棉农为直接补贴。

（撰稿：杜珉，农业部农村经济研究中心，
国家现代棉花产业技术体系产业经济功能研究室）

四、金融危机对山东棉花产业的影响

山东是全国产棉大省，棉花是山东省的传统优势作物；山东还是全国纺织用棉大省，用棉量位居全国第一。金融危机对山东棉花产业的影响已经显现：纺织订单减少，棉花市场低迷，收购价格大跌，植棉效益大降。

（一）山东棉花生产和纺织用棉的基本情况

自 1978 年改革开放以来，山东棉花生产虽然总体上不断发展，但波动很大，有 1984 年植棉 2 700 万亩、总产 170 万吨的辉煌，也有 1999 年植棉 500 万亩、总产 35 万吨的低谷。相比而言，自 2000 年以来，山东省棉花生产发展比较平稳，年植棉 1 000 万～1 500 万亩，总产 80 万～100 万吨。2008 年山东省植棉 1 300 多万亩，较上一年略减；预计总产 105 万吨，比 2007 年略增；预计单产达到 78～79 千克/亩，比上年提高 10%左右。

全省棉花生产生产布局进一步优化，形成了沿黄和黄河三角洲的优势棉花产业带和三大优势棉区。即以济宁和菏泽市为主的鲁西南两熟棉区，以聊城和德州为主的鲁西北一熟到两熟的过渡棉区，以滨州和东营为主的鲁北一熟棉区。三大棉区棉花种植面积占全省的 90%以上。

自 2001 年我国加入世界贸易组织以后，山东省的轻纺工业迅速膨胀，目前已成为全国第一纺织大省。2007 年全省纺纱 561 万吨，用棉 400 多万吨，规模以上纺织品服装企业销售收入 4 668.5 亿元，出口创汇 138.2 亿美元，出口额占全省的 18.4%，棉花以及纺织服装业已成为重要的支柱产业之一。

（二）金融危机对棉花产业的影响

1. 金融危机将引发山东经济结构发生重大调整。一直以来棉纺业是山东重要的支柱产业之一，这种以出口创汇为主的行业必然首先受到金融危机的冲击。考虑国家今后力促内需，但对棉花纺织行业的刺激作用不大，必将导致一部分纺织企业倒闭或转产，全省经济结构将发生战略性调整。

2. 经济结构调整和石油价格下降将减少原棉的消耗需求。山东目前年纺织用棉量达到400多万吨，消费国产棉一半以上。金融危机一方面导致山东经济结构的调整，大幅度减少对原棉需求；另一方面，石油等化工原料价格大幅度降低，化纤在纺织产品中的比例会相应提高，从而进一步减少对原棉的需求。

3. 原棉需求减少和国家对粮食的大力扶持将使植棉规模大减。这次金融危机对棉花生产的影响也是巨大的和长远的。预计未来3年里，山东省的棉花面积将大幅度减少，乐观估计减1/4，维持在1 000万亩左右；悲观估计将减50％，面积只有700万亩左右。这种估计是基于以下方面的原因：

一是对原棉需求的减少必然导致对原棉生产的减少，这是这次金融危机的直接效应。二是举全国之力确保粮食安全将是我国长期的国策，对粮食生产的重视将使粮棉争地矛盾突出的产棉区削减种粮食棉花，如占全省植棉面积近40％的鲁西南棉区，将可能进一步削减麦棉两熟的面积，增加小麦玉米面积。毫无疑问，今后鲁西南将是棉花种植面积减少最大的棉区，而且种植业结构也将发生重大调整。三是与其他大宗农作物相比，棉花是至今用工最多、机械化程度最低的行业，特别是收花环节，用工多而集中。2008年山东东营市收花用工成本达到每千克子棉1.0～1.2元，一个壮劳力干15天可以很容易挣1 000元，而一个劳力一年管理3亩棉花的纯收入也达不到1 000元，随着经济水平的提高，棉花作为用工多的作物，在种植业结构调整过程中难有优势。

（三）对策建议

这次金融危机对整个棉花产业的影响是巨大的。虽然棉花产业政策主要靠国家制定和调控，但山东作为棉花生产大省和纺织大省，对此应当积极地进行呼吁，断然采取全方位的救市措施，保障农产品顺利销售，保护农民利益，以尽快恢复市场信心。

1. 增加贷款，支持企业收购。资金不足和销售停止困扰着收购和加工企业。他们在一等二看，即等市场何时能够回暖，看国家支持和重视的程度。要打通销售这一梗节，一是收储加工皮棉，腾出周转资金，提供贷款，降低门槛，扩大信贷规模，支持子棉收购；二是降低利率，减轻企业负担，降低亏损。

2. 扩大纺织产品的国内需求。我国国内的纺织品需求仍然拥有庞大的潜在市场空间，特别是农村和一些中小城市，因为他们的收入水平是有逐步提高的迹象。扩大纺织行业的国内需求，是我们工作的一个重点

3. 像重视粮食一样重视棉花生产。一是棉花良种补贴实行普惠制，棉花种多少良种补多少；二是对棉花实行农资补贴；三是像粮食一样，出台棉花最低收购价，避免因价格的大起大落引起植棉面积的大起大落。

（撰稿：董合忠，山东棉花研究中心，国家棉花产业体系栽培与耕作功能研究室）

五、大宗农产品应对金融危机的对策

研究提出金融危机对大宗农产品的冲击，建议从建立应急储备机制着手辅以政策扶持和科技支撑，解决卖难问题。

（一）大宗农产品都存在卖难问题

由美国次贷危机引发的金融危机蔓延到全球的各个经济实体，对我国经济的影响逐步扩大和加深，而大宗农产品首当其冲。2008 年秋收大宗农产品都不同程度地出现卖难问题，价格走低，市场恶化，“粮贱伤农”、“棉贱伤农”，成为通货膨胀和金融危机的最大承受者和受害者。

自 2008 年 10 月以来，棉花交售、收购、加工和销售出现的萧条景象——“棉农无法卖、轧花厂无法收、纺企无法买”。11 月还出现停止收购、停止加工和停止销售的“三停止”状态，导致“卖棉难、收棉难和用棉难”的“三难”境地，市场曾出现不同程度的恐慌。12 月国家出台收储 150 万吨后有所缓解，到 12 月底，监测结果，农民子棉售价为 4.32 元/千克，低于最低收储价（5.2 元/千克）16.9%。

到 2009 年 2 月农民手中还有 40%的棉花等待出售，高于常年 20 多个百分点；东北的大豆和玉米、黄河的花生和玉米也都不同程度地存在卖难问题。

（二）由卖难引发的问题亟待解决

由卖难引发农产品积压问题，将会引起农民的心里恐慌、牢骚和怨恨，甚至影响农村的社会稳定。

由卖难还会引发农家储存的不安全问题。如家储棉花易引起火灾，额外增加“三丝”有害杂物，降低品质。黄河的花生、东北的玉米和大豆均因高含水

率滋生黄曲霉病，造成霉烂变质，不能食用，造成浪费和损失，危及人类和畜禽的健康和生命。

由卖难还进一步引发“种什么”问题，农民对今年种什么不知所措，进而影响生产的筹划、备耕、备播和种植。时下农民问：今年地种不种，种什么？种子买不买，买哪个品种？正如农时讲，“人误地一时，地误人一年”。

（三）建立危机下大宗农产品的政策支持、科技支撑和应急储备机制

这次全球金融危机的暴发，农产品卖难问题被充分暴露，深刻揭露人口大国和农业大国应对危机的机制和干预问题。如何防范和规避全球危机事件对大宗农产品造成的冲击和伤害，是农业大国需要认真研究解决的一个重大课题。从现实来看，应从解决卖难问题着手，牢牢抓住大宗农产品的生产能力不放松，保持大宗农产品种植结构的稳定性。为此建议，建立大宗农产品的政策支持、科技支撑和应急储备的三手抓机制，而且三手都要硬。

一手抓政策扶持，着力保持大宗农产品种植结构的稳定性，提升农业生产效率。最低保护价是农业大国应对危机、稳定和提升农业生产能力的重大举措，但要协调和平衡大宗农产品的结构和比例关系，要预防因政策失衡导致大宗农产品种植结构的失衡问题。

棉花是粮棉油的大宗农产品之一，迄今尚未列入保护范畴，建议列入将有利于保持棉花生产的相对稳定。

二手抓科技支撑，着力解决当前农业生产成本高和效益低的问题。把危机转换成推进科技兴农、科技兴粮和科技兴棉的动力，把专家示范田的高产产量转化成农户大面积的高产产量，这样的话，应对危机能力就提升了。在危机时刻，要紧紧依托产业体系和行业专项，派大批农业专家、教授到农村去，到田间出，在农民家住下来。当专家、教授与种植大户联姻，进村入户，切切实实帮助解决农业生产中的一些实际问题，危机就一定能成功应对。

三手抓应急储备，着力提高收储的吞吐和吸收能力，建立灵活的应急储备机制。我国大宗农产品储备能力和应急机制尚不足以应对危机问题，主要是储备能力不够，储备机制不灵活，最低价不易落实。因此，要增加大宗农产品的储备能力建设，拿出资金兴建一批粮棉油储备库。制定应急预警监测方法，提出应急收储的启动和终止机制。新机制应包括国家层面的应急性和经常性的储备能力，商业性应急商品储备能力，主销区和主产区地方政府的应急储备制度，发挥产业化、规模化龙头企业的仓库规模和管理能力，国家公司授权代收和代储业务。只有扩大储备能力，建立灵活的储备机制，价格监督机制，才能有效干预市场，应对危机时刻大宗农产品的卖难问题。

从棉花来讲，我国储备能力至少应达到 400 万吨。当前农民手中还有 40%的棉花产量急需出售，应加快收储。

（撰稿：毛树春，中国农业科学院棉花研究所，国家棉花产业技术体系）

第二节　棉花话语权专题调研报告

一、我国棉花生产和家庭经营规模现状

（一）我国是棉花生产大国，是产棉大国之中单产最高的国家

近 10 年（表 6-8），全国棉花单产高于世界水平的 68%，在中国、美国、印度、巴基斯坦、巴西和乌兹别克斯坦等 6 个产棉大国中，我国棉花单产位居前列，单产水平高于美国的 37%，乌兹别克斯坦的 51%，巴基斯坦的 88%，印度的 140%，但低于巴西的 11%和澳大利亚的 25%。其中 2006/07 年度全球单产 699 千克/公顷，我国单产 1 350 千克/公顷，高于全球 90%。加入 WTO 之后，我国棉花竞争力之所以不断提升，关键在于单产水平高。分析认为，高产是我国棉花积极应对成本大幅度上涨与控制市场风险的关键。

我国是全球棉花总产最多的国家。近 10 年（表 6-8），棉花总产 550 万吨，占全球的 24.5%。

我国是全球植棉面积最大的国家之一。近 10 年，我国植棉面积 482 万公顷，占全球的 14.5%；仅次于印度 871 万公顷，位居全球第二。

表 6-8　近 10 年单产、面积和总产占全球比重

年　度	全　球			中　国		
	面积（千公顷）	总产（万吨）	单产（千克/公顷）	面积（千公顷）	总产（万吨）	单产（千克/公顷）
10 年（1998—2007）平均	33 246	2 243	673	4 820	550	1 132
中国占全球的%	—	—	—	14.5	24.5	168.3
2007 年	33 255	2 626	790	5 590	760.0	1 360
2007 年中国占全球的%	—	—	—	16.8	28.9	172.2

（二）我国棉花生产经营规模，大力培育棉农的话语权

植棉业是棉花完整产业的基础，也是形成价格和获得定价话语权的基础。

长期以来，我国农产品价格偏低，价格存在严重的扭曲现象，价格不能真实反映生产者的投入、产出、成本和收益。农民对自产产品无力要价，也无处进行合理的诉求，是价格的被动接受者。这与农户经营规模小紧密相关。据中国棉花生产预警监测定点定户结果（表 6－9、表 6－10），2007 年全国农户植棉面积 14～15 亩，2008 年增至 20.5 亩，新疆生产建设兵团户均植棉面积从 2007 年的 40 亩增至 2008 年 60 亩。监测结果，农户小于 50 亩植棉面积的比例占 80％上下，大于 50 亩以上植棉面积占 20％。

我国农户棉花经营规模正在发生变化，要培育棉农参与市场，联合多户形成经营合力，适时表达定价话语权。

表 6－9　我国农户植棉面积监测结果

户均面积：亩

年份	长江流域	黄河流域	西北内陆	全国加权均数
2008	5.4	6.4	53.6	20.5
2007	5.1	7.6	31.3	14.2

数据来源：中国棉花生产预警监测结果。

表 6－10　我国棉花种植规模

项目	年份	长江流域	黄河流域	西北内陆	全国加权均数
按面积比例（％）					
50 亩以下	2008	99.5	94.6	29.2	75.1
	2007	99.6	92.1	53.2	82.1
50 亩以上	2008	0.5	5.4	70.8	24.9
	2007	0.4	7.9	46.8	17.9
按农户比例（％）					
50 亩以下	2008	99.9	99.5	61.6	87.6
	2007	98.9	97.8	82.0	93.2
50 亩以上	2008	0.05	0.5	38.4	12.4
	2007	1.1	2.2	18.0	6.8

数据来源：中国棉花生产预警监测结果。

二、我国棉花消费和进口现状

我国是棉花消费大国，由于棉纺业比较优势明显，棉花的短缺将长期存在。加入世界贸易的6年（2002—2007年）（表6-11），我国棉花生产总量3 614万吨，纺纱用棉5 475万吨，进口棉1 134.4万吨，进口棉占纺纱用棉的比例达到20.7%。

表6-11 加入世界贸易组织之后我国棉纺产能变化

单位：万吨

年 份	棉纱产量	棉花生产量	纺纱用棉	产需差	实际进口量	进口棉占纺纱用棉比例（%）
6年（2002—2007）计	8 301	3 614	5 475	−1 861.0	1 134.4	20.7

入世后的7年（2002—2008年8月），我国累计净进口原棉1 296.3万吨，进口金额375.3亿美元。数量上看，相当于2年的国内生产总量。据美国农业部数据，2006/07年度中国棉花的消费量1 088万吨，占全球的40%，进口量占到全球的30%。2007年我国棉纱产能达到2 000万吨，占全球总量的56%（2005年）；纺棉1 100多万吨，占全球棉花总消费量的40%（2005）。

农业专家认为，棉花大量进口必将加大市场风险。加入世贸组织以来，纺织品服装出口的快速增长和国内消费的增长，带动纺织工业的迅速发展和纺织用棉需求的大幅增加。由于我国纺织业产业结构完整，比较优势明显，在今后相当长的时间，棉花消费将呈现刚性增长，缺口不断放大，供小于需的矛盾越来越尖锐。对棉花生产和消费大国而言，要牢牢把握国内棉花定价的话语权，必须保障基本供求能力，其核心是不断提升国内棉花生产的竞争力，减低依靠大量进口增大的市场风险，像2003年我国植棉面积扩大13%，总产因不利天气减少1%，产需缺口拉大。由于我国棉花减产进口增加，国际投机资本抢在中国采购之前，于当年8月初在期货市场上发动了一波涨幅达60%、持续3个月的“逼空”行情，而我国进口采购结束后，棉价大幅回落，给我国涉棉企业造成巨大损失。分析表明，由于短缺导致进口增加，进而引起全球棉价大幅上涨，棉花市场的风险加大。

三、国内棉花加工和质量监督检验体制现状

（一）流通体制改革对棉花定价权话语权的影响

自1997年以来我国就着手进行棉花流通体制改革，2002年确定的改革思路为“一放二分三加强，走产业化经营的路子”，棉花市场已形成多元化格局，

收购企业总数达到 18 000 多家。据中国棉花协会资料，获得资格认定的企业只有 8 000 家左右，全社会棉花加工能力超过实际产能的 3 倍多。数量多、规模小、实力弱，成为国内棉花流通的主要特点。

（二）质量监督检验体制提高监督检验水平

从 2005 年起，国家开展质量检验体制改革，以大打包机和仪器化检验为重点内容，计划 5 年完成。2007 年完成大包型改革的企业达到 1 343 家，完成大打包机等设备的更新改造 1 398 台套。大包棉加工能力占总产量近六成。全国已建立仪器化检验实验室 84 个，配备 HVI 149 台（套），仪器化公证检验能力达到 430 万吨。虽然新体制加工的皮棉受到纺织企业的欢迎，然而，收购加工的低水平重复、无序竞争状态依然存在。

棉花收购加工企业是连接农户和终端市场的桥梁，具有信息接受和消化能力，也有话语表述的场所和一定的诉求能力，但形成国内定价话语权还尚需时日。

四、国内棉花信贷与信息现状

信贷和资金规模对棉花定价权话语权产生的影响。政策性贷款是我国棉花收购资金的主体，从银行来看，入世后贷款收购商品棉的数量越来越多，所占资源的比例也越来越高，达到 47%～65%（表 6－12）。但从企业来看，资金不足和贷款发放时间滞后、还贷急促，可能是外商渗透进入收购和销售等经营活动的原因。

表 6－12　政策性银行贷款收购棉花量占总量的比重

年度	贷款金额（亿元）	收购皮棉数量（万吨）	皮棉占总量的比重（%）
2004	316	294	47.0
2005	411	332	58.0
2006	455	443	65.8
2007	557.3	445	58.0

棉花产业存在信息不对称问题。迄今，我国棉花市场拥有四个指数：中国棉花生产景气指数（CCPPI）、中国棉花生长指数（CCGI）、中国棉花价格指数（CC Index）、郑州棉花期货和北京电子撮合交易价，全国每天生产大量的生产、长势、价格、交易和贸易等原发信息，但由于信息不对称，没有对催生

定价话语权产生积极的影响。

五、跨国公司在国内棉花市场的现状

世界贸易组织（WTO）《议定书》关于棉花市场开放的承诺：加入之后有3年的过渡期，即2005年之后允许外资进入棉花收购加工经营，但还不允许外商建立或收购棉花加工企业。

《议定书》还规定，在分销服务领域，作为敏感性的重要产品包括棉花在内，超过30家分店的连锁店不允许外资控股。

（一）外资在国内棉花市场的经营规模很有限

根据《议定书》规定，自2005年起，路易达孚、嘉吉、依卡姆、威尔兄弟、翱兰公司等5家国外公司获准参与国内棉花经营。近几年，这些外资公司经营国内棉花的贸易量约20万～30万吨，约占国内棉花贸易量的4%。据了解，2007年，受国际经济形势影响，这几家外商企业在国内的经营量有所下降，估计15万吨左右。2007年我国棉花总产达到760万吨，从经营量来看，外资在国内棉花市场的经营规模极为有限。

（二）跨国公司在期货市场还不占主导地位

跨国公司在郑州商品交易所的交易比较活跃的公司有路易达孚和摩根大通几家。据最新调研结果，2007年9月到2008年10月，两家公司均以做空为主，交易不太活跃，持仓量和交易量所占总量的比例都不大。如2007年9月28日，在郑交所持仓排名前20位中，路易达孚以1 406手买单、2 716手卖单分别列持仓量的第7和第8位，在多头买卖总持仓量前20名中，其买单持仓量仅占前20名多头总买仓量的4.3%，其卖单持仓量占前20名空头总卖仓量的5.6%。摩根大通在2008年9月19日进入郑交所，在棉花空仓持有量的前20名中，持空仓418手，排名第12位，占前20名总控仓量的2.9%。

（三）外资参与国内棉花经营具有明显优势

尽管外资在国内棉花现货和期货中的交易量不大，但外资存在一些明显优势：一是资金优势，外资企业资金雄厚，不受银行贷款限制。二是人才优势，除外资自己的高管以外，还高薪吸引了大量本土经验丰富棉花经营人才。三是经营运作灵活。外资采用现货和期货通作，国内外棉花通吃，实行期货套期保值，经营风险相对较小，利润空间大。

六、对比分析大豆看棉花产品国内定价话语权问题

2006年国棉遭遇“搭配进口棉销售”的尴尬境地，有人担心棉花将会步入大豆的后尘。分析大豆话语权的旁落或丧失的原因有：

1. 外资控制国内大豆加工能力。与加工企业的经营权被外资掌握有紧密关系，大豆经营主动权被4家外资公司（ADM、邦吉、嘉吉和路易达孚）垄断，这4家公司控制了80%的大豆产能；还有64家外商独资或参股企业，占国内大豆压榨能力的73%，参股外商企业实际控制了70%的原料采购权。

2. 大豆单产水平和品质低于国际先进水。我国大豆单产水平低于全球的22%，还低于主产国家——阿根廷29%，低于巴西30%和低于美国33%，国产非转基因大豆含油率也比进口的转基因大豆低5个百分点，这是企业不愿收购的原因之一。

3. 棉花产品用途多和产业链条长。植棉业——收购、加工、流通业——纺纱业——织布业——服装业各产业之间的关联度更加紧密，各业都已成为市场的主体，都为各自利益而努力，都有表述话语权的机会（表6-13）。这与大豆产品的链条短大相径庭。由于产业链条很长，要想控制哪一个环节也不容易。

但是，大豆是前车之鉴，吸取教训：一要棉花收购、加工的经营权要牢牢为国资掌握；二要进一步提高棉花的核心竞争力；三是多方培育棉花话语权。

表6-13　棉花与大豆产品、产业产量链条比较

项　目	大　豆	棉　花
产品主要用途	主要为食用	主要作为纺织工业原料
流通链条	大豆→加工品（豆油、食品）→食用	棉花→轧花→纺纱织布→服装→消费
流通主体	豆农→加工、流通企业→消费者	棉农→加工、流通企业→纺织企业→服装企业→消费者
结论	掌握中间环节，基本上控制了产业的话语权	棉花产业链长，即便掌握任一环节，也很难掌控整个市场

七、提高国产棉花话语权对策研究

（一）农业专家的观点和建议

农业专家认为，对棉花生产和消费大国而言，要牢牢把握国内棉花定价的话语权，必须保证基本供求能力。其核心是不断提升国内棉花生产的竞争力，减低依靠大量进口增大的市场风险，要切实保护棉农利益，保持棉花价格的相对稳定。唯有发展棉花生产才能打牢棉花产业链条坚实的基础，同时要加快建立现代棉花流通体系。为此建议：

1. 大力发展国内棉花生产，力争总量达到 810 万吨目标，确保满足国内需求量的 60％以上。在区域布局上，要坚持长江、黄河和西北“三足鼎立”的合理布局。根据全球气候变暖，积极培育西北和东北新型棉区。只有国内拥有相对充足的棉花资源才能取得国内外棉花话语权的资格。

2. 大力提高单产和粮棉双高产水平，实现从科技要粮要棉，粮棉同步增长。人多地少的国情决定我国棉花发展要进一步提高资源利用效率，提高土地产出率。为此，要紧紧依靠科技进一步提高棉花单产水平，实现高产超高产和棉麦双高产，以不断增强棉花产品的核心竞争力。长江棉区超高产皮棉达到 200 千克/亩，配套杂交棉种和简化种植技术。西北内陆棉区超高产皮棉达到 300 千克/亩，配套常规棉种和机械化。在黄河棉区，要加快耕作制度改革，推进两熟北移两纬度（达到北纬 40°的天津），扩大粮食种植面积 1 000 万亩，配套棉麦品种和工厂化、机械化技术，小麦产量达到 400 千克/亩，皮棉产量 80 千克/亩，近期可增产粮食 80 亿斤，远期可增产粮食 160 亿斤，棉花产量增加 10％，实现从棉田要粮和粮棉双高产的目标。

3. 制定出台棉花最低收购价政策，切实保护棉农利益，保持棉花生产的相对稳定。价格的大起大落和面积的大增大减是我国棉花生产的突出问题，成为制约棉花生产发展的重大障碍，像粮食、大豆和油菜一样，提早出台棉花最低收购指导价。我国棉花收购最低保护价要参考粮食最低保护价、化肥价格和雇工成本等要素。

4. 建立完善国家储备棉制度，扩大国家储备棉数量，鼓励企业进行商品棉储备。国家储备棉制度有利于缓解资源短缺，平衡国内外棉价，抵御国际市场风险，是牢牢把握国内棉花定价话语权的保障措施，要适当增加储备量。

同时，作为棉花消费大国，要鼓励企业进行商品棉储备，发挥国家和企业的两个积极性。在生产发展和储备足量的条件下，我国就有可能牢牢把握国内棉花的定价话语权。

5. 培育期货市场，发展期货业务，鼓励和支持企业参与期货交易，有效发挥期货在发现价格和规避风险方面的功能。

（二）产业界相关观点和建议

棉纺、棉花协会、一些经济界专家认为，外资进入对我国棉花市场和对国内棉花定价话语权不会产生影响，还可加快棉花市场化进程，有利于引进外资和吸取先进管理经验。

如果条件允许，外资凭借资金、管理、销售和信息优势大规模进入我国流通市场，对国内的冲击在所难免，难免步入大豆市场的不良后果。要牢牢把握国内棉花定价的话语权，其核心是提高国内棉花企业的竞争力，进而提高棉花产品的整体竞争力。为此提出建议：

1. 加快构建棉花大流通、大加工和大市场的现代市场体系。一是培育内资企业市场竞争力。加快加工和流通企业的改革步伐，要按照“分头收购，集中加工，逐包检验，按质论价和流通有序”的思路加快企业的重组和淘汰，按资源配置加工能力是国家调控的重点，力争早日达到 2 500 家左右目标。二是扶持一批龙头企业，形成适度规模的收购、加工营销企业，提高市场的占有率。

2. 牢牢把握棉花生产、收购、加工和销售环节的主导权。严禁外资建立棉花收购加工企业，控制外资独立收购、加工和销售棉花的权利。同时，国家要确保棉花收购资金，要建立符合国际竞争的棉花信贷支持。

3. 多方培育棉花定价话语权。大力培育农民合作组织、地方基层棉花协会和植棉大户，培育棉花经纪人，引导棉农合作组织和植棉大户参与市场，争取发言权，积极反映棉农诉求，逐步形成价格表达能力及其对价格的影响力。

4. 允许和鼓励国内收购加工企业开展棉花期货贸易。充分利用期货和现货两个市场，引导植棉大户和棉花企业参与期货交易，还应吸引更多的机构参与投资，给国棉建立躲避生产风险的“避风港”，让企业增强自身抵御市场风险的能力，让棉农得利。目前期货机构关于开展“银期合作”的呼声很高，政府要从政策上予以“松绑”。

5. 加强棉花产业经济运行的监测预警与市场监管。加强棉花生产、价格和市场运行的监测和预警，为棉农、协会、合作组织和企业提供适时的信息服务，为政府监管市场提供及时的决策依据。

（撰稿：喻树迅，毛树春，杜珉，赵新华等；

国家棉花产业技术体系，中国农业科学院棉花研究所）

第三节 棉花简化种植

迄今，棉花还没有真正的傻瓜技术，但必需简化。据河北省农林科学院棉花研究所林永增研究员统计，棉花从播种到收获，全生长期的管理操作需经过40多道程序，冗长的程序决定了管理的复杂性和劳动的艰巨性。你不仅要问？为什么棉花一生的管理有这么多的程序？这是由于棉花具有无限生长这一生物学特性决定的。

一、棉花需要简化种植技术

（一）棉花是大田经济作物，棉花栽培对技术的需求程度极高

实际上，我国棉花生产广泛使用蔬菜和花卉的栽植技术，如育苗移栽、地膜覆盖和化学调控、节水灌溉和平衡施肥，整枝打顶，多次收获和晾晒等，传统的精耕细作在我国棉花栽培上表现最为充分。

然而，把棉花当作蔬菜和花卉来种植，其回报率远远不及蔬菜和花卉，一般蔬菜品种的年产值5 000多元/亩，花卉8 000元/亩，而棉花主产品的产值不及蔬菜的三分之一，不及花卉的五分之一。这是由于棉花是大田作物，不是设施农作物，也不是高效农作物。因此，棉花栽培管理面临一个极具挑战性的问题，再用蔬菜和花卉技术来种植棉花在经济上不合算，在技术层面上不可行，这是棉花与蔬菜、花卉和其他大田作物的根本区别。进一步看，如果把棉花管理复杂化在技术方向上予以确定要犯错误。

（二）劳动力转移、新生代劳动者和承包经营大户更需要简化

1. 长期转移劳动力，农业生产的用工数量在持续减少。我国每年转移农村劳动力1 200万人，已经持续了近20年，2008年全国人均GDP达到3 300美元。这意味着新一轮社会转型期即将开始，城市化和工业化进程进一步加快，劳动力还将继续转移，农业劳动者的数量必将越来越少，劳动者的结构和素质、生产和生活方式将出现一系列的新变化，对植棉技术提出新的需求也是一种必然趋势。

由于劳动力持续转移，棉花生产用工数量从1978年的50多个/亩减少到2003年的20多个/亩，几乎每年减少1个/亩。植棉承包经营大户，用工量已减少到7～8个/亩，其减速之快出乎意料。据预测，到2015年将我国棉花管理用工量将减少至10个/亩上下。

种地“老龄化”、“妇女化”、“兼职化”、农业“副业化”是劳动力转移之后出现的新情况。体质较弱、文化水平较低的劳动者与从事较为繁重的管理和技术含量较高的生产经营活动，是极不相称的；还有一种边打工边种地，叫兼营农业，劳动者是“兼职化”，把农业当作副业来经营管理。因此，更呼唤棉花简化管理。

土地向种田能手集中和转移，经营规模越来越大是农村劳动力转移之后出现的又一新情况。这些年棉区土地流转加速，土地通过流转向种植能手集中，其种植能手的经营规模越来越大。长江一个大户植棉面积达到几十到百多亩，虽然黄河人口密集，但在华北及其沿海也有大量外来租地农民，一户租地植棉面积100～200亩不等；新疆种植规模更大，达到几百亩、上千亩、几千亩到上万亩的规模。

“80后”是农村新生代的劳动者，虽然出生农村，由于长期外出打工，几乎不懂农业生产管理。2008年遭遇金融危机虽然返乡回到农村，但几乎不愿经营农业，大多又不得不进城。这是农村劳动力转移之后出现的又一新情况。

2. 雇工数量增加，雇工单价在上涨。劳动力数量的减少，植棉大户经营需要帮工进行农事管理，雇工数量增加，雇工费用在上涨。据中国棉花生产预警监测数据，全国有55.9%样本农户发生雇工行为，雇工费156.4元/亩（表6-14），占人工费用的31.4%。与2007年相比，雇工农户的比例增加了2.1百分点；雇工费增加了32.2元/亩，增25.9%。雇工主要用于棉花播种、管理和收获，其中收获占80%（详见第三章）。

表6-14　2008年棉花生产雇工情况

项　目	全　国	长江流域	黄河流域	西北内陆
雇工率（%）	55.9	62.0	14.0	95.0
雇工费（元/亩）	156.4	160.0	46.0	345.8

数据来源：中国棉花生产预警监测数据。

与用工数量的减少相对应，雇工单价在不断上涨，结果是人工成本的持续增加。雇工日工资从2000年的15～20元/日增至2007年的40～50多元/日，子棉收摘价格从2000年0.4～0.5元/千克增至2007年的1～1.2元/千克，且还在上涨。各地雇工打农药人工费，前期5～8元/亩，中后期10～15元/亩。季节性雇工费用，长江和黄河也从2005年的20～30元/亩增至2007年的60～70元/亩，新疆增至150～200元/亩。

子棉收摘费用，新疆地方与植棉大户增至200～250元/亩，兵团增至300～350元/亩。据监测数据，季节性雇工的农户比例从2007年占53%提高到2008年的55.9%，且每年增加1～2个百分点。

植棉承包大户，一方面需要支付雇工工资，另一方面需要支付租地费用，当收益或成本一定时，必需合理消化地租和雇工成本，在技术和资金上：一是选择简化技术和管理措施，二是选择减少物化和雇工的投入。为此，简化技术在大户经营中显得更加急迫。

3. 管理不简化就被删除，技术不进则退。目前棉花管理程序处于不简化就被删除，技术不简化就被淘汰或被拒绝使用的境地。因此，传统的依靠大量劳动力的精耕细作技术遭受严峻的挑战。如营养钵体越来越小，钵土几乎不培肥，育苗和移栽操作简单了事。更有从育苗移栽和地膜覆盖倒退到大田直播，可见，直播和不覆盖地膜最省事，最简单。然而，地膜覆盖和育苗移栽增产效应很大，从保护栽培倒退到直播肯定要减产降质；从一年两熟倒退到一熟制，土地生产率下降。特别是，内地种植密度越来越稀，产量不高或下降，无不与劳动力变化紧密相关。

从经济发达地区看到，中稻直播比育苗移栽减产100千克/亩。棉花也一样，如果长江倒退到大田直播，子棉将减75～100千克/亩，且品质下降。为什么？育苗移栽延长生长时间30多天，争取生长季节30多天，赢得活动积温700～800℃。大家知道，光合作用时间每延长一天即可增产皮棉0.5千克，子棉1.2～1.5千克。很多人思考，新疆棉花为什么有如此高的单产，其中提早播种且全苗早发是最重要的原因之一。

二、棉花简化要从种植制度和管理程序上着手

从棉花种植的全过程来看，种植制度的简化是简化栽培的基础和前提，管理程序和工艺的合并作业是简化管理的重要方法，冗员器官的开发利用和材料、机具替代是重要的措施。

（一）简化和优化种植制度

种植制度是一个地区、一个民族和一个国家的农业基础生产力。因此种植制度的简化要力保土地生产力不减或提高。从什么地方着手种植制度的简化？应该从改革套种为连作复种着手，形成一个简化的种植制度，还要保持土地较高的生产力。近几年，我们研究形成工厂化育苗和机械化移栽，在黄河流域示范取得阶段性成果，改麦棉套种为麦后连作移栽，小麦产量比套种棉田增加

75～100千克/亩，子棉产量达到250～300千克/亩，与春套水平相当。从示范来看，粮棉双增产的潜力很大。由于制度简化带来管理程序的简化，黄河麦茬棉管理程序为“一种、一育、一栽、一水、一肥和一调”，小麦管理也被简化，满幅播种小麦机械收获。长江流域油菜棉花两熟早期是油菜田套种棉花，现在大部改为油棉收获移栽连作复种，种植方式发生了变化，管理也变得简化了，油茬和麦茬连作把机器移栽变成了现实。

（二）简化管理程序和工艺流程

1. 简化精细整地。整地可否简化，回答是可以的。现在新疆生产建设兵团采用大型旋耕机器翻地和耙地，先进的旋耕机翻地没有脊与沟，没有地边和地头，高程相差不超过3厘米，地平土细，大大提高了种植基础水平，也方便了灌溉，节约用水。

2. 简化高效播种。新疆做到很好，兵团做得很到位，机械化实现了精量和准确定位播种，机械化还实现了播种、施肥、施除草剂、铺滴灌管和铺地膜等多道程序的联合作业，一次完成。一是精量播种，一穴播一粒包衣种子，出苗后不需疏苗、间苗和定苗。二是膜上打孔和覆土，自然出苗，不要放苗。三是滴灌技术的应用，有效管理水分，简化了播种前造墒，把一播全苗技术集成组装极高水准，同时也大大简化了管理程序。

3. 简化育苗移栽。营养钵育苗移栽应用已有近60年的历史，这项技术来源于劳动人民的原始创造和科研人员的再创造，但如今正在日益遭遇“老化”和退缩的威胁，为什么？劳动者发生了变化，这一措施用不动了，因此需要比营养钵更加轻型简化的接班技术。

基质育苗移栽是一项简化轻型节本的新技术。用基质代替营养钵进行育苗，制钵被省去后就可以搞育苗基地，进一步发展成工厂化或规模化育苗，棉花育苗也采用工业化生产方式。用裸体苗代替带有载体的营养钵苗进行移栽，栽棉如同栽菜，移栽简单了，还可进一步发展机器移栽。同时，由于高密度育苗和苗床的基质再利用，单苗成本更低。这一技术包含了多个专利产品，基质是一个产品，它富含营养，无土，通透性和保水保肥性能好，无土就无病原菌，阻止了病原菌的土壤传播，苗床幼苗基本无病，有效解决了幼苗期发病导致死苗的难题。促根剂是一个专利产品，它有两个作用，一是控制高密度苗床形成高脚苗，1平方米苗床育苗500株，这是密度极高的育苗场所，很容易形成如“高脚苗”等弱苗和瘦苗。二是促进裸苗移栽幼苗的快速生根。还有一些产品，如裸苗保鲜，以防运输产生萎蔫问题，再就是裸苗可以实行机器移栽，研制半自动移栽机，机器开沟、人工放苗、机器覆土、机器加“安家水”和镇压等一次完成作业，技术上有较大进步。然而，裸苗移栽还存在风险。主要是移栽深度和土壤墒情存在风险性，土壤墒情差和“安家水”不足还可能出现死苗。因此，把育苗和直播死苗的风险转移到基质育苗移栽这一技术上来了，应用范围受到限制。

还需说明，虽然基质育苗移栽新法简化了育苗和移栽的管理程序，但仍不是傻瓜技术。

4. 简化施肥。从肥料品种来看，控释肥料品种是农业生产和棉花简化管理一个重要的发展方向。控释肥料应用脲酶抑制剂、消化抑制剂和磷素激活剂的协同效益，提高氮磷肥料的利用效率，氮肥有效期长达 120 天，在减少磷肥使用量 1/3 条件下仍可保证正常产量。包被肥料的养分随着生育期进程而释放加快，这样多次施肥就简化为 1～2 次。再加上叶面营养以补充缓释肥供应不足的问题。安徽省农科院棉花所和山东农业大学对棉花缓控释肥有一定研究，取得较好成绩。另外，重施底肥也是简化施肥的有效方法。

还有一种叫 BB 肥的简化施肥方法，所谓 BB 肥是把散装肥料运输到地头，一边配制一边施肥，散装不需包装袋和包装工艺，肥料成本自然降低了，但使用 BB 肥是有条件的，如施肥地点与生产场地较近才可以实现。

5. 简化防治。转基因抗虫棉和转基因抗除草剂棉花新品种的培育成功为生物技术在简化管理方面的典型例子。正常年景，Bt 棉的二代棉铃虫和红铃虫可基本不需化防，治虫的程序被省略了。但当其他害虫达到指标时还要防治，这不能省略。然而，一些棉田除草剂已到了滥用的地步，长江除草剂用量达到 2 千克/亩，棉花普遍遭受药害，危害很重。黄河粮田使用除草剂对接茬棉花的伤害也很大。

6. 简化制种。棉花杂交种具有良好的增产效果。然而，杂交制种采用人工授粉法（手工除去母本雄蕊防自交，再从父本取花粉授予母本，以保持杂种的优势）费工费时，制种成本高，制种规模受限制，不利于棉花杂交优势扩大应用。因此，需要简化制种，减少人工费用，降低制种成本。

（三）开发利用冗员器官

叶枝利用是开发棉花冗员器官利用的一个典型例子。叶枝利用研究起源于 20 世纪 90 年代初有关“懒棉花”的争论，懒棉花认为棉花可以不整枝。1995 年国家科学技术委员会星火计划立项进行研究，得到叶枝可以利用，并阐明叶枝叶片对主茎光合产物有贡献的结论，提出叶枝产量占单株总产 25%为一个标准，超过这一标准单株可能减产，还提出叶枝既要利用又要改造，叶枝上出生的果枝达到 4 个时也要打顶。留叶枝对密度有一定补偿效益，补偿效能为

10%，即留叶枝可减少10%的种植密度。

这些研究结果已在生产上广泛应用，有一年到江苏，满地都是叶枝，问为什么留如此多叶枝，回答是没有管理人手。现在西北和植棉大户几乎都不整枝。但是，由于底部叶枝后生，被认为是弱势叶枝，若弱势叶枝都保留，则主茎顶端生长优势被削弱很多，对主茎和果枝的生长也有明显抑制效应，留叶枝虽然省工但最终可能导致减产。

三、依托工厂化、机械化、半机械化和各类作业机具实行简化管理

（一）中小型农具

急需开发中小型农具，如移栽机、播种覆盖机、耕耘机、打顶机和采棉机等，还有结构简单的喷药和喷肥机器，依靠农机具帮助农事操作，减轻劳动强度，是一条有效可行的技术路线。

（二）机械化收获

机器采收子棉，美国早在20世纪30年代就已应用于生产，我国新疆自1996年引进到2008年已13年了。拥有包括国产和引进的采棉机400多台，数量不算少。但我国机采棉遇到一个十分棘手的问题，就是残地膜对子棉的污染和品级的下降。主要问题：一是机采棉的绒长变短降级农户不愿意采收。长度每减短1毫米，品级即降一级，皮棉损失180多元/吨；减短2毫米，皮棉损失360元/吨，如果29毫米长度减短2毫米就降到四级，那损失更大了，收益损失70～80元/亩，农户认为很不合算。二是机采吸入地膜形成新"三丝"污染，工厂不愿意要。子棉经过两道清花和轧花工序形成皮棉，皮棉经过多道加工变成纱线，混入的地膜就变成越来越细的颗粒，这些颗粒在纱线布中叫疵点。疵点对纺织品质产生较大的负面影响，因而很多纺企老板开宗明义不要机采棉。然而，机采棉比人工收摘的成本节省50%（约200元/亩），农民的需求欲望强烈。

（三）解决途径

一是农机与农艺的紧密结合。绒长因清花工艺而减短，要通过选育中长绒棉品种予以解决，确保最大限度降低一级。二是研究接替地膜覆盖技术，从长远看，取代地膜覆盖才是治理残膜污染的根本措施。显然难度很大，需时较长，但必须要研究予以解决。当前所要采取的措施是技术回归，用标准地膜厚度0.008毫米，确保当年当季废膜的揭净和回收干净，还要清理耕作层的残

膜。三是解决好采棉机与清花机的配套，最大限度控制绒长损失不超过1毫米。

四、研发简化管理的产品和技术，推进种植业的社会化服务

（一）发展农业的社会化服务是现代农业的重要组成部分

从服务型社会来看，要为种植者提供多层次服务，如整地服务、播种服务、育苗服务、移栽服务、防治服务、施肥服务、灌排服务、收获服务和交售产品运输服务等。因此，发展现代农业，需要大力培育服务型和公益性的农业服务公司，逐步实行通过公司、合作组织分农艺措施帮农民管理，逐步实行帮农民种田。

（二）简化管理产品和技术有利于公司发展

什么样的技术可以进入服务型的公司，或满足种植大户需求呢？一是工厂化和规模化技术，二是机械化和半机械化技术。规模化和简化种植还要紧密依托现代农业装备，如工厂化设备和大中小型农具是重要的保障条件。半自动移栽机械和小型采棉机也需列入研究日程。2007年棉花产业体系进行社会调查，还有用户提出发展农用飞机的需求，看来现代农业装备的范围更大。

2009年国家启动长江和黄淮海棉花基地建设，建议新一轮基地建设退出竞争性产品——棉花种子繁殖、加工和检验，转向棉花生产所需的公益性技术和服务建设，推进公益性技术及其产品的社会化服务，解决规模化和千家万户种田急需的公益性技术、产品、培训和服务，逐步实行通过公司、合作组织帮农民管理大田，逐步实行帮农民种田。

如在一县建综合种苗基地2～3个，每个服务面积4 000～5 000亩，即可解决几百户棉农、万亩棉田“品种哪个好，选什么品种；如何育苗，如何移栽；种植密度多少，解决越种越稀”等一系列棉花生产的现实问题，通过基地带动一地棉花生产的社会化服务，发展现代棉花生产技术，推动现代农业技术应用。

五、科技进步在简化种植中大有可为

（一）耕种制度、种植模式的优化，管理程序的简化和多程序合并作业是简化种植的发展方向

一是棉区种植制度需要进一步优化，结合气候变化，研究形成一个生态区

一种稳定的种植模式，实现种植模式的简化。二是生产管理程序的简化，农艺操作方法的精确和简化，以及冗员器官的开发利用。三是依托先进实用农机具，实行多程序的联合作业和合并作业。四是正确处理好简化与高产的关系，在高产基础上实行简化，力争高产超高产和双高产，品质改善，收益增加。五是技术可操作性强，成本适宜可以被接受。

（二）棉田石油用量增加将不可避免

我国棉田石油用量没有专门的统计数据，但从最近10年棉情监测预警中获得一个大致参数。以柴油为例，20世纪80年代约1～2千克/亩（那时以畜力为主，机器只是帮工），90年代约3～4千克/亩（这时畜力已减少了很多），新世纪达到5～6千克/亩（几乎没有畜力，没有机器就搞免耕），滴灌棉田约20千克/亩。显然，发展现代农业，棉田还要不断增加石油用量。从兵团机械化程度最高的棉田来看，用电大致60千瓦时，地膜4千克/亩，用滴灌各类管线大致20千克/亩，整地、播种、中耕、病虫草防治和子棉运输10千克/亩，机采棉一次大致5千克/亩，单位面积柴油（含机油和黄油）用量大致35～40千克/亩，这个数量已经很大了。

（三）棉花生物学特性也有简化的可行性

棉花无限生长的生物性特性也是可以简化的。美国棉花生产的机械化程度最高，机采棉要求最大限度地整齐，因此美国科技工作也一直致力棉花生物学特性的简化。如花芽分化到一定时间就自然停止，形成近似有限生长的株型，因此可以简化整枝或不整枝或不打顶，也可减少化学调控，便于机械化收获。

（四）重视栽培学科建设，发展简化种植技术

我国有一支结构完整的棉花栽培学科队伍，全国从事棉花栽培专业的科研人员约100人，大多集中在国家和省级层面。从知识结构来看，农学占绝大比例，现在看，这个队伍中要吸收一定数量的农业工程和农机专业人才，从起点上就要把农艺和农机有机结合起来，可以起到事半功倍的效果。同时，还应关注和总结农民研制的新农具和简易设备。

遗传育种是我国棉花科研的强项，从遗传上改良农艺性状为简化管理提供技术支撑也到时候了。

栽培技术从研究到示范一般需时8～10年，推广应用还需更长时间，因此，现在研究简化种植技术，今后8～10年将在生产上发挥更大的作用。

（撰稿：毛树春，中国农业科学院棉花研究所，国家棉花产业技术体系）

第四节 开发棉副产品生物质能源，提高植棉综合效益

一、棉花浑身都是宝

棉花产品分主产品和副产品两大部分，主产品是皮棉即棉纤维，副产品是除原棉以外的产品，包括棉秆、棉籽（棉种）、棉短绒和棉籽皮，及其由棉籽衍生的副产品如棉籽油和棉籽饼粕等。

全国年产棉秆 1 600 万吨，可用于生物发电，最大可产电能 85 亿千瓦时，相当于节省标煤 100 万吨，如按植棉面积 8 000 万亩计，全国棉秆副产品可增产值 80 亿元，农民增收 40 亿元，单位面积增效接近主产品的 10%。因此，棉秆已成为棉花可供开发利用的副产品，经各地初步实践，棉秆作为生物质能源利用是可能的。

棉花还生产棉籽粕 1 200 万吨，产棉籽油 160 万吨，按每吨 5 000 元计，产值达到 80 亿元。棉籽油是我国重要的食用植物油脂，在国产植物油中，油菜油产量 350 万吨，位居第一；花生油产量位居第二；棉籽油产量 150 万～160 万吨，位居第三；大豆油位居第四。我国年消费食用植物油 2 400 万吨，人均 18.18 千克，按 2007 年全国人均消费食用植物油 14 千克/年计算，棉籽油可供 1.14 亿居民消费，或可供农村 1.3 亿居民消费。

棉籽油如果用于生物柴油，可节省柴油 150 万吨。然而，棉籽油是否作为柴油使用，关键要看柴油与棉籽油的性价比，如两者的性比价为 1∶1.5，棉籽油做柴油很不合算，主要是因我国食用植物油的短缺。

棉籽饼粕产量 1 100 万吨，按每吨千元计，产值 110 亿元，棉籽饼经过加工之后可作为养殖业的精饲料，还可提炼精蛋白，进入医药行业。

棉花还生产棉籽壳，可用于食用菌培养基。

棉花还生产 80 万吨棉短绒，价值 40 亿元。

棉种用种量 16 万吨，按吨价 2 万元计，产值 32 亿元。

据估计，目前开发利用的棉副产品产值约 400 亿元，相当于主产品产值的 40%上下，这个比例每提高一个百分点即可增加棉花产值 4 亿元，增值潜力很大。

二、关于棉秆开发生物质能源问题

1. 棉柴和棉秆的估算。全国棉柴产量2 700万吨（350千克/亩），除去自然落叶、铃壳和幼枝等易脱落的部分，可采收的棉秆约为200千克/亩，可获得用于生物发电的棉秆1 600万吨。

2. 棉秆最大生物发电量的估算。按1吨秸秆的能量相当于0.5吨标准煤，又按2千克棉柴发电1千瓦时计，全国棉秆发电最大1 600万吨，最大可产电能85亿千瓦时，按0.123千克标煤换算，相当于节省标煤100万吨。

3. 棉秆副产品增值和农民最大经济效益的估算。初期各地棉秆价为0.15元/千克，按可采收棉秆200千克/亩计，增加产值30元/亩，除去运输成本，预计收益增20元/亩。随着棉秆使用的深度开发和生物电厂的投产，预计棉秆价将提高到500元/吨，产值100元/亩，除去拔柴、打包、运输和装卸等成本50元/亩，可获得收益50元/亩，很合算。

如按植棉面积8 000万亩计，全国棉秆副产品可增产值80亿元，农民增收40亿元，单位面积增效8%～10%。

4. 棉秆发电的利与弊。一是有利于农民增收，预测棉农最大可增收益50元/亩，相当于植棉增效6%上下。二是有利于农村的清洁卫生。三是投资收益的周期长，国家要有长期稳定的扶持准备，投资扶持的重点应是农民，要想方设法调动农民采收和运输的积极性，让农民把棉秆送到电厂。因此，棉秆包括其他秸秆将成为生物发电成败的关键是农民能否得到好处。初步测算，当利润低于30元/亩时，农民的积极性不会高，生物发电就要落空，所办生物电厂的损失就会很大。

5. 全国棉区已建和拟建生物质发电厂20多家。分布在长江、黄河和西北，以黄河最多，其中山东6家。全国开发并建成棉柴发电项目的省和植棉县有：湖南岳阳；湖北沙洋和当阳，江苏丰县；安徽安庆；河南扶沟、鹿邑和浚县；山东单县、高唐、垦利、莘县、东营和巨野；河北威县、吴桥、成安和晋州；山西临猗；新疆沙湾、沙雅、巴楚县、乌苏和阿瓦提等。

三、关于棉籽油开发生物质能源问题

理论上，棉籽油的理化特性与柴油相近，代替柴油是可行的。棉籽油的质量低热值为柴油的87%，棉籽油的燃油耗率比燃用柴油高13.4%，所以按能量计算的燃油耗率二者相当。掺烧或者全部燃烧棉籽油时，供油量不需加大许多，就能达到同等的功率和扭矩。

棉籽油和柴油可按任意比例完全互溶，所以在柴油中掺烧棉籽油非常方便。而且，棉籽油是含氧燃烧，一旦着火燃烧后，燃烧速度快，燃烧充分，所以，当柴油机超 10%负荷运转时，机器运转比燃用柴油轻松，还不会冒黑烟。

1. 棉籽油产量和节省柴油的关系。按棉籽含油量 14%～15%计，棉籽产量 1 200 万吨，产棉籽油 160 万吨；再按棉籽油的质量低热值为柴油的 87%计，大致节省柴油 150 万吨。

2. 棉籽油可否做柴油的要素取决于柴油与棉籽油的性价比。如柴油价 6 000 元/吨，棉籽油价 9 100 元/吨，结果性价比为 1∶1.5，显然，棉籽油做柴油很不合算。如性价比为 1∶0.5，即棉籽油价为 3 000 元/吨，做柴油才很合算。

3. 棉籽油转制生物质柴油不可行。我国是一个食用植物油严重短缺的国家，全国年消费食用植物油 2 400 万吨，而国产不足 1 000 万吨，国产率仅占 40%以下，进口占 60%以上，对外依存度极高。如 2007—2008 年分别进口食用植物油 800 多万吨（表 6－15），进口大豆 3 744 万吨，主要是生产食用植物油。

表 6－15　2008—2006 年进口食用植物油和大豆

单位：万吨，亿美元

年份	进口食用植物油		进口大豆		按进口金额，食用植物油和大豆在国内大宗农产品贸易中的地位
	数量	金额	数量	金额	
2008	816	89.77	3 744	218.12	食用植物油第二，大豆第一
2007	838	62.36	3 082	114.72	食用植物油第二，大豆第一
2006	671	31.52	2 827	74.88	食用植物油第三，棉花第二，大豆第一

注：数据来源：中华人民共和国海关总署，《海关统计》，2006、2007 和 2008 年。

由于食用植物油消费水平的不断提高，国产能力不足，进口增多，食用植物油在国内大宗农产品中的贸易地位不断提升。

鉴于我国长期存在和急需解决食用植物油的短缺问题，设想棉籽油以及菜子油转制生物柴油不符合我国的国情，在实践中是不可行的，为此建议国家严厉控制。

四、关于木棉开发生物质能源问题

木棉是我国的经济作物之一，主要分布在华南、西南、西北和长江中下游，在部分条件适宜的地区，如南疆盆地和四川等地也有种植。

木棉经过压榨榨出的棉籽油属于半干性油类，棉籽油经过酯化后可得到生物质柴油。

（撰稿：毛树春，中国农业科学院棉花研究所，国家棉花产业技术体系）

附　　录

附表 1　2008 年中国棉花生长指数（CCGI）

项　目	年均		5 月		6 月		7 月		8 月		9 月	
	2007	2008	2007	2008	2007	2008	2007	2008	2007	2008	2007	2008
全国	101	94	103	86	108	95	106	92	95	100	92	98
四川		107		—		107		—		—		106
湖南	105	98	103	102	106	98	123	92	95	102	99	94
湖北	99	91	100	86	106	92	103	90	98	97	89	92
安徽	101	84	105	86	107	93	102	73	96	80	94	90
江西	109	81	96	73	121	80	129	78	110	84	90	92
江苏	103	99	105	89	107	94	114	99	85	115	103	99
河南	95	101	100	91	114	97	95	102	80	111	86	104
河北	119	92	160	86	120	81	105	93	105	98	103	100
山东	99	101	100	98	100	101	108	94	96	102	89	108
山西	106	90	100	93	101	96	94	100	130	83	105	78
陕西	101	94	106	89	112	90	83	108	99	99	107	86
天津	98	69	93	95	96		100	69	102	95	97	85
新疆	97	97	94	75	102	97	96	104	97	105	95	102
南疆	101	96	102	79	106	96	98	103	103	105	96	96
北疆	93	99	86	64	93	108	95	111	95	105	94	109
甘肃	94	109	66	119	106	107	100	105	97	111	99	103
辽宁和吉林	97	103	25	77	157	56	102	191	103	92	96	100

注：中国棉花生产预警监测数据。

附表 2　2008 年中国棉花价格指数（CC Index）

单位：人民币元/吨

月	2007 年	2008 年
1	12 923	13 622
2	13 016	13 714
3	13 052	13 834

（续）

月	2007 年	2008 年
4	13 019	13 804
5	12 975	13 806
6	13 396	13 856
7	14 217	13 769
8	14 438	13 585
9	13 661	13 177
10	13 386	12 322
11	13 535	10 830
12	13 530	10 845
年均	13 429	13 097

数据来源：中国棉花信息网。

附表 3　2008 年 Cotlook A 指数和 Cotlook B 指数

单位：美分/磅

月	2007			2008		
	Cotlook A (FE)	Cotlook A (NE)	Cotlook B (NE)	Cotlook A (FE)	Cotlook A (NE)	Cotlook B (NE)
1	59.06	60.42	54.47	73.32	74.29	
2	58.20	59.22	56.79	73.25	76.07	
3	58.42	59.92	57.31	80.19	81.54	
4	57.13	58.68	57.43	75.41	77.43	
5	55.46	57.22	56.19	74.12	75.56	
6	60.61	62.53	（未生成）	78.50	78.55	
7	66.00	69.35	（未生成）	77.29	78.36	无数据
8	66.62	67.86	（未生成）	78.05		
9	68.14	69.43	68.68	73.54		
10	68.93	70.72	68.32	62.30	无数据	
11	69.68	71.05	69.36	54.96		
12	69.57	70.52	（未生成）	55.49		
年均	63.36	64.74	61.44	71.39		

注：据中国棉花信息网每日数据整理。FE 指远东，NE 指北欧。

附表 4　2007 年中国棉花播种面积、总产和单产

单位：千公顷，万吨，千克/公顷

项　目	2006			2007		
	播种面积	总产	单产	播种面积	总产	单产
全国	**5 816**	**753.5**	**1 295**	**5 926**	**762.4**	**1 286**
四川	24.5	1.6	643	22	2.0	774
湖南	166.3	24.8	1 491	172	24.0	1 420
湖北	403.8	44.9	1 111	514	56.0	1 084
安徽	392.7	40.8	1 040	376	37.0	996
江西	65.7	9.5	1 446	82	13.0	1 563
江苏	354.9	38.1	1 075	327	35.0	1 063
上海	1.2	0.2	1 666	1.4	0.3	1 793
浙江	18.3	2.4	1 312	19.0	2.6	1 353
河南	800.6	83.0	1 037	700	75.0	1 071
河北	623.1	62.8	1 008	680	72.0	1 066
山东	929.8	102.3	1 100	900	100.0	1 112
山西	109.1	11.8	1 080	104	12.0	1 107
陕西	84.1	8.7	1 035	89	9.0	1 007
天津	78.9	10.9	1 379	67	9.0	1 380
北京	2.1	0.2	1 066	2	0.0	1 185
新疆	1 268.6	218.9	1 725	1 783	301.0	1 690
甘肃	76.0	12.8	1 678	79	13.0	1 633
辽宁	1.8	0.2	1 184	1	301.0	1 944

注：据《中国统计年鉴 2008》整理。

附表 5　2008 年原棉、棉纱和棉布进出口资料

单位：万吨；亿美元

项　目	原　棉				棉纱线				棉机织物（亿米）			
	出口		进口		出口		进口		出口		进口	
	数量	金额	数量	金额	数量	金额	数量	金额	数量	金额	数量	金额
2007 年	2.1	0.32	246.0	34.8	58.4	19.3	91.7	20.2	72.2	85.3	14.3	22.2
2008 年	1.6	0.34	211.5	34.9	54.7	19.7	78.7	18.7	80.6	102.2	11.5	20.9

注：据《海关统计》整理。

附表 6　2008 年全国和主要省（市、区）原棉进口数量和金额

省　份	进口量（万吨）	数量比 2007 年增减（%）	进口金额（亿美元）	金额比 2007 年增减（%）
全国	211.0	−14.2	34.9	0.4
山东	100.1	7.3	16.6	25.0
江苏	35.0	−23.3	5.7	−11.6
上海	22.9	11.1	3.7	31.6
浙江	11.8	−9.6	1.9	4.0
广东	9.6	−26.8	1.6	−15.9
天津	7.1	−36.3	1.2	−23.0
湖北	4.8	−35.0	0.8	−23.9
河北	3.8	−42.6	0.6	−31.8
北京	3.1	−78.2	0.5	−73.6
河南	2.5	68.7	0.4	−62.7
其他	10.3	−21.3	1.8	−9.3
前 10 位合计	200.8	−13.8	33.2	0.9

注：据《海关统计》整理。

附表 7　2007—2008 年全国和主要省（市、区）棉纱产量

单位：万吨

地　区	2008 年	2007 年	同比（±%）
全　国	2 148.9	2 000.0	7.4
山东省	619.4	561.0	10.4
江苏省	378.9	381.8	−0.8
河南省	305.2	246.7	23.7
浙江省	163.6	146.7	11.5
湖北省	126.1	122.1	3.3
福建省	123.1	108.4	13.5
河北省	95.7	93.0	2.9
湖南省	51.6	44.9	15.0
江西省	44.6	39.0	14.1
安徽省	42.3	42.3	−0.1
广东省	37.3	37.8	−1.2

（续）

地　区	2008年	2007年	同比（±%）
新　疆	36.9	38.7	−4.9
四川省	36.6	33.2	10.3
陕西省	20.4	21.4	−4.5
辽宁省	16.8	18.0	−6.3
广　西	9.8	11.0	−10.5
重庆市	9.0	8.3	9.2
上海市	6.4	8.0	−21.1
天津市	5.9	7.3	−18.6
吉林省	5.3	5.7	−6.2
山西省	5.1	8.5	−39.8
黑龙江	2.4	3.1	−22.8
贵州省	1.7	1.7	−0.4
内　蒙	1.7	4.5	−63.1
云南省	1.0	0.8	23.6
北京市	0.9	0.4	112.1
甘肃省	0.7	1.1	−37.6
青海省	0.3	0.1	468.2
宁　夏	0.2	0.0	1 686.7

数据来源：中国棉花信息网。

附表8　2008年进口原棉数量和金额前10位国家

国　别	进口量（万吨）		进口金额（亿美元）		数量比重（%）		金额比重（%）	
	2007	2008	2007	2008	2007	2008	2007	2008
合计	246	211.0	34.8	34.9	100	100	100	100
美国	112.5	98.8	16.0	16.6	45.7	46.8	46.1	47.6
印度	63.3	60.7	8.7	9.6	25.7	28.8	25.0	27.6
乌兹别克斯坦	21.6	16.7	3.0	2.7	8.8	7.9	8.6	7.8
澳大利亚	11.0	7.7	1.7	1.3	4.5	3.6	4.9	3.8

（续）

国　别	进口量（万吨）		进口金额（亿美元）		数量比重（%）		金额比重（%）	
	2007	2008	2007	2008	2007	2008	2007	2008
贝宁	6.0	4.8	0.8	0.8	2.4	2.3	2.3	2.4
墨西哥	2.6	4.0	0.4	0.6	1.1	1.9	1.0	1.8
布基纳法索	11.3	3.8	1.6	0.6	4.6	1.8	4.5	1.8
马里	2.3	3.3	0.3	0.6	0.9	1.6	0.9	1.6
巴西	2.3	2.4	0.3	0.4	0.9	1.2	1.0	1.1
喀麦隆	4.1	2.3	0.6	0.4	1.0	1.1	1.7	1.1
其他	9.1	6.6	1.4	1.2	3.7	3.1	4.2	3.4
前10位合计	236.9	204.5	33.3	33.7	96.3	96.9	95.8	96.6

注：据《海关统计》整理。

附表9　2008年棉短绒和废棉进口数量和金额

月	棉短绒				废棉（包括废棉纱线及回收纤维）			
	进口量（万吨）		进口金额（万美元）		进口量（万吨）		进口金额（万美元）	
	2007	2008	2007	2008	2007	2008	2007	2008
1	1.1	1.5	338.5	824.3	1.8	0.5	635.7	200.4
2	0.8	0.5	222.6	327.0	0.9	0.3	336.4	111.5
3	1.6	1.7	416.6	1 029.6	2.0	0.4	729.1	160.2
4	1.4	0.7	451.9	403.3	1.6	0.5	532.3	159.6
5	1.5	0.3	479.6	182.5	1.2	0.4	435.5	127.4
6	0.8	0.3	291.2	172.5	1.2	0.3	403.2	114.9
7	1.1	0.2	378.2	104.9	1.1	0.3	375.0	122.1
8	0.6	0.8	240.9	350.7	1.9	0.3	645.3	105.8
9	0.8	0.1	339.5	49.6	1.3	0.4	431.8	134.2
10	0.6	0.1	190.8	55.2	0.9	0.3	339.5	124.7
11	1.3	0.9	608.3	316.1	1.1	0.4	470.4	128.6
12	1.1	0.4	572.7	136.8	0.7	0.3	288.3	119.4
合计	12.6	1.5	4 530.7	824.3	15.6	0.5	5 622.6	200.4

注：据《海关统计》整理。

附表 10　入世后 5 年，后 7 年（1997/98—2008/09 年度）世界棉花进出口

项　目	产量		进口		出口		产量—出口
	数量（万吨）	比上年（%）	数量（万吨）	比上年（%）	数量（万吨）	比上年（%）	数量（万吨）
1997/98	2 009	2.4	565	−9.3	582	−0.4	1 427
1998/99	1 875	−6.7	533	−5.7	512	−12.0	1 363
1999/00	1 915	2.1	609	14.3	592	15.6	1 323
2000/01	1 940	1.3	571	−6.2	570	−3.7	1 370
2001/02	2 149	10.8	638	11.7	635	11.4	1 514
2002/03	1 981	−7.8	656	2.8	663	4.4	1 318
2003/04	2 107	6.4	741	13.0	723	9.0	1 384
2004/05	2 644	25.5	728	−1.7	762	5.4	1 882
2005/06	2 538	−4.0	969	33	971	27.3	1 567
2006/07	2 656	4.6	814	−15.9	808	−16.8	1 848
2007/08	2 624	−1.2	828	1.7	837	3.6	1 787
2008/09	2 384	−9.1	639	−22.9	639	−23.6	1 745
入世前 5 年平均	1 973		583		578		1 395
入世后 7 年平均	2 406	21.9	768	31.7	771	33.4	1 635

注：据美国农业部 2009 年 2 月数据。

附表 11　2008 年新棉全国棉农子棉采摘进度

单位：%

日期（月/日）	9/15	9/30	10/15	10/31	11/15
全国	17.9	46.6	60.1	88.7	98.7
湖南	34.7	52.0	71.0	82.5	95.9
湖北	20.0	49.6	59.2	90.9	99.1
安徽	14.4	45.0	64.8	80.8	96.3
江西	15.1	46.3	63.5	78.8	95.7
江苏	9.7	29.7	44.4	80.9	96.7

（续）

日期（月/日）	9/15	9/30	10/15	10/31	11/15
河南	16.9	55.3	54.8	96.6	100.0
河北	31.2	62.1	64.5	96.2	99.3
山东	14.9	35.8	59.4	83.6	100.0
山西	48.5	69.5	85.0	100.0	100.0
陕西			75.1	100.0	98.0
天津	28.7	28.9	53.9		99.4
新疆	8.1	42.3	60.0	86.6	97.8
甘肃	53.9	69.0	89.8	97.5	100.0

注：中国棉花生产预警监测数据。

附表 12　2008 年新棉全国棉农子棉交售进度

单位：%

日期（月/日）	9/15	9/30	10/15	10/31	11/15	11/30	12/15	12/31	1/31
全国	1.5	8.4	18.6	28.9	33.4	46.9	64.4	68.9	76.1
湖南	0.0	0.9	3.1	8.1	9.1	34.1	51.1	75.1	88.6
湖北	1.7	12.4	11.2	34.3	45.8	53.0	72.3	70.4	70.4
安徽	0.8	4.9	16.8	28.0	37.7	35.7	40.4	66.2	68.5
江西	0.0	0.0	0.0	0.0	1.6	1.6	12.9	20.7	68.5
江苏	0.9	4.6	22.6	39.2	54.4	76.2	75.8	76.1	93.1
河南	0.0	0.1	0.0	0.0	2.3	6.3	21.2	16.3	34.8
河北	1.2	6.7	2.9	8.3	10.8	13.2	19.9	27.7	44.4
山东	0.9	7.0	15.9	14.4	18.0	46.1	56.1	59.4	59.9
山西	22.0	28.6	30.0	49.8	52.3	54.5	64.7	64.1	64.1
陕西			10.7	0.0	3.6		13.9	39.4	39.4
天津	2.5	15.6	23.0		43.4				
新疆	0.9	13.1	38.4	60.5	61.8	79.7	98.1	99.9	99.9
甘肃	0.0	19.6	82.4	97.3	100.0	98.1		100.0	100

注：1/31 为 2009 年；中国棉花生产预警监测数据。

附表13　2008年新棉三大产区棉农子棉交售价格

单位：元/千克

日期（月/日）	9/15	9/30	10/15	10/31	11/15	11/30	12/15	12/31	1/31	年均价
全国	5.46	5.44	5.34	4.82	4.54	4.46	4.41	4.32	4.30	4.69
长江流域	5.54	5.54	5.34	5.14	4.38	4.00	3.92	4.13	4.03	4.46
黄河流域	5.50	5.48	5.56	4.84	4.76	4.80	4.20	4.38	4.64	4.65
西北内陆	5.32	5.30	5.16	4.92	4.48	4.56	5.10	4.44	4.26	4.92

注：1/31为2009年；中国棉花生产预警监测数据。

名词解释及中英文缩写释义

1. 名词术语

棉花： 由种子表皮细胞延伸成纤维的农作物，主产品为种子纤维，又叫棉纤维，是纺织的主要原料；棉籽富含脂肪和蛋白质，也是植物食用油脂和蛋白质的原料之一。

原棉： 供纺织厂作纺纱原料用的皮棉。

皮棉： 除去棉籽的棉纤维。

细绒棉： 即陆地棉，纤维较为细长的原棉。颜色白、洁白或乳白，纤维长度 23～33 毫米，细度 4 500～6 400 米/克，马克隆值 3.6～5.6，单强 2.5～2.5 厘牛顿。

长绒棉： 即海岛棉，纤维长度长、纤维细和强力好的原棉。颜色白、洁白或淡黄色，纤维长度 33～40 毫米，细度 6 500～8 500 米/克，马克隆值 3.3～3.9，单强 4～6 厘牛顿。

棉短绒： 用削绒机从毛棉籽表面上剥下来的残留短纤维，长度小于 13～15mm。

废棉及回收纤维： 纺纱过程中的飞棉、落棉、“脚棉”以及污染棉。

中国棉花生产景气指数： 反映中国棉花的生产和消费的平衡状况，以及生产、消费和价格走向和走势强弱的指标，由中国农业科学院棉花研究所生成。

中国棉花生长指数： 表述全国棉花长势的数量指标，由中国农业科学院棉花研究所生成。

中国棉花价格指数： 国内 328 级棉花到纺织厂的报价，为国内棉花现货价格，由全国棉花交易市场生成。

郑州棉花期货价格： 郑州期货交易所对未来某一时刻棉花价格的估计。

Cotlook A 指数： 全球棉花现货价格，选择 15 个国家中的 5 个最便宜报价计算平均值，以美国 M 级 1－1/32 英寸（Middling1－1/32″）为标准（相当于中国 328 级），报价单位为美分/磅，由 Cotlook 公司生成。

Cotlook B 指数： 全球 8 个陆地棉品种折算成 SLM 级 1/32 英寸运到北欧

的报价中3个最便宜报价的平均价，以美国SLM级1-3/32英寸为标准（相当于中国427级），报价单位为美分/磅，由Cotlook公司生成。

等值线图：又称等量线图。以相等数值点的连线表示连续分布且逐渐变化的数量特征的一种图形，是用数值相等各点联成的曲线（即等值线）在平面上的投影来表示被摄物体的外形和大小的图。

次贷危机：又称次级房贷危机，或次债危机。指一场发生在美国，因次级抵押贷款机构破产、投资基金被迫关闭、股市剧烈震荡引起的风暴，最终导致全球主要金融市场隐约出现流动性不足的危机。

金融危机：又称金融风暴。指一个或几个国家与地区的全部或大部分金融指标的急剧、短暂和超周期的恶化。这次金融危机由次贷危机引起，于2008年8月起源于美国华尔街。

实体经济：指物质的、精神的产品和服务的生产、流通等经济活动。

虚拟经济：是相对实体经济而言的，一般指直接以钱生钱的经济。

熊市：又称空头市场，指行情普遍看淡，延续时间相对较长的大跌市。

萧条：指连续3个季度GDP出现负的增长。

Bt棉：是指棉花细胞染色体上整合外来的苏云金芽孢杆菌的Bt基因的棉花品种。

两萎病：指棉花的枯萎病和黄萎病，属于种子带菌和土壤传播的维管束病害，是一种分布广、发生重、危害大的棉花病害。

烂场：指收获季节多阴雨天气造成棉花和粮食在大田发芽、烂种等灾害性天气。

干热风：亦称"干旱风"、"热干风"，是指大气温度连续高于35℃以上，且空气湿度极小的天气，是以高温危害为主的农业气象灾害。

安家水：幼苗移栽后进行灌溉所用的水。

报酬递减律：指新增一个单位的投入所产生的收益的增量减少的现象。

油后（茬）棉：油菜收获后栽种的棉花，为晚茬棉。

麦后（茬）棉：小麦收获后栽种的棉花，为晚茬棉。

四分：即霜前花与霜后花、正常吐絮的好花与虫口花、僵瓣黄花和污染花，实行分收、分晒、分存与分售。

复种指数：指全年总收获面积占耕地面积的百分比。

328级，标准级：指绒长为28毫米的3级商品棉，为我国的标准级细绒棉的商品棉。

高等级棉：指商品品级在3级及3级以上的皮棉。

期货：在未来某一时间交收的商品。

仓单：按照期货市场的质量和重量规定，运到指定仓库的用于期货交割的货物凭证。

合约：在期货市场上，将质量和重量、交收时间和地点等均事先规定好的合同。

交割：指结算过程中，投资者与证券商之间的资金结算。

一手：等于5吨。

期货仓单：每张期货仓单重量为20吨。

期货交易：是一种金融衍生品，指买卖双方事先就交易的商品数量、质量等级、交割日期、交易价格和交割地点达成协议，在约定的时间地点进行实际交割的交易。

电子撮合交易：也称现货仓单交易，实行网上集中竞价、统一撮合、统一结算、价格行情实时显示的交易方式。

滑准税：又称滑动税，是指对进口税则中的同一种商品按其市场价格标准分别制订不同价格档次的税率而征收的一种进口关税。

粘胶短纤：又称粘胶人造棉，是指长度为38毫米的再生纤维素纤维。以天然纤维素材料如木材、棉短绒、甘蔗渣和植物秸秆为原料，经过化学与机械加工制成的纤维，与棉纤维有互补和替代关系。

涤纶短纤：俗称“的确良”。采用精对苯二甲酸（PTA）和乙二醇（EG）为原料生产的化学纤维，其棉型短纤维长度为32～39毫米，可与棉纤维混纺，也与棉纤维有互补或替代关系。

32英支纱：用来表示纱线的粗细，是指一磅纱的长度为32×768米，数值越大表示纱支数越大，其纱越细。

化纤短纤：是指长度在几毫米到几十毫米的化学纤维，常见长度有10毫米、76毫米、51毫米、38毫米和5毫米。

大包（型）棉：指商品棉一个包的皮棉重量为400千克的棉包

小包（型）棉：指商品棉一个包重量为200千克的棉包。

双结零：中国农业发展银行的一项政策规定，指本年度发放的棉花收购资金及其利息在本年度收回。

仪器化检验：指棉花品质采用先进仪器进行检验。

大容量纤维检验仪器：是国际通用的棉花分级仪器，可测试原棉长度、整齐度、伸展率等10余项物理特征，是先进的大容量棉花检验仪器之一。

公证检验：指专业纤检检验机构按照国家标准和技术规范，对棉花的数量和质量进行检验并出具公证检验证书的活动，被检棉花有专门标识，作为贷款、供货、储备库、用棉等多方的结算和补贴核定的凭证。由国家纤维检验局承担。

马克隆值：反映纤维成熟度和细度的一项综合指标。

比较优势：是指某一地区在经济和生产发展中所独具的或资源、或产品与有利条件。

土豆效应：又称“土豆悖律”，是指在大萧条时期，消费者舍弃高端奢侈品而转向中低端产品，并导致对后者的需求上升，进而推高低成本产品的价格和销售。

口红效应：一般认为，越是经济不景气，诸如口红一类的、非必要的“小奢侈品”越能满足人们某种渴望，销售越好。

性价比：性能价格比，是一个性能与价格之间的比例关系，具体公式：性价比＝性能/价格。

剪刀差：指工农业产品交换时，工业品价格高于价值，农产品价格低于价值所出现的差额，用图表示呈剪刀张开的形态而得名。

农业保险：对农业生产过程中遭受自然灾害和意外事故所造成的经济损失提供保障的一种保险。

三丝：指混入子棉和皮棉中危害性杂物的总称，包括有色纤维、化纤丝、编织袋、毛发丝和羽绒类等。

话语权：即表达和控制舆论的权力。

GDP：一定时期内，一个国家或地区的经济中所生产出的全部最终产品和提供劳务的市场价值的总和。

2. 相关组织、机构

中国棉花协会：由棉农及棉农合作组织，棉花生产、收购、加工、经营、仓储、棉纺织企业和棉花研究机构等涉棉企业和组织自愿组成，是全国性社会团体法人资格的非营利性行业组织。成立于2003年，注册地北京。

全国棉花交易市场：不以营利为目的的棉花服务组织，组织交易、发现价格、规避风险和传递信息，为交易双方提供交易结算、实物交收、质量检验、储运、信息、咨询和人才培训等服务。成立于1998年，注册地北京。

郑州商品交易所：不以营利为目的，为棉花期货合约集中竞价交易提供场所、设施及相关服务的机构，为自律性管理的法人，隶属于中国证券监督管理委员会。成立于 1990 年，棉花期货交易于 2003 年 6 月正式推出，注册地郑州。

中国棉纺织行业协会：由棉纺织行业的企事业、相关单位和社会团体自愿组成的非营利性的全国性社会经济团体法人，旨在规范行业行为、维护企业权益、为政府建言献策。注册地北京。

中国储备棉管理总公司：经营管理国家储备棉的政策性中央企业，受国务院委托，负责国家储备棉的经营管理，实行自主经营、统一核算和自负盈亏。成立于 2003 年，总公司注册地北京。

中国农业科学院棉花研究所：国家级、公益性的棉花科研事业机构，独立法人。开展棉花应用和应用基础研究，负责组织和主持全国棉花技术科学研究，承担完成棉花生物技术、种质资源、棉（麦）新品种选育、种植、栽培、植保、农机和棉业经济等的研究、示范和推广。成立于 1957 年，注册地河南安阳。

国际货币基金组织：为世界两大金融机构之一，职责是监察货币汇率和各国贸易情况，提供技术和资金协助，确保全球金融制度运作正常。成立于 1946 年，总部在美国华盛顿。

国际棉花咨询委员会：由多个作为国际商业主体的棉花生产、消费和贸易国的政府组成的机构。旨在为全球棉花提供即时的与市场相关的统计和科学技术信息。成立于 1939 年，总部在美国华盛顿。

英国棉花展望集团公司：包括考特鲁克有限公司和利物浦棉花服务公司，向全球客户提供原棉价格的 Cotlook 指数及其仲裁服务，位于英国默西塞德，有 75 年以上的历史。

世界贸易组织：是一个独立于联合国的永久性国际性的贸易组织，旨在公平、公正处理各国贸易活动中所发生的争端，建立平等互利的国际贸易秩序。成立于 1995 年，总部设在日内瓦。

3. 常见中文缩写

中棉所：中国农业科学院棉花研究所

中棉协：中国棉花协会

郑商所：郑州商品交易所

中纤局：中国纤维检验局

中储棉公司：中国储备棉管理总公司

农发行：中国农业发展银行

4. 常见英文缩写

CCPPI：China Cotton Production Prosperity Index，中国棉花生产景气指数

CCGI：China Cotton Growth Index，中国棉花生长指数

CC Index：China Cotton Index，中国棉花价格指数

GDP：Gross National Product，国民生产总值

HVI：High Volume Instrument，大容量纤维测定仪器

IMF：International Monetary Fund，国际货币基金组织

ICAC：International Cotton Advisory Committee，国际棉花咨询委员会

USDA：United States Department of Agriculture，美国农业部

WB：World Bank，世界银行

WTO：World Trade Organization，世界贸易组织

ZCE：郑州商品交易所

ICE：洲际交易所（原纽约期货交易所）

（撰稿：毛树春，冯璐；中国农业科学院棉花研究所，
国家棉花产业技术体系）

参 考 文 献

[1] 中华人民共和国国家统计局．中华人民共和国2008年国民经济和社会发展统计公报．人民日报，2009-02-27

[2] 中华人民共和国海关总署．海关统计．2008（12）

[3] 中国棉花协会主办．会员专刊．2008（1）～（12）

[4] 中国棉花协会，全国棉花交易市场，英国Cotlook公司．中国棉花信息．第409～428期，2008

[5] 中国纺织品进出口商会．出口增长“保八”来之不易．中国纺织报，2009-02-11

[6] 农业部．全国优势农产品区域布局规划（2008—2015年）．农民日报，2008-09-12

[7] 中共中央，国务院．关于2009年促进农业稳定发展农民持续增收的若干意见．人民日报，2009-02-02

[8] 回良玉．千方百计促进农业稳定发展农民持续增收．人民日报，2009-02-03

[9] 国务院原则通过《纺织工业和装备制造业调整振兴规划》．人民日报，2009-02-05

[10] 林毅夫．在剧烈动荡中辞旧迎新．人民日报，2008-12-24

[11] 刘家琴．夏津149家中小棉纺企业运行正常．农民日报，2008-12-27

[12] 王炜．江苏悦达——以新型工业化应对挑战．人民日报，2008-12-31

[13] 陈洪洲．棉纺——主动克服两极分化带来的新困难．中国纺织报，2008-12-30

[14] 韩华洁．继续推进减量升级．中国纺织报，2009-01-06

[15] 展望全球经济走向，中国值得期待．新华每日电讯．2009-01-12

[16] 崔鹏．在全球经济低迷期创造中国亮点．人民日报，2009-01-19

[17] 毛树春．话说棉花简化种植．中国棉花2008，35（12），30～32

[18] 毛树春．“十一五”时期我国棉花生产发展目标和对策．中国农业科技导报，8（3）：57～61，2006

[19]《转基因农作物种子生产许可证》单位名单第一批至第十二批．中华人民共和国农业部文件，农农发［2001］24号，公告第298、438、510、563、624、729、842、919、979、1027、1088号

[20] Cotton Varieties Planted，United States 2008 Crop，Agricultural Marketing Service—Cotton Program，U.S. Department of Agriculture，Memphis，Tennessee，September 2008，http：//www.ams.usda.gov

[21] 毛树春，王香河，李亚兵．2007年全国棉花品种和栽培技术监测报告，http：//www.ccppi.com.cn，2007-11-12

[22] 毛树春，王香河．农资涨价猛如虎　棉贱伤农需早防［EB/OL］．中国棉花生产景气报告第 144 期，中国优质棉网（http：// WWW. CCPPI. COM. CN ），2008 - 07 - 17

[23] 毛树春，王香河．新棉遭遇“熊市”，全力做好托市收购工作［EB/OL］．中国棉花生产景气报告第 150 期，中国优质棉网（http：// WWW. CCPPI. COM. CN ），2008 - 10 - 19

[24] 毛树春，王香河．新棉救市迫在眉睫［EB/OL］．中国棉花生产景气报告第 151 期，中国优质棉网（http：// WWW. CCPPI. COM. CN ），2008 - 10 - 28

[25] 毛树春，王香河．棉花市场深度恶化，政府救市需加大力度［EB/OL］．中国棉花生产景气报告第 152 期，中国优质棉网（http：// WWW. CCPPI. COM. CN ），2008 - 11 - 17

[26] 毛树春．金融危机对我国棉花生产的影响和对策研究［EB/OL］．中国棉花生产景气报告第 156 期，中国优质棉网（http：// WWW. CCPPI. COM. CN)，2009 - 01 - 04

图书在版编目（CIP）数据

中国棉花生产景气报告．2008 / 毛树春主编．—北京：中国农业出版社，2009.7
ISBN 978-7-109-13986-2

Ⅰ. 中…　Ⅱ. 毛…　Ⅲ. 棉花-生产-研究报告-中国-2008　Ⅳ. F326.12

中国版本图书馆 CIP 数据核字（2009）第 100952 号

中国农业出版社出版
（北京市朝阳区农展馆北路 2 号）
（邮政编码 100125）
责任编辑　赵　刚

中国农业出版社印刷厂印刷　　新华书店北京发行所发行
2009 年 7 月第 1 版　　2009 年 7 月北京第 1 次印刷

开本：720mm×960mm 1/16　　印张：22　　插页：2
字数：370 千字　　印数：1～2 000 册
定价：35.00 元